América del Sur

AMÉRICA DEL SUR

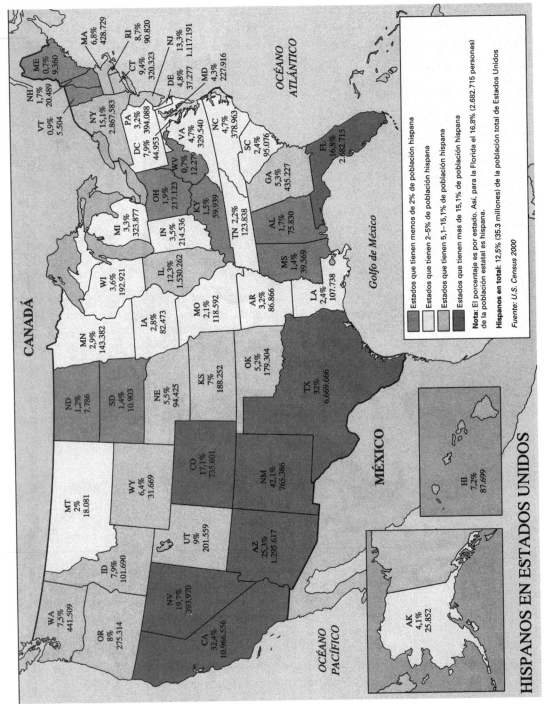

HISPANOS EN ESTADOS UNIDOS

ESTADOS UNIDOS

OCÉANO ATLÁNTICO

OCÉANO PACÍFICO

Golfo de México

MÉXICO

CANADÁ

WA 7,5% 441.509
OR 8% 275.314
CA 32,4% 10.966.556
NV 19,7% 393.970
ID 7,9% 101.690
UT 9% 201.559
AZ 25,3% 1.295.617
MT 2% 18.081
WY 6,4% 31.669
CO 17,1% 735.601
NM 42,1% 765.386
ND 1,2% 7.786
SD 1,4% 10.903
NE 5,5% 94.425
KS 7% 188.252
OK 5,2% 179.304
TX 32% 6.669.666
MN 2,9% 143.382
IA 2,8% 82.473
MO 2,1% 118.592
AR 3,2% 86.866
LA 2,4% 107.738
WI 3,6% 192.921
IL 12,3% 1.530.262
MI 3,3% 323.877
IN 3,5% 214.536
OH 1,9% 217.123
KY 1,5% 59.939
TN 2,2% 123.838
MS 1,4% 39.569
AL 1,7% 75.830
GA 5,3% 435.227
WV 0,7% 12.279
VA 4,7% 329.540
NC 4,7% 378.963
SC 2,4% 95.076
FL 16,8% 2.682.715
DC 7,9% 44.953
PA 3,2% 394.088
NY 15,1% 2.867.583
VT 0,9% 5.504
NH 1,7% 20.489
ME 0,7% 9.360
MA 6,8% 428.729
RI 8,7% 90.820
CT 9,4% 320.323
NJ 13,3% 1.117.191
DE 4,8% 37.277
MD 4,3% 227.916
HI 7,2% 87.699
AK 4,1% 25.852

Estados que tienen menos de 2% de población hispana
Estados que tienen 2–5% de población hispana
Estados que tienen 5,1–15,1% de población hispana
Estados que tienen mas de 15,1% de población hispana

Nota: El porcentaje es por estado. Así, para la Florida el 16,8% (2.682.715 personas) de la población estatal es hispana.

Hispanos en total: 12,5% (35.3 millones) de la población total de Estados Unidos

Fuente: U.S. Census 2000

GRAMÁTICA ESENCIAL

Grammar Reference and Review

Second Edition

Jorge Nelson Rojas
University of Nevada, Reno

Richard A. Curry
University and Community College System of Nevada

Houghton Mifflin Company Boston New York

Publisher: Rolando Hernández
Development Manager: Sharla Zwirek
Assistant Editor: Judith Bach
Editorial Assistant: Erin Kern
Senior Project Editor: Bob Greiner
Editorial Assistant: Wendy Thayer
Senior Production/Design Coordinator: Jodi O'Rourke
Manufacturing Manager: Florence Cadran
Senior Marketing Manager: Tina Crowley-Desprez

CREDITS

ISBN: 0-618-24628-2
Library of Congress Catalog Card Number: 2002106252

123456789-QF-06 05 04 03 02

Contents

CAPÍTULO  3

CAPÍTULO 4

CAPÍTULO 5

CAPÍTULO  8

CAPÍTULO  9

CAPÍTULO  10

REFERENCE SECTION

Summary Charts

Preface

Gramática esencial is a grammar review for third-, fourth-, or fifth-semester students of Spanish. It is designed for use in intermediate-level courses that explicitly include grammar study, or for use by students who need a supplemental grammar review in order to complete other curriculum objectives.

The text is intended as a primary text for one-semester grammar review courses, or in two-semester courses as a supplement, reference, or in conjunction with other materials such as readers, videotapes, or culture, conversation, or composition texts.

Features

- NEW **Flexible program:** *Gramática esencial: Grammar Reference and Review* is designed for students who want complete coverage of intermediate grammar topics, including both explanations and written practice. For students who only want grammar explanations as a reference, the *Gramática esencial: Reference Handbook* is a great resource. A *Practice CD-ROM* is also available for students who want to do exercises electronically.

- NEW **Chapter topics** encourage students to think about grammar in context by providing a thematic focal point. Each culturally driven topic is woven into the example sentences and exercises accompanying the grammar rules throughout the chapter.

- NEW **Lectura:** A cultural reading at the beginning of each chapter followed by comprehension questions provides a context for chapter grammar topics. Students can also use readings to further develop their reading and writing skills.

- NEW **Notas gramaticales** help students gain a deeper understanding of Spanish by observing parallel structures in their own language. Each chapter has 5–8 *notas gramaticales* that expand on grammar explanations, contrast English and Spanish structures, or show the relationship between topics covered in different chapters.

- **Foco en el léxico:** A lexical section in each chapter explains and practices words and phrases that are difficult for English speakers.

- Direct and clear coverage of important points of Spanish grammar

- Frequent summary charts accompany key topics for easy reference and review

- Illustrations, including *refranes* and *adivinanzas* from Hispanic culture, to illustrate grammatical points

- Additional exercises designed for in-class and out-of-class use include personalized and contextualized practice, and many pair and small-group activities

- Numerous activities based upon real-world situations familiar to a majority of young adults

- Flexible organization allows use in whole or in part, sequentially or nonsequentially

- A glossary of grammar terms used in the book, with examples

- A separate *Answer Key* to text exercises is available

Organization of *Grammar Reference and Review*

Gramática esencial is divided into ten chapters, each of which contains the following elements:

1. *Lectura.* Reading selections dealing with topics such as ecotourism, cyberspace, globalization, culinary arts, sports, and the impact of the Hispanic culture on U.S. life. The questions that follow each reading selection are meant as a springboard for class discussions; writing exercises are tied to those readings for instructors wishing to develop students' reading and writing skills. See, for example, Chapter 3, pages 85–86.

2. *Grammar sections.* Each chapter contains four to five topics, explained clearly and directly. Explanations summarize, reformulate, and expand on key grammar topics presented in first-year courses. Language structure is presented in English with abundant Spanish examples to facilitate individual study outside of class. See, for example, Chapter 3, pages 87 and 95.

3. *Summary charts.* For selected topics, a summary—often in the form of a chart with examples of usage—follows grammatical explanations. Students will find these tables a useful corollary to the grammatical explanations and examples; they also serve as an effective ready reference for review. See, for example, Chapter 3, pages 91 and 108.

4. *Illustrations.* As a further learning resource, illustrations of Hispanic proverbs and riddles are tied to some of the structural features presented in the text to exemplify concepts or structures, reveal insights into Hispanic culture, and provide variety and a change of pace. Photographs of a variety of cultural sites and art also contribute to this objective. See, for example, Chapter 3, pages 101, 107, and 120.

5. *Lexical study.* The final topic in each chapter is a lexical point that often presents a semantic stumbling block for native English speakers. Distinctions are drawn, examples are presented, and practice is provided. In this manner, the language-learning experience reaches beyond simply working with verb tenses and other aspects of grammatical structure. See, for example, Chapter 3, page 123.

6. *Exercises.* Exercises range from the structured to the communicative and a large number are personalized or contextualized to situations familiar to the majority of young adults. They are written for maximum flexibility. For example, students may be asked to work mostly outside of class (especially in conjunction with the optional *Answer Key*). Class members might bring their questions or difficulties to the instructor's attention either during class time or in outside consultation, or they could prepare some or most of the exercises outside of class for in-class work. Exercises are written primarily with an oral focus in mind, but they are readily adaptable for writing. Similarly, exercises that call for work in pairs or small groups can often be performed individually without difficulty. In this case, a single student might prepare responses for an interview situation or question-answer activities. All of the exercises are designed to function effectively in classes that use the book sequentially, nonsequentially, or in which the students employ the materials independently as a reference in conjunction with other cultural or topical materials. See, for example, Chapter 3, Exercises 2, 3, and 4 (pages 92–93) on **ser** and **estar**; Exercises 3 and 5 (pages 109 and 110) on comparatives and superlatives. The *Practice CD-ROM* contains additional exercises for individual practice and self-study.

7. *Rincón del escritor.* End-of-chapter exercises based on the chapter topic allow for more sustained writing practice.

Gramática esencial also includes reference material in the appendices as well as a separate *Answer Key*. The appendices consist of a glossary of grammatical terminology with examples; the rules that explain the use of written accent marks; a concise review of personal pronouns; charts of regular, irregular, and stem- and orthographic-changing verbs; a Spanish-English vocabulary which includes all intermediate-level words used in the text—words considered "core" first-year vocabulary in most texts of elementary Spanish have been omitted; and an index of grammatical topics.

At the instructor's discretion, the *Answer Key* to the text exercises is available to students. This resource may be a significant aid to those students who primarily use these materials for out-of-class review and reference.

Components

Gramática esencial: Grammar Reference and Review This version of the text consists of grammar explanations, models, and exercises. It also features one cultural reading per chapter, appendices, and a bilingual glossary.

Gramática esencial: Reference Handbook This version of the text consists of grammar explanations and models. It includes all the appendices and the bilingual glossary.

Gramática esencial: Practice CD-ROM This component includes exercises for additional practice and self-study. The exercises offer a systematic review of each section in each chapter and serve as a smooth transition toward some of the more open-ended exercises in the textbook. Each chapter concludes with a writing assignment that can be e-mailed to the instructor for feedback. The CD-ROM also includes a more concise form of the grammar topics, the text of the *lecturas* with additional online vocabulary help, and all appendices.

Gramática esencial: Answer Key Answers to text exercises.

Acknowledgments

The authors wish to express their sincere appreciation to Judith Bach, Bob Greiner, Wendy Thayer, Jodi O'Rourke, and all others who worked on this project.

The authors and publisher gratefully acknowledge the comments and recommendations of the following people:

José Carrasquel, Northern Illinois University
Lois Grossman, Tufts University
Leticia Guin, Auburn University
Lon Pearson, University of Nebraska, Kearney
John Stolle-McAllister, University of Maryland, Baltimore County
Elizabeth Small, State University of New York, Oneonta
Lourdes Torres, University of Michigan, Ann Arbor

Lectura: El ser digital y la sociedad de la información

CAPÍTULO

I

LECTURA

El ser° digital y la sociedad de la información

persona, individuo

Perspectiva del cibernauta

Vivimos en un mundo interconectado, habitado por comunidades virtuales, en que la información es cada vez más importante. Ya no vivimos en una economía basada únicamente en el capital, en los recursos° naturales o en la mano de obra. El recurso económico básico es ahora la información transformada en conocimientos. El *Homo sapiens* de los antropólogos es ahora el *Homo informaticus*, o mejor aún, el *Homo digitalis*.

resources

Muchos ya tenemos nuestra propia página web, escuchamos música en MP3, hojeamos libros digitales y leemos periódicos en la pantalla° de la computadora. Entramos en mundos virtuales, habitamos casas llamadas "inteligentes", miramos con anticipación el desarrollo de robots autónomos y trabajamos con toda una serie de nuevos aparatos° electrónicos. Vivimos en el siglo XXI, que no es el siglo del átomo sino el del bit.

screen

máquinas, artefactos

Perspectiva del tradicionalista

Reconozco que la red es ahora mi biblioteca. Pero no debemos confundir las máquinas con lo que nos entregan°; una cosa es el medio y otra el fin. Los mundos virtuales apelan° a nuestra imaginación, pero requieren prudencia y sentido común°. Ahora que el mundo virtual coexiste junto al real, no debemos olvidar que no es lo mismo chocar° a una velocidad de 300 kilómetros por hora en un videojuego que en una autopista° real.

dan
appeal
sentido... *common sense*
collide

freeway

Muchos estamos adquiriendo un nuevo sentido de la identidad. En los foros virtuales el "espacio personal" del "yo" se reduce cada vez más y se mezcla con otros. La seguridad de ser único ya no existe; uno ya forma parte de un conjunto° descentrado, múltiple y en general desconocido. Por lo mismo, hace falta tener claros los límites y las fronteras° entre lo real y lo virtual. No podemos perder el sentido de la realidad y del ser como individuo.

grupo, comunidad

boundaries

En torno a la lectura

1. Según el cibernauta, ¿qué es más importante en el mundo de los negocios hoy, el capital o la información?
2. Mencione algunas de las actividades propias de un cibernauta.
3. ¿Qué es para Ud. una casa "inteligente"?
4. ¿Cómo utiliza la red una persona tradicionalista?
5. ¿Qué peligros podría tener confundir lo real y lo virtual?
6. ¿Es importante para una persona tradicionalista sentirse un ser único? ¿Y para un cibernauta? ¿Y para Ud.?

The present indicative

A Regular verbs

1. Regular verbs do not show any changes in the stem. The following is the conjugation of regular **-ar, -er,** and **-ir** verbs.

	-ar verbs	**-er verbs**	**-ir verbs**
	trabajar	**comer**	**vivir**
yo	trabaj**o**	com**o**	viv**o**
tú	trabaj**as**	com**es**	viv**es**
él, ella; Ud.	trabaj**a**	com**e**	viv**e**
nosotros/as	trabaj**amos**	com**emos**	viv**imos**
vosotros/as	trabaj**áis**	com**éis**	viv**ís**
ellos, ellas; Uds.	trabaj**an**	com**en**	viv**en**

> **Nota gramatical:** The pronoun **usted,** abbreviated **Ud.,** is said to derive from the phrase **vuestra merced** ('Your Lordship'), used to refer to the addressee, a second person. Being a phrase, it is a third person from the grammatical point of view, which explains why it uses the same endings as **él** and **ella.** This use is similar to the one found in the phrase *Your Majesty* used with third person verb forms: ***Is** Your Majesty comfortable?*

2. The **nosotros** and **vosotros** forms are stressed on the ending; all other forms are stressed on the stem.

3. A verb is generally used without the subject pronoun, except to indicate emphasis or contrast.

Trabajo desde casa.	*I work from home.*
Yo trabajo desde casa.	*I work from home. (**emphasis**)*
Yo trabajo y tú juegas.	*I work and you play. (**contrast**)*

Nota gramatical: Notice that each Spanish verb form has a unique ending. Thus, the endings of the verb forms identify who is performing the action: **hablo** vs **hablas,** for instance. That is why the use of subject pronouns is normally not required. In English, on the other hand, all verb forms are identical or nearly identical, which makes it necessary to use subject pronouns to indicate who is performing the action: *I speak* vs *You speak*.

Remember that there are no Spanish equivalents for the English subject pronouns *it* and *they: It is a machine, They are machines* = **Es una máquina, Son máquinas.**

4. Here are some common verbs that are regular in the present indicative.

-*ar* verbs	-*er* verbs	-*ir* verbs
ayudar	aprender	abrir
buscar	beber	asistir
caminar	comer	decidir
comprar	comprender	escribir
llegar	creer	insistir
mirar	leer	permitir
necesitar	responder	recibir
trabajar	temer	subir
viajar	vender	vivir

5. Verbs that are conjugated with an extra pronoun referring to the subject are called reflexive verbs. Except for the extra pronoun, reflexive verbs are conjugated just like the rest of the verbs. (See Reflexive, reciprocal, and impersonal constructions in Chapter 6, Section III for a more complete treatment of reflexive verbs.)

levantarse	ofenderse	aburrirse
me levanto	**me** ofendo	**me** aburro
te levantas	**te** ofendes	**te** aburres
se levanta	**se** ofende	**se** aburre
nos levantamos	**nos** ofendemos	**nos** aburrimos
os levantáis	**os** ofendéis	**os** aburrís
se levantan	**se** ofenden	**se** aburren

EJERCICIOS

Ejercicio 1

Describa Ud. lo que hacen las siguientes personas por la noche.

MODELO: _____ (mirar) la televisión. (Silvia)
Silvia mira la televisión.

1. _____ (comprar) la comida y otras necesidades de la familia. (yo, Cristina y su esposo, nosotros, tú, Marco)
2. _____ (leer) los periódicos electrónicos. (Tomás, yo, Ramiro y su hermano, tú, nosotras)
3. _____ (subir) al tercer piso para pasar un buen rato con los abuelos. (yo, los Ramírez, tú, María Elena, vosotros)
4. _____ (escuchar) música en MP3. (tú y yo, muchos estudiantes, tú, mi mejor amigo, vosotras)
5. _____ (beber) un jugo o un refresco para la sed. (yo, mi primo, mis vecinos, Sara y yo, tú)
6. _____ (escribir) la tarea para el día siguiente. (nosotros, yo, las dos hermanas, tú, vosotras)

Ejercicio 2

Complete la siguiente información para indicar la idea que Ud. tiene de los cibernautas.

MODELO: navegar por la red
Son personas que navegan por la red.

Usamos la computadora para muchas tareas profesionales y personales. ¿Qué cree Ud. que hace en su computadora el joven de la fotografía? Y a Ud., ¿cómo le ayuda la computadora en sus tareas?

1. leer libros digitales
2. participar en foros virtuales
3. asistir a conferencias sobre informática
4. habitar casas "inteligentes"
5. comunicarse con sus amigos constantemente por correo electrónico
6. comprar una computadora de último modelo

Ejercicio 3

Trabajando con un/a compañero/a, Ud. le hace las siguientes preguntas para ver cuán aficionado/a es al mundo digital. Luego cambian de papel y Ud. responde a las mismas preguntas.

MODELO: usar una computadora de último modelo
           —¿Usas una computadora de último modelo?
           —*Sí, uso una computadora de último modelo.* O: *No, uso una computadora un poco antigua.*

1. navegar por la red muchas horas cada día
2. hojear periódicos electrónicos
3. leer libros digitales
4. vivir en casas "inteligentes"
5. visitar foros virtuales

Ejercicio 4

Indique lo que sus amigos y Ud. hacen normalmente después de clases. Diga si lo hacen normalmente, por lo general, a veces, nunca, etc.

MODELO: estudiar en la biblioteca
           Por lo general estudiamos en la biblioteca.

1. beber un café en la cafetería
2. escuchar nuestros discos compactos favoritos
3. escribir la tarea del día siguiente
4. tomar el autobús para volver a casa
5. meterse en el auto para ir al trabajo
6. caminar a casa de algún/alguna amigo/a

Ejercicio 5

En grupos de tres completen las siguientes opiniones acerca del mundo de la cibernética. Cuando hayan terminado, informen al resto de la clase de las opiniones expresadas.

MODELO: E1 espacio personal del yo...
           E1: *El espacio personal del yo disminuye cada día.*
           E2: *El espacio personal del yo va a desaparecer en el futuro.*
           E3: *El espacio personal del yo debe mantenerse a toda costa.*

1. La frontera entre lo real y lo virtual…
2. La sociedad de la información…
3. La economía basada en la información…
4. Los libros digitales…
5. Los robots autónomos…

B Spelling changes

Some verbs require a spelling adjustment to reflect pronunciation.

Verbs affected	Spelling change	Model verb		Other verbs	
-ger, -gir	**g → j**	diri**gir**		coger	corregir*
		diri**jo**	dirigimos	proteger	elegir*
	before **o**	diriges	dirigís	recoger	exigir
		dirige	dirigen		
-guir	**gu → g**	distin**guir**		conseguir*	perseguir*
		distin**go**	distinguimos	extinguir*	seguir*
	before **o**	distingues	distinguís		
		distingue	distinguen		
-cer, -cir	**c → z**	conven**cer**		ejercer	esparcir
		conven**zo**	convencemos	vencer	
preceded by a consonant	before **o**	convences	convencéis		
		convence	convencen		
-uir	**i → y**	infl**uir**		atribuir	excluir
		influ**yo**	influimos	concluir	distribuir
	before **o, e**	influ**yes**	influís	construir	incluir
		influ**ye**	influ**yen**	contribuir	obstruir
				destruir	sustituir
-iar, -uar	**i → í**	env**iar**		ampliar	acentuar
	u → ú all forms	env**ío**	enviamos	confiar	efectuar
	except	env**ías**	enviáis	enfriar	graduar(se)
	nosotros, vosotros	env**ía**	env**ían**	guiar	situar

*These verbs are also stem-changing verbs. (See table in C.)

C Stem-changing verbs

1. When the stress falls on the last vowel of the stem, some **-ar, -er,** and **-ir** verbs from all conjugations have a change in the stem from **e** to **ie** or **o** to **ue,** and some **-ir** verbs have a change in the stem from **e** to **i.** In the present indicative this change affects all persons *except the first and second persons plural,* which are the only ones that are not stressed on the last vowel of the stem.

Stem change	Model verb		Other verbs	
e → ie	**pensar**		cerrar	defender
	pienso	pensamos	comenzar	encender
	piensas	pensáis	confesar	entender
	piensa	piensan	despertar(se)	perder
			empezar	querer
			encerrar	divertir(se)
			gobernar	mentir
			recomendar	preferir
			sentar(se)	sentir
o → ue	**volver**		almorzar	devolver
	vuelvo	volvemos	contar	llover
	vuelves	volvéis	costar	mover
	vuelve	vuelven	encontrar	poder
			mostrar	resolver
			probar	soler
			recordar	dormir
			sonar	morir
			soñar	
e → i	**pedir**		conseguir	reír*
	pido	pedimos	corregir	seguir
(**-ir** verbs	pides	pedís	despedir(se)	servir
only)	pide	piden	elegir	sonreír*
			medir	vestir(se)
			perseguir	repetir

*****Reír** and **sonreír** both are conjugated according to the following pattern: **río, ríes, ríe, reímos, reís, ríen.**

> **Nota gramatical:** These stem changes are not exclusive of verbs. They also apply to adjective or noun stems when they are stressed: **cierto** vs **certeza**, **certitud** (certain, certitude); **sueño** vs **soñador** (dream, dreamer). Stem changes are emphasized in the case of verbs because they form a pattern that applies systematically to a large set of items, which is not the case with adjectives and nouns.

2. The verbs **adquirir** (*to acquire*), **jugar** (*to play*), and **oler** (*to smell*) follow a stem-change pattern, changing **i** to **ie, u** to **ue,** and **o** to **hue,** respectively.

adquirir (*i → ie*)		jugar (*u → ue*)		oler (*o → hue*)	
adqu**ie**ro	adquirimos	**jue**go	jugamos	**hue**lo	olemos
adqu**ie**res	adquirís	**jue**gas	jugáis	**hue**les	oléis
adqu**ie**re	adqu**ie**ren	**jue**ga	**jue**gan	**hue**le	**hue**len

Throughout this text, stem changes are indicated in parentheses after the infinitive; for example, **pensar (ie), volver (ue), preferir (ie), dormir (ue),** and **pedir (i).**

 **EJERCICIOS**

Ejercicio 1

Diga qué hacen o qué quieren hacer las personas indicadas entre paréntesis para entretenerse durante el fin de semana.

MODELO: _____ (querer) aprender a bailar salsa. (yo)
(*Yo*) *quiero aprender a bailar salsa.*

1. _____ (soñar) con viajar a una playa del Caribe. (Elena y Ricardo, tú, yo, Toni y yo)
2. _____ (pensar) aprender a tocar un instrumento musical. (los Iturbe, vosotros, Antonio, yo, tú)
3. _____ (jugar) a mi videojuego favorito. (Martín y Anita, tú, Miguel y yo, yo)
4. _____ (soler) visitar foros virtuales. (yo, mis amigas, Susana y Gloria, Paco y yo, tú)

5. _____ (dirigir) un grupo teatral. (Pablo, tú, yo, las hermanas Ruiz)
6. _____ (instruir) a unos amigos en el uso de las computadoras. (yo, los Ramírez, tú, mi mamá y yo, vosotras)

Ejercicio 2

Ud. expresa sus opiniones sobre el mundo de la tecnología. Un/a compañero/a suyo/a comenta de modo enfático que él/ella piensa de otro modo.

MODELO: enviar una tarjeta real o una tarjeta electrónica para los cumpleaños
> Ud.: *Normalmente envío una tarjeta real para los cumpleaños.*
> Compañero/a: *Yo no; yo siempre envío una tarjeta electrónica.*

1. preferir escribir cartas o enviar mensajes electrónicos
2. distinguir el mundo virtual del mundo real o confundir estos dos mundos
3. preferir buscar información en la biblioteca o en la red
4. encontrar más divertido practicar básquetbol en un gimnasio o en un videojuego
5. entender mejor un programa al leer un manual o al mirar las instrucciones en la pantalla de la computadora
6. adquirir programas para su computadora cada mes o con menos frecuencia
7. corregir los errores de una composición con ayuda de la computadora o por su propia cuenta

Ejercicio 3

Todo le sale mal esta semana y Ud. se lamenta de lo que le pasa. Exprese sus sentimientos usando expresiones como **qué lata (fastidio), qué pena (lástima), cuánto lo lamento, cúanto lo siento** y **qué mala suerte.**

MODELO: Claudia / no volver conmigo hoy
> *¡Cuánto lo siento! Claudia no vuelve conmigo hoy.*

1. (yo) / no encontrar tiempo para salir con mis amigos esta noche
2. mi primo Rodrigo / no resolver sus problemas con su padre
3. mi hermana / ya no confiar en mí
4. (yo) / no poder jugar al tenis esta tarde
5. mis compañeros de clase / perderse casi siempre la fiesta de Isabel
6. el entrenador de béisbol / no guiar a mi hermano menor durante las prácticas

7. yo / no dormir bien por la noche ahora
8. nevar en este momento, de modo que no salimos de paseo
9. (tú) / no vestirse con ropa apropiada para la ceremonia de esta noche
10. mis amistades / no entender mis chistes

D> Verbs with irregular forms

Irregular first person singular form

Verb	Conjugation		Other verbs
caber	**quepo,** cabes, cabe, cabemos, cabéis, caben		
dar	**doy,** das, da, damos, dais, dan		
hacer	**hago,** haces, hace, hacemos, hacéis, hacen		deshacer, rehacer, satisfacer
poner	**pongo,** pones, pone, ponemos, ponéis, ponen		componer, imponer, oponer, proponer, reponer, suponer
saber	**sé,** sabes, sabe, sabemos, sabéis, saben		
salir	**salgo,** sales, sale, salimos, salís, salen		
traer	**traigo,** traes, trae, traemos, traéis, traen		atraer, caer(se), distraer(se)
valer	**valgo,** vales, vale, valemos, valéis, valen		
ver	**veo,** ves, ve, vemos, veis, ven		
-cer or **-cir** preceded by vowel	**Model:** *ofrecer* **ofrezco** ofreces ofrece	ofrecemos ofrecéis ofrecen	agradecer, aparecer, complacer, conocer, crecer, desconocer, establecer, parecer, obedecer, permanecer, pertenecer, reconocer, conducir, deducir, introducir, producir, reducir, traducir

Verbs with several irregular forms

Verb	Conjugation		Other verbs
decir	**digo** **dices** dice	decimos decís **dicen**	contradecir, predecir
estar	**estoy** **estás** está	estamos estáis **están**	
ir	**voy** **vas** **va**	**vamos** **vais** **van**	
oír	**oigo** **oyes** **oye**	**oímos** oís **oyen**	
ser	**soy** **eres** **es**	**somos** **sois** **son**	
tener	**tengo** **tienes** **tiene**	tenemos tenéis **tienen**	contener, detener, entretener(se), mantener, obtener
venir	**vengo** **vienes** **viene**	venimos venís **vienen**	convenir, intervenir, prevenir

EJ**E**R**C**I**C**I**O**S

Ejercicio I

Un/a compañero/a hace el papel de una persona egoísta que, cuando Ud.
le habla de varios amigos mutuos, termina hablando de sí mismo/a.

MODELO: Ud.: En mi opinión, Anita merece unas vacaciones.
  Compañero/a: *Es cierto, pero yo también merezco unas*
  vacaciones.

1. Enrique conoce muchos países hispanos.
2. Guillermo hace más viajes virtuales que viajes reales.
3. Clara y Marta siempre desconfían de las agencias de viaje de la red.

Plaza de los Mariachis, Guadalajara, Jalisco, México. ¿Está contenta la pareja con la serenata de los mariachis?

4. Jorge trae muchos recuerdos bonitos de sus viajes.
5. Juanita sabe usar la red para obtener información sobre viajes.
6. Enriqueta pertenece a varias organizaciones para viajeros.
7. Antes de viajar, Susana y Olga traducen frases esenciales a la lengua del país que visitan.
8. Maxi va a un sitio distinto todos los años.

Ejercicio 2

Diga lo que suele hacer cuando está de visita en las siguientes ciudades.

MODELO: Ciudad de México / dar una vuelta por el Zócalo
Cuando estoy en la ciudad de México, siempre doy una vuelta por el Zócalo.

1. San Francisco / ver el puente Golden Gate
2. Santiago de Chile / tener tiempo para visitar el cerro Santa Lucía
3. Lima, Perú / hacer compras en el barrio Miraflores
4. Granada, España / ir a la Alhambra
5. Panamá / salir a dar un paseo cerca del Canal
6. Guadalajara, México / enviar una postal de la Plaza de los Mariachis
7. San Diego / conducir mi coche al famoso Jardín Zoológico

8. la región andina / hacer una visita a las ruinas de Machu Picchu
9. Buenos Aires / entretenerme caminando por la calle Florida
10. Alaska / llevar un impermeable y unos guantes gruesos

Ejercicio 3

Invente una historia basándose en los dibujos que aparecen a continuación. Use las palabras y expresiones sugeridas u otras de su elección. Comience su historia así: Todas las mañanas mi amigo/a Ricardo/Rita...

despertarse
levantarse pronto

salir de casa
correr / trotar
hacer ejercicio

volver a casa
ducharse / lavarse
secarse el pelo

E Uses

1. The present indicative refers to actions or states that are true at the time of speaking. This includes actions in progress, habitual actions, and timeless actions. Note that for actions in progress English uses the present progressive tense (with -ing form), as in the second and third examples.

Los economistas **dicen** que el estado de la economía **es** deplorable.	*The economists say that the state of the economy is deplorable.*
—¿Qué **lees?** —**Leo** el periódico.	*What **are you reading?** I'm reading the newspaper.*
Asisto a clases de lunes a viernes y **trabajo** los fines de semana.	*I attend classes Monday through Friday and work on weekends.*
Según muchos, el universo no **tiene** límites.	*According to many, the universe does not have boundaries.*

2. The present indicative can also be used to refer to an event scheduled to take place in the near future. In English the present progressive, *will* + infinitive, or a construction with *going* + infinitive is preferred in this context.

El mes próximo **salgo** para México.	*Next month I'm leaving for Mexico.*
Asisto a una feria industrial.	*I'm attending an industrial fair.*

3. The construction *present indicative* + **desde (hace)** + *time expression* is used to refer to an action that began in the past and is still going on in the present. In English, either the present perfect progressive or the present perfect is used. (See Chapter 2, Section II for more on **hace** with time expressions.)

Vivimos en esta ciudad **desde** 1980 y **estamos** en esta casa **desde hace** cinco años.	*We have been living in this city since 1980 and we have been in this house for five years.*

4. The present indicative is used to make past events seem more vivid and immediate, especially when narrating historical events. This use is referred to as the "historical present."

El sábado pasado caminaba por el centro cuando casi **choco** con un joven que me **mira** malhumorado y luego **sonríe** y **exclama:** "Tanto tiempo sin verte, primo Ramiro. ¡Qué agradable sorpresa!"	*Last Saturday, I was walking downtown when I almost collide with a young man who looks at me angrily and then smiles and says: "Long time without seeing you, cousin Ramiro. What a pleasant surprise!"*
El Brasil **es** descubierto a comienzos del siglo dieciséis y los primeros colonos portugueses **llegan** en 1532.	*Brazil is discovered at the beginning of the sixteenth century, and the first Portuguese settlers arrive in 1532.*

Nota gramatical: As seen throughout this section, the present tense can refer to actions that are taking place at the moment of speaking, customary actions in the present, scheduled actions in the near future, and even past actions. It is understandable why this is the most frequently used tense in the Spanish language.

Summary of the uses of the present indicative

Statements that are true at the time of speaking	La educación **es** importante. **Asisto** a la universidad. **Estudio** para periodista. En este momento, **leo** mi libro de español.
Planned actions in the near future	El próximo mes **salgo** para España.
Ongoing events begun in the past	**Espero** el autobús **desde hace** quince minutos.
Vivid narration of past events	Estaba en mi cuarto cuando de pronto **entran** unos hombres desconocidos. Me **preguntan** mi nombre.

EJERCICIOS

Ejercicio 1

Ud. le cuenta a un/a amigo/a una experiencia reciente camino del aeropuerto. Complete la siguiente historia usando el presente de indicativo "histórico".

1. (Ser) _____ las seis y media de la mañana. Yo (estar) _____ en un taxi que me (llevar) _____ al aeropuerto. El conductor (ir) _____ muy despacio porque detrás (venir) _____ un coche de policía.
2. Yo (estar) _____ nervioso/a porque (tener) _____ que estar en el aeropuerto antes de las siete y media. El taxista (conocer) _____ bien la carretera, pero yo (desconocer) _____ la distancia al aeropuerto. Finalmente le (decir) _____ al taxista que (creer) _____ que (ir) _____ a perder el avión. Él me asegura que (saber) _____ exactamente lo que (hacer) _____ y me (sonreír) _____ por el espejo retrovisor.
3. De repente [yo] (oír) _____ la sirena de la policía. Eso me (convencer) _____ de que voy a llegar demasiado tarde. Los agentes nos (hablar) _____ unos minutos que me (parecer) _____ una eternidad.
4. En fin, ¿(saber) _____ tú lo que (querer) _____ ellos? Pues, (desear) _____ saber si el taxi (tener) _____ problemas mecánicos; nos (decir) _____ que (manejar) _____ nosotros demasiado despacio. ¡Qué ironía!, ¿verdad?

Ejercicio 2

Complete estas oraciones indicando las cosas que Ud. y otras personas tienen planeadas para la semana próxima.

MODELO: el lunes próximo / (yo) / salir / para Nueva York
El lunes próximo (yo) salgo para Nueva York.

1. el próximo jueves / mi padre / hacerse / su examen médico anual
2. el viernes por la tarde / mi compañero de cuarto / entrevistarse / con el jefe de una compañía de productos electrónicos
3. mi profesora / participar / en una conferencia sobre los mundos virtuales / el próximo fin de semana
4. el próximo fin de semana / (tú) / seguir / un cursillo sobre el sistema "Linux"
5. mis hermanos y yo / conducir / a casa de unos parientes el sábado próximo
6. el próximo viernes por la noche / (yo) / encerrarme / en mi cuarto a jugar videojuegos
7. la próxima semana / un primo / graduarse / de ingeniero eléctrico

Ejercicio 3

En grupos de tres, háganse las siguientes preguntas. Den respuestas distintas.

MODELO: E1: ¿Adónde piensan ir Uds. este fin de semana?
            E2: *Pienso ir al teatro municipal.*
            E3: *Y yo pienso ir a la biblioteca nueva.*

1. ¿Quién es su profesor favorito?
2. ¿Les interesa la geografía? ¿Qué ríos de Estados Unidos pueden nombrar?
3. Generalmente, ¿cuándo tienen tiempo libre para salir?
4. ¿Qué lengua hablan sus padres?
5. ¿Qué países quieren visitar?

Ejercicio 4

Diga lo que hacen las varias personas que ve en la escena siguiente.

MODELO: Los niños se divierten con sus videojuegos.

Nouns

A▷ Gender

All nouns in Spanish are either masculine or feminine. When referring to human beings, Spanish nouns follow the biological distinction: Nouns referring to male human beings are masculine and those referring to females are feminine. In all other cases, gender assignment is arbitrary; however, some endings are associated with either the masculine or feminine gender.

Masculine and feminine forms of nouns referring to people

1. Most nouns referring to people end in **-o** in the masculine and **-a** in the feminine.

el abuelo	la abuela
el muchacho	la muchacha
el novio	la novia
el primo	la prima
el vecino	la vecina

Note that the noun **persona** is always feminine and applies to both male and female: **Roberto es una persona creativa. Josefina es una persona responsable.**

2. Some nouns referring to people end in a consonant in the masculine and in **-a** in the feminine.

el autor	la autora
el escritor	la escritora
el patrón	la patrona
el peatón	la peatona
el profesor	la profesora

Note that the accent is dropped in **patrona** and **peatona.**

Nota gramatical: Most Spanish words ending in a vowel, **-n,** or **-s** are normally stressed on the next-to-last syllable; most words ending in a consonant different from **-n** or **-s** are stressed on the last syllable. A written accent is not needed for these words. Only words that deviate from these majority patterns require a written accent mark. The masculine singular forms **patrón** and **peatón** need a written accent mark because they end in **-n** and are stressed on the last syllable. The feminine singular forms **patrona** and **peatona** end in a vowel and are stressed on the next-to-last syllable and therefore do not require an accent mark. Consult Appendix B: Written Accent Marks.

3. Some nouns that refer to people are identical in the masculine and feminine forms. Gender is indicated by the form of the article that precedes the noun, by other modifiers, or by context. Nouns ending in **-a** (including the common suffix **-ista**), most nouns ending in **-ente** or **-ante,** and a few others belong in this category.

el artista	la artista
el camarada	la camarada
el cibernauta	la cibernauta
el cliente	la cliente
el demócrata	la demócrata
el estudiante	la estudiante
el intérprete	la intérprete
el novelista	la novelista
el testigo	la testigo
el visitante	la visitante

4. Some nouns have special masculine and feminine forms, as do their English counterparts.

el actor	la actriz
el barón	la baronesa
el caballero	la dama
el héroe	la heroína

el padre   la madre

el príncipe   la princesa

Noun endings

1. Some feminine noun endings:

-a	-d	-ión		-ez
la familia	la pared	la inflación	la congestión	la honradez
la pantalla	la salud	la condición	la cuestión	la madurez
la entrevista	la ciudad	la instrucción	la conexión	la rapidez
la noticia	la amistad	la confusión	la reflexión	la timidez
la biblioteca	la realidad	la ocasión	la opinión	la vejez
la tienda	la gratitud	la expresión	la región	la vez

a. Although the vast majority of nouns ending in **-a** are feminine, there are some common exceptions: **el día, el mapa, el sofá, el tranvía.**

b. Exceptions also include some nouns of Greek origin ending in **-ma: el clima, el drama, el idioma, el programa, el problema, el tema.**

c. Some exceptions to feminine nouns ending in **-d** are **el ataúd** (*coffin*)**, el césped.**

d. Common exceptions to feminine nouns ending in **-ión** are **el avión, el camión.**

2. Some masculine noun endings:

-o	-l	-r	-e
el aparato	el animal	el hogar	el accidente
el gobierno	el hospital	el cáncer	el límite
el desarrollo	el papel	el calor	el nombre
el periódico	el túnel	el olor	el mensaje
el progreso	el sol	el valor	el viaje

a. Some exceptions to masculine nouns ending in **-o** are **la mano, la foto (fotografía)**, and **la moto (motocicleta).**

b. Common exceptions to masculine nouns ending in **-l** are **la catedral, la piel, la sal, la señal.**

c. Common exceptions to masculine nouns ending in **-r** are **la flor, la labor.**

3. Although most nouns ending in **-e** are masculine, there are some common and frequently used exceptions:

REFRÁN

De la mano a la boca se pierde la sopa.

la calle	la mente
la carne	la muchedumbre
la clase	la muerte
la costumbre	la nieve
la especie	la noche
la frase	la parte
la gente	la sangre
el hambre (f.)	la suerte
la llave	la tarde

Noun endings of either gender

There is no general rule for determining the gender of nouns with endings other than those mentioned above. The gender of these nouns must be memorized.

el bien	la sien (*temple*, of head)	el análisis	la síntesis
el maíz	la raíz	el corazón	la razón

Nouns with two genders and two meanings

The feminine or masculine article indicates the gender and distinguishes the meaning of some nouns. Compare the meaning and gender of the following pairs of nouns.

capital (*money*)	el capital	la capital	capital (*city*)
cut	el corte	la corte	court
priest	el cura	la cura	cure
guide	el guía	la guía	guidebook; female guide
example; male model	el modelo	la modelo	female model
order, tidiness	el orden	la orden	order, command
Pope	el Papa	la papa	potato
policeman	el policía	la policía	police force; policewoman

Gender in other categories of nouns

1. The names of oceans, rivers, and mountains are masculine. The word **sierra** (*mountain range*) is feminine.

El Pacífico es más profundo que **el Atlántico.**

The Pacific Ocean is deeper than the Atlantic.

¿Qué río es más largo, **el Orinoco** o **el Nilo?**

Which river is longer, the Orinoco or the Nile?

Quieren escalar **el Aconcagua** y luego **el Everest.**

They want to climb Mount Aconcagua and then Mount Everest.

2. Months and days of the week are masculine.

El sábado es mi día favorito.

Saturday is my favorite day.

Abril es lluvios**o.**

April is (a) rainy (month).

3. The letters of the alphabet are feminine.

La *a* es la primer**a** letra del alfabeto y **la** *i* grieg**a** es la penúltima.

A is the first letter in the alphabet and y is the next to the last.

4. Numbers used as nouns are masculine.

Los norteamericanos confunden a veces **el** uno español con **el** siete de ellos.

Americans sometimes take Spanish (number) one for their (number) seven.

*P*anorama de San Antonio de Oriente, *Honduras*, de José Antonio Velásquez (1903–1983). ¿Puede Ud. mencionar algunos de los objetos que ve en el cuadro?

5. The infinitive of a verb used as a noun is masculine.

El operar computadoras es cada vez más necesari**o**.	*Operating computers is more and more necessary.*
Me molesta su continu**o** **quejarse**.	*His continuous complaining bothers me.*

Ejercicio 1

Indique el género (*gender*) de cada sustantivo (*noun*), dando el artículo definido correcto. Si los dos géneros son posibles, dé los dos artículos.

MODELO 1: novia   *la novia*
MODELO 2: periodista   *el periodista / la periodista*

1. vecino	6. día	11. sangre	16. miércoles
2. muchacha	7. clase	12. mano	17. carne
3. cliente	8. capital	13. límite	18. corte
4. estación	9. viaje	14. nieve	19. raíz
5. clima	10. suerte	15. policía	20. accidente

Ejercicio 2

¿Qué palabras de la siguiente lista pueden referirse a su amigo Tomás? ¿A Margarita? ¿A los dos?

MODELO 1: mensajera *A Margarita, sí; a Tomás, no.*
MODELO 2: taxista *A los dos.*

1. escritora
2. especialista
3. primo
4. habitante
5. guía
6. heroína
7. político
8. cibernauta
9. testigo
10. autor
11. actriz
12. intérprete

Ejercicio 3

En las siguientes oraciones, para indicar el género del sustantivo en negrita (*boldface*), llene el espacio en blanco con el artículo definido apropiado.

MODELO: Voy a _____ **tienda** los jueves.
 Voy a la tienda los jueves.

1. ¿A qué hora crees que terminas con _____ **entrevista?**
2. No entiendo qué quiere _____ **multitud** que protesta frente a la Administración ahora.
3. Javier está en _____ **hospital.**
4. Creo que Fabián no tiene _____ **información** que enviamos.
5. Cada día _____ **problemas** de mi hijo son mayores.
6. Este verano, por primera vez, voy a ver _____ **Atlántico.**
7. _____ **costumbre** que más me gusta es la tertulia (*social gathering*).
8. _____ **desorden** que hay en el cuarto de ese muchachito es increíble.

Ejercicio 4

Maxi y Laura hablan de varios conocidos. Con un/a compañero/a, cree un diálogo, según el modelo.

MODELO: Guillermo / actor / prima
  Maxi: *Guillermo es actor, ¿verdad?*
  Laura: *Sí, y su prima es actriz también.*

1. Marisa / profesora / tío
2. Roberto / camarero / hermana
3. Carlos / programador / novia
4. Isabel / pianista / esposo
5. Ricardo / modelo / prima
6. Adela / agente de policía / yerno (*son-in-law*)
7. Carmen / doctora / padre
8. Marta / periodista / mejor amigo
9. Raúl / vendedor / sobrina
10. Ana / demócrata / compañera de cuarto

B Plural of nouns

1. Nouns add either **-s** or **-es** to form the plural according to the following generalizations.

Add -s		Add -es	
if a noun ends in an unstressed vowel		**if a noun ends in a consonant**	
aparato	aparatos	actor	actores
biblioteca	bibliotecas	opinión	opiniones
candidata	candidatas	origen	orígenes
compañero	compañeros	país	países
cliente	clientes	rey	reyes
if a noun ends in stressed é, ó		**if a noun ends in stressed á, í, ú**	
café	cafés	bajá (*Pasha*)	bajáes
canapé	canapés	rubí	rubíes
dominó	dominós	tabú	tabúes
		Exceptions:	
		menú	menús
		mamá, papá	mamás, papás
		sofá	sofás

2. Nouns ending in an unstressed vowel + **s** remain unchanged in the plural.

el análisis	los análisis
la crisis	las crisis
la dosis	las dosis
el lunes	los lunes

Spelling changes

Some nouns undergo a spelling change in the plural:

1. A singular noun ending in **-z** changes **z** to **c** before adding **-es**.

2. A singular noun ending in **-n** and stressed on the next-to-last syllable adds a written accent in the plural to maintain the stress on that syllable.

3. A singular noun ending in **-n** or **-s** and stressed on the final syllable drops the written accent in the plural. The largest group is that of nouns ending in **-ión.**

z → c	Add accent	Drop accent
luz → luces	examen → exámenes	autobús → autobuses
voz → voces	joven → jóvenes	compás → compases
lápiz → lápices	origen → orígenes	patrón → patrones
actriz → actrices	volumen → volúmenes	opinión → opiniones

Consult Appendix B: Written Accent Marks.

 EJERCICIOS

Ejercicio 1

Hágale las siguientes preguntas a un/a compañero/a. Su compañero/a le contesta, haciéndole notar, según el modelo, que la cantidad es mayor.

MODELO: UD.: Carlos necesita **un litro** de vino, ¿verdad?
     JUANITA: *Estás equivocado/a; necesita tres litros.*

1. La compañía de tu papá tiene **un cliente** nuevo, ¿verdad?
2. La empresa "Luximax" necesita **un programador** nuevo, ¿no?
3. Tu familia quiere visitar **una ciudad** de la región del sur, ¿cierto?
4. Tú necesitas **un sofá** más cómodo para tu casa, ¿verdad?
5. El director de la película busca **una actriz** bastante alta, ¿cierto?
6. Para viajar de aquí a San Antonio, se toma sólo **un autobús,** ¿no es así?
7. Tienes **un examen** mañana, ¿verdad?
8. Hay sólo **una luz** en esta sala, ¿verdad que sí?

Ejercicio 2

Hable de aspectos de la vida urbana que no le gustan, según el modelo.

MODELO: autobús / contaminar el aire
    ¡Los autobuses contaminan el aire!

1. peatón / no hacer caso a los semáforos
2. lugar de estacionamiento / no ser muy numerosos
3. cibercafé / estar demasiado ocupados
4. parque / estar llenos de basura
5. tren del metro / pasar siempre llenos de gente
6. taxista / manejar como locos

7. joven / no bajar el volumen de su radio
8. computadora / reemplazar / a los seres humanos

III Articles

A Definite articles

Forms

1. The definite article agrees with the noun it modifies in both gender (masculine or feminine) and number (singular or plural).

	Singular	Plural
Masculine	**el** director	**los** directores
	el libro	**los** libros
Feminine	**la** directora	**las** directoras
	la ciudad	**las** ciudades

2. The preposition **a** + the definite article **el** is contracted to **al;** the preposition **de** + the definite article **el** is contracted to **del.** If the article **el** is part of a proper noun, such as a name, it is not contracted. **A** and **de** + **la, los, las** are not contracted.

Las máquinas ofrecen beneficios **al** individuo y **a la** comunidad.	*Machines provide benefits for the individual and the community.*
Los representantes **del** gobierno hablan mañana; van a discutir el estado **de la** economía.	*The representatives of the government are speaking tomorrow; they are going to discuss the state of the economy.*
Presenciamos un gran desarrollo **de los** libros y **de las** revistas digitales.	*We are witnessing a big development of digital books and magazines.*
Acabo de regresar **de El** Salvador.	*I have just returned from El Salvador.*

3. When the definite article immediately precedes a *singular* feminine noun beginning with a *stressed* **a-** or **ha-, el,** not **la,** is used. In the plural, the **las** form is used; adjectives always follow the normal rules of agreement.

Ella estudia **el** habla **pintoresca** de nuestra región.	*She studies the colorful speech of our region.*
El agua de este lago es **fría.**	*The water of this lake is cold.*
Las aguas de estas fuentes son **frías.**	*The waters from these fountains are cold.*
Tengo **mucha** hambre.	*I'm very hungry.*

Feminine proper nouns beginning with a stressed **a-** or **ha-** and the names of the letters **a** and **h** use **la,** not **el.**

La Corte Internacional de Justicia está en **La** Haya.	*The International Court of Justice is in The Hague.*
La *hache* no se pronuncia en español.	*H is not pronounced in Spanish.*

Uses

General sense

In Spanish, the definite article is used with nouns in a general sense. In English, the article is not used this way.

La información es cada vez más importante.	*Information is more and more important.*
La economía actual no está basada exclusivamente en **el** capital.	*Current economy is not exclusively based on capital.*
No me atraen **los** videojuegos; prefiero **los** juegos reales.	*Videogames don't appeal to me; I prefer real games.*

Possessive sense

1. The definite article, and not a possessive adjective, is generally used in Spanish to refer to parts of the body and articles of clothing when the possessor is clearly understood.

A la niña le duele **la** garganta.	*The girl's throat hurts.*
Él se ha torcido **el** tobillo.	*He has twisted his ankle.*
Si quieres, puedes quitarte **la** corbata.	*If you want, you may take off your tie.*

2. A possessive adjective is used to avoid ambiguity or to place emphasis on the part of the body or the article of clothing.

Ponte **la** chaqueta. Pero no te pongas **mi** chaqueta como la última vez.	*Put on your jacket. But don't put on <u>my</u> jacket like the last time.*
Sus ojos brillaban en la oscuridad. (emphasis) **Le** brillaban **los** ojos en la oscuridad. (normal)	*His eyes were shining in the dark.*

Days of the week and units of time

1. The singular definite article **el** is used with the days of the week to express *on*. The plural definite article **los** expresses the equivalent of *every*.

Esta semana tenemos un examen **el** martes, **el** jueves y **el** viernes. ¡Qué horror!	*This week we have an exam on Tuesday, Thursday, and Friday. How awful!*
Los bancos están cerrados **los** sábados.	*Banks are closed on Saturdays. (= every Saturday)*

2. No article, however, is used with a day of the week after the verb **ser** or in the phrase **de... a...** with time expressions.

Hoy es miércoles.	*Today is Wednesday.*
Trabajo **de** lunes **a** jueves y descanso **de** viernes **a** domingo.	*I work from Monday to Thursday and rest from Friday to Sunday.*

3. The definite article is required in Spanish to express *next* or *last* + a unit of time.

La entrevista es **la próxima** semana.	*The interview is next week.*
¿Viajas a Ecuador **el** mes **próximo?**	*Are you traveling to Ecuador next month?*
Asistí a un congreso **el** año **pasado.**	*I attended a conference last year.*

Languages

1. In contrast to English, names of languages usually require the definite article in Spanish.

El chino es la lengua con más hablantes en el mundo.	*Chinese is the language with the most speakers in the world.*
Soy cantante y de todas las lenguas europeas prefiero **el** italiano.	*I'm a singer, and of all European languages I prefer Italian.*

2. The definite article is not used after the verb **hablar** when followed by the name of a language. The article is optional after verbs such as **aprender, enseñar, entender, escribir, estudiar, leer,** and **saber** + the name of a language. Note that no article is used in English.

Hablas español muy bien.	*You speak Spanish very well.*
—¿Estudias **(el)** ruso? —No, aprendo **(el)** japonés.	*Do you study Russian?* *No, I'm learning Japanese.*
Ud. escribe **(el)** árabe, ¿verdad?	*You write Arabic, don't you?*

3. The definite article is not used after the preposition **en** + the name of a language. The article is also omitted after the preposition **de** + a language in phrases that categorize a noun.

Esos libros están escritos **en griego** y **en español.**	*Those books are written in Greek and Spanish.*
Mi profesora **de francés** dicta también clases **de alemán.**	*My French teacher also gives German classes.*

Proper nouns

1. The definite article is used with a courtesy title + a surname when speaking *about* someone. No article is used when speaking directly *to* someone and before titles such as **don** and **doña.**

—**Señor** Parra, ¿cuándo podemos reunirnos con su socio, **el señor** Hernández?	*Mr. Parra, when can we meet with your partner, Mr. Hernández?*
Necesito ver a **don** Enrique y a **doña** Lucía.	*I need to see Don Enrique and Doña Lucía.*

2. Most names of cities and countries are used without the definite article in both Spanish and English. The article must be used, however, when it is part of the name, as in **Los Ángeles, La Habana, El Cairo, Las Antillas, El Salvador, La República Dominicana.**

The use of the article is optional with the following countries:

(la) Argentina	(la) China	(la) India	(el) Perú
(el) Brasil	(el) Ecuador	(el) Japón	(el) Uruguay
(el) Canadá	(los) Estados Unidos	(el) Paraguay	

Vamos a pasar por España y por Francia, pero vamos a quedarnos casi todo el tiempo en Suiza: una semana en Zurich y otra en Ginebra.	*We'll go through Spain and France, but we'll stay in Switzerland most of the time: a week in Zurich and another in Geneva.*
—¿Visitas **(el)** Perú el verano próximo? —No, voy a **(la)** Argentina.	*Are you visiting Peru next summer?* *No, I'm going to Argentina.*

3. The definite article is used with nouns referring to rivers, mountain ranges, and lakes. This is also true in English, except for lakes.

El Nilo, **el** Amazonas y **el** Misisipí son los ríos más largos del mundo.	*The Nile, the Amazon, and the Mississippi are the longest rivers in the world.*
El Aconcagua es el monte más alto de América del Sur.	*The Aconcagua is the tallest mountain in South America.*
El lago Titicaca está casi a 4.000 metros sobre el nivel del mar.	*Lake Titicaca is over 12,000 feet above sea level.*

4. In Spanish, but not in English, the definite article is required with the names of cities, countries, and people when modified by a descriptive adjective or phrase.

La gente que visita San Juan prefiere **el viejo** San Juan.	*People who visit San Juan prefer old San Juan.*
El pobre Benito se perdió en las callejuelas de**l París medieval.**	*Poor Benito got lost in the narrow streets of medieval Paris.*

A, de, en + *place names*

The definite article is generally used after the prepositions **a, de,** and **en** before a place noun. Exceptions include **a/de/en casa** and **a/de/en clase.** The definite article is generally not used in English.

Los niños no van **a la** escuela los sábados.	*The children don't go to school on Saturdays.*

Regreso **de la** iglesia al mediodía.	*I come back from church at noon.*
El criminal está **en la** cárcel.	*The criminal is in jail.*
Humberto no está **en casa;** fue **al** mercado.	*Humberto is not home; he went to the market.*

Summary of the main uses of the definite article

Use the definite article

With nouns taken in a general sense
→ *La información es cada vez más importante.*

To talk about a part of the body or an article of clothing when the possessor is clearly understood
→ *Me duele la cabeza.*

With names of languages
→ *El español es muy útil.*
May be omitted after **aprender, enseñar, entender, escribir, estudiar, leer,** and **saber**
→ *No entiendo (el) francés.*

Before days of the week to express *on, every*
→ *El examen es el martes.*
→ *Siempre hay exámenes los martes.*

With most courtesy titles and surnames when speaking *about* someone
→ *Deseo hablar con el señor Paz.*

With modified names of cities and countries
→ *Me encanta el Quito colonial.*

With names of rivers, lakes, mountains
→ *El Amazonas es un río largo.*
→ *El lago Michigan es grande.*

Omit the definite article

With languages after **hablar,** after **en,** and after **de** in phrases that categorize a noun
→ *Hablamos inglés.*
→ *Responda en español, por favor.*
→ *Busco mi libro de alemán.*

With days of the week after **ser**
→ *Hoy es miércoles.*
With the phrase **de... a...** to refer to time
→ *Trabajo de lunes a jueves.*

With courtesy titles and surnames when speaking *to* someone
→ *—Buenos días, señor Paz.*

With unmodified names of most cities and countries
→ *Quito es la capital de Ecuador.*

Ejercicio 1

Diga en qué país están los siguientes lugares. Consulte los mapas que aparecen en las contratapas (*inside covers*) del libro.

MODELO: río Amazonas
          El río Amazonas está en Brasil.

1. monte Aconcagua
2. Sierra de Guadarrama
3. Guayaquil
4. río Ebro
5. Managua
6. San Juan
7. Maracaibo
8. ruinas de Machu Picchu
9. desierto de Atacama
10. Península de Yucatán

Ejercicio 2

En grupos de tres estudiantes (uno lee el modelo), hablen de los siguientes temas, según el modelo.

MODELO: Esta oficina es de **la señora Moreno.** (el director, la señorita Ruiz)
          E1: *No es cierto. La oficina es del director.*
          E2: *Tampoco es cierto. La oficina es de la señorita Ruiz.*

1. Los documentos son de **los dos abogados.** (el supervisor, la secretaria)
2. La secretaria necesita ir a **la librería.** (los grandes almacenes [*department stores*], el museo)
3. Los investigadores quieren usar algunos materiales de **la red.** (el departamento, los archivos universitarios)
4. Después de leer el manual de instrucciones, voy a prestárselo a **la profesora.** (el señor Alonso, los demás estudiantes de la clase)
5. Pamela llega pronto; quiere hablar de **la clase de informática.** (las vacaciones de primavera, el artículo que escribe)
6. Tú puedes hablar con Jorge esta noche; él también viene a **la conferencia.** (el debate, las discusiones)

Ejercicio 3

Complete las frases con la forma apropiada del artículo definido (singular o plural) cuando sea necesario. Preste atención a las contracciones **al** y **del.**

1. Este trimestre tengo clases todos _____ días de _____ semana, de _____ lunes a _____ viernes. Y, desgraciadamente, no puedo descansar _____ fines de semana porque tengo que trabajar. Cuando pienso en _____ horario que sigo, de repente me duele _____ cabeza. Bueno, ya tengo que marcharme; tengo una cita con _____ doctora Aguilar. Necesito hablar con ella sobre un estudio que preparo sobre _____ uso de _____ computadoras y _____ desempleo. ¡Me encantan _____ ciencias sociales y _____ influencia de _____ informática en _____ vida de _____ personas!

2. Hoy es _____ lunes y _____ transporte público siempre tiene problemas _____ lunes; por eso llegué tarde a _____ trabajo. Me quité _____ abrigo y estaba a punto de abrir _____ correo cuando _____ jefe me saludó así: "Buenos días, _____ señora Moreno. ¿Por qué llega Ud. tan tarde? _____ comité ejecutivo la espera en _____ oficina de _____ Presidente".

3. Mi cuñada es intérprete en _____ cortes municipales de Miami. Trabaja _____ martes, _____ miércoles y _____ jueves de _____ ocho a _____ dos. Habla _____ español y _____ francés y entiende _____ italiano y _____ griego. Naturalmente, en su trabajo, la mayor parte del tiempo usa _____ español.

Universidad Central de Venezuela, Caracas. ¿Por qué ríen los estudiantes? ¿Qué cree Ud. que estudian? Y Ud., ¿qué estudia?

Ejercicio 4

Sus colegas del trabajo lo/la invitan a participar en una actividad.
Basándose en el horario que sigue, explíqueles por qué no puede aceptar
la invitación.

	Lunes	Martes	Miércoles	Jueves	Viernes	Sábado	Domingo
4 p.m. **5 p.m.** **6 p.m.** **7 p.m.**	Clase de gimnasia	Clase de biología	Ayudar en la tienda de papá	Clase de arte		Guarda en el hospital	Cuidar a mi hermanita

MODELO: concierto de jazz, lunes
          E1: *El concierto de jazz es el lunes. ¿Quieres ir?*
          E2: *No puedo. Tengo una clase de gimnasia los lunes.*

1. exhibición de fotos, sábado
2. manifestación antinuclear, jueves a las cuatro de la tarde
3. partido de fútbol, domingo
4. estreno del nuevo drama, martes
5. viaje al campo, miércoles

Ejercicio 5

Algunos afirman que las generalizaciones son peligrosas. Viva Ud.
"peligrosamente" y responda a la pregunta de otro/a estudiante con una
generalización sobre los siguientes temas.

MODELO: las casas "inteligentes"
          E1: *¿Qué opinión tienes sobre (Qué te parecen) las casas
          "inteligentes"?*
          E2: *Las casas "inteligentes" simplifican muchos pequeños
          trabajos aburridos.*

1. salas de discusión de la red
2. centros de multimedia de esta universidad
3. cursos a distancia por la red
4. música rap
5. tiendas de la red
6. libros digitales
7. películas en sistema DVD
8. computadoras portátiles

B Indefinite articles

Forms

1. The indefinite article agrees in both gender and number with the noun it modifies. It is never contracted.

	Singular	Plural
Masculine	**un** profesor **un** colegio	**unos** profesores **unos** colegios
Feminine	**una** profesora **una** escuela	**unas** profesoras **unas** escuelas

2. When the indefinite article immediately precedes a *singular* feminine noun beginning with a stressed **a-** or **ha-**, the **un** form of the article is used. (See p. 29 at the beginning of this section for a similar rule with definite articles.)

Vivimos en **un** área muy pobla**da**.	*We live in a very populated area.*
Quiero comprar **un** arpa.	*I want to buy a harp.*
El tenor está cantando **un aria,** está cantando **una hermosa** aria.	*The tenor is singing an aria, he is singing a beautiful aria.*

Uses

In general, the indefinite article is used much less frequently in Spanish than in English.

1. The indefinite article is generally not used in Spanish after the verbs **buscar, encontrar, tener, llevar** (*to wear*), and **haber,** nor after the prepositions **sin** and **con.**

No tenemos teléfono en casa. Estamos sin teléfono desde hace una semana.	*We don't have a phone at home. We have been without a phone for a week.*
¿Todavía buscan programador en esta empresa? Me interesa el puesto porque no tengo empleo ahora.	*Are they still looking for a programmer in this company? I'm interested in the position because I don't have a job now.*
Ese joven es extraño: siempre lleva sombrero y anda con bastón.	*That young man is odd: He always wears a hat and walks with a cane.*

2. The indefinite article is usually not used after **ser** when followed by a noun or a noun phrase expressing nationality, profession, or religious or political affiliation.

Mi tía Sofía es griega. Es arquitecta. Es socialista.	*Aunt Sofía is a Greek. She's an architect. She's a socialist.*
Mi padre es republicano y mi madre es demócrata.	*My father is a Republican and my mother is a Democrat.*

The indefinite article *is* used, however, when the noun is modified and expresses subjective information or an impression or opinion about someone.

Mi tía Sofía es **una** arquitecta **famosa.** Es **una** socialista **muy activa.**	*Aunt Sofía is a famous architect. She is a very active socialist.*

3. The indefinite article is not used with the following adjectives and numbers in Spanish.

a (one) hundred	cien(to)	mil	*a (one) thousand*
a certain	cierto	otro	*another*
half a	medio	tal	*such a*

Necesito pedirte **otro** favor. ¿Puedes verme en **media** hora? Tenemos que hablar de **cierto** proyecto.	*I need to ask you another favor. Can you see me in half an hour? We have to talk about a certain project.*
¿Gabriel Núñez? No, no conozco a **tal** persona.	*Gabriel Núñez? No, I don't know such a person.*

4. In contrast to English usage, the indefinite article is not used in Spanish after **qué** (*what*) in exclamations.

¡Qué injusticia, qué gran injusticia han cometido!	*What an injustice, what a great injustice they have committed!*
¡Qué videojuego más interesante!	*What an interesting video game!*

5. The plural indefinite article forms **unos** and **unas** may be used before a plural noun to express *some* or *several*. Use of the article is optional, as is *some* in English.

Vamos a importar **(unas)** máquinas para automatizar la producción.	*We're going to import (some) machines to automate production.*

| A veces recibo (**unos**) mensajes electrónicos un poco extraños. | *I sometimes get (some) rather strange email messages.* |

> **Nota gramatical:** Three very common senses in which a noun is understood are the following: specific (*I'm returning **the books** to you;* the addressee knows which books are meant), unspecified amount (*I need **books/some books***), and general sense (*I love **books;** I love all books*). Spanish and English usage coincides in the specific and unspecified amount senses, but differs in the general sense: **Te devuelvo *los libros;* Necesito *libros/algunos libros;* Me encantan *los libros.*** For nouns understood in the general sense Spanish requires the use of the definite article, whereas English does not.

6. The plural forms **unos** and **unas** are also used to express *about (approximately, more or less)* before a numerical expression.

| Vivo a **unas cinco** millas de la universidad. | *I live about five miles from the university.* |
| Gano **unos trescientos** dólares a la semana. | *I earn about three hundred dollars a week.* |

Summary of the uses of the indefinite article

Use the indefinite article

With a modified noun that refers to someone's profession, nationality, or ideological affiliation in a subjective way
→ *Ella es **una** abogada muy competente.*

To express *some* or *several* before a plural noun (optional)
→ *He recibido **unos** mensajes electrónicos hoy.*

To express *approximately* before a number
→ *Necesito **unos** quinientos dólares.*

Omit the indefinite article

With a noun or noun phrase that refers to someone's profession, nationality, or ideological affiliation
→ *Soy mexicana. Soy abogada.*

After verbs like **buscar, encontrar, tener, llevar** (*to wear*), **haber;** after **sin** and **con**
→ *No tengo trabajo. Busco empleo. No quiero estar mucho tiempo sin salario.*

With **cierto, cien(to), medio, otro, mil, tal**
→ *Tengo otra clase dentro de media hora.*

After **qué** in exclamations
→ *¡Qué videojuego más divertido!*

Ejercicio 1

Complete las conversaciones que siguen con la forma apropiada del artículo indefinido cuando sea necesario.

1. —¿Qué traes ahí, Marisol? ¿_____ aparato para tocar MP3?
   —Sí, es _____ máquina último modelo que compré. Me la compré cuando fui a _____ tienda electrónica del centro.
   —¡Yo no tengo _____ aparatos tan bonitos como ése! ¿Me lo dejas ver _____ momento, por favor?

2. —¿Qué te pasa? ¿Por qué te sonríes?
   —Recordaba lo que me pasó ayer con _____ amigo. Fuimos al estadio a ver _____ partido de fútbol y, al traernos él _____ refresco, _____ dulces y _____ otras cosas, perdió el equilibrio y lo dejó caer todo encima de _____ pobre señor que estaba delante de él. ¡Fue _____ desastre!
   —Sí, ¡qué _____ desastre!

3. —Pero, Marta, ¡qué _____ regalo tan elegante! Tú sabes que no tenías que comprarme _____ cosa tan cara.
   —Bueno, ya lo sé, pero tú entiendes; se hace todo por _____ amiga tan buena como tú. Además, para mi cumpleaños, me regalaste _____ bufanda divina.
   —Pero, ¡mira! Me regalas _____ blusa sin _____ botones y _____ otra que tiene _____ cierto parecido a la de Cristi.
   —Ah, hablando de estas cosas, casi se me olvidó preguntarte: ¿vas a llevar _____ zapatos de tacón alto o bajo esta noche?

4. —Oye, Juan José, voy a pasar por _____ tienda de productos electrónicos. ¿Todavía necesitas _____ pila para tu computadora?
   —Sí, cómprame _____ pila, por favor. He estado muy ocupado y no he podido ocuparme de eso; estoy sin _____ computadora desde hace tres días.
   —Hombre, ¡qué _____ tragedia!

5. —Toni, _____ pregunta, por favor: ¿qué tipo de trabajo tiene tu madre?
   —Ella es _____ banquera. Tiene _____ agencia de seguros en la avenida Campoamor.
   —Pues, entonces, tu madre debe ser _____ mujer muy ocupada.

Ejercicio 2

Ud. piensa incluir el siguiente párrafo en una carta a una amiga colombiana con quien mantiene correspondencia. Revise el párrafo, usando la forma apropiada del artículo indefinido cuando sea necesario.

Hoy mis amigos y yo preparamos _____ otra excursión al campo. Pensamos salir muy temprano mañana y quedarnos allí por _____ dos o tres días. Probablemente me va a costar más de _____ cien pesos, pero ¡qué se va a hacer! Como soy _____ estudiante muy diligente (¡ja, ja, ja!), probablemente llevaré muchos libros. ¡Qué _____ buena oportunidad para estudiar!, ¿verdad? En serio, parece que esta tarde voy a pasar _____ horas buscando _____ zapatos apropiados para usar en el campo. ¡Qué _____ problema! ¿Tienes tú la costumbre de salir con _____ amigas? Si es así, háblame _____ de tus experiencias más divertidas, ¿quieres?

Ejercicio 3

En parejas, decidan si se debe o no usar el artículo indefinido para completar estos diálogos.

MODELO: —Plácido Domingo es _____ cantante.
—*Plácido Domingo es cantante.*
—Tienes razón; es _____ cantante magnífico.
—*Tienes razón; es un cantante magnífico.*

1. —Tu solución presenta _____ problemas. ¿Tienes _____ otra idea?
   —No, pero conozco _____ cierta persona que nos puede ayudar.
2. —Sé que Alberto salió sin _____ paraguas.
   —¡Pobrecito, está lloviendo!
   —No te preocupes: llevaba _____ impermeable.
3. —¡Uf, qué _____ horario tengo hoy!
   —Pues, yo también, tengo _____ otra clase muy pronto.
4. —Hay por lo menos _____ cien estudiantes en esta sala para ver la película.
   —¡Estás muy equivocado! Seguro que hay _____ mil personas.
5. —¿A qué partido político pertenece tu abuelo? ¿Es _____ republicano?
   —Mi abuelo es _____ demócrata; te digo que es _____ demócrata ferviente.

IV Foco en el léxico: **Tomar, llevar(se),** and other equivalents of *to take*

A Tomar, llevar(se)

In Spanish, the English verb *to take* is expressed mainly by **tomar** and **llevar(se)**.

1. **Tomar** expresses *to take* in the sense of *to get a hold of* (both literally and figuratively) and *to take a means of transportation*. It also commonly expresses the equivalent of *to drink* and *to eat*.

Toma el video; es para ti.	*Take the video; it's for you.*
Siempre lo **toman** por madrileño.	*They always take him for a Madrilenian.*
¿**Toman** tus ideas en serio?	*Do they take your ideas seriously?*
¿**Tomas** el metro los lunes?	*Do you take the subway on Mondays?*
¿Qué quieren **tomar?** ¿Café?	*What do you want to drink? Coffee?*
¿**Tomamos** el desayuno antes?	*Shall we eat breakfast beforehand?*

2. **Llevar** expresses *to take* in the sense of *to carry* or *take* someone or something from one place to another.

¿**Llevaste** la computadora al taller de reparaciones?	*Did you take the computer to the repair shop?*
Nos **llevan** al aeropuerto a la una.	*They are taking us to the airport at one o'clock.*

3. **Llevarse** adds intensity to the idea expressed and translates *to take away* or *to carry away*. It may also convey the notion of making a purchase or stealing something.

Tony **se llevó** mis cuadernos y ahora no puedo estudiar.	*Tony took away (left with) my notebooks and now I can't study.*
Me llevo la bufanda azul, señorita.	*I'll take (buy) the blue scarf, Miss*

¡Aquel hombre **se llevó** un disco compacto sin pagar!	*That man took a compact disc without paying!*

B Other verbs that express *to take*

Many different Spanish verbs indicate actions stated in English by *to take* + a preposition or by set phrases, such as *to take a trip* or *to take place*. The following are some of the most common verbs and phrases that express *to take*.

sacar	*to take out, off*	Saca esos papeles de la mesa, por favor.
quitar	*to take away*	Deben quitar los juguetes de allí.
subir	*to take up*	¿Quieres subirle la bebida a tu padre?
bajar	*to take down*	María le baja el papel para regalos a su madre.
hacer un viaje	*to take a trip*	Ellos hacen un viaje a Costa Rica todos los inviernos.
tardar (en)	*to take a long time*	¿Vas a tardar mucho allí?
dar un paseo	*to take a walk*	¿Quieres dar un paseo más tarde?
sacar fotos	*to take photographs*	Saca una foto de ese monumento.
tener lugar	*to take place*	La comida va a tener lugar en la residencia de estudiantes.

EJERCICIOS

Ejercicio 1

Conteste las preguntas que le hace su compañero/a empezando su respuesta con frases tales como **normalmente, muchas veces, a veces** u otras similares. Luego cambien de papel.

MODELO: E1: Cuando hace calor, ¿tomas un refresco o un jugo de fruta?
E2: *Normalmente tomo una limonada con hielo.*

1. ¿Cuánto tardas en llegar a la universidad desde tu casa?
2. ¿Me puedes llevar a la universidad esta tarde?
3. ¿Qué vas a tomar después de clase, café o té?
4. ¿Toman en serio tus ideas tus profesores?
5. ¿Haces algún viaje todos los años? ¿Adónde?
6. ¿Te gusta sacar fotos? ¿De qué?
7. Cuando vas al médico, ¿tomas el metro o el autobús?
8. Cuando estás enfermo/a, ¿te sube tu familia la comida a tu habitación?
9. ¿Llevas suficiente dinero para prestarme cinco dólares?
10. ¿Qué te parece? ¿Me llevo el anillo azul o los pendientes rojos?

Ejercicio 2

Complete las frases de los siguientes diálogos con la forma correcta de **tomar, llevar** o **llevarse.**

1. —Buenos días, hermanita. ¿Me puedes _____ al centro?
   —Lo siento. Tengo que _____ a Marisol al médico. ¿Por qué no _____ el autobús esta vez?
   —Es que no quiero ir en autobús; a ver si me _____ Miguel.
2. —¿Qué _____ en la mano, Maxi? No es mi informe para el profesor Guzmán, ¿verdad?
   —Pero, ¿me _____ por ladrón? No tengo por qué _____ tu informe.
3. —Stephanie, ¿por qué siempre te _____ tanto tiempo decidir qué vas a comprar?
   —Ya estoy lista, Isabel. Señorita, creo que voy a _____ esta pulsera. Después de pagar, la quiero _____ a casa de Berta para mostrársela a ella.

Rincón del escritor

1. Trabajando en pequeños grupos, discutan primeramente las ventajas y desventajas de la red en la vida universitaria. Luego, una persona del grupo escribe un informe con las conclusiones del grupo. Finalmente, un representante de cada grupo lee las conclusiones al resto de la clase.

2. Escriba unos párrafos indicando cómo utiliza Ud. la red y qué opinión tiene Ud. del mundo cibernético. Comparta su escrito con sus compañeros.

Lectura: El conejo que comía melones

CAPÍTULO 2

LECTURA

El conejo que comía melones

Érase una vez un viejito que tenía una huerta° en la
que trabajaba cultivando melones. Tenía un gran
problema porque todos los días venía un conejo y se
comía unos melones. A veces, cuando veía al conejo,
corría tras él, pero nunca pudo atraparlo. El viejito
no sabía qué hacer para proteger sus melones.
Finalmente tuvo una idea. Decidió hacer un muñeco°
cubierto de brea°. Así, construyó su muñeco y lo puso
a la orilla° del melonar.

    Esa tarde, cuando el conejo vino a comer melones,
vio el muñeco parado y creyó que era un ser humano.
Desde lejos, le pidió amablemente que le diera un
melón. Después de repetir su pedido varias veces y
como veía que no tenía respuesta, se enfadó° y ame-
nazó° al muñeco.

    —Mire, no se haga el sordo° y déme un melón. Si
no me lo da por la buena°, me lo va a tener que dar por
la mala.

    Y se fue acercando poco a poco al muñeco. Si no
me da un melón —le dijo— le voy a dar un puñetazo°.
Y como de nuevo no tuvo respuesta, se acercó aún
más y le dio un bofetón°. Por supuesto, la mano se
le quedó pegada° en la brea del muñeco. Aún más
furioso, le dio un puñetazo con la otra mano, que
igualmente quedó aprisionada en la brea.

    —Suélteme°, porque si no lo hace le voy a dar una
patada°.

    El muñeco seguía sin decir palabra. El conejo le dio
una patada y la pata se le quedó también pegada en la
brea.

    —O me suelta, o le doy una patada con la otra pata
—dijo el conejo.

    Dicho y hecho°, le dio una patada con la otra pata
y ésta quedó también pegada en la brea.

vegetable garden

doll
pitch
edge

got angry
threatened
no... *don't pretend to be deaf*
por... *willingly*

punch

slap
stuck

Let me go
kick

Dicho... *No sooner said than done*

Pasó por allí más tarde el viejito y lo halló° *found*
atrapado.

—A ver cuántos melones te vas a comer esta tarde
—le dijo. Y volvió a casa, seguro de haber resuelto su
problema. ¿Y el conejo? Yo creo que todavía sigue
pegado al muñeco cubierto de brea.

En torno a la lectura

1. ¿Cuáles son los personajes de la historia?
2. ¿Qué problema tenía el viejito? ¿Qué hizo para tratar de resolverlo?
3. ¿Es amable el conejo? ¿Es violento?
4. ¿Cuál es el resultado del encuentro del conejo con el muñeco?
5. ¿Cómo terminaría Ud. la historia del conejo y del viejito? ¿Qué cree
   Ud. que le ocurre al conejo una vez que queda atrapado?

Tenses of the past: preterit and imperfect

A Forms of the preterit

Regular verbs

-ar verbs	-er verbs	-ir verbs
trabaj**ar**	correr	decid**ir**
trabaj**é**	corr**í**	decid**í**
trabaj**aste**	corr**iste**	decid**iste**
trabaj**ó**	corr**ió**	decid**ió**
trabaj**amos**	corr**imos**	decid**imos**
trabaj**asteis**	corr**isteis**	decid**isteis**
trabaj**aron**	corr**ieron**	decid**ieron**

1. The preterit endings of regular **-er** and **-ir** verbs are the same.

2. Regular **-ar** and **-ir** verbs have the same form in the first person plural of the preterit and the present indicative. Context usually clarifies which form is intended.

Generalmente **trabajamos** ocho horas y **salimos** a las cinco, pero ayer **trabajamos** más de diez horas y **salimos** cerca de las siete y media.	*We generally work eight hours and leave at five o'clock, but yesterday we worked more than ten hours and left around seven thirty.*

Spelling changes

Some verbs require a spelling adjustment in the preterit to reflect pronunciation.

Verbs affected	Spelling change	Model verb		Other verbs
-car	**c → qu** before **-é**	to**car**		atacar
		to**qué**	tocamos	buscar
		tocaste	tocasteis	indicar
		tocó	tocaron	sacar
-gar	**g → gu** before **-é**	pa**gar**		entregar
		pa**gué**	pagamos	jugar
		pagaste	pagasteis	llegar
		pagó	pagaron	rogar
-zar	**z → c** before **-é**	comen**zar**		alcanzar
		comen**cé**	comenzamos	almorzar
		comenzaste	comenzasteis	empezar
		comenzó	comenzaron	lanzar
Vowel + **-er** or **-ir**	**-ió → -yó;** **-ieron → -yeron**	le**er**		caer
		leí	leímos	creer
		leíste	leísteis	huir
		le**yó**	le**yeron**	influir
				oír
-guar	**u → ü** before **-é**	averi**guar**		apaciguar
		averi**güé**	averiguamos	atestiguar
		averiguaste	averiguasteis	
		averiguó	averiguaron	

Nota gramatical: These spelling adjustments apply throughout the language. You have already encountered some of them in the previous chapter: z→c: conven**c**er, conven**z**o; lu**z**, lu**c**es; i→y: influ**i**r, influ**y**o; gu→g (the converse of g→gu): distin**gu**ir, distin**g**o.

Stem-changing *-ir* verbs

1. There are no stem changes in the preterit of verbs ending in **-ar** and **-er**. (See Chapter 1, Section I for stem-changing verbs in the present.)

cerrar (ie)	cerré, cerraste, cerró, cerramos, cerrasteis, cerraron
perder (ie)	perdí, perdiste, perdió, perdimos, perdisteis, perdieron
soñar (ue)	soñé, soñaste, soñó, soñamos, soñasteis, soñaron
mover (ue)	moví, moviste, movió, movimos, movisteis, movieron

2. Verbs ending in **-ir** that in the present tense change **e** to **ie** or **i**, and **o** to **ue**, in the preterit turn **e** to **i** and **o** to **u** in the third person singular and plural. All other forms are regular.

e → i	e → i	o → u
mentir (*ie*)	**repetir** (*i*)	**dormir** (*ue*)
mentí	repetí	dormí
mentiste	repetiste	dormiste
mintió	repitió	durmió
mentimos	repetimos	dormimos
mentisteis	repetisteis	dormisteis
mintieron	repitieron	durmieron

El conejo le **pidió** un melón al muñeco pero no **consiguió** nada.

The rabbit asked the doll for a melon but did not get anything.

Anoche yo dormí muy bien, pero mi hermano **durmió** muy poco.

Last night I slept very well, but my brother slept very little.

Nota gramatical: Stem changes in the present tense correlate with stress. Stem changes occur when the stress falls on the last vowel of the stem: **pido, pides, pide, piden;** but **pedimos, pedís.** In the preterit, they occur whenever the ending begins with the combination **i** + vowel. The only endings that begin this way are the third person singular and plural, as well as the **Ud.** and **Uds.** forms, which use the same endings as the third persons: **pidió, pidieron;** but **pedí, pediste, pedimos, pedisteis.**

Irregular verbs

1. **Ir** and **ser** share the same entirely irregular preterit forms.

fui	fuimos
fuiste	fuisteis
fue	fueron

2. **Dar,** an **-ar** verb, uses the endings of regular **-er** and **-ir** verbs in the preterit; the forms **di** and **dio,** being monosyllabic, bear no written accent.

di	dimos
diste	disteis
dio	dieron

REFRÁN

Habló el buey y dijo *mu.*

3. A number of common verbs have irregularities in both the stem and some of the endings. None of these endings bears a written accent.

Verb	Stem	Endings
andar	anduv-	e
estar	estuv-	
tener	tuv-	
caber	cup-	iste
haber	hub-	
poder	pud-	o
poner	pus-	
saber	sup-	
hacer	hic-*	imos
querer	quis-	
venir	vin-	isteis
decir	dij-**	
producir	produj-**	
traer	traj-**	ieron

*Third person singular: **hizo**
If the stem ends in **j, the **i** of the third person plural ending is dropped: **dij**eron, produj**eron,** traj**eron.**

4. Verbs that are conjugated like these irregular verbs maintain the same irregularities: **contener: contuve; proponer: propuse; deshacer: deshice; prevenir: previne;** etc. (See the "Other verbs" column of the charts in Chapter 1, Section I.D for a list of these verbs.)

Ejercicio I

Usando las palabras dadas, cuente la historia del viejito y del conejo.

MODELO: el viejito / hacer un muñeco cubierto de brea
El viejito hizo un muñeco cubierto de brea.

1. el viejito / poner el muñeco en el melonar
2. el conejo / acercarse al muñeco y / pedirle un melón
3. por supuesto el muñeco / no hablar y / no ofrecer nada al conejo
4. el conejo / dar un puñetazo al muñeco
5. la mano del conejo / quedar pegada en el muñeco
6. el conejo / seguir pidiendo melones, sin resultado
7. con la otra mano / golpear al muñeco; ahora las dos manos / quedar pegadas
8. furioso, el conejo / dar una patada al muñeco; ahora la pata / terminar pegada en la brea
9. finalmente mover / la otra pata y / dar una gran patada
10. el resultado / ser el mismo: el conejo / quedar aprisionado en la brea

Ejercicio 2

Cuéntele a un/a compañero/a que ha estado fuera del país algunas de las noticias recientes más importantes. Al final, en pequeños grupos, presenten otras noticias, reales o inventadas.

MODELO: un joven / entrar en el Banco Continental / sacar una pistola / amenazar a los clientes y / robar cinco mil dólares
Un joven entró en el Banco Continental, sacó una pistola, amenazó a los clientes y robó cinco mil dólares.

1. el presidente y el vicepresidente del país / celebrar una rueda de prensa / anunciar una nueva política económica y / pedir la cooperación de todos los ciudadanos
2. unos animales / escapar anoche del jardín zoológico / correr por varias calles y finalmente / entrar en un edificio abandonado donde los / capturar la policía

3. haber un gran incendio en el centro que / destruir varios edificios comerciales y / dejar a cincuenta personas sin alojamiento
4. el rector de la universidad / anunciar dos donaciones muy importantes / repetir su mensaje sobre la reforma de la educación y / prometer seguir buscando nuevos recursos económicos
5. el periódico de la ciudad / publicar una noticia sobre la contaminación / comenzar una serie de artículos sobre el tema y / aplaudir la labor del Consejo Municipal
6. mi hermana y yo / ir a ver una actuación de la cantante Mariah Carey, quien / provocar un pequeño escándalo cuando / concluir su espectáculo después de solamente 45 minutos
7. los líderes de la municipalidad / comenzar una discusión sobre la circulación del tráfico / estudiar documentos médicos sobre la contaminación del aire y / llegar a un acuerdo preliminar

Ejercicio 3

Cambie Ud. el presente de indicativo al pretérito para describir lo que hizo ayer Margarita, la presidente del gobierno estudiantil de una universidad. Termine la historia, inventando una conclusión inesperada.

MODELO: Margarita llega temprano a la universidad, va a su oficina y se prepara una taza de café.
            Margarita llegó temprano a la universidad, fue a su oficina y se preparó una taza de café.

1. Frente a la cafetera, se encuentra con su vicepresidente, quien la saluda y le pregunta sobre su horario.
2. Margarita le responde y luego vuelve a su oficina, donde abre un cajón de su escritorio y saca unos papeles.
3. Trabaja allí media hora y luego sale de la oficina y va a su primera clase del día, la historia del arte europeo.
4. El profesor dicta una clase interesante: comenta unas diapositivas y luego le da la palabra al director del museo municipal, quien les habla media hora.
5. Después de la clase, Margarita decide conversar con la directora de comunicaciones; la llama por teléfono y fija una cita con ella.
6. Un poco más tarde, se dirige a la biblioteca, entrega allí unos libros y se sienta para estudiar otro rato más.
7. A las once, toca a la puerta de la directora, entra en su oficina y habla con ella de varios asuntos.
8. Después de almorzar, Margarita y su gabinete se juntan con el rector de la universidad y le comunican su punto de vista sobre el problema del estacionamiento en el recinto universitario.

9. Terminada esa reunión, Margarita y su grupo van a un café cercano y celebran el éxito de su reunión con el rector.
10. Pero, desgraciadamente, la satisfacción de la presidente desaparece en un instante, cuando, al salir del café, Margarita ve a ...

Ejercicio 4

Ud. es dependiente en una librería. Explique las siguientes circunstancias relacionadas con su trabajo, terminando la frase de una manera lógica.

MODELO: Hoy no trabajo todo el día porque anoche ...
Hoy no trabajo todo el día porque anoche trabajé hasta las nueve.

1. Muchas veces llego temprano a la tienda, pero esta mañana ...
2. Normalmente empiezo a trabajar a las nueve, pero hoy ...
3. Típicamente los dependientes están aquí hasta las cinco, pero durante toda la semana pasada ...
4. Ahora tenemos mucho trabajo, pero el mes pasado ...
5. Generalmente voy a almorzar con Olga, pero ayer ...
6. La jefa normalmente hace mucho trabajo en su oficina, pero esta mañana no lo ...
7. Casi siempre alcanzo mis cuotas de ventas, pero la semana pasada no las ...
8. Los camiones de los distribuidores vienen generalmente por la mañana, pero hoy ...

Ejercicio 5

En parejas, conversen sobre los temas que se dan a continuación. Después de responder, añadan una observación personal a la respuesta.

MODELO: comprender la historia de ...
E1: *¿Comprendiste la historia del conejo?*
E2: *Sí, la comprendí y me gustó mucho.*

1. averiguar tu nota final en ...
2. enterarte del matrimonio de ...
3. oír el último rumor sobre ...
4. escuchar la última canción de ...
5. ir a visitar a ...
6. comprar tu entrada para el concierto de ...
7. resolver tu disputa con ...
8. recibir una invitación a ...

◆B Forms of the imperfect

Regular verbs

-ar verbs	*-er* verbs	*-ir* verbs
ayudar	**aprend**er	**escrib**ir
ayud**aba**	aprend**ía**	escrib**ía**
ayud**abas**	aprend**ías**	escrib**ías**
ayud**aba**	aprend**ía**	escrib**ía**
ayud**ábamos**	aprend**íamos**	escrib**íamos**
ayud**abais**	aprend**íais**	escrib**íais**
ayud**aban**	aprend**ían**	escrib**ían**

1. The imperfect forms of all **-ar** verbs contain a characteristic **-aba** in the ending. The **nosotros** form has a written accent on the stressed **a: -ábamos.**

2. The imperfect endings of **-er** and **-ir** verbs are identical and contain **-ía** in all forms.

Irregular verbs

There are only three irregular verbs in the imperfect tense: **ir, ser,** and **ver. Ver** is considered irregular because an **e** is added to its stem: **ve-.**

ir	ser	ver
iba	era	veía
ibas	eras	veías
iba	era	veía
íbamos	éramos	veíamos
ibais	erais	veíais
iban	eran	veían

C) Uses of the preterit and the imperfect

The preterit and the imperfect are both simple past tenses, but each views the past in a different way.

1. The preterit is used to describe an action, event, or condition seen as a completed single unit and may focus on the beginning or the end of an action, or on the entire action from beginning to end.

El escritor Valbuena **habló** ayer a las siete. (= comenzó a hablar)	*The writer Valbuena spoke yesterday at seven o'clock.*
Estuvimos en la biblioteca hasta bien tarde. (**hasta** points to end of action)	*We were (stayed) at the library until very late.*
Ayer **trabajé** demasiado. **Trabajé** desde las siete de la mañana hasta las ocho de la noche. (explicit beginning and end of action)	*Yesterday I worked too much. I worked from 7 A.M. until 8 P.M.*
El fin de semana pasado **fuimos** a la boda de Gabriela. **Fue** una ceremonia muy simpática. (global view of action, implicit beginning and end)	*Last weekend we went to Gabriela's wedding. It was a very nice ceremony.*

2. The imperfect is used to express the following:

a. an action in progress in the past (hence the name *imperfect* = unfinished). It usually corresponds to English *was/were* + an *-ing* form of the verb.

—¿Qué **hacías** ayer como a las diez en el centro?	*What were you doing downtown yesterday around ten o'clock?*
—**Acompañaba** a un amigo al banco.	*I was accompanying a friend to the bank.*
—¡Qué coincidencia! Mientras tú **estabas** en el banco, yo **hacía** compras en la tienda de al lado.	*What a coincidence! While you were at the bank, I was shopping at the store next door.*

b. conditions in the past. The imperfect is generally used with verbs that express a mental, emotional, or physical condition or state in the past.

Anoche después del trabajo, **estaba** fatigado. Me **dolía** todo el cuerpo y **tenía** un ligero dolor de cabeza.	*Last night after work, I was tired. My whole body ached and I had a slight headache.*

c. descriptions in the past. The imperfect is used to provide the background information or setting of an action or actions in the past. The time of day at which a past action occurred is considered background information and is always expressed in the imperfect.

Eran las dos de la tarde. **Hacía** calor. El conejo **dormía** plácidamente en su madriguera. **Soñaba** con jugosos melones. (...)	*It was two o'clock in the afternoon. The rabbit was sleeping peacefully in his lair. He was dreaming of juicy melons. (...)*

d. habitual actions in the past.

Antes nuestra familia **se reunía** casi todos los domingos en casa de mi tío Alberto. Después de cenar **charlábamos, mirábamos** televisión o **jugábamos** a los naipes.	*Before, our family used to get together almost every Sunday at Uncle Alberto's. After supper we would talk, watch TV, or play cards.*
El semestre pasado **venía** a la universidad todos los días; ahora vengo sólo los martes y jueves.	*Last semester I came (used to come) to the university every day; now I come only on Tuesdays and Thursdays.*

Nota gramatical: Note that the English form **would** is used in conditional statements (*I **would** buy it if I had the money*) and in habitual statements in the past (*I **would** buy toy cars when I was a child*). Spanish uses the conditional tense for the first statement and the imperfect for the second: **Yo lo *compraría* si tuviera dinero; Yo *compraba* coches de juguete cuando era pequeño.**

Detalle del mural *El arribo de Hernán Cortés. 1519*, del mexicano Diego Rivera (1886–1957), que se encuentra en el Palacio Nacional de la Ciudad de México. ¿Puede Ud. inventar una breve historia basándose en algunos de los detalles que ve en el mural?

 E J E R C I C I O S

Ejercicio 1

Exprese los siguientes párrafos en el imperfecto.

1. El viejito **vive** en el campo. En su propiedad **tiene** una huerta. Cada mañana se **levanta** muy temprano, **desayuna** y **comienza** a trabajar en la huerta. **Cultiva** tomates, frijoles verdes, pero especialmente melones. Sus melones **son** famosos en toda la región. En la opinión de muchos, el viejito **produce** los mejores melones de la región.

2. Enrique **va** al salón de ejercicio con mucha frecuencia. **Asiste** a las sesiones de ejercicios aeróbicos porque se **preocupa** mucho por su salud. **Tiene** mucho cuidado; primero **estira** las piernas y los brazos porque **sabe** que **es** un paso muy importante. **Es** una persona que **quiere** mantenerse en buena forma física por muchos años. Siempre **está** muy contento cuando **hace** ejercicio.

3. **Tengo** un buen puesto en una tienda que **vende** discos compactos y cintas grabadas. **Soy** la persona encargada de pedirles la música a los distribuidores. Como me **gusta** mucho la música rock, siempre lo **paso** bien porque **escucho** las canciones más recientes, **converso** con los clientes sobre sus gustos y **estudio** los catálogos. Cuando **veo** algo bueno, lo **pido** para la colección.

Ejercicio 2

Use la información dada para describir a las siguientes personas.

MODELO: antes Jorge / estar en malas condiciones físicas: no poder correr cien metros y respirar con dificultad
Antes Jorge estaba en malas condiciones físicas: no podía correr cien metros y respiraba con dificultad.

1. de joven yo / ser muy deportista: correr todos los días, jugar al tenis y levantar pesas
2. en años pasados mi hermano y yo / mantenernos en forma: hacer ejercicios por la mañana, comer mucha fruta y verduras y pasar mucho tiempo al aire libre
3. en la escuela superior tú / ser un buen modelo para todos: no fumar nunca, no beber refrescos todos los días y no subir ni bajar frecuentemente de peso
4. en el pasado mis primos / tener malas costumbres: dormir hasta muy tarde, nunca hacer ejercicio y salir muy poco de la casa

Ejercicio 3

Averigüe las actividades favoritas de otro miembro de la clase cuando él o ella tenía diez años. Haga preguntas usando las frases que aparecen a continuación y otras de su invención. En la respuesta se pueden usar las siguientes expresiones u otras.

jugar al (tenis, básquetbol)

dar paseos con mi perro

leer cuentos folklóricos

andar por todas partes en bicicleta

pescar en un río cercano

hacer camping con la familia

preferir películas de acción

MODELO: esquiar con tus amigos
E1: *¿Esquiabas con tus amigos cuando tenías diez años?*
E2: *Sí, esquiaba con mis amigos cuando tenía diez años; mi familia vivía cerca de las montañas.*

1. practicar algún deporte
2. ir de excursión con la familia
3. leer historias divertidas
4. hacer algún tipo de ejercicio con regularidad
5. tomar lecciones de música
6. ver muchos partidos de béisbol
7. ser un/a chico/a activo/a
8. visitar frecuentemente a sus abuelos
9. tener un perro o un gato
10. soñar con ser astronauta

Ejercicio 4

En parejas, hagan el papel de un/a escritor/a famoso/a y de un/a reportero/a del periódico universitario.

MODELO: E1: ¿Qué hacía Ud. cuando era joven para aprender a escribir tan bien?
E2: *Cuando era niño/a, leía varias horas todos los días y hablaba de los libros con mi familia y con mis maestros.*

1. ¿Qué tipo de libros prefería Ud. leer, libros de aventuras, de deportes o de otro tipo?
2. ¿Había otras actividades que le gustaban en aquellos días?
3. ¿Cuántas veces por semana escribía Ud. algo cuando era adolescente?
4. ¿Qué miembro de la familia apoyaba más sus aficiones?
5. ¿Cuáles eran los problemas más serios que tenía cuando empezaba a publicar?
6. ¿Creía Ud. que iba a ser un/a escritor/a famoso/a?

◇D◇ The preterit and the imperfect contrasted

1. Some expressions of time are usually associated with the preterit and others with the imperfect, as shown in the following list. However, the viewpoint or intent of the speaker is what ultimately determines which verb form is used.

Preterit	Imperfect
anoche *last night*	siempre *always*
ayer *yesterday*	a menudo *often*
el (verano) pasado *last (summer)*	frecuentemente *frequently*
la (semana) pasada *last (week)*	todos los días *every day*
hace (un mes) *a (month) ago*	generalmente *generally*

El sábado pasado **compré** un libro de leyendas argentinas y **leí** durante toda la tarde. *Last Saturday I bought a book on Argentinian legends and I read the whole afternoon.*

Ayer **tomamos** el desayuno rápidamente y luego **corrimos** hacia la parada del autobús. *Yesterday we had a quick breakfast and then ran toward the bus stop.*

But: El verano pasado **cenábamos** a las ocho. *Last summer we would have supper at eight o'clock.* (imperfect used for repeated actions)

Generalmente **descansábamos** los sábados por la mañana. *We would generally rest on Saturday mornings.*

Siempre **leíamos** el periódico primero y luego a menudo **hacíamos** un corto paseo. *We would always read the newspaper first and then we would often take a short walk.*

But: Siempre **llegué** a la hora mientras **trabajé** en esa tienda. *I always arrived on time while I worked in that store.* (preterit used because the time frame has a known end—I no longer work at that store)

2. Some verbs change their meaning when used in the preterit. The main verbs in this category are **conocer, poder, querer,** and **saber.**

	Imperfect	Preterit
conocer	*to know* Saludé a Lorenzo porque lo **conocía.** *I greeted Lorenzo because I **knew** him (= I was acquainted with him).*	*to meet for the first time* **Conocí** a Eulalia ayer. *I **met** Eulalia yesterday.*
poder	*to be able to, could* El atleta era muy fuerte y **podía** levantar cualquier peso. *The athlete was very strong and **could** lift any weight.*	*to manage to* **Pude** levantar la silla porque era liviana. *I **managed** to lift the chair because it was light.*
querer	*to want* Todas **queríamos** llamarte para felicitarte, pero decidimos esperar. *We all **wanted** to call you to congratulate you, but we decided to wait.* El niño **no quería** salir del parque de diversiones. *The boy **didn't want** to leave the amusement park.*	*to try* (affirmative); *to refuse* (negative) Cuando escuchamos la noticia, todas **quisimos** llamarte, pero el teléfono no funcionaba. *When we heard the news, we all **tried** to call you, but the phone wasn't working.* El niño **no quiso** tomar la sopa. *The boy **refused** to eat his soup.*
saber	*to know* Los estudiantes no **sabían** la lección. *The students didn't **know** the lesson.*	*to find out; to realize* ¿Cuándo **supiste** que habían aplazado el examen? *When did you **find out** that they had postponed the exam?*

3. In a narration, the preterit keeps the plot moving by reporting what happened, by recording changes in conditions, and by specifying the beginning

or end of actions. The imperfect fills in the background against which the actions or events took place and gives descriptions of the setting and the physical condition or mental states of the characters involved.

El conejo **estaba** en su madriguera. **Tenía** hambre. **Sabía** que en la huerta del viejito **había** melones deliciosos. **Salió** de su madriguera y se **encaminó** hacia la huerta del viejito. Todo **estaba** tranquilo, pero **había** un hombre parado a la orilla de la huerta. **Caminó** hacia él, lo **saludó** y le **pidió** un melón.

The rabbit was in his lair. He was hungry. He knew that in the old man's vegetable garden there were delicious melons. He left his lair and headed toward the old man's vegetable garden. Everything was quiet, but there was a man standing at the edge of the garden. He walked toward him, greeted him, and asked him for a melon.

4. When referring to recurrent actions or events, the preterit is used to report that the actions or conditions have taken place and are viewed as completed. The imperfect emphasizes the habitual repetition of the actions or conditions.

El verano pasado **fuimos** a conciertos al aire libre muchas veces.

Last summer we went to open-air concerts many times.

El verano pasado a menudo **íbamos** a conciertos al aire libre.

Last summer we would often go to open-air concerts.

5. When one action interrupts or happens while another action is going on, the imperfect presents the setting, the physical condition or emotional states of the people involved, or the action that was in progress; the preterit presents a completed action.

—¿Qué **hacías** ayer cuando te **vimos** en el centro?

*What **were you doing** yesterday when we saw you downtown?*

—Cuando nos **encontramos,** yo **acompañaba** a un amigo a la librería.

*When **we met, I was accompanying** a friend to the bookstore.*

Estaba muy nerviosa cuando **llamaste** anoche.

*I **was** very nervous when **you called** last night.*

Cuando los viajeros **llegaron** a la posada, **eran** las doce de la noche.

*When the travelers **arrived** at the inn, **it was** midnight.*

Summary of the uses of the preterit and imperfect

Uses of the preterit

Completed actions in the past
→ *Leí una historia muy divertida en mi clase de español.*

Beginning/end of an action
→ *El conferenciante **habló** a las seis de la tarde.*
→ *Anteayer **estudié** hasta las once de la noche.*

Changes in condition in the past
→ *Me **puse** muy contenta cuando recibí las buenas noticias.*

Uses of the imperfect

Actions in progress in the past
→ *Leía un artículo interesante cuando sonó el teléfono.*

Conditions in the past
→ *Ayer por la mañana no me **sentía** bien; **estaba** cansada.*

Descriptions in the past
→ *Nuestra última casa **era** una enorme mansión de dos pisos que **estaba** junto a las montañas.*

Habitual actions in the past
→ *De niño, **jugaba** con mis amigos todas las tardes.*

EJERCICIOS

Ejercicio 1

Ayer Ud. tuvo un día muy agitado en que no pudo completar nada. Siga el modelo.

MODELO: hablar por teléfono / cortarse la comunicación
Ayer mientras hablaba por teléfono se cortó la comunicación.

1. leer un libro de cuentos / alguien llamar a la puerta
2. hacer la tarea / venir a verme un amigo
3. escribir una composición en la computadora / ocurrir un cortocircuito
4. escuchar mi disco favorito / unos amigos invitarme a cenar
5. dormir la siesta / mi perro comenzar a ladrar furiosamente

Especies de las islas Galápagos. ¿Qué sabe Ud. de la historia de estas islas? ¿Sabe que Charles Darwin visitó estas islas?

Ejercicio 2

Complete los siguientes párrafos, usando, según el contexto, el imperfecto o el pretérito de los verbos que aparecen entre paréntesis. Primero, lea todo el párrafo para entender el contexto antes de comenzar a responder.

1. Según la historia, el primer europeo que _____ (ver) las islas Galápagos _____ (ser) Fray Tomás de Berlanga, quien _____ (ser) el obispo de Panamá. En 1535 el obispo _____ (hacer) un viaje desde Panamá a Perú. Antes de llegar a Perú, durante varios días sin viento, las corrientes marinas _____ (llevar) el barco lejos de la costa en dirección contraria a Perú. Cuando Fray Tomás y los

marineros casi no _____ (tener) agua para beber _____ (divisar) dos islas. Ellos no _____ (saber) que _____ (estar) a 600 millas de la costa del Ecuador de hoy. Mientras _____ (explorar) las islas, los españoles _____ (ver) muchos animales para ellos fabulosos, entre ellos los galápagos, tortugas gigantes de donde viene el nombre de las islas.

2. Anoche, a las siete de la tarde, yo _____ (ver) un programa de televisión sobre la salud física y mental. La discusión me _____ (parecer) estupenda porque durante una hora los participantes _____ (explicar) muchas cosas de las que yo no _____ (saber) casi nada. _____ (Aprender) mucho sobre la dieta, el ejercicio, el estrés y la meditación. Y ¡qué sorpresa cuando _____ (saber) que la cantidad de grasa consumida _____ (ser) más importante que la cantidad de calorías! Al final del programa me _____ (sentir) muy satisfecho y _____ (decidir) seguir algunas de las recomendaciones, pero no inmediatamente. Como todavía _____ (tener) un poco de hambre, _____ (comer) un plato de galletas mientras _____ (leer) el periódico.

Ejercicio 3

Ud. le explica a un/a amigo/a por qué no cumplió los compromisos que tenía esta semana. Invente excusas imaginativas y use expresiones como **querer, desear, interesarle, tener ganas, sentirse, estar** u otras similares.

MODELO: E1: ¿Por qué no fuiste al trabajo?
          E2: *Porque me sentía muy cansado/a y estaba un poco enfermo/a.*

1. ¿Por qué no estudiaste con el grupo de la clase?
2. ¿Por qué no asististe a la clase de biología?
3. ¿Por qué no acompañaste a tu amiga Virginia a la entrevista?
4. ¿Por qué no fuiste al médico?
5. ¿Por qué no llevaste a Marta al aeropuerto?
6. ¿Por qué no hiciste tus ejercicios?

Ejercicio 4

Explíqueles a sus compañeros de clase qué edad tenía y qué emoción sentía cuando hizo las siguientes cosas por primera vez.

MODELO: leer un libro entero
          Yo tenía seis años y estaba muy orgulloso/a cuando leí un libro entero por primera vez.

1. aprender a montar en bicicleta
2. recibir una nota sobresaliente en la escuela

3. ir a otro estado
4. visitar un país extranjero
5. conducir un coche
6. cenar en un restaurante elegante

Ejercicio 5

Trabajen en grupos de tres o cuatro. Usando tiempos del pasado, cada grupo cuenta y termina la historia ilustrada en los dibujos. Pueden usar el vocabulario que aparece a continuación como punto de partida; añadan detalles de su invención.

ser las ocho y
   media
quedarse
   dormido
no despertarse
   a tiempo

quemarse las
   tostadas
derramar el
   café el gato
no tomar
   desayuno

pararse el coche
no tener gasolina
llegar tarde a la
   universidad

Ejercicio 6

Cambie los verbos en el siguiente párrafo al tiempo pasado —pretérito o imperfecto— según el contexto. Invente también una conclusión para este episodio. ¿Quién estaba en la casa? ¿Cómo se resolvió la situación?

Terror en mi propia casa

Al bajar del taxi y acercarme a la puerta de mi casa, me doy cuenta de que algo anda mal, muy mal. La puerta no está cerrada con llave; al contrario, está un poco abierta y hay luces encendidas. Durante un momento muy largo, me pregunto si debo entrar o si debo llamar a la policía. Decido entrar. El corazón me late apresuradamente, tengo la boca seca y me tiemblan las manos. Toda la casa me parece diferente. Estoy desorientado. Entonces escucho un ruido; luego, otro. Parece que vienen de la cocina. No sé que hacer. Sigo adelante. De repente alguien apaga la luz de la cocina y siento pasos que vienen hacia mí ...

Hacer in time expressions

A ▸ Past event ongoing in the present

The simple present tense is used in two synonymous constructions with **hace** + *a time expression* to refer to events, actions, or states that began in the past but continue at the moment of speaking. Notice that the present perfect progressive (*have been* + a verb ending in *-ing*) is used in English.

—¿Cuánto tiempo **hace** que **estudias** español?
—**Hace** dos semestres que **estudio** español.

How long have you been studying Spanish?
I have been studying Spanish for two semesters.

—¿Desde cuándo **estudias** español?
—**Estudio** español **desde hace** un año.

How long have you been studying Spanish?
I have been studying Spanish for a year.

Hace + duration + que + present	Present + desde hace + duration
Hace una hora que espero.	Espero desde hace una hora.
I have been waiting for an hour.	*I have been waiting for an hour.*

B ▸ Past event continuing in the past

To talk about events, actions, or states that began in the past and continued to a later point in the past, the imperfect is used with **hacía** + *a time expression*. The past perfect progressive (*had been* + a verb ending in *-ing*) is used in English.

Hacía un mes que no **hablaba** con mi prima Nora.
No **hablaba** con mi prima Nora **desde hacía** un mes.

I had not talked to my cousin Nora for a month.
I had not talked to my cousin Nora for a month.

Hacía + duration + que + imperfect	Imperfect + desde hacía + duration
Hacía dos días que llovía.	Llovía desde hacía dos días.
It had been raining for two days.	*It had been raining for two days.*

C Time elapsed between a past event and the present

1. The pattern **hace** + *duration* is used with the preterit to indicate the time elapsed between a completed event and the moment of speaking. In this usage, **hace** corresponds to the English word *ago*.

Comenzó a nevar **hace** diez minutos.	*It began to snow ten minutes ago.*
Mis padres **llegaron** a esta ciudad **hace** muchos años.	*My parents arrived in this city many years ago.*

2. The pattern **hace** + *duration* + **que** + *preterit* can also be used, even though the focus is on the time elapsed rather than on the event itself.

Hace diez minutos que **comenzó** a nevar.	*It's been ten minutes since it began to snow. (= It began to snow ten minutes ago.)*

Preterit + *hace* + duration	Hace + duration + *que* + preterit
Cené hace dos horas.	Hace dos horas que cené.
I had supper two hours ago.	*It's been two hours since I had supper.*

Nota gramatical: Note the difference in word order in these types of constructions: *ago* follows the period of time; **hace** precedes it: *two hours ago;* **hace dos horas.**

EJERCICIOS

Ejercicio I

Trabajando con un/a compañero/a, Ud. descubre que llevan una vida semejante. Siga el modelo.

MODELO: E1: Hace dos años que estudio español.
E2: *Yo también estudio español desde hace dos años.*

1. Hace tres meses que practico artes marciales.
2. Hace dos meses que toco la guitarra.
3. Hace un año que pertenezco a un club de bailes folklóricos.
4. Hace seis meses que trabajo en una librería.
5. Hace un mes que me mudé de apartamento.

Ejercicio 2

Complete el siguiente párrafo con las expresiones **hace, hacía, desde hace** o **desde hacía**, según convenga.

Regresé del centro de la ciudad _____ media hora. _____ más o menos un año que no iba al centro. Por casualidad, me encontré con mi gran amiga Raquel, a quien no veía _____ dos o tres años, por lo menos. _____ muchos años que nos conocemos; en realidad nos conocimos _____ quince años cuando ambas comenzamos el octavo grado. Como _____ tiempo que no hacíamos nada juntas decidimos ir a almorzar dentro de una semana. Queremos renovar nuestra amistad.

Ejercicio 3

El viejito del cuento ha ganado un premio por los melones que cultiva. Un periodista le hace una entrevista. Usando la información dada, conteste a las preguntas.

MODELO: ¿Cuánto tiempo hace que vive en el campo? (60 años)
Hace sesenta años que vivo en el campo.

1. ¿Cuánto tiempo hace que sus melones son famosos? (más de 25 años)
2. ¿Cuánto tiempo hace que se levanta a las cinco de la mañana? (45 años)
3. ¿Cuánto tiempo hace que tiene su camión Chevrolet? (20 años)
4. ¿Cuánto tiempo hace que usa fertilizante orgánico? (7 años)
5. ¿Cuánto tiempo hace que no visita la ciudad? (2 años)

Ejercicio 4

Dos estudiantes conversan sobre el viaje a México que acaba de hacer uno de ellos. En parejas y según el modelo, conversen sobre el viaje, mencionando un período de tiempo lógico.

MODELO: no viajar por México
E1: *¿Cuánto tiempo hacía que no viajabas por México?*
E2: *Hacía tres años que no visitaba ese país tan bello.*

1. no ver tantos bellos monumentos históricos
2. no hablar español todos los días
3. no vivir en una cultura diferente de la tuya
4. no pasar muchas horas en la playa
5. no probar la comida mexicana
6. no estar en una ciudad tan grande como Guadalajara

Vista de la ciudad
de Guadalajara,
Jalisco, México.
En el centro se
ve el palacio de
gobierno, donde
en 1810 el cura
Hidalgo hizo su
proclamación en
la que se abolía la
esclavitud.

◆III◆ Questions

◀A▶ Questions that can be answered with *sí* or *no*

1. Word order is flexible in questions that can be answered with **sí** or **no**. In
sentences with a stated subject, the subject is used either immediately after
the main verb or after the verb + all its complements.

¿Trabaja **el viejito** en la huerta?	*Does the old man work in the vegetable garden?*
¿Trabaja en la huerta **el viejito?**	*Does the old man work in the vegetable garden?*
¿Estuvo **Ud.** en casa ayer por la tarde?	*Were you home yesterday afternoon?*
¿Está esperando el autobús **ese niño?**	*Is that boy waiting for the bus?*

Nota gramatical: Spanish interrogative sentences are quite straight-forward; they are marked by intonation and, normally, by also placing the subject somewhere after the verb: **¿*Susana* estudia español con sus amigas?, ¿Estudia *Susana* español con sus amigas?, ¿Estudia español *Susana* con sus amigas?, ¿Estudia español con sus amigas *Susana*?** If only intonation is used in these interrogative sentences, the structure of English sentences matches that of the Spanish ones: *Susan studies Spanish with her friends?* Otherwise, English must use a form of the auxiliary verb *do* and the subject must be placed after this auxiliary verb: *Does Susan study Spanish with her friends?* No auxiliary verb is used in Spanish to form interrogative sentences.

2. In informal language, a question may have the same word order as an affirmative sentence, but is pronounced with rising intonation.

Los conejos comen melones. ↓ (falling intonation)	*Rabbits eat melons.*
¿Los conejos comen melones? ↑ (rising intonation)	*Do rabbits eat melons?*

⟨B⟩ Questions with interrogative words and phrases

The following are the interrogative words used most frequently.

how	cómo	cuántos/as	*how many*
which (one), what	cuál(es)	dónde	*where*
when	cuándo	qué	*what*
how much	cuánto/a	quién(es)	*who, whom*

1. The interrogative word generally begins the sentence. A stated subject, if there is one, follows either the verb or the complement of the verb.

¿**Quién** te acompañó al concierto anoche?	*Who accompanied you to the concert last night?*
¿**Cuándo** van a salir de vacaciones tus padres?	*When are your parents going to leave on vacation?*
¿**Qué** programas de televisión miras?	*What TV programs do you watch?*

¿**Cuál** es tu especialidad?	*What's your major?*
¿**Cómo** se pronuncia tu apellido?	*How's your last name pronounced?*
¿**Cuánto** dinero necesitas?	*How much money do you need?*
¿**Cuántas** clases tienes este semestre?	*How many classes do you have this semester?*

2. Interrogative words always bear a written accent, both in direct questions and when used with an interrogative meaning in affirmative sentences. Consult Appendix B: Written Accent Marks.

¿**Qué** hiciste el fin de semana pasado?	*What did you do last weekend?*
Me gustaría saber **qué** hiciste el fin de semana pasado.	*I would like to know what you did last weekend.*
Tienes que explicarnos **dónde** queda el Hotel Continental.	*You have to explain to us where the Continental Hotel is located.*

3. When Spanish verbs are used with a preposition, the preposition must precede the interrogative word. Interrogative words preceded by a preposition include **adónde, de dónde, a quién, con quién, de quién, para quién, para qué,** and **por qué.**

¿**De dónde** vienes?	***Where*** *are you coming* ***from?***
¿**Con quién** estudias los miércoles?	***Who(m)*** *do you study* ***with*** *on Wednesdays?*
¿**A quiénes** les explicas la lección?	***Who(m)*** *do you explain the lesson* ***to?***
¿**Para qué** necesitas veinte dólares?	***What*** *do you need twenty dollars* ***for?***
¿**Adónde** fueron Uds. el sábado pasado?*	***Where*** *did you go last Saturday?*

C Qué versus cuál(es)

1. **Qué** followed by any verb except **ser** poses a general question and is normally used to ask about something that has not been specified or mentioned. **Cuál(es)** asks about a specific choice regarding something mentioned before or immediately after.

¿**Qué** quieres saber? ¿**Qué** necesitas?	*What do you want to know? What do you need?*
De estos dos cuentos populares, ¿**cuál** prefieres?	*Of these two folktales, which one do you prefer?*

*Note that **adónde** accompanies verbs of motion to emphasize direction or movement. ¿**Dónde fuiste ayer?** emphasizes place.

¿**Cuál** de estos dos cuentos
   populares prefieres?

Me he probado varios vestidos
   y no sé **cuál** escoger.

*Which of these two folktales do
you prefer?*

*I have tried on several dresses
and don't know which one to
choose.*

2. Followed by the verb **ser, qué** asks for a definition or identification;
cuál(es) is used in questions involving the selection of one or more out of
several possibilities or a request for specific items of information such as a
person's name, phone number, or profession.

¿**Qué** es la horticultura?
   (definition)

¿**Qué** son esas luces que veo allá
   lejos? (identification)

De los deportes que practicas,
   ¿**cuál es** el que te gusta más?
   (selection)

¿**Cuáles son** tus actrices
   favoritas?

¿**Cuál es** su nombre, señor?
   ¿**Cuál es** su dirección?

What is horticulture?

*What are those lights that I see in
the distance?*

*Of the sports you practice, which
is the one you like the most?*

*Who (Which) are your favorite
actresses?*

*What is your name, sir? What's
your address?*

Cambio de guardia frente al edificio de *La Moneda*, Santiago, Chile. Antigua casa de
moneda, hoy es el palacio de gobierno. ¡Sabe Ud. quién es el presidente actual de Chile?

3. **Qué,** not **cuál,** is preferred when used as an adjective before a noun.

¿**Qué** información necesitas?

¿**Qué** planes tienes para el fin de semana?

What information do you need?

What plans do you have for the weekend?

EJERCICIOS

Ejercicio 1

Hágales las siguientes preguntas sobre pasatiempos y diversiones a sus compañeros/as de clase usando **¿cuál?, ¿cuáles?** o **¿qué?**

MODELO: ¿_____ es una telenovela?

¿Qué es una telenovela?

1. ¿_____ es tu deporte favorito?
2. ¿_____ significa la palabra "madriguera"?
3. ¿_____ es un rompecabezas?
4. ¿_____ es tu número de teléfono?
5. ¿En _____ de los dos restaurantes quieres cenar esta noche?
6. ¿Con _____ amigos vas a viajar el próximo fin de semana?
7. De todos los programas de televisión, ¿_____ es tu preferido?
8. ¿_____ tipo de música prefieres cuando tienes ganas de bailar?
9. ¿_____ prefieres hacer en casa durante un día lluvioso?
10. ¿Sabes _____ son las reglas para ese juego que acabas de comprar?

Ejercicio 2

Complete las siguientes preguntas acerca de la historia que leyó en este capítulo usando palabras interrogativas apropiadas.

MODELO: ¿_____ es el héroe de la historia?

¿Quién es el héroe de la historia?

1. ¿_____ comía el conejo?
2. ¿_____ construyó el muñeco?
3. ¿_____ estaba el muñeco?
4. ¿A _____ le pidió un melón el conejo?
5. ¿Por _____ se quedó pegado el conejo?

Ejercicio 3

Entreviste a un/a compañero/a de clase sobre su vida social y sus actividades personales usando las actividades que se dan a continuación u otras de su propia invención. Se pueden hacer varias preguntas diferentes con cada actividad.

MODELO: llamar por teléfono
E1: *¿A cuántos chicos diferentes llamas por teléfono cada semana?*
E2: *Pues, normalmente llamo a dos o tres.*
E1: *¿Julio te llama por teléfono todas las semanas?*
E2: *Sí, hasta ahora me llama todos los fines de semana.*

1. practicar deportes
2. pasar el fin de semana
3. asistir a conciertos
4. preferir juegos de cartas o el ajedrez
5. hacer las compras
6. ver videos con la familia
7. salir con los amigos

Ejercicio 4

En grupos pequeños, inventen y escriban por lo menos dos preguntas sobre cada una de las siguientes situaciones. Después, háganles sus preguntas a los miembros de otro grupo, quienes, a su vez, responderán a ellas.

1. El director del nuevo espectáculo musical salió enojado de un ensayo y no volvió. Además, dos de los actores dicen ahora que no van a participar en el espectáculo.
2. Un amigo fue al parque de atracciones con su novia anteanoche. Algo serio ocurrió porque él volvió a casa temprano y no contesta las llamadas de la novia.
3. Una amiga fue a la peluquera la semana pasada. Iba a pedir un corte nuevo que vio en una revista. Pero desde su visita a la peluquera, no quiere salir de su casa. Me dice que no se siente bien, pero yo estoy seguro/a de que ella no está enferma.

Ejercicio 5

Ud. piensa ir a un concierto que da una tuna de España, pero primero quiere saber todos los detalles. Pregúntele a un/a amigo/a el día, la hora, el sitio, la forma de llegar allí, el precio y otros detalles como éstos. Pregúntele también sobre la tuna y el tipo de música que van a presentar. Su amigo/a contestará en parte según el siguiente anuncio.

> **¡LA TUNA CANTA!**
>
> Directamente de la Universidad de Salamanca. ¡Concierto único! ¡En vivo!
> Música folklórica española. Vestidos e instrumentos tradicionales. Sábado
> 15 de octubre. 8 de la noche. Teatro de la Universidad. Entrada, 10 euros.
> Butacas reservadas. Recepción sigue. ¡No se pierda este concierto!

MODELO: E1: *¿Qué día canta la tuna?*
         E2: *Canta el sábado 15 de octubre.*

Ejercicio 6

Imagínese Ud. que tiene la oportunidad de hacerle una pregunta a
cualquier persona del mundo. Dé el nombre de la persona y hágale una
pregunta.

MODELOS: Ricky Martin
          Señor Martin, ¿cuál es su canción favorita?
          Isabel Allende
          *Señora Allende, ¿cree Ud. que sus libros reflejan la realidad
          latinoamericana?*

IV ▸ Demonstrative adjectives and pronouns

A▸ Forms

	Adjectives			Pronouns		
	near	farther	farthest	near	farther	farthest
Masculine singular	este	ese	aquel	éste	ése	aquél
Feminine singular	esta	esa	aquella	ésta	ésa	aquélla
Masculine plural	estos	esos	aquellos	éstos	ésos	aquéllos
Feminine plural	estas	esas	aquellas	éstas	ésas	aquéllas
Neuter				esto	eso	aquello

B Uses

1. Demonstratives are used to point out nouns: **este** is used to pinpoint persons or objects near the speaker; **ese** points out persons or objects a short distance from the speaker (often near the listener), while **aquel** refers to persons and objects far away from both speaker and listener.

¡Qué bellas las flores de **este** jardín! Me gustan **estas** rosas, pero más me agradan **aquellos** claveles, allá al fondo.	*How beautiful the flowers in this garden are! I like these roses, but I prefer those carnations, way back there.*

2. When used with nouns, demonstratives are adjectives. They precede the noun they modify and agree with it in gender and number.

Estas sandías parecen más frescas que **esos** melones.	*These watermelons look fresher than those melons.*
Esta revista trae más información sobre espectáculos que **ese** periódico.	*This magazine has more information on shows than that newspaper.*

3. When the demonstrative forms are used alone, they are pronouns and normally bear a written accent to indicate that they are not adjectives. In modern usage, the written accent is not required unless the meaning of the pronoun would otherwise be ambiguous. In this text, demonstrative pronouns always have written accents. Notice that demonstrative pronouns agree in gender and number with the noun to which they refer. Consult Appendix B: Written Accent Marks.

Esas acuarelas fueron pintadas por el mismo artista que pintó **aquéllas.**	*Those watercolors were painted by the same artist who painted those (over there).*
—¿Qué te parece ese coche? —**Ése** me agrada menos que **aquél.**	*What do you think of that car? I like that one less than the one over there.*

Nota gramatical: Ambiguous sentences with demonstratives are not very common. An example would be: *este* **programa** (adjective + noun = 'this program') versus *éste* **programa** (pronoun + verb in the third person singular of the present indicative = 'this one programs').

ADIVINANZA

En el campo me crié,
Metida entre verdes lazos;
Aquél que llora por mí,
Ése me hace pedazos.
Respuesta al final del capítulo

4. The neuter forms **esto, eso,** and **aquello** are always pronouns and, therefore, never bear a written accent. They are used to refer to nonspecific, unnamed objects or to ideas, actions, and situations in a general, abstract sense.

—¿Qué es **eso?**	*What's that?*
—¿**Esto?** Es un llavero.	*This? It's a key ring.*
—¿Te acuerdas de lo que pasó el sábado pasado en este restaurante?	*Do you remember what happened last Saturday in this restaurant?*
—Oh, no quiero acordarme de **eso.**	*Oh, I don't want to remember that (= that experience).*

5. The demonstrative pronouns **aquél** and **éste** are used to express *the former* and *the latter.* **Éste** refers to the closer noun (the one mentioned last) and **aquél** refers to the more distant noun.

Invité al partido de fútbol a Carolina y a mi hermano menor y los dos rehusaron. **Éste** dice que tiene una fiesta ese día y **aquélla** que el fútbol no le interesa nada.	*I invited Carolina and my younger brother to the soccer match and both of them refused. The former says that soccer doesn't interest her at all and the latter that he has a party that day.*

Nota gramatical: Spanish prefers the order **éste... aquél,** which goes from the last item mentioned to the more distant one. English, on the other hand, prefers the order *the former . . . the latter,* which goes from the distant item to the last one mentioned. This accounts for the difference in word order in the two languages.

EJERCICIOS

Ejercicio 1

Cambie la oración original según el modelo.

MODELO: ¿Puedes pasarme esa revista? (periódico)
¿Puedes pasarme ese periódico?

1. Prefiero esta manzana. (naranjas, sandía, plátanos, peras)
2. Tengo ganas de visitar aquel museo. (galería de arte, edificios coloniales, tiendas típicas, jardín zoológico)
3. ¿Leíste ese periódico? (revista, noticias, artículos, cuento divertido)
4. ¿Dónde debo poner estos zapatos? (toalla, cinturón, camisetas, calcetines)

Ejercicio 2

Decida cuál es el demostrativo correcto en las siguientes situaciones.

MODELO: [Ud. toma en la mano algo que quiere comprar.]
(Este, Ese, Aquel) traje de baño me gusta; me lo llevo.
Este traje de baño me gusta; me lo llevo.

1. [Ud. le señala a un amigo un barco que se ve a lo lejos.] (Este, Ese, Aquel) barco es magnífico; pronto va a desaparecer de la vista.
2. [Ud. trata de resumir toda la clase de astronomía de ayer que se perdió su amiga.] (Este, Esa, Esto) es muy complicado. ¿Tienes bastante tiempo para escucharlo todo?
3. [Margarita le pregunta a Ud. si le gusta la nueva pulsera que ella lleva en la muñeca.] A ver si te gusta (esta, esa, aquella) pulsera; me la compré ayer.
4. [Ud. nota que se acerca un amigo que lleva dos paquetes.] Oye, Juanito, ¿qué tienes en (estos, esos, aquellos) paquetes?
5. [De dos pinturas, Ud. prefiere la que está al otro lado de la sala a la que está cerca de Ud.] Me parece que me gusta más (ésa, eso, aquélla) que (ésta, esto, ésa).
6. [Ud. le hace una pregunta a otro pasajero mientras suben a un tren.] ¿Sabe Ud. si (éste, ése, aquél) es el tren que va a Miraflores?
7. [Su hermano acaba de mencionarle una serie de opiniones expresadas por otros sobre su coche.] ¿Y qué personas dijeron todo (ése, eso, aquél)?
8. [Su tío se sienta en el sofá con una novela en la mano.] Tío Enrique, ¿de quién es (esta, esa, aquella) novela? ¿Es suya?

Ejercicio 3

Ponga algunos artículos del profesor y de los estudiantes en varios sitios dentro de la sala de clase. Los estudiantes se ponen de pie y se turnan para identificar al / a la dueño/a de los artículos, según el modelo. Señale los artículos con el dedo al referirse a cada uno.

MODELO: *Este texto es de Susana, ése es de Roberto, pero no sé de quién es aquél; tal vez es del profesor.*

Ejercicio 4

Exprese su preferencia entre las siguientes cosas y dé una explicación.

MODELO: una rosa y un clavel
Entre una rosa y un clavel, prefiero aquélla porque éste no es tan delicado.

1. un dibujo y una fotografía
2. un cuento folklórico y una novela
3. un juego real y un videojuego
4. un espectáculo musical y una obra teatral
5. la música clásica y el jazz

Foco en el léxico: **Saber** versus **conocer**

Both **saber** and **conocer** mean *to know.*

1. **Saber** means *to be aware of, to understand, to know because of study or memorization,* or *to find out something for the first time.*

Ese guía **sabe** mucho.	*That guide knows a lot.*
¿**Saben** todos lo que deben llevar?	*Do you all know what to take?*
Luisa **sabe** hablar quechua.	*Luisa knows how to speak Quechua.*
Anoche **supimos** que no venía él.	*Last night we found out that he wasn't coming.*

2. **Conocer** means *to know a person, to meet a person for the first time,* or *to be familiar with a particular place or object.*

¿No **conoces** a ningún mexicano?	*Don't you know any Mexicans?*
No, pero quiero **conocer** a alguien de ese gran país.	*No, but I want to meet someone from that great country.*
Dice Betty que **conoce** bien muchas de las calles de Guadalajara.	*Betty says she knows well many of the streets of Guadalajara.*

Ejercicio 1

Un/a amigo/a va de viaje a Perú y como Ud. es muy curioso/a, le hace las siguientes preguntas. Complételas usando **saber** o **conocer,** según convenga.

MODELO: ¿_____ la hora de tu vuelo?
¿Sabes la hora de tu vuelo?

1. ¿_____ tú algunos restaurantes buenos en Lima?
2. Hay playas magníficas cerca de Lima; ¿_____ nadar bien?
3. ¿Crees que vas a poder _____ a algunos estudiantes peruanos?
4. ¿_____ quién es el presidente actual de Perú?
5. ¿_____ hablar quechua?
6. ¿_____ qué significa *Machu Picchu* en quechua?
7. ¿Vas a tener tiempo para _____ Cuzco?
8. ¿_____ la historia de la civilización incaica?
9. ¿_____ dónde se encuentran las ruinas incaicas más importantes?
10. ¿Quieres _____ la región amazónica?

Ejercicio 2

Imagínese que un/a compañero/a de clase prepara un viaje a México. Hágale preguntas sobre el viaje usando **saber** o **conocer.**

MODELO: qué día sale el vuelo
E1: *¿Sabes qué día sale el vuelo?*
E2: *Sí, sale el día 20.*

1. qué aerolínea vas a usar
2. qué documentos necesitas para el viaje
3. las costumbres de los mexicanos
4. hablar bien el español

5. cuántas ciudades vas a visitar
6. la literatura mexicana
7. la comida de los mexicanos
8. usar el metro

Rincón del escritor

1. Trabajando en pequeños grupos, discutan las ventajas y desventajas de que los niños pequeños escuchen o lean cuentos de hadas o cuentos populares, como, por ejemplo, "La cenicienta", "Caperucita roja", "Los tres cochinitos". ¿Creen Uds. que es apropiado exponer a los niños a este tipo de literatura que a veces contiene elementos fantásticos o situaciones crueles? Cuando hayan terminado, una persona del grupo escribe un informe con las conclusiones del grupo. Finalmente, un representante de cada grupo lee las conclusiones al resto de la clase.

2. Escriba la historia que le gustaba escuchar o leer cuando era pequeño/a o una historia de su invención. Comparta su escrito con sus compañeros.

Respuesta a la adivinanza, p. 79: la cebolla

Lectura: El deporte, ¿competitividad comprometida?

CAPÍTULO 3

LECTURA

El deporte, ¿competitividad comprometida?

El deporte, definido como una actividad de alto valor educativo en que coexisten el juego y la competitividad, ocupa un importante lugar en nuestra sociedad. Desde la niña que asiste a lecciones de gimnasia, el muchachito que en la calle o en un estadio juega con un balón° de muchas formas según sea el deporte que practica hasta el atleta profesional, el deporte ocupa parte de la vida de muchos seres humanos.

ball

La perspectiva tradicional presenta al deporte como una de las actividades sociales que ha coexistido con la especie humana desde tiempos inmemoriales. Es un elemento esencial del sistema educativo que contribuye al mantenimiento de la salud, ayuda a corregir desequilibrios° sociales, mejora la integración social y fomenta° la solidaridad. El deporte mejora la calidad de vida de los ciudadanos en la sociedad contemporánea.

unbalances
fosters

Existen también explicaciones socioeconómicas del deporte que lo ven como una consecuencia del desarrollo de las fuerzas productivas capitalistas. El deporte, según este punto de vista, ha transformado el cuerpo en instrumento y lo ha integrado dentro del sistema de las fuerzas productivas. Los atletas ofrecen su producto, el cuerpo, a todos nosotros, los consumidores. El deporte, pues, ha pasado a ser un artículo de consumo°.

consumption

El deportista de competición es un nuevo trabajador que vende a un gerente o a un patrón su fuerza de trabajo capaz de producir un espectáculo que atrae a multitudes. El valor del deportista está regulado por las leyes de la oferta y la demanda° del mercado. El deporte competitivo es una industria de billones de

leyes... *laws of supply and demand*

dólares en la que participan los medios de comunicación, los patrocinantes° comerciales y las autori-   *sponsors*
dades deportivas. Este lucrativo triángulo controla la
industria. El deporte se ha comercializado y lo que
importa es el espectáculo.

A pesar de esta visión bastante pesimista de lo
que el deporte representa hoy en día, hay quienes
sostienen que el deporte todavía representa el esfuerzo del ser humano por alcanzar siempre los mejores
resultados y por entregar lo mejor de sí mismo a sus
semejantes.

En torno a la lectura

1. ¿Cómo se puede definir el deporte?
2. Mencione algunos de los deportes en que se usa un balón o pelota.
3. ¿Qué ventajas presenta el deporte?
4. ¿Cómo aparece el deporte desde una perspectiva económica?
5. ¿Cuáles son las tres entidades que controlan la industria del deporte?
6. Según su opinión, ¿está totalmente comercializado el deporte? Explique.

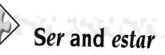

Ser and *estar*

Most of the notions conveyed by the English verb *to be* are expressed in Spanish by the verbs **ser** and **estar.** These two verbs are not synonymous in Spanish; each has its own specific meaning.

A   Uses of *ser*

Identification

The verb **ser** is used before a noun or noun phrase to identify, describe, or define a subject.

Ese muchachito que juega al básquetbol **es** mi sobrino.	*That boy who is playing basketball is my nephew.*
El deporte **es** una actividad competitiva que ejercita el cuerpo y la mente.	*A sport is a competitive activity that exercises body and mind.*

Origin, ownership, material

Ser is used before prepositional phrases introduced by **de** to indicate origin, ownership, or the material of which something is made.

—¿De dónde **son** tus padres?	*Where are your parents from?*
—**Son** de Venezuela.	*They are from Venezuela.*
Este reloj **es** de mi abuela. **Es** de oro.	*This watch is my grandmother's. It is made of gold.*

Event

The verb **ser** is used to express when or where an event takes place. In this construction, **ser** is a synonym for **tener lugar** (*to take place*).

La competencia de gimnasia **es** esta tarde a las dos. **Será** en el estadio municipal.	*The gymnastics competition is at two o'clock this afternoon. It will be in the municipal stadium.*
¿Cuándo **es** nuestro próximo partido de básquetbol?	*When is our next basketball match?*

Time, day, date

The verb **ser** is used to express the time and the date.

Son las tres de la tarde.	*It's three o'clock in the afternoon.*

Hoy **es** jueves.	*Today is Thursday.*
Ayer **fue** el 3 de mayo.	*Yesterday was the third of May.*

B ▷ Uses of *estar*

Location

The verb **estar** is used to indicate location.

—¿Dónde **está** tu hermano Jaime?	*Where is your brother Jaime?*
—**Estaba** aquí hace un momento. Tiene que **estar** en el edificio.	*He was here a moment ago. He must be in the building.*
El gimnasio **está** muy cerca de aquí.	*The gym is very close to here.*

> ***Nota gramatical:*** The verb **haber** is also found in similar structures: **Hay un gimnasio muy cerca de aquí.** *There's a gym very close to here. / A gym is very close to here.* Note, however, that in **estar** sentences, **gimnasio** refers to a definite object **(el gimnasio)** and is the subject of the sentence. In **haber** sentences, **gimnasio** refers to an indefinite object, not known by the addressee **(un gimnasio)** and is the direct object of **haber.** It comes after the verb: **Hay un gimnasio muy cerca de aquí.**

Progressive tenses

Estar is used to form the progressive tenses. (See Chapter 5, Section II, p. 171 for progressive tenses.)

—Rita, ¿qué **estás haciendo?**	*Rita, what are you doing?*
—**Estoy escribiendo** un informe.	*I am writing a report.*
Anoche cuando salimos del cine, **estaba lloviendo** a cántaros.	*Last night when we came out of the movies, it was raining cats and dogs.*

C ▷ Ser *and* estar + *adjective*

1. The verb **ser** is used with adjectives to describe qualities or traits that are perceived to be inherent or normal at a given time. This includes adjectives of nationality, color, size, and shape.

Leopoldo **es** joven. **Es** inteligente. **Es** emprendedor.	*Leopoldo is young. He is intelligent. He is enterprising.*
Este pueblo **es** pequeño; **es** tranquilo; **es** pintoresco.	*This village is small; it's quiet; it's picturesque.*

2. **Estar** is used with adjectives to indicate states and conditions, including unexpected or unusual qualities, or a change in usual attributes or characteristics.

Estamos muy contentos con las últimas noticias.	*We are very happy with the latest news.*
¡Esta sopa **está** fría!	*This soup is cold!*
¡Qué elegante **estás** hoy!	*How elegant you are (look) today!*
—Julio, ¡qué delgado **estás**!	*Julio, you look thin!*
—Sí, bajé diez kilos. Como ves, ya no **soy** gordo.	*Yes, I lost twenty-two pounds. As you can see, I'm no longer (a) fat (person).*

*L*a familia *presidencial* del artista colombiano contemporáneo Fernando Botero (1932–). ¿Podría Ud. describir los personajes que ve en el cuadro?

3. Some adjectives convey different meanings depending on whether they are used with **ser** or **estar**.

<table>
<tr><td>El partido de fútbol **es** aburrido y, por lo tanto, el público **está** aburrido.</td><td>*The soccer match is boring and, therefore, the audience is bored.*</td></tr>
<tr><td>Esos jugadores **son** listos.</td><td>*Those players are smart.*</td></tr>
<tr><td>Los equipos **están** listos.</td><td>*The teams are ready.*</td></tr>
</table>

The following list shows the meanings conveyed by some common adjectives when they are used with **ser** and **estar**.

ser	estar
aburrido *boring*	aburrido *bored*
bueno *good*	bueno *healthy, tasty, good*
callado *reserved, quiet*	callado *silent*
decidido *resolute*	decidido *decided*
despierto *alert*	despierto *awake*
interesado *selfish*	interesado *interested*
limpio *tidy* (by nature)	limpio *clean* (now)
listo *smart, clever*	listo *ready*
loco *insane*	loco *crazy, frantic*
malo *evil*	malo *sick*
verde *green* (color)	verde *green* (not ripe)
vivo *alert, lively*	vivo *alive*

4. **Estar vivo** (*to be alive*) and **estar muerto** (*to be dead*) are viewed as conditions and are always expressed by **estar**.

<table>
<tr><td>A causa de un incendio, los ocupantes de ese apartamento **están** muertos, pero encontraron un gato que **estaba** vivo.</td><td>*Because of a fire, the occupants of that apartment are dead, but they found a cat that was alive.*</td></tr>
</table>

D *Ser* and *estar* + past participle

Ser is used with a past participle in a passive voice construction to refer to an action being performed. (See Chapter 6, Section IV, p. 233 for the passive voice.) The person who performs the action, if stated, is expressed by a phrase introduced by **por**. **Estar** is used with a past participle to express a condition or state that is the result of an action. In both cases, the past participle agrees in number and gender with the noun it modifies.

La familia García desocupó esa casa ayer.	
Passive action: ser + past participle	**Resultant condition: estar + past participle**
Esa casa **fue desocupada** ayer (por la familia García).	Esa casa **está desocupada.**

Nota gramatical: Out of context, most equivalent English structures are ambiguous: *the animal was wounded* (by the hunter: action interpretation); (I realized that) *the animal was wounded* (somebody had wounded the animal: result interpretation). Rarely, different related words distinguish between the action interpretation (a past participle) and the resultant condition (an adjective): *the door was opened* vs *the door was open*; *the house was vacated* vs *the house was vacant*.

Summary of the uses of *ser* and *estar*

Uses of *ser*

Followed by an adjective, to describe inherent, essential, or normal traits or qualities
➔ *Mi novio* **es** *guapo e inteligente.*
➔ *Ese lago* **es** *bellísimo.*

Followed by a past participle, to express an action in the passive voice
➔ *Ese edificio* **fue** *abandonado hace una semana.*

To describe or define a subject
➔ *El hockey* **es** *un deporte muy animado.*

To indicate origin, ownership, or material
➔ *Esos muebles antiguos* **son** *de mi abuelita.*

To express where/when an event takes place
➔ *La competencia* **es** *aquí el sábado.*

To express the time and the date
➔ **Son** *las dos.* **Es** *viernes.*

Uses of *estar*

Followed by an adjective, to describe states and conditions; to indicate unexpected conditions or change in condition
➔ **Estoy** *triste.*
➔ *Esta comida* **está** *muy salada.*

Followed by a past participle, to express a condition or state resulting from an action
➔ *Ese edificio* **está** *abandonado desde hace una semana.*

To express location
➔ *El estadio* **está** *lejos de aquí.*

To indicate actions in progress
➔ **Estoy** *leyendo una novela.*

EJERCICIOS

Ejercicio 1

Lourdes quiere conversar con su amigo Martín, pero no lo encuentra. Le pregunta a Alberto por Martín. Complete el siguiente diálogo, usando la forma apropiada de **ser** o **estar.**

Lourdes: ¡Hola, Alberto! ¿Sabes dónde _está_ Martín? ¿_está_ enfermo?

progresivo ↓ *on-going*

Alberto: No, creo que _está_ en el estadio. _está_ (entrenando) *training* porque la semana próxima participa en una competencia. La competencia _es_ en Colorado.

Lourdes: Ah, _está_ bien. Según entiendo, esa competencia *event* _es_ muy difícil. Martín va a _estar_ muy contento si gana.

Alberto: _Es_ cierto. Martín _es_ un atleta muy dedicado.

Lourdes: Pues, si tú no _estás_ ocupado, podemos ir a verlo al estadio.

Alberto: Sí, buena idea. Puedo _estar_ listo en cinco minutos.

Ejercicio 2

Complete los siguientes diálogos breves con las formas apropiadas de **ser** o **estar.**

1. —Roberto _está_ (es) muy vivo; veo que _es_ capaz de encontrar buenos puestos todos los veranos.
   —Sí, pero también _es_ bastante interesado; no trata de ayudar a nadie más.

2. —Mi permiso para manejar _está_ vencido. ¿Dónde puedo renovarlo?
   —Eso _es_ algo que tienes que hacer en el centro; pero a estas horas la oficina _está_ cerrada.

3. —¿Un viaje a México? ¿_Está_ Ud. interesada en algún lugar especial?
   —Sí, en el estado de Michoacán. Todo el mundo dice que _es_ una zona muy bella.
   —Tiene razón. Las ciudades coloniales _son_ preciosas y los precios no _están_ (son) muy caros.
   —¿Cómo _es_ el tiempo durante esta estación del año?
   —Allí el clima siempre _es_ agradable.

Ejercicio 3

Trabajando en parejas, túrnense para hacer y contestar preguntas según el modelo. Ojo: En algunos casos se usa la forma plural **(son)** y en otros se usa la singular **(es).**

MODELO: flores / Carmela / Japón / seda
E1: *¿De quién son estas flores artificiales?*
E2: *Son de Carmela.*
E1: *¿Sabe de dónde son?*
E2: *Pues, son de Japón.*
E1: *Y, ¿de qué son?*
E2: *Son de seda.*

1. blusa / Rosa / Chile / poliéster
2. figuras / Mariana / la República Dominicana / cerámica
3. poncho / Federico / Bolivia / lana
4. gorro / Diego / País Vasco / algodón
5. zapatillas / Margarita / Perú / piel de llama
6. utensilios / Pilar / Guatemala / madera
7. balón / Enrique / México / cuero
8. camisa / Maxi / Puerto Rico / nylon

Ejercicio 4

Conteste las siguientes preguntas con **ser** o **estar,** según el modelo.

MODELO: ¿Amanda? ¿inteligente?
Sí, Amanda es muy inteligente.

1. ¿La industria petrolera? ¿importante? Si, es importante
2. ¿El profesor? ¿enfermo? No, no esta enfermo
3. ¿Los Juegos Olímpicos? ¿China? Si, son en China
4. ¿Alberto? ¿en el trabajo? Si, esta en el trabajo
5. ¿Tú? ¿fatigado/a? No, no estoy fatigada
6. ¿Nosotros? ¿de los Estados Unidos? Nosotros no somos de los EEUU
7. ¿Los pasteles? ¿ricos? Los pasteles son ricos
8. ¿Salamanca? ¿España? Si, Salamanca es un ciudad en España
9. ¿Alejandro y Tere? ¿protestantes? No, no son protestantes
10. ¿Alicia? ¿pariente de Federico? Alicia es un pariente de Federico

Ejercicio 5

Trabajen en parejas y háganse preguntas acerca de sus emociones cuando salen de vacaciones. Terminen las frases usando el verbo **estar** y adjetivos como **emocionado/a, contento/a, nervioso/a, triste, confuso/a, satisfecho/a, alegre, ansioso/a** y **cansado/a.**

MODELO: cuando preparas un viaje
E1: *¿Cómo te sientes cuando preparas un viaje?*
E2: *Normalmente estoy muy contento/a.*

1. cuando planeas tu itinerario
2. cuando piensas en el costo del viaje
3. cuando es la hora de partir
4. cuando el avión despega
5. cuando llegas a tu destino
6. cuando el viaje termina
7. cuando pasas por la aduana
8. cuando regresas a tu casa

Ejercicio 6

Es el último episodio de la telenovela "Así es la vida". Describa a los personajes que aparecen en el dibujo, usando el verbo **ser** o **estar,** según convenga.

MODELO: *La mujer que abre la puerta es quizás la esposa del médico. Está sorprendida.*

Ejercicio 7

Hable con un/a compañero/a acerca de una experiencia que tuvo recientemente. Use formas apropiadas de **estar** o **ser** para expresar su gusto o disgusto con respecto a esa experiencia, según el modelo. Puede hablar de los siguientes temas o de otros de su invención: **ir al cine,** alquilar un video, comer en un restaurante, jugar al tenis (u otro deporte), pasar un rato en una sala de baile, ir a una fiesta, comprar ropa, aprobar un examen muy difícil, ir de viaje durante el fin de semana.

MODELO: ir al cine
E1: *Anoche vi con Martín la última película de Tom Cruise.*
E2: *¿Verdad? ¿Cómo fue?*
E1: *¡Fue fantástica! Martín y yo estuvimos muy contentos. La historia fue muy interesante y todos los actores fueron excelentes.*
E2: *¿Estuvo completa la sala del cine?*
E1: *Sí, casi estuvo completa. ¡Hasta las palomitas de maíz* (popcorn) *estuvieron ricas!*

Descriptive adjectives

A Forms of descriptive adjectives

1. Depending on the ending of the masculine singular form, adjectives have either four or two forms. Four-form adjectives vary in number (singular and plural) and gender (masculine and feminine); two-form adjectives vary in number only. The following chart summarizes these two types of adjectives.

	Masculine singular ending	Examples
Four-form	unstressed **-o**	simpátic**o**, simpátic**a**, simpátic**os**, simpátic**as**
	-án, **-ín**, **-ón**, or **-dor**	holgaz**án**, holgaz**ana**, holgaz**anes**, holgaz**anas**
		juguet**ón**, juguet**ona**, juguet**ones**, juguet**onas**
		hablad**or**, hablad**ora**, hablad**ores**, hablad**oras**
	consonant and refers to nationality	franc**és**, franc**esa**, franc**eses**, franc**esas**
		español, español**a**, español**es**, español**as**
Two-form	vowel other than **-o**	trist**e**, trist**es**
		optimist**a**, optimist**as**
	consonant and does not refer to nationality	azul, azul**es** feliz, felic**es**
		común, común**es** peor, peor**es**
		cortés, cortes**es** regular, regular**es**

Nota gramatical: Note that some adjectives that bear a written accent mark in the masculine singular lose it in the masculine plural: **holgazán, holgazanes; común, comunes**. This way they conform to the rules for written accents: The singular ends in **-n** and is stressed in the last syllable; the plural ends in **-s** and is stressed in the next-to-the-last syllable. This adjustment also applies to nouns, as mentioned in Chapter 1, p. 27: **opinión, opiniones**. See also Appendix B: Written Accent Marks.

2. A few adjectives have two masculine singular forms: The shortened form is used when the adjective precedes a masculine singular noun. Common adjectives in this group include the following.

hombre	**bueno**	**buen**	amigo
coche	**malo**	**mal**	humor
capítulo	**primero**	**primer**	lugar
artículo	**tercero**	**tercer**	piso
día	**santo**	**San**	Juan

Te deseo un **buen** viaje.	*I wish you a good trip.*
Es mi **primer** partido de tenis.	*It's my first tennis match.*

3. The adjective **grande** (*big, large*) also has a shortened form, **gran,** that is used before either a masculine or a feminine singular noun. Note that **gran (grandes)** means *great* when it precedes the noun it modifies.

¡Qué **gran** idea acabas de proponer!	*What a great idea you have just proposed!*
Son **grandes** amigos.	*They are close (great) friends.*
No tenemos estadios **grandes.**	*We don't have large stadiums.*

4. The shortened form of **santo, san,** is used before a masculine singular noun, except when the noun begins with **To** or **Do: Santo Tomás** and **Santo Domingo,** but **San Pedro.**

B Agreement

1. Descriptive adjectives agree in gender and number with the nouns they modify.

Nos hospedaremos en un hotel **moderno** en el centro. Tiene habitaciones **espaciosas** y **limpias.**

We'll stay at a modern hotel downtown. It has spacious and clean rooms.

2. If a single adjective follows and modifies two or more nouns, one of which is masculine, the masculine plural form of the adjective is used.

Mis amigos practican juegos y actividades vigoros**os.**
Encontré una librería que vende libros y revistas mexican**os.**
Hay hoteles y pensiones muy barat**os** en esta calle.

My friends practice vigorous games and activities.
I found a bookstore that sells Mexican books and magazines.
There are very inexpensive hotels and boardinghouses on this street.

3. If a single adjective precedes and modifies two or more nouns, it agrees only with the first noun.

Venga a ver las **maravillosas** ruinas y monumentos de nuestra región.

Come see the wonderful ruins and monuments of our area.

C Position

1. A descriptive adjective usually follows the noun it modifies. When the descriptive adjective follows the noun, it specifies or restricts the noun; that is, it sets the noun apart from other nouns in the same category. Adjectives that refer to color, shape, or nationality, and adjectives related to disciplines, technology, and the sciences usually follow the noun they modify because they distinguish the noun from others in the same category.

Gabriel conduce un coche **rojo;** es un modelo **europeo** de líneas **aerodinámicas.**

Gabriel drives a red car; it's a European model with aerodynamic lines.

Vivimos cerca de una zona **industrial** con muchas fábricas de productos **manufacturados.**

We live near an industrial area with many factories of manufactured products.

2. If no contrast with other nouns in the same category is implied, the descriptive adjective precedes the noun it modifies. The focus is on the noun itself, and the adjective simply states a recognized or inherent characteristic of the noun.

Nos alojamos en un **simpático** albergue situado al pie de unas **imponentes** montañas.

We stayed at a nice inn located at the foot of some imposing mountains.

3. For purposes of emphasis, adjectives of color or shape may precede the noun, especially to achieve a poetic effect.

Ud. puede contemplar **rojos** atardeceres desde esas playas de **claras** aguas.

You can contemplate red sunsets from those beaches of clear waters.

4. Proper nouns refer to a unique person or thing. Since the name distinguishes the noun, a descriptive adjective precedes a proper noun and is used to emphasize a characteristic of the noun.

¿Has visto al **pequeño** Hernán?
Me impresionó el **ancho** Orinoco.

Have you seen little Hernán?
I was impressed by the wide Orinoco.

Escena en el altiplano boliviano. ¿Qué piensa del modo de transporte usado por esta familia boliviana? ¿Cuáles son las imponentes montañas que ve al fondo?

5. A number of adjectives change meaning depending upon whether they are used before or after the noun. When the adjective precedes the noun, it often has a figurative, abstract meaning; when the adjective follows the noun, it often has a more concrete, objective meaning.

Tu padre no es un hombre **viejo**.	*Your father is not an old man. He*
Él y yo somos **viejos** amigos.	*and I are old friends.*
La Trinidad, iglesia **grande** e imponente, es un **gran** atractivo turístico.	*Trinidad, a large and imposing church, is a great tourist attraction.*

The following are some of the adjectives that change meaning depending on their position in relation to the noun.

Adjective	Before the noun	After the noun	Examples
cierto	*certain (= some)*	*certain (= sure)*	cierto día; hecho cierto
gran/grande	*great, excellent*	*big, tall, large*	gran idea; mujer grande
medio	*half*	*middle; average*	media hora; salario medio
mismo	*same*	*the thing itself*	la misma cosa; la vanidad misma
nuevo	*another, different*	*brand new*	nueva elección; casa nueva
pobre	*poor (= pitiful)*	*poor (= destitute)*	pobre niño; hombre pobre
propio	*own*	*proper*	mi propio hijo; conducta propia
puro	*sheer*	*pure, unadulterated*	pura imaginación; agua pura
viejo	*former, of old standing*	*old, aged*	viejo amigo; coche viejo

EJERCICIOS

Ejercicio 1

Complete las siguientes oraciones con la forma apropiada del adjetivo.

MODELO: Tenemos gimnasios _____ en nuestra ciudad. (moderno, espacioso)

E1: *Tenemos gimnasios modernos en nuestra ciudad.*
E2: *Tenemos gimnasios espaciosos en nuestra ciudad.*

1. Mario cree que aquellas atletas son _____. (dedicado, fuerte, cortés, alemán)
2. Los entrenadores que tenemos son _____. (estricto, amable, francés, locuaz)
3. Julia opina que mi hermano es _____. (intrépido, inteligente, hablador, leal)
4. Elisa sacó una foto de una casa _____. (rústico, encantador, original, catalán)

Ejercicio 2

El entrenador de tenis comenta su satisfacción con algunos jugadores nuevos. Lea la descripción que hace de Martín y luego cámbiela para que se aplique primero a Susana y luego a Rosana y Gabriel juntos.

En mi opinión Martín es un buen jugador porque es dedicado, cortés e inteligente. Lo acepté en el equipo porque es también un chico cooperativo, alegre y trabajador. A pesar de ser joven, parece maduro y bien organizado. Es el primer jugador español que tenemos en el equipo.

Ejercicio 3

Divídanse en grupos. Dentro de cada grupo, háganse y contéstense las preguntas siguientes, usando en las respuestas el sustantivo y el adjetivo dados entre paréntesis. Coloquen el adjetivo en el lugar apropiado para reflejar el significado indicado.

MODELO: E1: ¿A quién visitaste ayer? (amigo / viejo = hace mucho que somos amigos)
           E2: *A mi viejo amigo Jorge.*

1. ¿Qué tienes en esa bolsa? (uniforme / nuevo = lo acabo de comprar)
2. ¿Quién le dio esa noticia a tu padre? (jefe / mismo = él y no otro)
3. ¿Dónde está situado el hotel? (al pie de unas montañas / impresionantes = todas las montañas me impresionan)
4. ¿Qué tipo de atracción es la catedral de esta ciudad? (atracción / grande = atracción muy importante)
5. ¿Es potable esa agua? (agua / pura = no está contaminada)
6. ¿Puedo comer una parte de la naranja que tienes? (naranja / media = 50% de la naranja)
7. ¿Quién es aquel hombre? (hombre / pobre = sufre mucho con la enfermedad de su hija)
8. ¿Es de Daniel la camisa que llevas? (camisa / propia = es mía)

Ejercicio 4

Ud. y un/a compañero/a de clase comentan acerca de lo que ven en el siguiente cartel sobre el turismo en Puerto Rico. Descríbanse uno al otro los diferentes personajes y el escenario del cartel, según el modelo. Usen tantos adjetivos de la lista como les sea posible.

MODELO: E1: *¿Qué te parecen los chicos?*
          E2: *Los chicos son guapos; parecen corteses y simpáticos.*

bonito	atlético	pintoresco	claro
inteligente	fuerte	atractivo	tranquilo
inteligente	limpio	delgado	magnífico
musculoso	activo	satisfecho	caluroso

Ejercicio 5

En parejas, describan cómo son o qué le parecen las siguientes cosas. Se dan varios adjetivos posibles, pero traten de usar otros de su preferencia también.

| aburrido | antiguo | artístico | cómico |
| complicado | divertido | dulce | enérgico |

experimental	fácil	grande	impresionante
independiente	optimista	original	ridículo
serio	talentoso	tradicional	triste

MODELO: la clase de español
La clase de español me parece difícil, pero normalmente es interesante. Es una clase bien organizada.

1. los deportes en la universidad
2. mis animales favoritos
3. el programa de David Letterman
4. la violencia en los programas de televisión
5. esta universidad
6. los Juegos Olímpicos
7. mis clases este semestre
8. la música rap de hoy

Ejercicio 6

Túrnense para describir a una persona, un objeto o una experiencia que tiene importancia en su vida. Use por lo menos dos frases descriptivas.

MODELO 1:   *Tengo una amiga nueva que se llama Norma. Ella es atlética y muy inteligente. Me gusta hablar con ella porque nuestras conversaciones son divertidas.*

MODELO 2:   *Este verano mis vacaciones fueron maravillosas. Fui a Santiago de Chile, una ciudad grande pero íntima. Me pareció un lugar extraordinario.*

III   Comparatives and superlatives

A   Comparisons of inequality

Forms

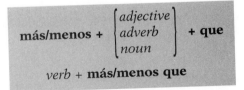

$$\textbf{más/menos} + \begin{Bmatrix} \textit{adjective} \\ \textit{adverb} \\ \textit{noun} \end{Bmatrix} + \textbf{que}$$

$$\textit{verb} + \textbf{más/menos que}$$

Uses

1. **Más** is used in comparisons of inequality to express a higher degree of a quality, and **menos,** to express a lower degree. **Que** relates the two terms of the comparison.

Hoy está **más** caluroso **que** ayer.	*Today is warmer than yesterday.*
Tú juegas al tenis **más** frecuentemente **que** nosotras.	*You play tennis more frequently than we do.*
Yo trabajo **más** horas **que** Roberto, pero gano **menos** dinero **que** él.	*I work more hours than Roberto, but I make less money than he does.*

2. The phrases **más que** and **menos que** are used after a verb to express *more than* and *less than.*

Mi hermana mayor lee **menos que** mi hermana menor.	*My older sister reads less than my younger sister.*

3. **De** is used instead of **que** before a number. **Más de** and **menos de** are equivalent to *over, a greater number than* and *under, a lesser number than,* respectively. If the meaning is not that of over or under a specific number, then **que** is used, as in the last of the following examples.

En nuestra ciudad hay **más de** quince estaciones de radio.	*In our city there are more than fifteen radio stations.*
Esos zapatos de tenis cuestan **menos de** cincuenta dólares.	*Those tennis shoes cost less than fifty dollars.*
Una imagen vale **más que** mil palabras.	*A picture is worth more (more valuable) than a thousand words.*

B ## Comparisons of equality

Forms

> **tan** + *adjective / adverb* + **como**
> **tanto/a/os/as** + *noun* + **como**
> *verb* + **tanto como**

Uses

1. **Tan** is used to express a comparison of equality with adjectives and adverbs. **Como** is used to relate the terms of the comparison.

Yo soy **tan** alta **como** mi prima Rosa.	*I am as tall as my cousin Rosa.*
Nuestra ciudad crece **tan** rápidamente **como** la capital.	*Our city is growing as rapidly as the capital.*

2. **Tanto** is used to express a comparison of equality with nouns. **Tanto** agrees with the noun it modifies, and **como** relates the terms of the comparison.

En esta zona hay **tantos** cafés **como** restaurantes.	*In this area there are as many cafés as there are restaurants.*
Creo que ahora hay **tanta** pobreza **como** antes.	*I believe that now there is as much poverty as before.*

3. **Tanto** is used to express a comparison of equality when actions are being compared. **Como** relates the terms of the comparison.

Ella practica **tanto como** los mejores atletas.	*She practices as much as the best athletes.*

C Superlatives

Form

> *definite article (+ noun) +* **más/menos** *+ adjective +* **de**

Uses

1. The superlative expresses the highest or lowest degree of a quality when comparing within a group. The superlative is formed by the definite article (+ noun) + **más/menos** + adjective. Note that **de**, not **en**, is used to introduce the group from which the superlative is selected.

El Nilo es **el río más** largo **de**l mundo.	*The Nile is the longest river in the world.*
Camila es **la menos** atlética **de** su familia.	*Camila is the least athletic (person) in her family.*

2. The noun in a superlative construction can be omitted when the referent is clear.

> De todos mis hermanos, Manuel es **el más** independiente.
>
> *Of all my brothers, Manuel is the most independent.*

3. To indicate the highest degree of a quality without a specific comparison, an adverb such as **muy, sumamente,** or **extremadamente** can be used before the adjective, or the suffix **-ísimo/a/os/as** can be attached to the adjective.[1]

> Este artículo es **sumamente interesante.**
>
> Este artículo es **interesantísimo.**
>
> Este artículo me interesa **muchísimo.**
>
> *This article is extremely interesting.*
> *This article is most interesting.*
> *This article interests me very much.*

4. The chart that follows shows the most common spelling changes that occur when the suffix **-ísimo** is added to an adjective.

final vowel is dropped	bello →	bellísimo
written accent is dropped	fácil →	facilísimo
-ble becomes **-bil-**	amable →	amabilísimo
c becomes **qu**	rico →	riquísimo
g becomes **gu**	largo →	larguísimo
z becomes **c**	feliz →	felicísimo

> —Es una novela **larguísima,** ¿verdad?
>
> —Sí, pero **interesantísima.** El autor es **famosísimo.**
>
> *It's a very long novel, isn't it?*
>
> *Yes, but most interesting. The author is very famous.*

Nota gramatical: Some of the spelling adjustments mentioned above have been mentioned before; they are spelling adjustments valid for the whole language. **c → qu:** sacar, saqué; **gu → g:** distinguir, distingo; **z → c:** convencer, convenzo; luz, luces.

[1] The suffix **-ísimo** is also attached to adverbs: **mucho → muchísimo, poco → poquísimo.**

⟨D⟩ Irregular comparatives and superlatives

1. A few adjectives have, in addition to their regular forms, irregular comparative and superlative forms.

Adjective	Comparative		Superlative	
	Regular	Irregular	Regular	Irregular
bueno	más bueno	**mejor**	(el) más bueno	**(el) mejor**
malo	más malo	**peor**	(el) más malo	**(el) peor**
grande	más grande	**mayor**	(el) más grande	**(el) mayor**
pequeño	más pequeño	**menor**	(el) más pequeño	**(el) menor**

2. The irregular forms of adjectives are used much more frequently than the regular forms, which often have limited, specialized meanings. **Mejor** and **peor** indicate the degree of a quality; **más bueno** and **más malo** frequently have a moral connotation; **mayor** and **menor** refer to age, importance, or size; **más grande** and **más pequeño** are used more often to refer to physical size.

> Don Gabriel es **el mejor** entrenador de béisbol de la ciudad; es también una de las personas **más buenas** que conozco.
>
> *Don Gabriel is the best baseball coach in town; he is also one of the kindest persons I know.*

> Tu sugerencia es **peor** que la mía.
>
> *Your suggestion is worse than mine.*

> Mi hermano **menor** quiere ser ingeniero químico.
>
> *My younger brother wants to be a chemical engineer.*

> El turismo es una de las industrias **mayores** de nuestra zona.
>
> *Tourism is one of the most important industries in our area.*

> El edificio Continental es uno de **los más pequeños** del centro de la ciudad.
>
> *The Continental building is one of the smallest in the downtown area.*

Note that **mejor** and **peor** usually precede the noun, while **mayor** and **menor** usually follow the noun.

La familia andina del artista venezolano contemporáneo Héctor Poleo (1918–1991). Compare los personajes de este cuadro con los del cuadro de Botero de la página 89 de este capítulo. ¿Qué cuadro le gusta más? ¿Por qué?

3. The following adverbs have irregular comparative forms: **bien/mejor; mal/peor; mucho/más; poco/menos.**

Escucho **mucho** la radio. Escucho diferentes radioemisoras, pero escucho **más** la radio El Mundo. Se escucha **mejor** que las otras radioemisoras.	*I listen to the radio a lot. I listen to different radio stations, but I listen more to radio El Mundo. It can be heard better than other radio stations.*

Summary of comparatives and superlatives

Comparisons of inequality

más/menos + noun/adjective/adverb + **que**
→ Tengo **menos** amigas **que** amigos.
→ El Nilo es **más** largo **que** el Amazonas.
→ El novio viste **más** elegantemente **que** la novia.

verb + **más/menos que**
→ Trabajo **más que** los otros empleados.

más/menos de + amount
→ Tengo **menos de** veinte dólares.

Comparisons of equality

tan + adjective/adverb + **como**
→ Este clima es **tan** saludable **como** el nuestro.
→ Ese muchacho corre **tan** rápidamente **como** un atleta profesional.

tanto/a/os/as + noun + **como**
→ Tengo **tantos** hermanos **como** hermanas.

verb + **tanto como**
→ Viajo **tanto como** mis padres.

Superlatives

el (+ noun) + **más/menos** + adjective
→ Aquí venden **los** tacos **más** sabrosos de la ciudad.

EJERCICIOS

Ejercicio 1

Complete los siguientes diálogos breves.

1. —Este uniforme es menos bonito _que_ aquél.
   —Todo lo contrario. Es el más bonito ~~que~~ _de_ todos.
2. —Ahora gano más dinero _que_ antes.
   —Puede ser, pero gastas tanto _como_ una persona rica.
3. —El gimnasio donde entrenamos es muy bueno; es _mejor_ que el que usábamos antes.
   —No estoy de acuerdo; creo que es malo. Es ~~menor~~ _peor_ que el gimnasio que teníamos.
4. —La comercialización es uno de los ~~grandes~~ _peores_ problemas en el deporte hoy.
   —Sí, es terrible, pero ¿crees tú que es _peor_ que el problema de las drogas en el deporte?
5. —¿Por qué no corres mucho ahora? Corres _menos_ que antes.
   —Es posible, pero todavía corro ~~mejor~~ _tanto_ como tú.
6. —En mi clase de yoga no hay _tantas_ personas como el año pasado.
   —Sí, pero seguramente hay más _de_ quince.

Ejercicio 2

Dos supervisores evalúan a varios empleados y llegan a conclusiones contrarias. En parejas, representen su conversación.

Superlativos

MODELO: vendedor eficaz / la compañía
E1: *Es el vendedor más eficaz de la compañía.*
E2: *Al contrario; es el menos eficaz de todos.*

* don't use "en" in superlatives

1. secretaria capaz / la sección   *más capaz la mejor de la sección   menos capaz*
2. trabajador prometedor / los nuevos
3. mensajeros enérgicos / el grupo
4. directora diligente / la oficina
5. investigador hábil / la empresa
6. publicistas creativas / el departamento

Ejercicio 3

Use la información que sigue para hacer comparaciones entre Alfonso y Margarita. En cada caso, se pueden hacer varias comparaciones equivalentes. Haga por lo menos dos comparaciones por frase.

comparitivos

MODELO: Margarita vive a cinco kilómetros de la universidad; Alfonso vive a diez kilómetros.
Margarita vive más cerca de la universidad que Alfonso.
O: *Alfonso vive más lejos/menos cerca de la universidad que Margarita.*

Use "de" only when talking about more or less than a #

1. Alfonso mide 1,85 metros de estatura; Margarita mide 1,65.
2. Margarita saca notas excelentes en ciencias; Alfonso saca notas mediocres.
3. Alfonso tiene muchos amigos; Margarita tiene sólo dos amigas.
4. Margarita entiende mucho de golf; Alfonso también entiende mucho.
5. Alfonso tiene veintiún años; Margarita tiene diecinueve.
6. Margarita nada bien; Alfonso nada bastante mal.
7. Alfonso es muy creativo; Margarita es analítica.
8. Margarita tiene dos perros; Alfonso también tiene dos perros.
9. Alfonso viaja mucho; Margarita casi no viaja.
10. Margarita corre una milla en seis minutos; Alfonso también.

Ejercicio 4

Ud. y un/a amigo/a hacen comentarios después de asistir a un partido de fútbol. Siga el modelo.

MODELO: entrenadores severos
E1: *¡Los entrenadores fueron sumamente severos!*
E2: *Es verdad, ¡fueron severísimos!*

1. árbitro estricto
2. porteros ágiles
3. delanteros hábiles
4. zagueros violentos
5. espectadores ruidosos
6. resultado merecido
7. partido interesante

Ejercicio 5

Un/a estudiante empieza a expresar su opinión, cuando otro/a interrumpe y termina la frase con una comparación más enfática.

MODELO: el fax / ser bueno (el correo electrónico)
          E1: *El fax es bueno …*
          E2: *Sí, pero el correo electrónico es mejor.*

1. la radio / informar bien (la televisión)
2. el teletipo / costar poco (el teléfono)
3. el periódico *Tonterías* / ser malo (*El Chisme*)
4. el hotel del centro / es grande (el edificio del banco)
5. el empleado nuevo / escribir mal (los empleados antiguos)
6. Dalí / ser buen pintor (Picasso)
7. Texas / ser un estado grande (Alaska)
8. Tim Duncan / ser un atleta alto y fuerte (Shaquille O'Neal)

Ejercicio 6

Los miembros de un comité de becas para estudiantes comparan la solicitud de José María con la de Carlos. Expresen comparaciones al respecto con referencia a la siguiente información. Se pueden usar los siguientes adjetivos u otros de su elección: **completo, profundo, revelador, impresionante, consistente, distinguido, excelente, grande.**

	José María	Carlos
ensayo personal	profundo	superficial
dinero que necesitan	$$$$$	$$$
participación en clubes	1 = miembro	1 = presidente
notas académicas	3,5	3,5
recomendaciones	excelentes	buenas
servicio a la comunidad	Cruz Roja	2 grupos
juicio sobre toda la solicitud	?	?

MODELO: E1: *El ensayo personal de José María es más profundo que el de Carlos.*

E2: *Sí, pero me parece que las notas de Carlos son tan buenas como las de José María.*

Ejercicio 7

En parejas, túrnense para dar sus propias opiniones a las afirmaciones que siguen. Usen comparaciones de igualdad y comparaciones de desigualdad, según el modelo.

MODELO: La naturaleza es bella.

E1: *Las obras artísticas pueden ser tan bellas como la naturaleza.*

E2: *Algunas obras de arte son más bellas que la naturaleza.*

1. Los atletas ganan mucho dinero.
2. Las secretarias trabajan mucho.
3. Los ingenieros son listos.
4. Los gatos duermen demasiado.
5. Los deportes son buenos para los jóvenes.
6. Hoy hay mucha pobreza en África.

Ejercicio 8

Haga Ud. comparaciones exageradas o cómicas, si quiere, entre las siguientes personas.

MODELO: Tiger Woods y su profesor de español
Tiger Woods es el mejor jugador de golf del mundo; es mucho más atlético que mi profesor de español.

1. el caballo y el automóvil
2. los New York Giants y los San Francisco 49ers
3. David Letterman y Jay Leno
4. la computadora y la máquina de escribir
5. Mel Gibson y Danny DeVito
6. los videos de Luis Miguel y de Madonna

Ejercicio 9

Compare los cuadros de Botero (p. 89) y de Poleo (p. 107). Puede referirse al número de miembros de cada familia, a la apariencia de cada persona, a la actitud del artista, etc.

MODELO: *Poleo es más serio que Botero. Botero es menos tradicional que Poleo.*

IV ▸ Possessive adjectives and pronouns

A Forms

Short (unstressed) form		Long (stressed) form	
Singular	**Plural**	**Singular**	**Plural**
mi	mis	mío/a	míos/as
tu	tus	tuyo/a	tuyos/as
su	sus	suyo/a	suyos/as
nuestro/a	nuestros/as	nuestro/a	nuestros/as
vuestro/a	vuestros/as	vuestro/a	vuestros/as
su	sus	suyo/a	suyos/as

1. The short (unstressed) forms of the possessive adjectives precede the noun they modify and agree with that noun in number and, in the case of **nuestro** and **vuestro**, also in gender. Notice that possessive adjectives always agree with what is possessed and not with the possessor.

¿Dónde están **mis** raquetas de tenis?	*Where are my tennis rackets?*
Necesito hablar con **nuestros** vecinos.	*I need to talk to our neighbors.*
Laura se entiende bien con **su** hermano.	*Laura gets along well with her brother.*

Nota gramatical: These forms are adjectives and as such they agree with the noun they refer to in gender and number, like any adjective. The noun **hermano,** masculine singular, only accepts masculine singular possessive adjectives: **su hermano / hermano suyo; hermana,** feminine singular, only accepts feminine singular possessive adjectives: **su hermana / hermana suya.** It is irrelevant who the possessor is: *his / her brother* = **su hermano / el hermano suyo;** *his / her sister* = **su hermana / la hermana suya.**

2. The long (stressed) forms follow the noun they modify and agree with that noun in gender and number. The long form, too, always agrees with what is possessed and not with the possessor.

Vino a visitarme un pariente **mío.**	*A relative of mine came to visit me.*
No he consultado a Benito, pero la opinión **suya** me importa muy poco.	*I haven't consulted Benito, but his opinion matters little to me.*

B Uses

1. The short forms of possessive adjectives are used more frequently than the long forms. The latter are often used for emphasis or contrast, or in constructions equivalent to *a friend of mine* (**un amigo mío**).

Tendremos una pequeña fiesta en **mi** casa; quiero que vengan tú y **tu** novio.	*We'll have a small party at my house; I want you and your fiancé to come.*
Te diré que **las** ideas **tuyas** son un poco locas.	*I'll tell you that your ideas are a bit crazy.*
Mónica fue al aeropuerto a recoger a **una** prima **suya.**	*Mónica went to the airport to pick up a cousin of hers.*

2. The definite article is used, instead of a possessive form, with parts of the body, articles of clothing, and close personal belongings, if these items are *on* the possessor and are not the subject of the verb. However, if it is not absolutely clear who the owner is, the possessive form is used to avoid ambiguity.

Levanté **la** cabeza y vi a mi amiga Yolanda.	*I raised **my** head and saw my friend Yolanda.*
¿Puedo quitarme **la** corbata?	*May I take off **my** tie?*
Ponte **tu** sombrero y pásame el mío.	*Put on your hat and pass me mine.*

Note that for groups in which each member has one object, the object, though plural in English, appears in the singular in Spanish.

Al terminar la ceremonia nos quitamos **la** corbata.	*When the ceremony was over, we took our ties off.*

ADIVINANZA

Mi madre fue tartamuda,
mi padre fue buen cantor;
tengo el vestido muy blanco
y amarillo el corazón.

Respuesta al final del capítulo

C Possessive pronouns

A possessive pronoun, which takes the place of a possessive adjective + a noun, uses the definite article followed by the long form of the possessive adjective and agrees in gender and number with the noun it replaces. Thus, **mi apartamento → el mío.** After the verb **ser,** the article is usually omitted. (See Chapter 10, Section IV, p. 381 for use of the neuter forms **lo mío, lo tuyo, lo suyo,** etc.)

Tus opiniones son muy diferentes a **las mías. Las tuyas** son ridículas; **las mías,** sensatas. Esos balones de básquetbol son **míos.**	*Your opinions are very different from mine. Yours are ridiculous; mine, sensible. Those basketballs are mine.*
Saludos a ti y a **los tuyos.**	*Greetings to you and yours.*

D Clarification of third person possessive forms

1. Third person possessive adjectives and pronouns (**su, sus, suyo/a, suyos/as**) may be ambiguous since they can refer to any of six possible possessors: **él, ella, Ud., ellos, ellas,** or **Uds.**

El básquetbol es **su** deporte favorito.	*Basketball is his/her/your/their favorite sport.*
Voy a entrevistar a **su** entrenadora.	*I am going to interview his/her/your/their coach.*

2. In most cases, the context determines which meaning is intended. To clarify the intended meaning of a possessive adjective or pronoun, possessive phrases such as **de él, de ella,** and **de Ud.** may be used after the noun.

¿Cuál es **su** deporte favorito, Andrés?	*What's your favorite sport, Andrés?*
Tengo que ver a **la** entrenadora **de ella.**	*I have to see her coach.*

 **EJERCICIOS**

Ejercicio 1

Practique las formas posesivas cortas y las frases posesivas equivalentes, según el modelo.

MODELO: las raquetas de Joaquín
sus raquetas; las raquetas de él

1. los zapatos de tenis de Anita
2. el uniforme de los jugadores
3. la camiseta de mi primo
4. las pelotas de golf de mi tía
5. el bate de mi hermanito
6. la bicicleta de montaña de mi vecino

Ejercicio 2

Las siguientes personas van a pasar unas horas en la casa de Rafael esta noche. Diga con quiénes piensan ir.

MODELO: Germán / compañeros
Germán piensa ir con unos compañeros suyos.

1. Marta / socio
2. nosotros / amigas
3. yo / colegas
4. Raúl y Juanita / pariente
5. Félix / tío
6. mi hermano Patricio y yo / prima

Ejercicio 3

Después de una fiesta, los visitantes tratan de identificar a los dueños de ciertos artículos que están en desorden. Conteste las siguientes preguntas afirmativamente, según el modelo.

MODELO: ¿Es tuya esta chaqueta?
Sí, es mía.

1. ¿Es de tu esposa aquel sombrero?
2. ¿Son de los López esos guantes?

3. ¿Son de nosotros estos regalos?
4. Este sobretodo es de Julio, ¿verdad?
5. ¿De quién es esta bufanda? ¿De Emilia?
6. ¿Son de Roberto estos zapatos de goma?
7. ¿Es mío este paraguas?
8. Aquí hay una chaqueta y una corbata. ¿Son de Alberto?

Ejercicio 4

Divídanse en grupos. Háganse preguntas similares a la del modelo, pidiéndole prestado a otra persona algo necesario para una excursión de camping.

MODELO: una linterna
          E1: *¿Me puedes prestar una linterna?*
          E2: *Lo siento. Necesito la mía, pero a lo mejor (Carlos) puede prestarte la suya.*

1. unas botas
2. un compás
3. una cantimplora (*canteen*)
4. un saco de dormir
5. una caña de pescar
6. una mochila

Ejercicio 5

Trabajando en parejas, Ud. y su compañero/a se turnan para hablar de los temas siguientes. Use tantas formas posesivas como sea posible.

MODELO: mi familia
          Mi familia no es muy grande. Mis padres trabajan mucho y mi hermanita está en el segundo grado de la primaria. Le gusta mucho su maestra. El hermano de mi madre vive con nosotros: es parte de nuestra familia.

1. mis clases
2. mi trabajo
3. mis amigos y amigas
4. mis pasatiempos favoritos
5. mis planes para el futuro

Indefinite expressions and their negatives

A Forms

Affirmative [all]	Affirmative [some]	Negative*
Pronouns		
todo *everything*	**algo** *something, anything*	**nada** *nothing, not ... anything*
todos/as *everyone, everybody, all*	**alguien** *someone, somebody, anyone, anybody*	**nadie** *no one, nobody, not ... anybody/anyone*
Pronouns / Adjectives		
todo/a *every, all;* **todos/as** *all, every, everyone*	**algún, alguno/a/os/as** *some (+ noun), any, someone*	**ningún, ninguno/a** *no (+ noun), no one, none, not ... any/anybody*
[todo/a/os/as]	**cualquier/a** *any, anyone (at all)*	**[nadie]**
Adverbs		
siempre *always*	**alguna(s) vez (veces)** *sometime(s), ever*	**nunca, jamás** *never, not ... ever*
también *also, too*		**tampoco** *neither, not ... either*

*Negative sentences in Spanish contain one or more negative words; **no** is used only if no other negative word precedes the verb: **No** aceptó **nadie ninguna** oferta./**Nadie** aceptó **ninguna** oferta. (*Nobody accepted any offer.*)

Nota gramatical: The fact that standard English accepts only one negative word per sentence explains synonymous sentences of the type: *I said **nothing*** (negative word: *nothing*); *I did **not** say **anything*** (negative word *not; anything*, not *nothing*, must be used after the verb); *I did **not** say **anything** to **anyone*** (negative word *not; anything*, not *nothing*, and *anyone*, not *no one* or *nobody* must be used after the verb). In Spanish, as many negative words as deemed necessary for the meaning are used; **no** is not used before the verb if another negative word precedes: ***no* dije *nada; nada* dije; *no* dije *nada* a *nadie; a *nadie* dije *nada*.**

Todo me preocupa. **Algo** me molesta. **Nada** me sorprende.	*Everything worries me. Something bothers me. Nothing surprises me.*
Algunas personas creen que **cualquiera** puede llegar a ser atleta profesional.	*Some people think that anyone can become a professional athlete.*
—¿Hay **alguien** en la otra pieza?	*Is there anyone in the other room?*
—No, no hay **nadie**.	*No, there is nobody.*
—¿Has estado **alguna vez** en Santo Domingo?	*Have you ever been to Santo Domingo?*
—No, **nunca** he visitado esa ciudad.	*No, I have never visited that city.*

B ◆ Indefinite pronouns and adjectives and their negatives

1. The indefinite pronouns **alguien** and **nadie** refer only to people. When used as direct objects, they are preceded by the preposition **a** (personal **a**).

Nadie te hará cambiar de opinión, ¿verdad?	*No one will make you change your mind, right?*
No quiero ofender **a nadie**.	*I don't want to offend anyone.*

2. **Algo** and **nada** refer only to objects and events.

—¿Te ofrezco **algo**?	*May I offer you something?*
—Gracias. No deseo **nada**.	*Thanks. I don't want anything.*

3. The adjectives **algún/alguna/algunos/algunas** and **ningún, ninguno/ninguna** can refer to people, animals, objects, and events. When they modify direct-object nouns referring to people, they are preceded by the preposition **a** (personal **a**).

Según **algunas** encuestas,
  ningún programa económico
  tiene el apoyo de la mayoría
  de los votantes.

*According to some polls, no
  economic program has the
  support of the majority of
  voters.*

No reconozco **a ninguna**
  persona en esta reunión.

*I don't recognize any person at
  this meeting.*

4. **Alguno/a/os/as** and **ninguno/a** are pronouns that replace nouns referring to people, animals, objects, or events. They may be used by themselves or followed by a prepositional phrase beginning with **de.** When **alguno** or **ninguno** replaces a direct object referring to a person or persons, the preposition **a** precedes the indefinite word.

Algunas de nuestras
  radioemisoras tienen
  programas en español.

*Some of our radio stations
  have programs in Spanish.*

—Yo no recuerdo **a ninguno** de
  mis profesores de educación
  primaria. ¿Y tú?

*I don't remember any of my
  elementary school teachers.
  And you?*

—Yo recuerdo **a algunos.**

I remember some.

5. The negative adjective **ningún/ninguna** and the pronoun **ninguno/a** are almost always used in the singular.

—¿Conoces a **algunos**
  beisbolistas puertorriqueños
  famosos?

*Do you know any famous
  Puerto Rican baseball
  players?*

—No, no conozco a **ninguno.**

No, I don't know any.

No he visitado a **ningún**
  pariente en estos últimos
  meses.

*I haven't visited any relatives
  these last few months.*

6. The indefinite word **cualquiera** may be used as an adjective or a pronoun. When used as an adjective before a masculine or feminine noun, **cualquiera** is shortened to **cualquier.**

—¿Puedo escoger **cualquier** tema
  para el ensayo final?

*May I choose any topic for the
  final essay?*

—Sí, escoge **cualquiera.**

Yes, choose any (whatever).

C Indefinite adverbs

1. **Nunca** and **jamás** both mean *never*. **Nunca** is used more frequently in everyday speech. In questions, **jamás** or **alguna vez** may be used to mean *ever*; **jamás** is preferred when a negative answer is expected.

—¿Has participado **alguna vez** en una competencia deportiva?
—No, **nunca.**

Have you ever participated in a sports competition?
No, never.

—¿Has visitado **jamás** Andorra?
—No, **jamás.** (No, **nunca.**)

Have you ever visited Andorra?
No, never.

2. For emphasis, **nunca** and **jamás** may be used together, in that order.

Probé el gazpacho y no me gustó. **Nunca jamás** lo volveré a probar.

I tried gazpacho and didn't like it. I won't ever try it again.

3. **Tampoco,** the negative counterpart of **también,** may be used alone in a phrase or preceded by **no** or **ni.**

—Estoy ocupada los sábados por la mañana.
—Yo **también.**

I am busy Saturday mornings.

So am I/Me too.

—**No** confío mucho en Orlando.
—**Ni** yo **tampoco** (Yo **tampoco**).

I don't trust Orlando much.
Neither do I/Me neither.

REFRÁN

...ardina que lleva
...l gato, nunca
...uelve al plato.

Corredoras de larga distancia pasan frente a la Basílica de la Macarena en Sevilla, España. Nunca faltan espectadores a lo largo del camino que animan a las atletas. ¿Participa Ud. en algún deporte competitivo?

 **EJERCICIOS**

Ejercicio 1

Ud., que es corredor/a de larga distancia, descubre que usa métodos diferentes a los de su compañero/a de equipo. Siga el modelo.

MODELO: Yo entreno todos los fines de semana.
  Ud.: *Yo no entreno ningún fin de semana.*
  O: *Yo entreno algunos fines de semana.*

1. Yo descanso algunos días.
2. Yo sigo una dieta estricta.
3. Yo leo algunos libros escritos por especialistas.
4. Yo sigo todas las recomendaciones de mi entrenador.
5. Yo siempre corro por la mañana.

Ejercicio 2

Diga lo que puede y no puede ver desde la ventana de su casa, apartamento o residencia estudiantil. Pueden referirse a algunos de los siguientes objetos y personas o a otras ideas.

MODELO: coches y autobuses / peatones
  Desde la ventana de mi apartamento/casa/residencia, puedo ver algunos coches y autobuses, pero no puedo ver a ningún peatón.

1. personas jóvenes / mayores
2. estudiantes / profesores
3. carteles políticos / anuncios comerciales
4. personas desconocidas / conocidas
5. vendedores / clientes
6. árboles / flores
7. tiendas / kioscos
8. casas de apartamentos / casas particulares
9. jardín / parque
10. grupos de corredores / niños

Ejercicio 3

En parejas, hablen de varias experiencias que tuvieron durante sus vacaciones del verano pasado. Usen una frase negativa en la primera parte de la respuesta y una frase afirmativa en la segunda. Pueden hablar de los temas sugeridos u otros de su interés.

visitar algunas playas tropicales

ver alguna competencia deportiva

aprender algo nuevo

asistir a algunos conciertos buenos

practicar deportes

leer algunos libros interesantes

aprender algún idioma extranjero

MODELO: E1: *¿Qué hiciste en tus vacaciones? ¿Visitaste algunas playas*
tropicales?

E2: *No, no visité ninguna playa, pero sí visité algunos pueblos*
remotos muy interesantes. ¿Y tú?

E1: *Nunca visito playas; no me gustan. Prefiero pasar el*
tiempo en algún museo o alguna biblioteca.

Ejercicio 4

Divídanse en parejas. Uno/a de Uds. hace una predicción o un comentario y otro/a responde en forma contradictoria, comenzando cada frase con expresiones como **¡Qué tontería!**, **¡Imposible!**, **¡Qué barbaridad!** y **¡Qué va!**, según el modelo.

MODELO: El gobierno eliminará pronto la inflación.
¡Qué tontería! Nunca va a eliminarla totalmente. Nadie tiene
suficiente control de la economía.

1. El congreso va a acabar con el déficit el próximo año.
2. Pronto todos vamos a tener seguro médico.
3. Las películas de Europa son mejores que las de Hollywood.
4. El béisbol es más interesante que el fútbol americano.
5. Estoy convencido/a de que los políticos van a ignorar la influencia de sus contribuyentes este año.
6. Una mujer va a ser presidente del país dentro de tres elecciones más.
7. (Inventen otras predicciones u opiniones y continúen la conversación.)

Ejercicio 5

En parejas, túrnense para hacer y contestar preguntas afirmativas o negativas que uno le hace normalmente a un miembro de la familia al llegar a casa después del trabajo. Traten de alternar entre preguntas y respuestas afirmativas y negativas, según el modelo.

MODELO: E1: *¿Me llamó alguien esta mañana?*

E2: *No, esta mañana no te llamó nadie, pero sí te llamó*
alguien por la tarde.

E1: *Yo no hice nada interesante hoy, ¿y tú?*
E2: *Yo tampoco, pero sí voy a hacer algo divertido mañana.*
   Voy a entrevistar a algunos clientes en otra ciudad.

Foco en el léxico: Spanish equivalents of *to become*

Spanish has several specific verbs and verbal expressions that correspond to the meaning of the English verb *to become* in the sense of *to come to be*. In some cases only one verb or expression is appropriate; in others, there is a choice depending on what specific meaning of *to become* is intended.

A Change of state: *hacerse*

1. **Hacerse,** the most widely used equivalent of *to become,* can be followed by a noun or an adjective and indicates transition from one state or condition to another.

Él **se hizo** gran conferenciante en muy poco tiempo.	*He became a great lecturer in very little time.*
Y tú **te hiciste** igualmente conocida como violinista.	*And you became equally well known as a violinist.*

2. When referring to people, **hacerse** stresses the fact that the change of state depends on the voluntary, conscious effort of the person or persons involved.

Se hizo gran experto en inversiones.	*He became a great expert in investments.*
Se hizo rico en poco tiempo.	*He became rich in a short time.*

3. Some reflexive verbs are equivalent to **hacerse** + a related adjective.

fortalecerse = hacerse fuerte	*to get strong(er)*
suavizarse = hacerse suave	*to soften, become softer*

B ⬥ Change in physical or emotional state: *ponerse*

1. **Ponerse** followed by an adjective indicates a sudden and temporary change in physical appearance, condition, or emotional state.

¡Qué partido más reñido! ¿Viste qué roja **me puse?**	*What a hard-fought game! Did you see how red I became?*
Después, en el vestuario, **me puse** bastante pálida.	*Later, in the locker room, I became quite pale.*
Mis compañeras **se pusieron** bastante nerviosas.	*My teammates became quite nervous.*

2. Some reflexive verbs are equivalent to **ponerse** + a related adjective.

alegrarse = **ponerse alegre**	*to become happy*
entristecerse = **ponerse triste**	*to become sad*

C ⬥ Change through gradual process: *llegar a ser*

Llegar a ser can be followed by either nouns or adjectives and is used to indicate acquisition of a new state through a gradual, lengthy process.

Llegó a ser una escritora sobresaliente.	*She became an outstanding writer.*
Y dos de sus hermanos **llegaron a ser** tenistas profesionales.	*And two of her brothers became professional tennis players.*

D ⬥ Radical change: *volverse*

Volverse (ue) is used to indicate a radical change of state or condition, and is followed by an adjective.

Yo **me volví** muy desconfiada después del accidente.	*I became very wary after the accident.*
A partir de entonces mi novio ya no fue la misma persona; **se volvió** pesimista.	*From then on my fiancé was not the same person; he became pessimistic.*

E ⬥ To assume a new condition: *convertirse, transformarse*

Convertirse (ie, i) en or **transformarse en** + *nouns* are used to indicate a change to a new state.

Parece que Miguel **va a convertirse** en gran aficionado a los coches deportivos.	*It appears that Miguel is going to become a sports car enthusiast.*

Sí, casi **se ha transformado** en fanático.

Indeed, he has almost become a fanatic.

F To be left in a state or condition: *quedarse*

Quedarse is used to indicate that someone, having acquired or been left in a new state, has remained in it either permanently or for a certain period of time. **Quedarse** frequently implies loss or deprivation.

Mi hermano **se quedó** ciego después del accidente.

My brother was left blind after the accident.

Recibí una noticia terrible y **me quedé** atónito.

I received a terrible piece of news and was astonished.

 EJERCICIOS

Ejercicio 1

Complete las siguientes frases con una expresión equivalente a *to become*. En algunos casos, hay más de una expresión apropiada.

1. Si no me entreno todos los días, _____ un monstruo imposible.
2. Arturo _____ muy nervioso antes de una competencia importante.
3. Si no gano, mi entrenador va a _____ un ogro.
4. El ejercicio _____ aburrido después de media hora.
5. El capitán de nuestro equipo _____ cojo (*lame*) después de esa caída.
6. Ese chico medio torpe (*clumsy*) _____ buen atleta después de mucha práctica.
7. Queremos _____ atletas ricas y famosas.
8. ¡Qué cambio! Llegó la noche y se _____ muy frío.

Ejercicio 2

Ud. contesta las siguientes preguntas que le hace su compañero/a. Emplee una de las expresiones estudiadas en esta sección.

MODELO: ¿Qué haces cuando cometes un error elemental? (rojo/a)
Me pongo rojo(a).

1. ¿Qué te pasa cuando tienes que hacer muchas cosas casi al mismo tiempo? (loco/a)
2. ¿Qué te pasa antes de un examen difícil? (nervioso/a)

3. ¿Qué pasa cuando eres el/la único/a que hace algo extraordinario? (famoso/a)
4. ¿Qué te pasa cuando vas a un partido de tu equipo favorito? (fanático/a furioso/a)
5. ¿Cómo reaccionas cuando alguien te cuenta algo horroroso? (aterrorizado/a)
6. ¿Qué haces si quieres conocer mejor a una persona? (su amigo/a)

Rincón del escritor

1. Trabajando en pequeños grupos, decidan si todavía el deporte es una actividad en que los atletas entregan lo mejor de sí mismos o si ahora el deporte está totalmente comercializado. Luego, una persona del grupo escribe un informe con las conclusiones del grupo. Finalmente, un representante de cada grupo lee las conclusiones al resto de la clase.

2. Escriba unos párrafos acerca de un evento deportivo que presenció o en el cual participó y que le ha impresionado. Comparta su narración con sus compañeros.

Respuesta a la adivinanza, p. 114: el huevo

C
A
P
Í
T
U
L
O

4

Lectura: ¿Un planeta contaminado?

LECTURA

¿Un planeta contaminado?

A muchos les preocupa la contaminación del aire, ríos, suelos y mares causada por materiales tóxicos. Algunos científicos asocian la reducción del ozono estratosférico o la formación del amoníaco° de las *ammonia* lluvias ácidas a la creciente actividad en la industria, en la producción de energía y en la agricultura. Materiales tóxicos como el cadmio, el mercurio, el plomo°, el cobre° y el cromo han aparecido en las *lead; copper* aguas de diversas latitudes, como el río Jordán de Israel, el Vístula de Polonia, el Danubio del sur de Europa, el lago Managua de Nicaragua y el canal de Houston, en Estados Unidos. Así, este problema de la degradación ecológica afecta no sólo a los llamados países ricos del Norte sino también a los llamados países pobres del Sur.

Hasta hace unos años, nadie cuestionaba la necesidad de crecer. Ahora, sin embargo, el problema no es crecer sino cómo crecer para minimizar el deterioro ambiental. Cada vez más se nota que los gobernantes toman conciencia del problema y tratan de resolverlo.

Una solución permanente a los problemas ambientales no será fácil de implementar. Muchos de los fenómenos ambientales que más preocupan a la humanidad no son locales sino globales y son inseparables de la creciente diferencia socioeconómica entre el Norte y el Sur. Así, para resolver estos problemas debería existir una reestructuración de las relaciones económicas y políticas internacionales basada en la equidad° y la justicia social. Al mismo tiempo, se *fairness, equity* debería reforzar la identidad de cada país y su capacidad para implementar sus propias estrategias de desarrollo socioeconómico. Cada país, según sus recursos, debería mantener su nivel° de producción, *level* atender a sus problemas sociales, corregir los proble-

mas ambientales del pasado y evitar un futuro deterioro del medio ambiente.

Afortunadamente, el hecho de que los principales
problemas ambientales actuales tengan un carácter
global, tiende a unir a los estados en la búsqueda° de   *search*
soluciones comunes. Hay cada vez más mayor con-
ciencia de que nuestro planeta es la aldea° de todos.   *village*

En torno a la lectura

1. Mencione algunos efectos de los materiales tóxicos.
2. ¿Qué ejemplos podría dar de países ricos del Norte? ¿Y de países pobres del Sur?
3. ¿Por qué no va a ser fácil solucionar los problemas ambientales?
4. ¿A qué debe atender cada país según sus propios recursos?
5. ¿Muestra optimismo o pesimismo el párrafo final de la lectura? Y Ud., ¿piensa que mejorarán las condiciones del medio ambiente a corto plazo?

The future tense

A Regular verbs

-ar verbs	-er verbs	-ir verbs
visitar	prometer	escribir
visitar**é**	prometer**é**	escribir**é**
visitar**ás**	prometer**ás**	escribir**ás**
visitar**á**	prometer**á**	escribir**á**
visitar**emos**	prometer**emos**	escribir**emos**
visitar**éis**	prometer**éis**	escribir**éis**
visitar**án**	prometer**án**	escribir**án**

The stem for the future tense of most Spanish verbs is the infinitive: **visitar-,** **prometer-, escribir-.** The future tense endings are the same for all Spanish verbs: **-é, -ás, -á, -emos, -éis, -án.**

Nota gramatical: The current Spanish future is the result of a fusion of two words, the infinitive and the present tense of the verb **haber** with the following conjugation: **he, has, ha, hemos, heis, han.** Once fused, the letter **h** of the verb **haber** was dropped and the normal rules for written accent marks applied to the current forms. The old form **heis** is no longer used; **habéis** is used instead in the conjugation of the auxiliary verb **haber.** (See Appendix D, p. 411 for the conjugation of **haber.**)

visitar + **he** → visitar**é**		visitar + **hemos** → visitar**emos**
visitar + **has** → visitar**ás**		visitar + **heis** → visitar**éis**
visitar + **ha** → visitar**á**		visitar + **han** → visitar**án**

B Irregular verbs

A number of verbs have the following irregular stems but regular endings in the future tense.

1. The **-e-** of the infinitive ending is dropped.

caber	**cabr-**	**cabr**é, **cabr**ás, **cabr**á, **cabr**emos, **cabr**éis, **cabr**án
haber	**habr-**	**habr**é, **habr**ás, **habr**á, **habr**emos, **habr**éis, **habr**án
poder	**podr-**	**podr**é, **podr**ás, **podr**á, **podr**emos, **podr**éis, **podr**án
querer	**querr-**	**querr**é, **querr**ás, **querr**á, **querr**emos, **querr**éis, **querr**án
saber	**sabr-**	**sabr**é, **sabr**ás, **sabr**á, **sabr**emos, **sabr**éis, **sabr**án

2. The vowel of the infinitive ending is replaced by **d**.

poner	**pondr-**	**pondr**é, **pondr**ás, **pondr**á, **pondr**emos, **pondr**éis, **pondr**án
salir	**saldr-**	**saldr**é, **saldr**ás, **saldr**á, **saldr**emos, **saldr**éis, **saldr**án
tener	**tendr-**	**tendr**é, **tendr**ás, **tendr**á, **tendr**emos, **tendr**éis, **tendr**án
valer	**valdr-**	**valdr**é, **valdr**ás, **valdr**á, **valdr**emos, **valdr**éis, **valdr**án
venir	**vendr-**	**vendr**é, **vendr**ás, **vendr**á, **vendr**emos, **vendr**éis, **vendr**án

3. Two verbs have a completely irregular stem.

decir	**dir-**	**dir**é, **dir**ás, **dir**á, **dir**emos, **dir**éis, **dir**án
hacer	**har-**	**har**é, **har**ás, **har**á, **har**emos, **har**éis, **har**án

4. Verbs ending in **-hacer, -poner, -tener,** or **-venir** also have irregular stems in the future. The verb **satisfacer** also follows the pattern of verbs ending in **-hacer.**

deshacer *to undo*	yo desharé	**contener** *to contain*	yo contendré
rehacer *to do again*	yo reharé	**detener** *to detain, to arrest*	yo detendré
satisfacer *to satisfy*	yo satisfaré	**mantener** *to maintain; to support*	yo mantendré
		retener *to retain*	yo retendré
componer *to compose; to repair*	yo compondré	**convenir** *to be suitable; to agree*	yo convendré
imponer *to impose*	yo impondré	**intervenir** *to intervene*	yo intervendré
proponer *to propose*	yo propondré	**prevenir** *to prevent; to warn*	yo prevendré
suponer *to suppose*	yo supondré		

Vista de la Ciudad de México, una de las capitales más afectadas por la contaminación ambiental. ¿Cree Ud. que en un futuro próximo esta capital gozará de aire más puro?

◇ C ▸ Uses

1. The future tense is used primarily to refer to future actions.

—¿Cuándo **resolverán** los problemas de la contaminación ambiental?	*When will they solve the problems of environmental pollution?*
—**Tomará** tiempo, porque una solución permanente no **será** fácil de implementar.	*It will take time, because a permanent solution won't be easy to implement.*

2. The future tense is also used to express probability or conjecture about a present situation.

—¿Dónde **estará** tu hermano ahora?	*Where **do you suppose** your brother is now?*
—No sé; **vendrá** camino a casa. Ha terminado de trabajar.	*I don't know; **he must be (he's probably)** coming home. He has finished working.*

◇ D ▸ Other ways of expressing future time

1. A present indicative form of **ir** + **a** + an infinitive may be used to refer to events in the future. In informal Spanish, this construction is used more frequently than the future tense.

—¿Qué **vas a hacer** este fin de semana?

What are you going to do this weekend?

—Creo que **voy a visitar** a unos amigos.

I think I'm going to visit some friends.

2. The simple present indicative may be used in Spanish to indicate scheduled events in the future. The English equivalent is often expressed by the present progressive tense. (See Chapter 1, Section I, p. 16 for use of the present indicative with future meaning.)

El próximo mes **salimos** para Acapulco.

*Next month **we are leaving** for Acapulco.*

Tenemos un examen mañana a las nueve.

***We're having** an exam tomorrow at nine o'clock.*

Ejercicio 1

Un candidato explica lo que él y los miembros de su equipo harán para resolver los problemas ambientales. Siga el modelo.

MODELO: controlar el crecimiento industrial
Controlaremos el crecimiento industrial.

1. crear áreas verdes en la ciudad
2. reducir el ozono estratosférico
3. investigar las ventajas y desventajas de la energía nuclear
4. proponer el uso de recursos renovables
5. mantener criterios estrictos para las plantas químicas
6. intervenir en las discusiones sobre el calentamiento global
7. satisfacer las necesidades de los grupos ecologistas

Ejercicio 2

Manolo parece un poco triste. Sus compañeros hacen conjeturas sobre lo que le ocurre.

MODELO: estar enfermo
Estará enfermo.

1. necesitar dinero
2. sufrir de depresión
3. tener problemas con su novia

4. no poder concentrarse en sus estudios
5. desear más tiempo para estudiar y trabajar
6. querer abandonar la universidad

Ejercicio 3

Ud. le explica a su compañero/a lo que va a hacer el fin de semana que viene. Siga el modelo.

MODELO: el sábado por la mañana / (yo) / leer el cuento "El árbol" y escribir un resumen del cuento
El sábado por la mañana voy a leer el cuento "El árbol" y voy a escribir un resumen del cuento.

1. el sábado al mediodía / (yo) / ir a la biblioteca / consultar unos libros / tomar notas para un trabajo de investigación
2. el sábado por la tarde / mi prima Raquel y yo / conducir al centro comercial / entrar en la tienda de discos / comprar unos discos DVD
3. el domingo por la mañana / unos compañeros y yo / salir fuera de la ciudad / hacer una caminata / pasar a un café
4. domingo a las dos y media / (yo) / salir para el trabajo / trabajar seis horas / volver a casa
5. el domingo por la noche / (yo) / cenar / encender el televisor / mirar un programa sobre los bosques tropicales

Ejercicio 4

Todas las frases que se dan a continuación se refieren al tiempo futuro. Cámbielas a otra forma de expresar lo mismo.

MODELO: Esta tarde voy a hablar con mi agente de viajes.
Esta tarde hablaré con mi agente de viajes.

1. Esta semana salgo de viaje.
2. Por fin voy a poder tomarme unas vacaciones.
3. Unos compañeros y yo haremos ecoturismo en Costa Rica.
4. Mis amigos se ocupan del itinerario.
5. El viaje va a durar diez días.
6. Para nuestro viaje voy a proponer excursiones a algunos parques nacionales.
7. Regresaré del viaje cansado pero feliz.
8. Al regresar te contaré todo de nuestro viaje.

Ejercicio 5

Ud. compara planes con un/a amigo/a, tomando en cuenta las condiciones que se explican a continuación.

MODELO: Si tengo un poco de tiempo libre más tarde, ...
   E1: *Si tengo un poco de tiempo libre más tarde, daré un paseo*
     por el río. ¿Y tú?
   E2: *Pues, yo me quedaré en casa porque estoy muy cansado/a.*

1. Si termino todas mis tareas antes de las siete, ...
2. Si no llueve mañana, ...
3. Si me siento mejor este fin de semana, ...
4. Si mi novio/a me llama por teléfono más tarde, ...
5. Esta noche, si tengo mucha hambre, ...
6. Si hay tiempo la próxima semana, ...
7. El sábado, si no tengo mucho que hacer, ...
8. Si mi amigo/a me devuelve los veinte dólares que me debe, ...

Ejercicio 6

Ud. hace conjeturas basadas en la siguiente información.

MODELO: Un amigo no está en una fiesta con su novia.
   ¿Estará enfadado con ella?

1. Nadie puede encontrar a los dos amigos.
2. Una amiga tenía mucha tos la última vez que la vieron.
3. Un chico camina a la universidad en vez de usar su automóvil.
4. Es la segunda vez que dos estudiantes han salido mal en un examen este semestre.
5. Mi hermana me dice que va a la playa todos los días si puede.
6. Hace una semana que la mejor estudiante no viene a clase.

Ejercicio 7

Ud. sale pronto para estudiar en Argentina durante el semestre de primavera. Un/a amigo/a le ayuda a preparar el viaje. Conteste sus preguntas, explicándole por qué necesita llevar cada artículo.

MODELO: esta cámara
   E1: *¿Vas a llevar esta cámara?*
   E2: *Sí, la necesito porque las fotos me permitirán recordar*
     mejor mis experiencias en Argentina.

1. este libro sobre la historia de Argentina
2. estos zapatos de tenis
3. esta guía turística

4. estas camisas blancas
5. este reproductor de MP3
6. este diccionario de español

Ejercicio 8

Ud. le pregunta a otro/a estudiante qué hará en los momentos que se indican a continuación. Después de la respuesta a cada pregunta, Ud. menciona sus propios planes.

MODELO: antes de iniciar los exámenes finales
          E1: *¿Qué harás antes de iniciar los exámenes finales?*
          E2: *Antes de iniciar los exámenes finales llamaré a unos compañeros para formar un grupo de estudio. ¿Y tú?*
          E1: *Yo revisaré los apuntes de mis clases.*

1. después de aprobar el último examen del semestre
2. antes de salir de vacaciones de verano
3. antes de buscar un nuevo empleo
4. después de completar los estudios de español
5. después de graduarse de la universidad

The conditional tense

A Regular verbs

-*ar* verbs	-*er* verbs	-*ir* verbs
visitar	**prometer**	**escribir**
visitar**ía**	promet**ería**	escribir**ía**
visitar**ías**	promet**erías**	escribir**ías**
visitar**ía**	promet**ería**	escribir**ía**
visitar**íamos**	promet**eríamos**	escribir**íamos**
visitar**íais**	promet**eríais**	escribir**íais**
visitar**ían**	promet**erían**	escribir**ían**

The stem for the conditional is the infinitive, the same stem used to form the future tense. The endings of the conditional are always regular and are the same for all Spanish verbs. Note that they are the same as the imperfect endings of **-er** and **-ir** verbs: **-ía, -ías, -ía, -íamos, -íais, -ían.**

> **Nota gramatical:** Just as the future is the result of the fusion of the infinitive and the present indicative of the verb **haber,** the conditional represents the fusion of the infinitive and a reduced form of the imperfect indicative of the verb **haber: hía, hías, hía,** etc., instead of **había, habías, había,** etc. (See Appendix D, p. 411 for the conjugation of **haber.**)
>
> visitar + **hía** ↝ visitaría   visitar + **híamos** ↝ visitaríamos
>
> visitar + **hías** ↝ visitarías   visitar + **híais** ↝ visitaríais
>
> visitar + **hía** ↝ visitaría   visitar + **hían** ↝ visitarían

B Irregular verbs

The verbs that have an irregular stem in the future (consult pp. 130–131) also have the same irregular stem in the conditional. Three examples follow.

caber	**cabr-**	**cabría, cabrías, cabría, cabríamos, cabríais, cabrían**
poner	**pondr-**	**pondría, pondrías, pondría, pondríamos, pondríais, pondrían**
decir	**dir-**	**diría, dirías, diría, diríamos, diríais, dirían**

C Uses

The conditional is used in the following ways:

1. to express what would or could occur, but might not due to circumstances.

Con una beca, no **tendría** que trabajar y **podría** dedicarme de lleno al estudio.

With a scholarship, I wouldn't have to work and could devote myself entirely to studying.

2. to indicate highly unlikely or contrary-to-fact situations. (The use of the conditional in *if-then* structures is discussed in Chapter 10, Section I, p. 361.)

Si yo fuera un científico famoso, **trataría** de encontrar fuentes de energía alternativa.	*If I were a famous scientist, I would try to find alternative energy sources.*
Si Uds. leyeran o escucharan noticias regularmente, **estarían** mejor informados.	*If you read or listened to news regularly, you would be better informed.*

3. to convey politeness or to soften suggestions or statements with verbs such as **deber, poder, querer, preferir, desear,** and **gustar.** Use of the simple present indicative is more matter-of-fact and usually more informal. (See Chapter 8, Section I, p. 288 for use of the imperfect subjunctive to express politeness.)

Necesito viajar a la capital. **Preferiría** salir por la mañana. ¿**Podría** Ud. indicarme el horario de salida de los autobuses?	*I need to travel to the capital. I would prefer to leave in the morning. Could you tell me the schedule of bus departures?*

4. to refer to future events or conditions viewed from a point in the past.

El alcalde nos prometió que **mejoraría** el sistema de transporte urbano.	*The mayor promised us that he would improve the urban transport system.*
Mis padres me dijeron que **vendrían** a verme dentro de dos meses.	*My parents told me that they would come to see me within two months.*

5. to imply probability or conjecture about actions or conditions in the past.

—Claudio no estaba en casa el sábado por la mañana.	*Claudio was not home Saturday morning.*
—**Estaría** en las montañas, esquiando. Esquía los sábados.	*He must have been in the mountains, skiing. He skies on Saturdays.*
—¿Cuándo fue la última vez que hablamos?	*When was the last time we talked to each other?*
—**Sería** el miércoles pasado. El resto de la semana yo estuve fuera de la ciudad.	*It was probably last Wednesday. The rest of the week, I was out of town.*

Las imponentes ruinas mayas de Tikal, Guatemala. ¿Cómo sería la vida en el siglo X en este lugar? ¿Por qué dejaría de usarse este lugar después de esa fecha?

Nota gramatical: Both the future and the conditional are used to express probability; the future refers to a current probability whereas the conditional refers to a probability affecting the past: **Pablo está muy pálido hoy;** ¿qué *tendrá?* ¿*Estará* **enfermo?** vs **Vi a Pablo hace dos días; lo noté muy pálido;** ¿qué *tendría?;* ¿*estaría* **enfermo?** The English future and conditional tenses cannot be used this way.

 E J E R C I C I O S

Ejercicio 1

Ud. menciona las diversas cosas que podría hacer si no pudiera usar su automóvil.

MODELO: caminar, de ser posible
Caminaría, de ser posible.

1. alquilar un automóvil, de no ser muy caro
2. averiguar el horario de los autobuses y tomar el autobús
3. pedirles el automóvil a mis padres

4. salir sólo en casos de urgencia
5. viajar en el automóvil de mis amigos
6. ir en taxi a algunas partes

Ejercicio 2

Ud. necesita ciertos datos acerca de Marisol. Como no puede hablar con ella en este momento, le pide información a Roberto, el novio de Marisol.

MODELO: ¿Me llamará Marisol por teléfono esta tarde?
          Sí, me dijo que te llamaría esta tarde.
          O: *No, me dijo que no te llamaría esta tarde.*

1. ¿Se reunirá Marisol con nosotros más tarde?
2. ¿Vendrá Marisol a la fiesta esta noche?
3. ¿Trabajará Marisol el jueves por la tarde?
4. ¿Saldrá Marisol con nuestro grupo el viernes?
5. ¿Asistirá Marisol al concierto de fin de mes?

Ejercicio 3

Exprese los siguiente ofrecimientos o pedidos que Ud. le hace de modo cortés a un/a amigo/a.

MODELO: tomar / un refresco
          ¿Tomarías un refresco?

1. ir / conmigo al cine esta noche
2. querer / acompañarme al cibercafé de la esquina
3. poder / prestarme veinte dólares hasta el sábado
4. tener / tiempo para ir a almorzar conmigo
5. aceptar / hablar de lugares cercanos pintorescos a mi club de fotografía

Ejercicio 4

Un/a compañero/a de clase le menciona a Ud. algo que ocurrió ayer. Ud. le da una posible explicación.

MODELO: mi amigo Raúl / dormirse en la clase de historia
          E1: *Mi amigo Raúl se durmió en la clase de historia.*
          E2: *Se acostaría muy tarde anteanoche.*

1. mi profesora de geología / faltar a clase
2. los miembros del Club de Español / decidir no reunirse esta semana
3. yo / tener un dolor de cabeza todo el día
4. la mitad de la clase / no terminar la composición para la clase de inglés

5. dos amigas mías / llegar tarde a la sesión de repaso
6. mi calculadora nueva / descomponerse de repente
7. mi compañero/a de cuarto / terminar el examen en diez minutos
8. Antonio y Miguel / cambiarse a otra residencia de estudiantes

Ejercicio 5

Exprese lo que Ud. haría en las siguientes situaciones. Siga el modelo.

MODELO: Con más tiempo para estudiar, ...
Con más tiempo para estudiar, yo sacaría notas sobresalientes.

1. Con más dinero, ...
2. De ser miembro del gobierno local, ...
3. Con un trabajo mejor, ...
4. De no tener que trabajar tantas horas, ...
5. Con más preparación, ...
6. De poder hacer ejercicio todos los días, ...
7. Con unas largas vacaciones en la playa, ...
8. De poder pasar el próximo verano en Guatemala, ...

Object pronouns

 Ⓐ Direct-object pronoun forms

	Singular	Plural	
me	me	nos	*us*
you (familiar)	te	os	*you* (familiar, pl.)
him, you (formal, m.), *it* (m.)	lo*	los*	*them, you* (formal, m. pl.)
her, you (formal, f.), *it* (f.)	la	las	*them* (f.), *you* (formal, f. pl.)

*In some regions of Spain and Latin America, **le** and **les** are used as direct-object pronouns instead of **lo** and **los** when referring to people: **Hablo con tu primo y *le* visito frecuentemente.**

Nota gramatical: These two different usages are referred to by the terms **loísmo** and **leísmo**; practitioners of these usages are referred to by the terms **loísta** and **leísta**. Central and northern peninsular Spanish tends to be **leísta**, tends to practice **leísmo**; Latin American Spanish, on the other hand, tends to be **loísta**; tends to practice **loísmo**.

1. Direct-object pronouns replace direct-object nouns to avoid repetition.

Leí ese artículo y no **lo** entendí.	*I read that article and didn't understand **it**.*
Escuché a ese conferenciante y no **lo** entendí.	*I listened to that lecturer and didn't understand **him**.*

2. A direct-object pronoun generally precedes a conjugated verb; it usually follows and is attached to an infinitive, a present participle, or an affirmative direct command. (See Section C on page 144 for more on the position of object pronouns.)

—¿Leíste el artículo sobre la lluvia ácida?	*Did you read the article on acid rain?*
—Sí, **lo** leí, pero no lo entendí completamente.	*Yes, I read it, but I didn't understand it completely.*
—Pues, lée**lo** de nuevo y no olvides de hacer**me** preguntas.	*Well, read it again and don't forget to ask me questions.*

⬥B⬥ Indirect-object pronoun forms

	Singular	Plural	
(*to*) *me*	me	nos	(*to*) *us*
(*to*) *you* (familiar)	te	os	(*to*) *you* (familiar, pl.)
(*to*) *him, her, you* (formal, m./f.)	le (se)*	les (se)*	(*to*) *them, you* (formal, m./f.)

***Se** is used instead of **le(s)** before the direct-object pronouns **lo, la, los,** and **las:** *Le* **pedí el libro a Paco pero** *se lo* **devolví pronto.**

1. Indirect-object pronouns have the same forms as direct-object pronouns, with the exception of the third person singular and plural **le, les.** Indirect-object pronouns replace indirect-object nouns to avoid repetition.

> Miguel **me** saludó y **me** contó las últimas noticias. Yo también **lo** saludé y **le** conté mis últimas noticias.

> *Miguel greeted me and told me the latest news. I also greeted him and told him my latest news.*

2. The indirect-object pronouns **me, te, nos,** and **os** can be emphasized by adding the phrases **a mí, a ti, a nosotros/as,** and **a vosotros/as,** respectively.

> Benito **nos** explicó la situación **a nosotros** primero.
> ¿**Te** molesta **a ti** el smog?

> *Benito explained the situation to us first.*
> *Does smog bother you?*

3. The indirect-object pronouns **le** and **les** can refer to six different objects: **a él, a ella, a Ud., a ellos, a ellas,** and **a Uds.** When context does not clearly indicate a unique interpretation of **le** and **les,** a prepositional phrase beginning with **a** may be added for clarification as well as for emphasis.

> **Le** di la información.

> *I gave him/her/you the information.*

> **Le** di la información **a ella.**

> *I gave her the information.*

4. Even when there is no danger of ambiguity, the indirect object in the third person singular or plural is generally expressed twice in the same sentence: with the indirect-object pronoun **le** or **les** and with a phrase beginning with **a.** There is no English equivalent for the redundant indirect-object pronoun.

> Mañana **le** pasaré el informe **a tu amiga Carolina.**
> Debo comprar**les** regalos **a mis hermanitos.**

> *Tomorrow I will give the report to your friend Carolina.*
> *I have to buy presents for my little brothers.*

5. As is the case with direct-object pronouns, the indirect-object pronouns generally precede a conjugated verb; they usually follow and are attached to an infinitive, a present participle, or an affirmative direct command. (See the next section for more on the position of object pronouns.)

> **Le** dije a Carlos: "Voy a contar**te** algo curioso. Prométe**me** que no **le** dirás nada a nadie."

> *I said to Carlos, "I'm going to tell you something strange. Promise me that you won't say anything to anyone."*

◇ C ◇ Position of object pronouns

1. The indirect-object pronoun precedes the direct-object pronoun when the two are used together.

—¿Quién te contó la historia?	*Who told you the story?*
—**Me la** contó Juanito.	*Juanito told it to me.*

2. The indirect-object pronouns **le** and **les** are changed to **se** when used with the direct-object pronouns **lo, la, los,** and **las.** The meaning of **se** can be clarified by a prepositional phrase with **a.**

—¿Le entregaste el paquete a la vecina?	*Did you deliver the package to the neighbor?*
—No **se lo** entregué hoy, pero voy a entregár**selo** mañana.	*I didn't give it to her today, but I'm going to give it to her tomorrow.*
—¿Le entregó Ud. el informe al alcalde o a su secretaria?	*Did you deliver the report to the mayor or to his secretary?*
—**Se lo** entregué a él.	*I delivered it to him.*

3. Object pronouns immediately precede a conjugated verb in all the simple and perfect tenses and in negative commands.

¿Los documentos? **Te los** enviamos. **Te los** hemos enviado. ¡No **te** preocupes!	*The documents? We sent them to you. We have sent them to you. Don't worry!*

4. Object pronouns are always attached to affirmative commands, thus forming a single word. A written accent is frequently needed to maintain the proper stress of the verb.

¡Cuénta**me** lo que pasó! ¡**Dime** la verdad!	*Tell me what happened! Tell me the truth!*

5. Object pronouns used with a verb form that includes an infinitive or a present participle may either precede the conjugated verb or be attached to the infinitive or the present participle. When pronouns are attached to an infinitive or a present participle, a written accent is frequently needed to maintain the proper stress of the verb.

Voy a pedir**te** un favor. / **Te** voy a pedir un favor.	*I am going to ask a favor of you.*
¿Las lecciones? Estoy estudiándo**las.** / **Las** estoy estudiando.	*The lessons? I'm studying them.*

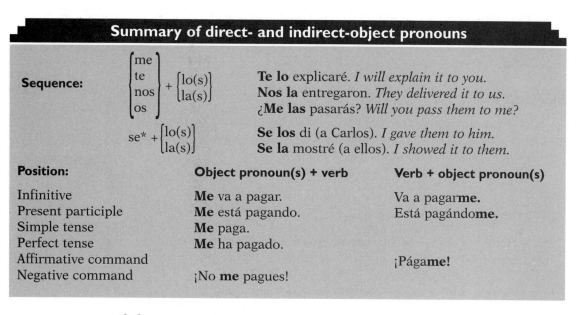

Summary of direct- and indirect-object pronouns

Sequence:

$$\begin{Bmatrix} \text{me} \\ \text{te} \\ \text{nos} \\ \text{os} \end{Bmatrix} + \begin{Bmatrix} \text{lo(s)} \\ \text{la(s)} \end{Bmatrix}$$

Te lo explicaré. *I will explain it to you.*
Nos la entregaron. *They delivered it to us.*
¿**Me las** pasarás? *Will you pass them to me?*

$$\text{se*} + \begin{Bmatrix} \text{lo(s)} \\ \text{la(s)} \end{Bmatrix}$$

Se los di (a Carlos). *I gave them to him.*
Se la mostré (a ellos). *I showed it to them.*

Position:

	Object pronoun(s) + verb	Verb + object pronoun(s)
Infinitive	**Me** va a pagar.	Va a pagar**me**.
Present participle	**Me** está pagando.	Está pagándo**me**.
Simple tense	**Me** paga.	
Perfect tense	**Me** ha pagado.	
Affirmative command		¡Págame!
Negative command	¡No **me** pagues!	

*le/les → se

Nota gramatical: English object pronouns and full noun phrases occupy the same slot in a sentence: *I visit **my grandmother** / I visit **her**; I have visited **my grandmother** / I have visited **her**; I want to visit **my grandmother** / I want to visit **her**; I am visiting **my grandmother** / I am visiting **her**; Visit **your grandmother** / Visit **her**; Don't visit **your grandmother** / Don't visit **her**.* Spanish object pronouns and full noun phrases occupy the same slot in the sentence in affirmative commands (**Visite *a su abuela* / Visítela**) and optionally after infinitives and present participles (**Quiero visitar *a mi abuela* / Quiero visitar*la*; Estoy visitando *a mi abuela* / Estoy visitándo*la***). Note that the object pronoun is fused to the verb form. After infinitives and present participles the object pronoun may also precede the conjugated verb form: **Quiero visitar *a mi abuela* / *La* quiero visitar; Estoy visitando *a mi abuela* / *La* estoy visitando.** In all other structures, the object pronoun precedes the conjugated verb: **Visito *a mi abuela* / *La* visito; He visitado *a mi abuela* / *La* he visitado; No visites *a tu abuela* / No *la* visites.** When the object pronoun precedes a conjugated verb it is a separate word.

EJERCICIOS

Ejercicio 1

Víctor y Ana hacen planes para la fiesta de cumpleaños de David. En papel aparte, escriba de nuevo las oraciones con palabras en bastardilla (*italics*), usando los pronombres apropiados.

Víctor:	Hola, cariño. ¿Ya tienes la lista de invitados para la fiesta de David?
Ana:	Tengo *la lista* a medias. Seguro que voy a terminar *la lista* esta noche.
Víctor:	¿Vas a invitar a tus amigos Marco Antonio y Rosalía?
Ana:	Pues, pienso invitar *a mis amigos Marco Antonio y Rosalía* si hay espacio.
Víctor:	Muy bien. ¿Ya pediste la torta a la pastelería?
Ana:	Sí, pedí *la torta* esta tarde. Pero, todavía no compro las bebidas.
Víctor:	Voy a la tienda ahora; puedo comprar *las bebidas* ahora si quieres. ¿Qué te parece, debo comprar un premio para el juego que has planeado?
Ana:	No, querido. Yo compro *el premio* mañana en el centro.

Ejercicio 2

Ha ocurrido un desastre ecológico y Ud. responde a las preguntas de su compañero/a que quiere tener más detalles.

MODELO: ¿Y la playa El Encanto? (trabajadores municipales / limpiarla)
Los trabajadores municipales la limpian.

1. ¿Y la playa Las Delicias? (bañistas / no usarla; turistas / evitarla; autoridades / inspeccionarla) *Las bañistas no la usan, las turistas la evitan, las autoridades la inspeccionan*
2. ¿Y las aguas? (laboratorios / estar analizándolas; científicos / estar estudiándolas; trabajadores municipales / estar limpiándolas) *los laboratorios las están analizando, los científicos las están estudiando, los trabajadores municipales las están limpiando*
3. ¿Y el deterioro ambiental? (ciudadanos / lamentarlo; autoridades / esperar solucionarlo; industriales / haberlo causado) *lo lamentan*
4. ¿Y las soluciones? (líderes de la comunidad / estudiarlas; público / pedirlas; gobierno / prometer encontrarlas) *las estudian*

Ejercicio 3

Ud. responde a las preguntas de un/a compañero/a acerca de un artículo sobre el calentamiento global que Ud. acaba de leer.

MODELO: ¿Has entendido el artículo?
Ud: *Sí, lo he entendido.* O: *No, no lo he entendido.*

1. ¿Pudiste interpretar los datos estadísticos? *Sí, los ~~pude~~ pude interpretar*
2. ¿Podrías sintetizarme los puntos más importantes? *Sí, ~~te~~ te los ~~pude~~ podría sintetizar* *sintetizar*
3. ¿Diste importancia al apéndice? ~~directo~~ ~~Diste~~ *Sí, se la di.*
4. ¿Aceptas la conclusión del artículo? *No, no la acepto.*
5. ¿Vas a pasarle el artículo a Claudia? *OI — OD (lo)* *OI (le)* *Sí, se lo pasar, voy a pasarse las* *voy a*
6. ¿Conoces al autor del artículo? *Sí, ~~conozco~~ no lo conozco*
7. ¿Vas a leer los libros del mismo autor?
   ↳ *Sí, voy a leerlos*

Objeto directo	Objeto indirecto
⬆	⬆
OD	OI
me	me
te	te
lo/la	le
nos	nos
los/las	les

Ejercicio 4

Ramón y Edmundo van a ir a Yucatán durante las vacaciones de Navidad, pero a Edmundo le faltan para el viaje los objetos que se ven a continuación. Ramón le pregunta a su amigo a quién(es) le(s) piensa pedir prestado lo que necesita. Siga el modelo.

MODELO: las camisas / a mi hermano mayor
Ramón: *¿A quién le piensas pedir las camisas?*
Edmundo: *Se las pienso pedir a mi hermano mayor.*

mis padres   Teresa   Lucas y Gregorio   mi hermano mayor

mi tío rico   mi novia   tú

1. las maletas / a mis padres
2. el mapa / a Teresa
3. la máquina de afeitar eléctrica / a Lucas y a Gregorio
4. los doscientos dólares / a mi tío rico
5. el diccionario / a mi novia
6. la cámara / a ti

Ejercicio 5

Trabajen en parejas. Ud. y su compañero/a hablan sobre distintos aspectos de un proyectado viaje de estudios a Chile. Háganse preguntas sobre los temas indicados, según el modelo.

MODELO: pensar / prestar dinero a uno de tus amigos para su billete de avión
E1: *¿Le piensas prestar dinero a uno de tus amigos para su billete de avión?* O: *¿Piensas prestarle dinero a uno de tus amigos para su billete de avión?*
E2: *Sí, se lo pienso prestar.* (O: *Sí, pienso prestárselo.*) O: *No, no se lo pienso prestar.* (O: *No, no pienso prestárselo.*)

1. querer / enviar cartas a tu novio/a desde Chile
2. ir a / contar a tus padres lo que haces en Sudamérica
3. pensar / escribir muchas cartas a tus amigos sobre tus experiencias
4. poder / traer regalos a tus amigos después del viaje
5. desear / mostrar las fotografías a tus compañeros de clase

Ejercicio 6

Diga a qué estudiante(s) de la clase daría Ud. los siguientes objetos. Explique también por qué.

MODELO: un disco compacto de música rock
Le daría un disco compacto de música rock a Roberto; se lo daría a él porque es músico.

1. un diccionario inglés-francés
2. una cámara digital
3. dos entradas al concierto de música clásica
4. mis copias de *National Geographic*
5. un libro de cocina mexicana
6. mis viejos discos compactos de los Rolling Stones
7. un plátano de mi almuerzo
8. una foto de Britney Spears

Ejercicio 7

En pequeños grupos, cada estudiante nombra uno o dos artículos que recibió durante su última fiesta de cumpleaños. Mencione también quién se lo(s) regaló.

MODELO: *Recibí una camisa de deportes y un magnífico disco compacto. Me los regaló mi novia Juanita.*

D **Prepositional pronouns**

Subject pronouns	Prepositional pronouns
yo	mí
tú	ti
Ud., él, ella	Ud., él, ella; sí*
nosotros/as	nosotros/as
vosotros/as	vosotros/as
Uds., ellos, ellas	Uds., ellos, ellas; sí*

*Sí is the reflexive form of **Ud./Uds., él/ellos,** and **ella(s)** used after a preposition: **Ellos piensan demasiado en sí** (*They think too much about themselves*).

Nota gramatical: The prepositional pronoun **mí** carries a written accent mark to distinguish it from the possessive adjective **mi** *my*: **por mí** *for me* vs **por mi amiga** *for my friend*. The pronoun **ti,** on the other, does not carry a written accent mark because there is no other word **ti** having a different meaning. See also Appendix B: Written Accent Marks.

1. Prepositional pronouns have the same forms as the subject pronouns, except for **mí** and **ti.**

   No se molesten Uds. por **nosotros.**   *Don't bother on our account.*
   Pensamos mucho en **ti** y en **ella.**   *We thought a lot about you and her.*

2. After the preposition **con, mí** and **ti** have the special forms **conmigo** and **contigo,** respectively. The third person reflexive pronoun **sí** becomes **consigo** after the preposition **con.**

   Ud. puede contar **conmigo.**   *You can count on me.*

   Estoy enojado **contigo.**   *I'm mad at you.*

   ¿Trae Ud. el dinero **consigo?**   *Are you bringing the money with you?*

3. The prepositions **entre, hasta, excepto,** and **según** require a subject, and not a prepositional pronoun.

Esto debe quedar **entre tú y yo.**	*This must remain between you and me.*
Según tú, ¿cuál sería la explicación?	*According to you, what would the explanation be?*
Todos están de acuerdo, **hasta yo.**	*They all agree, even me.*

Ejercicio 1

Ud. menciona si tiene o no tiene dificultades con las personas que se indican.

MODELO: el decano de su universidad
Tengo dificultades con él. O: *No tengo dificultades con él.*

1. sus padres
2. las amigas de su hermana
3. su profesor de español
4. la novia de su hermano
5. sus compañeros de clase
6. sus vecinas

Ejercicio 2

Ud. es periodista del periódico universitario y entrevista a una candidata para las elecciones municipales de su ciudad. La candidata contesta sustituyendo las frases indicadas en negrita (*boldface*) con un pronombre preposicional apropiado.

MODELO: ¿Habló Ud. con **el alcalde actual?**
No, no hablé con él. O: *Sí, hablé con él ayer.*

1. Mañana los reporteros de la televisión conversarán con **Ud. y con los otros candidatos,** ¿verdad?
2. ¿Está Ud. fastidiada con **los periodistas de esta ciudad?**
3. Hay muchas diferencias entre **Ud.** y los otros candidatos, ¿verdad?
4. ¿Cree Ud. que hasta **el alcalde actual** va a apoyarla?
5. ¿Va a recibir Ud. el apoyo de **los hispanos?**
6. Después de las elecciones, ¿se olvidará Ud. de **las personas que votaron por Ud.?**
7. Entonces, ¿los electores pueden contar con **Ud.** hasta el fin?

The personal *a*

A Before a direct object referring to people

1. A direct object that refers to a specific person or persons is normally preceded by the preposition **a.** Remember that when followed by the definite article **el,** the contraction **al** is used.

   —¿**A quién** quiere Ud. ver?   ***Whom** do you want to see?*
   —Deseo ver **al gerente.**   *I wish to see **the manager.***

   > **Nota gramatical:** English sentences of the type *The patient consults the doctor* and *The doctor consults the patient* have different meanings because the position of the noun phrases before or after the verb identify the subject and the direct object of the sentence, respectively. In equivalent sentences of this type in Spanish, the personal **a** identifies the direct object, regardless of position, which in Spanish is much freer than in English: **El paciente consulta al doctor; Consulta el paciente al doctor; Consulta al doctor el paciente** vs **El doctor consulta al paciente; Consulta el doctor al paciente; Consulta al paciente el doctor.**

2. A direct object that refers to a domestic animal or a personified thing or idea is also usually preceded by the preposition **a.**

   ¿Has visto **a** mi gato esta   *Have you seen my cat this*
     mañana?   *morning?*
   Los soldados honran **a** su   *The soldiers honor their*
     patria.   *fatherland.*

3. When the direct object refers to an indefinite person, the preposition **a** is not used.

   Necesitaban **vendedores** en   *They needed salespeople in our*
     nuestra compañía y hace una   *company and a week ago they*
     semana contrataron **dos**   *hired two people.*
     personas.

4. After the verbs **tener** and **haber** the preposition **a** is normally not used before a direct object referring to a person. But if **tener** is equivalent to *to hold* or *to be,* the personal **a** is used.

Tengo **dos hermanas.**
I have two sisters.

Tengo **a ese líder de la comunidad** en gran estima.
I hold that community leader in high esteem.

Tenemos **a un importante escritor** con nosotros esta tarde.
We have an important writer with us this afternoon. / An important writer is with us this afternoon.

B ▸ Before indefinite expressions

1. The preposition **a** always precedes **alguien** (*someone*) and **nadie** (*no one*) when they are used as direct objects.

—¿Conoces **a alguien** en ese grupo?
Do you know someone in that group?

—No, no conozco **a nadie.**
No, I don't know anyone.

2. The preposition **a** also precedes **todo, alguno,** and **ninguno** when they refer to people and are used as direct objects.

—Quiero presentarte **a algunas** de mis amigas.
I want to introduce some of my friends to you.

—No necesitas hacerlo. Conozco **a todas** estas personas, aunque no veo **a ninguna** frecuentemente.
You don't need to. I know all these people, even though I don't see any of them frequently.

See Chapter 3, Section V, p. 118 for further information on indefinite expressions.

EJERCICIOS

Ejercicio I

Complete las siguientes oraciones con la preposición **a** si es necesaria. Preste atención a la contracción **al.**

1. ¿Vas a ver _____ tu compañero de clase esta tarde?
2. Necesito consultar _____ los datos sobre el crecimiento demográfico.
3. Tengo que consultar _____ los expertos en geografía humana.

4. Me gustaría visitar _____ el lago Managua.
5. Me gustaría visitar _____ mis amigos nicaragüenses.
6. La profesora felicita _____ los miembros de la clase.
7. Todos tenemos en gran estima _____ la nueva secretaria.
8. Ah, ya veo _____ el dependiente; está al fondo de la tienda.
9. ¿Dices que tienes _____ dos hermanas? ¿_____ cuál admiras más?
10. Mario va a llevar _____ sus padres a cenar para su aniversario.

Ejercicio 2

Ud. le asegura a un/a amigo/a que nunca olvidará muchos aspectos de su estadía en San Sebastián, España, donde acaba de pasar un semestre. Siga el modelo.

MODELO: la hermosa playa de San Sebastián
Nunca olvidaré la hermosa playa de San Sebastián.

1. los estudiantes españoles que eran tan simpáticos
2. los paseos por La Concha los domingos por la tarde
3. mi profesora de literatura

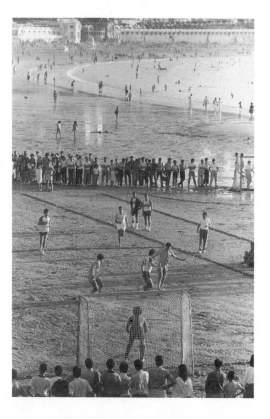

La Concha, San Sebastián, País Vasco, España. En esta playa, además de bañarse y tomar el sol, Ud. puede también jugar al fútbol. En primer plano, ve a los espectadores que miran a los jugadores de su equipo favorito.

4. los deliciosos platos de pescado
5. mis amigos que jugaban al fútbol en la playa
6. el hombre que me vendía una taza de café todas las mañanas
7. los edificios antiguos de la Parte Vieja
8. la chica que me ayudaba con el español
9. los turistas que llenaban las calles del centro
10. las pastelerías llenas de cosas exquisitas

Ejercicio 3

Ud. expresa su opinión acerca de problemas del medio ambiente en su ciudad. Siga el modelo.

MODELO: el periódico local / criticar / nuestros líderes
El periódico local critica a nuestros líderes.

1. nuestros líderes / tratar de resolver / los problemas ecológicos
2. el público / admirar / el trabajo de los científicos
3. muchos / admirar / los científicos
4. la falta de información / no ayudar / nadie
5. la contaminación / afecta / todo el mundo
6. el gobierno / desear parar / el deterioro del planeta
7. el periódico local / apoyar / el alcalde actual
8. toda la gente / aplaudir / la labor de la televisión

Constructions with *gustar* and verbs like *gustar*

A Constructions with *gustar*

The verb **gustar** corresponds in meaning, but not in grammatical structure, to the English verb *to like*. In English, the person who likes something is the subject of the verb, whereas the thing liked is the direct object. In Spanish, however, the person who likes something is the indirect object of the verb **gustar,** while what is liked is its subject.

Indirect object	*gustar*	Subject	Subject	*to like*	Direct object
(A mí) me	gustan	los deportes.	*I*	*like*	*sports.*
A mis hijos les	gusta	nadar.	*My children*	*like*	*to swim.*

1. **Gustar** is closer in structure to the English expression *to be pleasing* than to the verb *to like*.

Nos	gustan	los deportes.
(to us	are pleasing	sports) ↬
Sports	*are pleasing*	*to us.*
(= *We*	*like*	*sports*.)

Nota gramatical: Sentences in which the subject precedes the verb are also grammatical: **Los deportes nos gustan.** In these structures, it is more common that the subject follows the verb: **Nos gustan los deportes.** If the indirect object that precedes the verb contains a noun or a prepositional pronoun, an indirect-object pronoun must also be used: *A nosotros nos* **gustan los deportes,** *A mis amigos les* **gustan los deportes.**

2. **Gustar** is generally used with third person subjects. If the subject is plural, the plural form of **gustar** must be used. The subject usually follows the verb in sentences with **gustar.**

A ella le **gusta** el teatro, pero no le **gustan** las piezas experimentales.

She likes theater, but she does not like experimental plays.

3. When the subject of **gustar** is an infinitive or an infinitive phrase, the verb is always singular.

Me **gusta** pasear y también me **gusta** hacer paseos en bicicleta.
A nosotros nos **gusta** nadar y jugar al tenis.

I like to stroll and I also like to go for bike rides.
We like to swim and play tennis.

4. Since Spanish does not have a subject pronoun for inanimate objects, the pronoun *it* is never expressed when it is the subject of the verb **gustar.**

A mi novio le gustó la película de Almodóvar, pero a mí no me gustó.

*My fiancé liked the movie by Almodóvar, but I didn't like **it**.*

5. An indirect-object phrase may be used in addition to the indirect-object pronoun for emphasis, contrast, or clarification.

A ti te gusta la nieve mientras que **a mí me** gusta la lluvia.	*You like snow, whereas I like rain.*
A ellas no **les** gustan las telenovelas.	*They don't like soap operas.*

B Verbs similar to *gustar*

1. Some verbs that are similar to **gustar** describe how a person reacts to something, to someone, or to an event, by using the same *indirect object + verb + subject* pattern.

Nos **sorprendió** la decisión de nuestros gobernantes.	*Our leaders' decision surprised us.*
Me **preocupan** los problemas ambientales.	*Environmental problems concern me.*
¿Te **dolieron** los pies después del largo paseo?	*Did your feet ache after the long walk?*

The following are some common verbs like **gustar**:

agradar	encantar	molestar
asombrar	enojar	ofender
disgustar	fascinar	preocupar
doler (ue)	indignar	sorprender

Some of these verbs may also be used, although with a different meaning, with reflexive pronouns. (Consult Chapter 6, Section III, p. 223 for further discussion.)

2. Other commonly used verbs that follow the same pattern as the **gustar** construction are **bastar, convenir (ie, i), faltar, hacer daño, importar, interesar, quedar,** and **sobrar.** They may also be used without an indirect object to form impersonal statements. Use of the indirect object personalizes the statement or emphasizes the person affected by the action.

Faltan algunos documentos.	*Some documents are missing.*
Nos faltan algunos documentos.	*We are missing some documents.*
No **importa** la opinión de los políticos por ahora.	*The politicians' opinion doesn't matter for the time being.*
No **nos importa** la opinión de los políticos por ahora.	*The politicians' opinion doesn't matter to us for the time being.*
El café **hace daño.**	*Coffee is harmful.*
El café **me hace daño.**	*Coffee is bad (harmful) for me.*

Cartel que anuncia la exhibición de la película *El señor de los anillos*, basada en la obra del novelista inglés T.R.R. Tolkien. A millones de espectadores en el mundo entero les agradó esta película. ¿Le gustan a Ud. las películas que describen mundos fantásticos?

EJERCICIOS

Ejercicio 1

Cambie las siguientes oraciones para acomodar las frases que aparecen entre paréntesis.

MODELO: A él le gusta la naturaleza. (los parques nacionales)
A él le gustan los parques nacionales.

1. A muchos de nosotros nos hace daño la contaminación ambiental. (los rayos ultravioleta, respirar aire contaminado, el dióxido de carbono)
2. Parece que a ti te agrada la nueva política ambiental. (saber que controlarán el crecimiento industrial, las medidas para proteger el medio ambiente, la disminución de la contaminación)
3. Me gustan las conferencias de prensa. (el periodismo televisivo, los artículos de fondo, entrevistar a gente importante)

4. A ellas les disgusta la propaganda. (los programas violentos, las películas de Almodóvar, asistir a la ópera)
5. Nos molestan los reportajes incompletos. (leer artículos de catástrofes, el editorial de esta mañana, las caricaturas crueles)

Ejercicio 2

Imagínese que Ud. trabaja como gerente en un negocio grande. Coméntele a un/a amigo/a los diversos aspectos de su trabajo, según el modelo.

MODELO: los supervisores: convenir ser estrictos
A los supervisores les conviene ser estrictos.

1. el artista: preocupar el costo de las fotos
2. el jefe de ventas: importar encontrar vendedores con experiencia
3. los vendedores: interesar los informes sobre los clientes
4. el departamento de propaganda: faltar información sobre los productos importados
5. los dueños: sorprender los nuevos requisitos del gobierno
6. las secretarias: convenir conocer bien un programa de procesamiento de textos
7. los diseñadores: enojar las críticas mal fundadas
8. la jefa de mercadeo: agradar los resultados de los sondeos de mercado

to practice, do this activity

Ejercicio 3

Invente oraciones combinando elementos de las tres columnas como en el modelo.

MODELO: *A mis hermanos les enoja la nueva política del gobierno.*

A mis padres	agradar	la ecología
A mí	asombrar	la lluvia ácida
A mi mejor amigo/a	convenir	respirar aire puro
A ti	encantar	conducir en vez de caminar
A mis hermanos/as	enojar	los paseos por un parque
A mi jefe/a	disgustar	el crecimiento sin control
A mi profesor/a	importar	la nueva política del gobierno
A mi novio/a	interesar	las grandes ciudades

A mi novio/a y a mí	molestar	la protección del medio ambiente
(¿otra persona?)	preocupar	el deterioro del planeta
	sorprender	el turismo ecológico

Ejercicio 4

Divídanse en grupos. Imagínense que participan en un programa llamado "El público tiene la palabra". Háganse preguntas y expresen su punto de vista sobre los siguientes temas, usando verbos como **gustar, molestar, parecer, encantar, importar, convenir, hacer daño, ofender** y **fascinar.**

MODELO: los programas nuevos
  E1: *¿Le gustan los programas nuevos?*
  E2: *Sí, (No, no) me agradan (interesan, fascinan, etc.) los programas nuevos.*

1. los reportajes sobre los problemas de las grandes ciudades
2. las entrevistas a los políticos locales
3. las películas viejas
4. los videos de ejercicio
5. el trabajo de los periodistas de hoy
6. los programas de noticias de la televisión
7. el poder de la prensa
8. los programas cómicos de la televisión

Ejercicio 5

Trabajen en parejas. Ud. trata de determinar la actitud de su compañero/a sobre algunos aspectos de los siguientes temas: la vida de la universidad, los programas de televisión, la protección del medio ambiente, la "comida rápida", el ejercicio o los deportes. Usen los verbos de esta sección del capítulo, según los modelos.

MODELO 1:   E1: *María, ¿te molesta comer hamburguesas y papas fritas todos los días?*
  E2: *No, eso no me molesta; me encantan las hamburguesas y las papas fritas.*

MODELO 2:   E1: *Tomás, ¿qué te indigna más de la televisión?*
  E2: *Pues, me indignan los muchos programas que explotan la violencia.*

VI) Foco en el léxico: Spanish equivalents of *to realize*

1. In Spanish, several verbs are used to express the range of meanings of *to realize*. **Darse cuenta (de)** means *to realize* in the sense of being or becoming aware of something. **Comprender** is synonymous with **darse cuenta (de)** when it expresses understanding or realizing something that was not understood before.

Nos damos cuenta de la necesidad de preservar el medio ambiente.	*We realize the need to preserve our environment.*
Ella **se da cuenta de**l valor de la educación.	*She realizes the value of education.*
Yo **comprendo (me doy cuenta de)** lo importante que es asistir a la escuela.	*I understand (realize) how important it is to attend school.*

2. **Realizar** means *to realize* in the sense of accomplishing or achieving a goal or fulfilling a desire. **Llevar a cabo** also expresses realizing or accomplishing in the sense of carrying out or completing a goal or project.

Estudiaré para poder **realizar** mis ambiciones en el futuro.	*I will study so as to be able to accomplish my goals in the future.*
Es una tarea formidable, pero puedo **llevarla a cabo** en el plazo dado.	*It is a very large task, but I can accomplish it in the time given.*

EJERCICIOS

Ejercicio 1

En parejas, túrnense para hacer el papel de un/a periodista y un líder político que hablan sobre problemas ambientales. Usen **darse cuenta de, comprender, realizar** o **llevar a cabo** para contestar las preguntas del/de la periodista.

MODELO: Periodista: ¿Cree Ud. que todos nuestros líderes se dan
cuenta de la gravedad del deterioro ecológico?
Líder: *Sí, todos nosotros en el gobierno municipal nos damos
cuenta de que necesitamos preocuparnos de este
problema.*

1. Según Ud., ¿comprenden sus colegas que deben proponer soluciones reales pronto?
2. Y el gran público, ¿se da cuenta de que existe un problema serio?
3. ¿Piensa Ud. que los estudios que realizan los científicos son importantes?
4. ¿Sabe Ud. de algunos planes que se llevan a cabo ahora y que están basados en estudios científicos?
5. ¿Qué opina Ud. de la campaña de información que lleva a cabo una estación de televisión local?
6. ¿Cree Ud. que imaginar un planeta sin contaminación es un sueño que nunca realizaremos?

Ejercicio 2

Una consejera académica conversa con un estudiante universitario.
Complete su conversación, escogiendo entre los verbos presentados en
esta sección y conteste las preguntas: **darse cuenta de, comprender,
realizar** o **llevar a cabo.** Siga el modelo.

MODELO: ¿_____ cuáles son los requisitos generales?
Consejera: *¿Se da cuenta de* cuáles son los requisitos
generales?
Estudiante: *Sí, creo que los comprendo bien.*

1. ¿Tiene Ud. metas que desea _____ este año?
2. ¿_____ Ud. de que los cursos de geología y de estadística son a la misma hora?
3. ¿Cree Ud. que puede _____ estos dos proyectos de investigación y todavía seguir trabajando por la noche?
4. ¿Ya _____ por qué es importante prepararse bien en matemáticas?
5. Veo que Ud. necesita ayuda en matemáticas; ¿_____ que la universidad tiene un laboratorio de práctica?
6. No se preocupe por ese examen de aptitud; ¿no _____ que esos exámenes no miden la motivación de uno?
7. ¿Le parece que el catálogo de la universidad nos ayuda a _____ nuestro deseo de informar bien a los estudiantes?
8. ¿_____ las ventajas de graduarse con dos especializaciones complementarias?

Rincón del escritor

1. Trabajando en pequeños grupos, mencionen tanto las medidas positivas como las negativas que ha tomado el gobierno de la ciudad o del país en relación con la contaminación ambiental. Luego, una persona del grupo escribe un informe con las conclusiones del grupo. Finalmente, un representante de cada grupo lee las conclusiones al resto de la clase.

2. Escriba unos párrafos sobre uno o más puntos importantes que debiera contener un programa para combatir el deterioro ambiental. Comparta su punto de vista con sus compañeros.

CAPÍTULO 5

Lectura: La cocina mexicana

LECTURA

La cocina mexicana

México conquista y sigue conquistando con sus platos el gusto culinario de todo el mundo. En diversas latitudes muchos son los que han sentido un placer enorme al saborear el simple taco — una tortilla crujiente° de carne, pollo o frijoles, acompañada de tiritas de lechuga°, crema y queso en abundancia, algo de tomate, guacamole y la salsa picante de los chiles.

Pero la cocina mexicana no se reduce a los conocidos tacos, tamales y enchiladas. Están también las quesadillas, el pozole°, el mole° de pavo° (guajolote° para usar la palabra adaptada del náhuatl), uno de los platos favoritos en las fiestas, además de los innumerables platos típicos de las diferentes regiones del país. En verdad, los diversos platos, ricos en sabor y en textura, confirman la variedad de esta cocina. Aún así, hay que recordar que, a pesar de la variedad, la base de casi todos los platillos mexicanos, sin importar la región, son el maíz, el chile y el frijol, productos utilizados comúnmente por las culturas mesoamericanas.

La cocina mexicana es producto de las diversas culturas que han formado el México moderno. La conquista de México en 1521 significó una revolución culinaria. Cuando Hernán Cortés y sus seguidores llegaron al Nuevo Mundo encontraron muchos ingredientes desconocidos, entre ellos el maíz, los chiles, los tomates, los aguacates°, el chocolate, el maní° y la vainilla. A su vez los españoles trajeron del Viejo Mundo el trigo, el arroz, la leche y sus derivados, el cerdo°, la res°, los cítricos —naranjas, limas, limones— el vino y el vinagre. A partir de entonces, la cocina mexicana se fue enriqueciendo por influencias de numerosos países y recetas e ingredientes provenientes de África, Sudamérica, el Caribe, Europa y el Oriente. La mezcla° ha permitido desarrollar una

crunchy

tiritas... *shredded lettuce*

corn soup; chile and chocolate sauce; turkey; turkey

avocados; peanut

pork, pig; beef

mixture

gastronomía variada y única que se conoce hoy prácticamente en todo el mundo.

En torno a la lectura

1. Describa el taco mexicano.
2. Mencione tres ingredientes propios del Nuevo Mundo y tres ingredientes traídos a América por los españoles.
3. ¿Qué otras culturas han influido en la cocina mexicana?
4. ¿Cuáles son los ingredientes básicos de la mayoría de los platillos mexicanos?
5. Describa un platillo mexicano típico.

The present participle

A Forms

1. To form the present participle of regular verbs, **-ando** is added to the stem of **-ar** verbs and **-iendo** to the stem of **-er** and **-ir** verbs. Note that stem-changing verbs ending in **-ar** and **-er** have regular present participles.

-ar		*-er*		*-ir*
preparar	**pensar (ie)**	**comer**	**volver (ue)**	**partir**
prepar**ando**	pens**ando**	com**iendo**	volv**iendo**	part**iendo**

2. Stem-changing verbs ending in **-ir** have an irregular stem in the present participle: the **e** of the stem changes to **i** and the **o,** to **u.** (See Chapter 1, Section I, p. 9 for a list of **-ir** stem-changing verbs.)

prefer**ir** (ie, **i**)	dorm**ir** (ue, **u**)	ped**ir** (i, **i**)
prefir**iendo**	durm**iendo**	pid**iendo**

3. The present participles of the verbs **decir, poder,** and **venir** have an irregular stem.

decir	poder	venir
dic**iendo**	pud**iendo**	vin**iendo**

4. When the stem of **-er** and **-ir** verbs ends in a vowel, the present participle ending is **-yendo,** not **-iendo.** The present participle of the verb **ir** is **yendo.**

caer	creer	leer	oír	construir	ir
ca**yendo**	cre**yendo**	le**yendo**	o**yendo**	constru**yendo**	**yendo**

5. The present participle ending of the few **-er** and **-ir** verbs whose stems end in **ll** or in **ñ** is **-endo,** not **-iendo:** bullir ↦ bull**endo,** reñir (i) ↦ riñ**endo.**

Niños comiendo melón del pintor español Bartolomé Esteban Murillo (1617–1682). ¿Qué está comiendo el niño que ve Ud. a su izquierda? ¿Qué le gustaría a Ud. estar comiendo en este momento?

 B Uses

1. The present participle together with the verb **estar** form the progressive tenses, which are used to emphasize that an action is in progress. (See Section II of this chapter, p. 171 on the progressive tenses.)

> No nos molestes. **Estamos preparando** unos tacos.
>
> *Don't bother us. We are preparing some tacos.*

Nota gramatical: Remember that in Spanish the simple present indicative and the imperfect also indicate action in progress. (See Section II of this chapter, pp. 171–172).

—**¿Qué lees?** *What are you reading?*
—**Leo una receta de cocina.** *I'm reading a recipe.*
—**¿Qué hacías ayer a las seis de la tarde?** *What were you doing yesterday at six o'clock?*
—**Cocinaba.** *I was cooking.*

2. The present participle, alone or in a phrase, may be used with an adverbial function to indicate manner, cause, reason, time, or the condition under which an action is carried out.

Entró en la cocina **cantando.**	*He entered the kitchen singing.*
Dedicando más tiempo a tus estudios, mejorarás tus notas.	*By devoting more time to your studies, you'll improve your grades.*
Siguiendo consejos de su médico, Carlos evitaba alimentos salados.	*Following his doctor's advice, Carlos avoided salty foods.*
Anoche, **saliendo** del restaurante, nos encontramos con dos viejos amigos.	*Last night, (while) leaving the restaurant, we ran into two old friends.*

3. When the present participle has an adverbial function, it may be used with a subject as well as with object and reflexive pronouns. A subject noun or pronoun is placed after the present participle. Object and reflexive pronouns are attached to the participle, forming one word, and a written accent is required on the **a** or **e** of the participle ending to retain the original stress.

Caminando el hombre por el viejo mercado, fue abordado por dos desconocidos.	*The man, while walking through the old market, was approached by two strangers.*
Diciéndonos que lo siguiéramos, el camarero nos llevó hasta nuestra mesa.	*Telling us to follow him, the waiter took us to our table.*

4. The present participle cannot be used as a noun in Spanish as the English *-ing* form can. In Spanish, only the infinitive form of a verb can function as a noun. (See Section III of this chapter, p. 177 for use of the infinitive.)

Preparar platos deliciosos no es difícil.	***Preparing*** *delicious dishes is not hard.*

5. The present participle cannot be used as an adjective in Spanish to directly modify a noun, as the English *-ing* form can. A relative clause is the most common Spanish equivalent of the English *-ing* form in these cases.

La muchacha **que compra** tortillas es mi prima Ángela.	*The girl **buying** tortillas is my cousin Ángela.*

Ejercicio 1

Diga cómo pasan el tiempo libre Ud. y sus amigos.

MODELO:　Teresa: jugar al tenis / correr
Teresa pasa el tiempo libre jugando al tenis y corriendo.

1. Raquel: hacer caminatas / practicar deportes
2. Marcos: ir / venir entre su casa y la casa de sus amigos
3. Eliana: contar chistes / reír con sus amigos
4. Omar: ir a los centros comerciales / entrar en las tiendas de ropa
5. Carolina: escuchar música / escribir cuentos
6. Ud.: leer libros / resolver crucigramas

Ejercicio 2

Déle sugerencias a una persona que desea aprender a cocinar.

MODELO:　(tú) aprender más rápidamente / seguir cursos en tu comunidad
Aprenderás más rápidamente siguiendo cursos en tu comunidad.

1. (tú) ahorrar tiempo y dinero / pedir ayuda a una persona conocida que cocina bien
2. (tú) convertirte en un excelente cocinero / mirar los programas de cocina en la televisión
3. (tú) poder practicar / invitar a amigos y prepararles platos
4. (tú) no progresar mucho / leer recetas solamente
5. (tú) adquirir mejor las técnicas para preparar platos / comprar videos especializados
6. (tú) tener buenas obras de referencias / invertir en manuales de cocina

Ejercicio 3

Use su imaginación e indique qué cree Ud. que las siguientes personas están haciendo en este momento, según el modelo.

MODELO:　su hermano/a mayor
Lo/La imagino saliendo de su trabajo y caminando hacia su coche.

1. su novio/a
2. sus padres
3. el/la estudiante más inteligente de alguna de sus clases

4. el/la profesor/a de una de sus clases
5. su compañero/a de cuarto
6. el presidente de los Estados Unidos

REFRÁN

Huyendo del toro, cayó
en el arroyo.

Ejercicio 4

Organícense en grupos. Sigan el modelo para decir cómo lograrían las siguientes cosas. Pueden usar las sugerencias que aparecen entre paréntesis y otras de su invención.

MODELO: sacar buenas notas en la clase de español (estudiar mucho)
          E1: *Puedo sacar buenas notas estudiando mucho.*
          E2: *Uno puede sacar buenas notas asistiendo a clase todos los días.*
          E3: *Participando activamente, una persona puede sacar buenas notas en la clase de español.*

1. seleccionar un buen restaurante para cenar (consultar guías turísticas, pedir información a tus amigos)
2. hacer un viaje durante las vacaciones (no gastar todo el dinero en actividades sociales, hacer planes con anticipación)
3. ahorrar dinero (abrir una cuenta bancaria, hacer depósitos directos)
4. mejorar el porcentaje de cosas recicladas por los estudiantes (hacer más publicidad en el periódico estudiantil, ofrecer un programa de incentivos)
5. graduarse de la universidad en menos de cuatro años (estudiar también durante el verano, no abandonar ninguna clase una vez inscrito/a)
6. aprender más sobre el uso de las computadoras (tomar una clase de informática, hacer uso de los laboratorios para estudiantes)
7. conocer a algunos amigos nuevos (unirse a algunos clubes para estudiantes, asistir a partidos deportivos)
8. usar mejor el tiempo (comprarse un buen reloj, hacer una lista de prioridades personales todas las mañanas)

The progressive tenses

A Forms

The progressive tenses are formed with the auxiliary **estar** + a present participle. The present participle is invariable, but the verb **estar** may be conjugated in any tense. The full conjugations of the present, imperfect, and preterit progressive tenses follow.

Present progressive	Imperfect progressive	Preterit progressive
estoy trabajando	estaba comiendo	estuve discutiendo
estás trabajando	estabas comiendo	estuviste discutiendo
está trabajando	estaba comiendo	estuvo discutiendo
estamos trabajando	estábamos comiendo	estuvimos discutiendo
estáis trabajando	estabais comiendo	estuvisteis discutiendo
están trabajando	estaban comiendo	estuvieron discutiendo

Estoy leyendo acerca de la historia de la cocina mexicana.	*I'm reading about the history of Mexican cuisine.*
Anoche **estuvimos hablando** de temas políticos durante la cena.	*Last night we were discussing political topics during supper.*
No podremos cenar contigo mañana porque **estaremos viajando** hacia Nuevo México.	*We will not be able to have dinner with you tomorrow because we will be traveling to New Mexico.*

B Uses

1. The progressive tenses are used to describe an action or event in progress or being performed. They are much less common in Spanish than in English. Use of the progressive tenses stresses an action that is, was, or will be in progress. If no such emphasis is intended, the simple tenses are preferred.

Estoy haciendo mis ejercicios en estos momentos.	*I am doing my exercises right now.*

Cuando me llamaste por teléfono ayer, **estaba comiendo** una enchilada.	*When you called me on the phone yesterday, I was eating an enchilada.*
¿Qué **lees** con tanto interés?	*What **are you reading** with so much interest?*

2. The progressive tenses refer to actions and events and are generally not used if the verb refers to a condition or state. A simple tense is preferred to describe a condition or state.

Me siento contento porque mi hermana viene a visitarme.	*I am feeling happy because my sister is coming to visit me.*

3. In contrast to English, the present progressive is never used in Spanish for anticipated future action. The simple present tense is used to convey anticipated future action in Spanish.

Gabriela y Rubén **se gradúan** el próximo mes.	*Gabriela and Rubén **are graduating** next month.*
Dentro de dos días **salimos** para Ciudad de México.	*In two days we **are leaving** for Mexico City.*

C Alternatives to *estar* in the progressive construction

1. **Estar** + a present participle is the construction most commonly used to emphasize action in progress; however, the verbs of motion **andar, ir,** and **venir** may also be used with the present participle to refer to actions in progress. Use of **andar** emphasizes the unfocused, random repetition of an action; **ir** stresses the early stages of a long-lasting action; and **venir** highlights the fact that an action that began in the past has continued for some time.

Unos compañeros tuyos **andan hablando** mal de ti.	*Some of your classmates are going around speaking badly of you.*
Ahora la situación económica **va empeorando.** Hace años que los precios **vienen subiendo.**	*Now the economic situation is growing worse. Prices have been going up for years.*

2. The present participle is also used in Spanish after the verbs **seguir (i)** and **continuar** to indicate continuation of an action in progress.

La situación económica **sigue empeorando.** Los precios **continúan subiendo.**	*The economic situation keeps on growing worse. Prices continue rising. (Prices continue to rise.)*

D Position of object and reflexive pronouns

The two elements of the compound verb in progressive tenses, the verb **estar** and the present participle, cannot be separated. Pronouns either precede the conjugated verb or are attached to the end of the present participle, forming one word. When a pronoun is attached, a written accent is required on the participle ending to retain the original stress.

Ramiro **está contándonos (nos está contando)** otra de sus historias. Todos **se están riendo (están riéndose).**

Ramiro is telling us another one of his tales. Everybody is laughing.

EJERCICIOS

Ejercicio 1

Ramiro está en la cocina preparando una cena deliciosa. Diga lo que está haciendo.

MODELO: *Está picando la cebolla.*

1. picar la cebolla / moler el ajo / rebanar los tomates

2. limpiar los trozos de pollo / secar el pollo

3. añadir condimentos / sazonar el pollo / freír el pollo

4. probar el pollo / decir que el plato está delicioso

Ejercicio 2

Un grupo de estudiantes se prepara para recibir la visita de la gobernadora del estado a la universidad durante la semana que viene. Túrnense para describir el trabajo que hacen varios individuos o grupos pequeños en este momento. Para terminar, imagínense otros preparativos necesarios y menciónenlos también.

MODELO: redactar el anuncio para el periódico
En este momento Darla y Samuel están redactando el anuncio para el periódico.

1. diseñar el cartel para poner en todos los tableros
2. ocuparse de la entrevista con los reporteros
3. buscar la información que la gobernadora quiere antes de llegar
4. hacer las llamadas telefónicas necesarias
5. comunicar a la policía el horario de la gobernadora
6. organizar un pequeño grupo para transportar a la gobernadora del aeropuerto a la universidad

Ejercicio 3

Imagínese lo que hacen las siguientes personas en este momento. Exprese su idea a los demás miembros de la clase. Al terminar con los nombres de la lista, piense en otros nombres y continúe el ejercicio.

MODELO: el presidente Bush
En mi opinión el presidente Bush está dando una conferencia de prensa.

1. Gloria Estefan
2. Rush Limbaugh
3. Venus Williams
4. el rey de España Juan Carlos de Borbón
5. Paul McCartney
6. Hillary Rodham Clinton
7. Denzel Washington
8. Emeril Lagasse

Ejercicio 4

Diga lo que están haciendo las diferentes personas que ve en el dibujo.

MODELO: la jefa de cocina
La jefa de cocina está presentando un plato delicioso.

1. la pareja
2. el ayudante de cocina
3. la espectadora de las gafas
4. el jefe de la banda

5. el espectador del sombrero
6. el niño
7. la madre del niño

Ejercicio 5

Escriba dos o tres cosas que Ud. estaba haciendo anoche entre las ocho
y las diez de la noche. Circule por la clase para averiguar qué estaban
haciendo otros miembros de la clase anoche. Después de dos o tres
minutos, si encuentra a un/a compañero/a de clase que estaba haciendo
lo mismo que Ud., anúncieselo a toda la clase. Al final, repita el ejercicio,
basándose en lo que estarán haciendo esta noche entre las mismas
horas.

MODELO: E1: *Gloria, anoche entre las ocho y las diez yo estaba leyendo*
              una novela para mi clase de literatura. ¿Qué estabas
              haciendo tú?
        E2: *Pues, yo estaba visitando a Rebeca en su apartamento.*

E1:   *Mario, esta noche entre las ocho y las diez estaré*
      trabajando en la pizzería. ¿Qué estarás haciendo tú?
E2:   *Creo que estaré terminando mi informe para la clase de*
      economía. ¡Qué lata!

Ejercicio 6

Dé la forma correcta de **andar, ir, venir** o **seguir** según el contexto. A veces hay más de una respuesta correcta.

Tengo un compañero de cuarto que se llama Alberto. ¡Cuánto le gusta cocinar! Comenzó a cocinar cuando estaba en la escuela secundaria y _____ cocinando todos estos años. No solamente prepara platos deliciosos sino que también siempre _____ buscando información sobre la historia de los platos que prepara. No sé exactamente cuántos años _____ estudiando la historia de la cocina, pero son muchos. Me dice que no piensa dejar de cocinar; en realidad, cree que va a _____ cocinando toda su vida. Yo le aconsejé que debía _____ pensando en hacerse jefe de cocina. A pesar de su dedicación a la cocina, la semana pasada me dijo algo sorprendente: últimamente _____ pensando en comenzar a estudiar pintura. Yo le respondí que debía _____ pensando en esto un poco más porque es más fácil ganarse la vida como jefe de cocina que como pintor.

Ejercicio 7

En parejas túrnense para hacer el papel de un/a senador/a de su estado que en este momento participa en una rueda de prensa. En sus comentarios digan cuánto hacen Ud. y sus ayudantes para resolver los problemas mencionados. Varíen, si es posible, los tiempos verbales y los verbos auxiliares.

MODELO: conservar el medio ambiente
          En este momento estamos haciendo un análisis del impacto
          económico de varios planes. Mis consejeros y yo seguiremos
          estudiando este tema muy profundamente.

1. eliminar la corrupción política
2. crear viviendas para los pobres
3. controlar la violencia
4. bajar los costos médicos
5. estudiar los problemas de transporte público
6. crear nuevas fuentes de trabajo

The infinitive

A Forms

1. Spanish verbs are grouped into three conjugations depending on the ending of the simple infinitive: **-ar, -er,** and **-ir.** Verbs ending in **-ar** form the largest group. The perfect infinitive consists of the infinitive of the auxiliary verb **haber** followed by the past participle of a verb.

	-ar verbs	-er verbs	-ir verbs
Simple infinitive	visit**ar**	com**er**	recib**ir**
Perfect infinitive	**haber** visit**ado**	**haber** com**ido**	**haber** recib**ido**

2. Object pronouns are attached to the infinitive, forming one word. If the infinitive is preceded by a verb or verb phrase such as **deber, ir a, necesitar, poder, querer,** and **tener que,** the object pronouns may also be placed before this verb or verb phrase.

Seguimos una dieta estricta para mantener**nos** en forma.	*We follow a strict diet to keep in shape.*
Siento haber**te** molestado con mis preguntas.	*I'm sorry to have bothered you with my questions.*
No puedo invitar**te** a cenar esta noche. (No **te** puedo invitar a cenar esta noche.)	*I cannot invite you to dinner this evening.*

B Uses

The infinitive as subject

1. The infinitive functioning as a noun can be used as the subject of a sentence. This subject usually follows the main verb or the verbal expression. The definite article **el** may precede an infinitive subject.

Es indispensable **ahorrar dinero.** (**Ahorrar dinero** es indispensable.)	*It is essential to save money. (Saving money is essential.)*

Calle del centro de Buenos Aires. ¿Le agrada a Ud. comer en restaurantes naturistas?

Nunca me ha interesado **coleccionar recetas de cocina (el coleccionar recetas de cocina).**	*I have never been interested in collecting cooking recipes.*
Viajar (El viajar) nos enriquece.	*Traveling enriches us.*

Nota gramatical: The following two sentences mean the same in English: *It is amusing to cook with friends*; *To cook with friend is amusing*. In the first sentence the real subject *to cook with friends* follows the main verb, which is preceded by the subject pronoun *it*. The first sentence is more commonly used than the second. Similarly in Spanish one can say either **Es divertido cocinar con amigos** or **Cocinar con amigos es divertido,** with the subject after or before the verb. As in English, the first sentence is more commonly used than the second. No equivalent of the English subject pronoun *it* is used in Spanish.

2. Impersonal expressions and verbs that describe states of mind are the two most common ways to use infinitives as subjects.

Es necesario **enviar** esa carta pronto.	*It is necessary to send that letter soon.*
A mí me encanta **caminar** por el parque.	*I love to walk in the park.*

The following are some common verbs referring to states of mind. (Consult Chapter 7, Section II, p. 260 for a list of impersonal expressions.)

aburrir *to bore*	gustar *to be pleasing, to like*
agradar *to please*	indignar *to irritate*
alegrar *to make happy*	molestar *to bother*
asustar *to scare*	sorprender *to surprise*
enojar *to make angry*	

The infinitive as object

1. The infinitive may be used as the direct object of a verb if the person performing the action expressed by the infinitive is the same as the subject of the main verb.

Deseo **ir** a un restaurante mexicano el sábado próximo.	*I wish to go to a Mexican restaurant next Saturday.*
Espero **estar** libre dentro de dos horas.	*I hope to be free in two hours.*

The following are some frequently used verbs that may be directly followed by an infinitive.

deber *to have to*	pensar *to think; to plan*
decidir *to decide*	poder *to be able*
desear *to desire*	preferir *to prefer*
esperar *to hope; to expect*	querer *to want*
necesitar *to need*	saber *to know how*
parecer *to seem*	

2. With verbs such as **dejar** (*to let*), **mandar** (*to order*), **permitir, prohibir,** and **recomendar,** the person performing the action expressed by an infinitive is the same as the direct- or indirect-object pronoun of the main verb.

Gastón, **te** recomiendo **discutir** el asunto con tu jefe.	*Gastón, I recommend that you discuss the matter with your boss.*
Te prohíbo volver a **mencionar** ese tema delante de mí.	*I forbid you to mention that topic again in front of me.*

> ***Nota gramatical:*** Instead of an infinitive, these verbs also allow a verb in the subjunctive preceded by the conjunction **que: Te prohíbo** *volver* **a mencionar ese tema delante de mí** or **Te prohíbo** *que vuelvas* **a mencionar ese tema delante de mí.** See Chapter 7, Section I, p. 249 for the use of the subjunctive with these verbs.

3. Some verbs, such as the ones that follow, require a preposition (**a, de, en,** or **con**) before the infinitive.

Verb + *a*	Verb + *de*
aprender a *to learn to*	acabar de *to have just*
ayudar a *to help to*	acordarse (ue) de *to remember*
comenzar (ie) a *to begin*	cansarse de *to tire*
decidirse a *to decide*	dejar de *to fail; to stop, cease*
empezar (ie) a *to begin*	pensar (ie) de *to think* (opinion)
enseñar a *to teach*	quejarse de *to complain about*
prepararse a *to prepare*	tratar de *to try*
volver (ue) a *to do something again*	tratarse de *to be a question of*
Verb + *en*	**Verb + *con***
consistir en *to consist of*	contar (ue) con *to count on*
insistir en *to insist on*	soñar (ue) con *to dream of*
pensar (ie) en *to think about*	

Comenzó **a llover.**	*It began to rain.*
Pedro insiste **en pagar** la cuenta.	*Pedro insists on paying the bill.*
Trataré **de buscar** esa receta mañana.	*I'll try to look for that recipe tomorrow.*
Sueño **con entrevistar** a un jefe de cocina famoso.	*I dream of interviewing a famous chef.*

The infinitive after prepositions

1. An infinitive may be used after a preposition when there is no change in subject. The prepositional phrase functions as an adverb, expressing ideas of time, manner, purpose, or condition. Notice that although in English the *-ing* form of the verb is used after a preposition, this is not the case in Spanish, where an infinitive must be used.

Piensa bien **antes de responder.**	*Think carefully before answering.*
Nada lograrás **con esperar** tanto.	*You won't achieve anything by waiting so long.*
Trabajaré este verano **para ahorrar** dinero para mis estudios.	*I will work this summer to save money for my studies.*
No saldré **hasta terminar** el trabajo de investigación.	*I won't go out until I finish my research paper.*

2. The construction **al** + infinitive expresses an action that happens at the same time as that of the main clause. English equivalents include *upon/on* + the *-ing* form of the verb, and *when/as* + a conjugated verb.

Al llegar al restaurante, Felipe descubrió que estaba cerrado.	*Upon arriving at the restaurant, Felipe found out it was closed.*
Al despertarme, todavía me sentía cansado.	*When I woke up, I still felt tired.*

3. The construction **de** + infinitive is equivalent to a conditional **si** clause. (See Chapter 10, Section I, p. 361 on conditional **si** clauses.)

De tener los medios, cenaría en un restaurante diferente cada día.	*If I had the means, I would have dinner in a different restaurant every day.*

The infinitive modifying an adjective or a noun

As a modifier of an adjective or a noun, the infinitive is preceded by a preposition, usually **de.**

Mis platos favoritos son **difíciles de preparar.**	*My favorite dishes are hard to prepare.*
Estamos **deseosos de aprender** a cocinar.	*We are eager to learn how to cook.*
Hay muchos otros **temas por discutir.**	*There are many other topics yet to discuss.*

The infinitive as a command

1. The infinitive may be used to express a command. This construction is frequently used to give impersonal instructions.

Mezclar todos los ingredientes.	*Mix all the ingredients.*
No **fumar.**	*No smoking.*

Dos entusiastas del ejercicio de San Diego, California, que desean mantenerse en forma. Saben que es importante hacer ejercicios de calentamiento antes de comenzar a correr. ¿Trata Ud. de hacer ejercicio regularmente?

2. The infinitive as a command may be preceded by the preposition **a,** especially in colloquial language.

Y ahora, todos **a callar** y **a trabajar.**	*And now, everybody be quiet and work.*

Summary of the uses of the infinitive

Usage	Example
Subject	**Cocinar** es divertido.
Verbal complement	Necesito **ahorrar** más dinero.
In a prepositional phrase	**Al salir** del trabajo, encontré a una amiga de mis años de secundaria.
Modifier of an adjective or a noun	Tus defectos son fáciles **de tolerar.**
Command	**Comer** con moderación. **No fumar.**

EJERCICIOS

Ejercicio I

Ud. orienta a una persona nueva en su trabajo. Hable con esta persona sobre algunas de las reglas y costumbres de la oficina.

MODELO: ser esencial / llegar puntualmente todas las mañanas
          Es esencial llegar puntualmente todas las mañanas.

1. ser importante / familiarizarse con el manual de la oficina
2. ser bueno / leer las noticias que se ponen en este tablón de anuncios
3. ser necesario / prestar mucha atención en las reuniones
4. ser aconsejable / tratar de mantener buenas relaciones con su equipo de trabajo
5. no ser bueno / extender su tiempo de descanso a media hora
6. no ser común / llevar ropa muy informal
7. ser práctico / poner en orden el escritorio antes de irse
8. no ser apropiado / hacer muchas llamadas personales

Ejercicio 2

Ud. quiere bajar de peso y le pregunta a sus amigos lo que hacen para mantener su peso o para no subir de peso. Complete según el modelo para saber qué le dicen.

MODELO: tratar / no comer postres
          Yo trato de no comer postres.

1. empezar / hacer ejercicios
2. preferir / comer poco y a menudo
3. no dejar / tomar desayuno
4. insistir / no comer alimentos grasos
5. necesitar / seguir una dieta estricta
6. aprender / contar calorías
7. no cansarse / comer ensaladas

Ejercicio 3

Utilice elementos de cada columna para hablar de sus actitudes, gustos, ideas y sueños con respecto a la vida en general.

MODELO: *Me interesa mucho obtener un trabajo bien remunerado.*

aburrirme bastante	cocinar en casa
agradarme	comer en restaurantes de lujo
asustarme un poco	estar en una sala con fumadores
enojarme mucho	ir a la universidad a pie
fascinarme	mantenerme en forma
indignarme	obtener un trabajo bien remunerado
interesarme mucho	trabajar los fines de semana
molestarme	viajar en avión

Ejercicio 4

Trabajando en parejas, usen su imaginación para completar las siguientes frases. Usen infinitivos y otras palabras más si son necesarias.

MODELO: Estudiaré tres horas esta noche para ...
Estudiaré tres horas esta noche para sacar una buena nota en el examen de mañana.

1. Recibí una llamada importante al ...
2. Un amigo y yo trabajamos hasta ...
3. Después de ..., es indispensable ...
4. Una amiga me dice que sueña con ... para ...
5. ... es mi pasatiempo favorito durante las vacaciones de verano.
6. Antes de ..., debes ...
7. Es totalmente imposible ... sin ...
8. Tengo ganas de ... para ...
9. La situación de la gente sin vivienda es muy difícil de ...
10. ¿Me puedes ayudar? Tengo varios problemas por ...
11. Mi mejor amigo me promete que me va a enseñar a ...
12. Estoy seguro/a de que ellos no van a lograr nada con ...

Ejercicio 5

Divídanse en grupos. Un miembro de cada grupo hace el papel de una persona a quien los demás entrevistan para un puesto de aprendiz/a en una compañía local. El grupo le hace al/a la solicitante las preguntas que siguen y otras que considere apropiadas.

MODELO: E1: ¿Por qué desea este puesto ahora?
E2: *Deseo ser aprendiz/a porque quiero adquirir experiencia en su compañía.*

1. ¿Qué experiencias concretas espera adquirir?
2. ¿Qué le gustaría llevar a cabo primero?
3. ¿Prefiere trabajar a solas o como parte de un equipo?
4. ¿Le asusta un poco hacer presentaciones orales?
5. ¿Qué le molesta tener que hacer?
6. ¿Qué remuneración cree que necesita tener?
7. ¿Por qué decidió escoger nuestra compañía?
8. ¿Tiene alguna pregunta antes de terminar la entrevista?

Ejercicio 6

En grupos de cuatro, túrnense para explicar cómo hacer bien las siguientes cosas. Continúen el ejercicio, hablando de otras situaciones. Usen el infinitivo como mandato.

MODELO: sacar buenas notas
Asistir a clase todos los días, tomar buenos apuntes y no dejar de hacer las lecturas del texto.

1. obtener un trabajo
2. organizar un buen viaje
3. alquilar un apartamento
4. mantener bien un coche
5. ser popular en la escuela
6. aprender a apreciar la cocina mexicana

Prepositions

This section presents a list of simple and compound prepositions; a more detailed discussion of the prepositions **a, de, en, para,** and **por;** and a Spanish-English contrast regarding the use of prepositions after verbs.

A Simple prepositions

a *at, to*	Nos sentamos **a** la mesa.
ante *before, in the presence of*	El acusado está **ante** el juez.
bajo *under*	Mi perrito se escondió **bajo** la mesa.
con *with*	Ven **con** nosotros.
contra *against*	Una buena dieta protege **contra** las enfermedades.
de *of, from*	Viene **de** Ecuador.
desde *from, since*	Viven aquí **desde** el tres de enero.
durante *during*	Llovió **durante** tres días.
en *in, on*	Pepe está **en** su cuarto.
entre *between, among*	Estoy **entre** amigos.
excepto *except*	Todos saben cocinar, **excepto** yo.
hacia *toward*	Vamos **hacia** la playa.
hasta *until, up to*	Trabajamos **hasta** las seis.
para *for*	El ejercicio es bueno **para** la salud.
por *for, by, through*	Pasamos **por** muchas calles estrechas.
según *according to*	**Según** los expertos, debemos evitar la grasa.
sin *without*	Salí de casa **sin** dinero.
sobre *upon, on, above, around*	Coloca ese paquete **sobre** la mesa, por favor.
tras *behind*	El sol se esconde **tras** las montañas.

B **Compound prepositions**

a través de *across, through*	Caminamos **a través de** la multitud.
acerca de *about, concerning*	Asistí a una charla **acerca de** la dieta ideal.
además de *besides*	¿Quién vendrá, **además de** Uds. dos?
al lado de *next to, beside*	Vivimos **al lado de** un restaurante.
alrededor de *around*	Había guardias **alrededor de** la plaza mayor.
antes de *before*	Llegamos **antes de** las siete de la mañana.
cerca de *near*	Estamos **cerca del** museo.
debajo de *under*	Nos quedamos **debajo de** un árbol.
delante de *in front of, ahead of*	Te espero **delante de** la iglesia.
dentro de *inside*	Estaremos **dentro de** la sala.
después de *after*	Ven a verme **después de** la clase.
detrás de *behind*	El garaje está **detrás de** la casa.
encima de *on top of*	Coloca esa caja **encima de** la mesa, por favor.
enfrente de *in front of, facing*	El coche se estacionó **enfrente del** hospital.
frente a *opposite to, facing*	La oficina de correos queda **frente a** la catedral.
fuera de *outside; except*	Mis padres están **fuera de** la ciudad.
junto a *next to, near*	Me senté **junto a** Rosana.
lejos de *far from*	Vivo **lejos de** la universidad.

C **The preposition *a***

A is used in the following ways:

1. before direct objects that refer to people. This use of the preposition **a** is called the personal **a.** (See Chapter 4, Section IV, p. 151 for more information on the personal **a.**)

> Conocí **a** tu hermana anoche.   *I met your sister last night.*

2. before indirect objects, especially if needed to emphasize or clarify an indirect-object pronoun.

> —¿Le doy esta receta **a** tu hermana?   *Shall I give this recipe to your sister?*
> —No, dámela **a** mí, por favor.   *No, give it to me, please.*

3. with verbs of motion to indicate direction or destination.

Viajamos **a** la capital todos los lunes.	*We travel to the capital every Monday.*
Llegaré **a** tu casa a las ocho.	*I'll arrive at your house at eight.*

4. to indicate a point in time.

Mi primera clase comienza **a** las ocho.	*My first class begins at eight.*
Llegamos al cine **a** la hora, pero **a** los diez minutos estábamos muy aburridos.	*We reached the cinema on time, but ten minutes later we were very bored.*

5. in certain expressions that indicate the manner in which something is done or the means by which it is done.

Este suéter está hecho **a** mano.	*This sweater is made by hand.*
A Ramiro le gusta pintar **al** óleo.	*Ramiro likes to paint in oils.*

6. to introduce prices and rates.

Las sandías están **a** veinte centavos la libra.	*Watermelons cost twenty cents a pound.*
—¿**A** qué velocidad conduces por la autopista?	*How fast do you drive on the freeway?*
—**A** ciento diez kilómetros por hora.	*One hundred and ten kilometers an hour.*

7. in the contraction **al** + an infinitive to express simultaneity. The English equivalent of **al** + an infinitive is *on/upon* + the *-ing* form of the verb, or a phrase beginning with *when* followed by a conjugated verb.

Al salir de la cafetería, nos encontramos con Martín.	*Upon leaving (When we left) the cafeteria, we ran into Martín.*

8. in some common idiomatic expressions:

a casa *at home*	a la derecha *to the right*
a causa de *because of*	a la izquierda *to the left*
a eso de *around, about, approximately*	a la vez *at the same time*
a fin de *so that*	al comienzo de *at the beginning of*
a fondo *thoroughly*	al contrario *on the contrary*
a fuerza de *by dint of, by force of*	al fin *finally*
a gusto *at will, at ease*	

al menos *at least*	a pie *on foot*
a lo mejor *probably, maybe*	a principios de *at the beginning of*
a mano *by hand*	
a menudo *often*	a tiempo *on (in) time*
a oscuras *in the dark*	a veces *sometimes, at times*
a pesar de *in spite of*	poco a poco *little by little*

A menudo me junto con un grupo de amigos y salimos a cenar **al menos** una vez por semana. Nos gusta cenar a **eso de** las seis, pero raras veces lo hacemos **a tiempo.**	*I often get together with a group of friends and we go out to eat at least once a week. We like to have dinner around six o'clock, but we rarely get to eat on time.*

◇D◇ The preposition *de*

De is used in the following ways:

1. to indicate origin and source. With verbs of motion, **de** signals the point of departure.

Nos visitan unos amigos **de** México.	*Some friends from Mexico are visiting us.*
Salieron **de** Guadalajara hace una semana.	*They left Guadalajara a week ago.*

2. to locate an hour in the day and a date in the month.

Son las tres **de** la tarde.	*It's three in the afternoon.*
Hoy estamos a 4 **de** diciembre.	*Today is the fourth of December.*

3. to indicate possession, including close association or relationship between objects. In Spanish, possession or ownership must be indicated by the construction *noun* + **de** + *noun (owner)*. In phrases indicating authorship of a work, the preposition **de,** not **por,** is used.

¿Podremos usar el coche **de** tus padres este fin de semana?	*Will we be able to use your parents' car this weekend?*
Encontré esta piedra en la orilla **de**l río.	*I found this rock on the bank of the river.*
Estoy leyendo un cuento **de** Borges. Es interesantísimo.	*I am reading a short story by Borges. It is most interesting.*

4. to indicate the contents of a receptacle.

Quiero un plato **de** sopa, un vaso **de** agua y más tarde una taza **de** café.

I want a bowl of soup, a glass of water, and later a cup of coffee.

5. to link two nouns in order to indicate the material of which something is made. The English equivalent of this construction may be an adjective or a prepositional phrase with *of*.

Quiero comprarme una camisa **de** seda.

I want to buy myself a silk shirt.

Esta mesa es **de** roble.

This table is (made) of oak.

6. to form adjectival phrases that call attention to the distinctive characteristic(s) of a person or object. When **de** introduces a descriptive phrase, it frequently corresponds to the English word *with*.

Nos recibió un muchachito **de** ojos vivos y **de** cara risueña.

A little boy with lively eyes and a smiling face greeted us.

¿Conoces a la señora **del** vestido azul?

Do you know the lady in the blue dress?

Hace frío; debes ponerte una camisa **de** manga larga.

It is cold; you should put on a long-sleeved shirt.

7. in some common idiomatic expressions:

de buen/mal humor *in a good/bad mood*

de buena/mala gana *willingly/unwillingly*

de esta/esa manera (*in*) *this/that way*

de manera/modo *in a manner/way*

de memoria *by heart*

de nada *you're welcome*

de nuevo *again*

de pie *standing up*

de prisa *in a hurry*

de pronto *suddenly*

de repente *suddenly*

de todos modos *anyway, in any case*

de veras *really, truly*

de vez en cuando *from time to time*

De vez en cuando voy a la cafetería de la universidad. Ayer por ejemplo no había mesas disponibles y tuve que comer **de pie** y **de prisa.** Eso me puso **de mal humor.**

From time to time, I go to the university cafeteria. Yesterday, for instance, there were no tables available and I had to eat standing up and in a hurry. That put me in a bad mood.

E The preposition *en*

En is used in the following ways:

1. to indicate location when no motion is involved. **En** signals a point in space enclosed within boundaries, corresponding in general to the English words *in*, *within*, or *at*.

Hay miles de personas **en** el estadio.	*There are thousands of people in the stadium.*
Vamos a juntarnos **en** la cafetería de la universidad.	*We are going to meet at the university cafeteria.*

2. to mean *on* when referring to position. **Sobre** and **encima de** (*on, on top of*) are also used to refer to position, particularly when emphasizing location.

Deja tus libros **en (sobre)** ese escritorio.	*Leave your books on that desk.*
La carta que buscas está **en (encima de)** la mesa de plástico.	*The letter you are looking for is on (on top of) the plastic table.*

> **Nota gramatical:** Note that in English the verb *to be* can be omitted in adjectival clauses indicating location: *Please pass me the books **that are** on the table.* ↦ *Please pass me the books on the table.* In Spanish the verb **estar** cannot be omitted; the equivalent of the preceding two sentences is: **Páseme, por favor, los libros *que están* sobre la mesa.**

3. to indicate the time when something takes place.

La boda de mi prima tuvo lugar **en** julio pasado. **En** aquel tiempo yo vivía muy cerca de ella.	*My cousin's wedding took place last July. At that time, I lived very near her.*

4. with a means of transportation. **Por** can also be used with means of transportation.

Prefiero viajar **en (por)** avión. He viajado **en (por)** tren y es demasiado lento.	*I prefer to travel by plane. I have traveled by train and it is too slow.*

5. in certain idiomatic expressions.

en cambio *on the other hand*	en cuanto a *as far as … is concerned*
en casa *at home*	en lugar/vez de *instead of*

en medio de *in the middle of*

en punto *on the dot*

Pablo va a preparar unos platillos mexicanos **en casa.** Necesita tu ayuda **en vez de** la mía. Y la necesita **en seguida.**

en seguida *right away*

en voz alta *aloud*

Pablo is going to prepare some Mexican dishes at home. He needs your help instead of mine. And he needs it right away.

EJERCICIOS

Ejercicio 1

Use el plano de la ciudad que aparece a continuación para explicarle a un/a amigo/a dónde están los siguientes lugares en relación al hotel más grande de la ciudad.

MODELO: la biblioteca

E1: *¿Dónde está la biblioteca en relación al hotel?*

E2: *La biblioteca está cerca (detrás, a dos cuadras, …) del hotel.*

1. el parque botánico
2. el hospital
3. la universidad
4. la pizzería más popular
5. la calle central
6. las tiendas más elegantes
7. la librería más interesante
8. la agencia de viajes

Ejercicio 2

Antonio y Martina conversan después de su clase de literatura. Complete Ud. sus frases insertando la preposición correcta. A veces no se necesita usar ninguna preposición y otras veces hay varias posibilidades.

Antonio: ¡Ay, qué clase hoy! Salí _____ la clase _____ esta mañana más confundido que nunca. Y creo que _____ otros estudiantes les pasó lo mismo. Normalmente comprendo _____ las explicaciones _____ esa clase, pero hoy no comprendí _____ nada.

Martina: _____ tú y yo, _____ empezar la clase, yo me creía preparada e iba _____ participar activamente _____ la discusión, pero _____ las presentaciones _____ Pedro y Lucía, me sentí confusa e insegura.

Antonio: Creo que debemos consultar _____ el profesor o _____ su ayudante inmediatamente. También sería buena idea ir _____ la sesión _____ repaso esta tarde.

Martina: Tienes razón. ¿Y quién es el ayudante? ¿Es aquel chico _____ pelo rubio que siempre lleva el maletín _____ cuero lleno _____ papeles y cuadernos?

Antonio: Sí, y normalmente entra cinco minutos _____ la hora y se sienta _____ la primera fila.

Martina: Bueno, quizá él puede aclararnos _____ los conceptos o recomendarnos _____ algunos libros o artículos. Vamos ahora _____ su despacho.

Antonio: Espera un momento. Tengo que hablar _____ Mónica. Necesito _____ unas notas que tiene ella; voy _____ hacer una presentación _____ otra clase.

Martina: Veo que quieres sacar buenas notas _____ este semestre. Te espero _____ la salida.

◈F◈ The preposition *para*

Para is used in the following ways:

1. to introduce phrases that indicate movement or direction toward a destination or goal, or that designate the recipient.

La semana próxima salimos **para** Chicago.	*We're leaving for Chicago next week.*
Ese autobús va **para** la universidad.	*That bus is going to the university.*
¿Hay mensajes **para** nosotros?	*Are there messages for us?*
Trabajo **para** la biblioteca de la universidad.	*I work for the university library.*

2. in phrases that express purpose and the use for which something is intended.

Este es un recipiente **para** almacenar fruta seca.	*This is a container to store dry fruit.*
Hablaré con mi jefe **para** pedirle un aumento de sueldo.	*I'll talk with my boss to ask him for a raise in salary.*

3. in phrases that refer to a specific time limit or a fixed point in time.

Debo terminar este informe **para** el jueves próximo.	*I need to finish this report by next Thursday.*
No dejes tus tareas **para** el último momento.	*Don't leave your homework for the last minute.*

To indicate the duration of a period of time, **por** is used. (See p. 194.)

Estudié **por** dos horas.	*I studied for two hours.*

4. to express an implied comparison of inequality when a member of a group is singled out as different from other members of the group.

Ella muestra mucha madurez **para** ser tan joven.	*She shows a great deal of maturity for being so young.*
Preparas platos deliciosos **para** alguien que recién aprende a cocinar.	*You prepare delicious meals for someone who is just beginning to learn how to cook.*

5. to introduce the person holding an opinion or making a judgment.

Para mí, tú cometiste un grave error.	*In my opinion, you made a serious mistake.*
Para mi padre, la familia es muy importante.	*For my father, family is very important.*

G The preposition *por*

Por is used in the following ways:

1. to express the cause, reason, or motive of an action.

No fui a clase **por** estar (**por**que estaba) enferma.	*I didn't go to class because I was ill.*
No asistí a la conferencia **por** una emergencia de última hora.	*I didn't attend the lecture because of a last-minute emergency.*

> ***Nota gramatical:*** Both **por** and **para** can be used before an infinitive. **Por** indicates motive whereas **para** indicates purpose: **No vine por tener demasiado trabajo.** *I didn't come because I had too much work.* **No vine para contarte chistes.** *I didn't come (in order) to tell you jokes.*

2. in passive sentences, to express the agent of an action. (See Chapter 6, Section IV, p. 233 for a discussion of passive constructions.)

Esa novela no fue escrita **por** Carlos Fuentes sino **por** Julio Cortázar.	*That novel was not written by Carlos Fuentes but by Julio Cortázar.*

3. to express motion along or through a place; also to indicate an indefinite location.

Me gusta caminar **por** el río.	*I like to walk along the river.*
Esa pizzería está **por** la Avenida Juárez.	*That pizza place is near Juárez Avenue.*

4. to express a means of transportation or communication.

Mis padres salen para España **por** avión.	*My parents are leaving for Spain by plane.*
Beatriz dice que te va a mandar los libros **por** correo aéreo.	*Beatriz says she's going to send you the books by air mail.*

5. with expressions of time, to indicate the duration or the amount of time something lasts. **Durante** may also be used with the same meaning, or no preposition at all need be used.

Ayer estudié **por** tres horas seguidas.	*Yesterday I studied for three hours in a row.*
Estaré fuera de la ciudad (**por, durante**) dos días.	*I will be out of town for two days.*

6. to express the exchange or substitution of one thing for another.

Pagamos cincuenta dólares **por** una bicicleta usada.	*We paid fifty dollars for a used bicycle.*
Quiero cambiar mi coche **por** uno más nuevo.	*I want to exchange my car for a newer one.*

7. to express a price rate or a rate or unit of measure.

En mi clase de literatura tengo que leer tres novelas **por** mes y escribir un ensayo **por** novela.	*In my literature class I have to read three novels a month and write one essay per novel.*

8. to indicate the person(s) or object(s) *instead of, on behalf of, for the sake of,* or *in favor of* whom or what something is done.

Como mi hermana estaba enferma, yo fui a trabajar **por** ella.	*Since my sister was sick, I went to work for (instead of) her.*
Mi candidato lucha **por** una mejor distribución de la riqueza. Voy a votar **por** él.	*My candidate fights for (on behalf of) a better distribution of wealth. I am going to vote for (in favor of) him.*

9. to introduce the object of an errand after a verb of motion, such as **ir, venir, mandar, regresar, salir,** and **volver.**

Fui por arroz al supermercado.	*I went to the supermarket for rice.*
Me **mandaron** a la farmacia **por** remedios.	*They sent me to the drugstore for medicines.*

10. in common expressions:

por ahora *for the time being*	por lo menos *at least*
por cierto *of course*	por lo tanto *therefore*
por consiguiente *consequently*	por más (mucho) que *however much*
por ejemplo *for example*	por otra parte *on the other hand*
por eso *that's why*	por poco *almost*
por favor *please*	por supuesto *of course*
por fin *finally*	por último *finally*

> **Por ahora** no me interesa cocinar. **Por eso** voy a restaurantes a menudo. **Por supuesto** gasto bastante dinero en comida. **Por lo menos** como bien.

> *For the time being, I am not interested in cooking. That's why I often go to restaurants. Of course, I spend plenty of money on food. At least, I eat well.*

Ejercicio 1

Imagínese que Ud. va a México para las vacaciones de primavera. Explíquele a un/a amigo/a sus preparativos, usando **por** o **para,** según el contexto dado.

MODELO: Este fin de semana salgo _____ México _____ avión _____ pasar allí las vacaciones de primavera.
Este fin de semana salgo *para* México *por* avión *para* pasar allí las vacaciones de primavera.

1. Julia no me acompaña _por_ estar ocupada en su trabajo. *[→razón]*
2. Estaré en México _por_ una semana; ésta será una buena oportunidad _para_ practicar el idioma español y _para_ probar la deliciosa comida mexicana. *[→purpose]*
3. Si todo sale bien, tendré todo preparado _para_ el jueves; no me gusta dejar todo _para_ el último día. _Por_ suerte ya tengo casi todo listo. *[→ deadline] [↳deadline]*
4. _Para_ lo que cuesta la excursión, los hoteles son muy buenos. Los arreglos fueron hechos _por_ mi agente de viajes. *[for being cheap / condition that doesn't impede another condition]*
5. Voy a México porque es un sitio ideal _para_ pasar las vacaciones. Me fascina pasar _por_ los muchos sitios de interés histórico.
6. Fui _por_ mis billetes ayer, pero mi agente todavía no los tenía.
7. Estoy leyendo un libro sobre México escrito _por_ un célebre historiador mexicano.
8. Pasaré _por_ lo menos tres días en varios pueblos pequeños; _Para_ mí es importante ver un poco de todo. *[↓ punto de vista]*

Ejercicio 2

Trabajen en grupos de tres. Túrnense para inventar excusas a las preguntas que les hacen.

MODELO: E1: ¿Terminaste el trabajo, Roberto?
                  E2: *No, no lo terminé por sentirme enfermo.*
                  E1: *¿Y tú, Alicia?*
                  E3: *Yo no lo terminé por estar ocupada.*

1. ¿Contestaste todas las preguntas en tu último examen?
2. ¿Fuiste a todas tus clases la semana pasada?
3. ¿Recordaste el cumpleaños de tu madre?
4. ¿Hiciste todo lo que tenías que hacer en casa?
5. ¿Fuiste a tu trabajo durante el último fin de semana?
6. ¿Visitaste a tus padres como prometiste?

Ejercicio 3

Conteste las siguientes preguntas de un/a compañero/a, usando **por** o **para** en su respuesta.

MODELO: ¿Por qué decidiste asistir a una universidad que está tan lejos de tu casa?
                  Vine aquí para ser más independiente.

1. ¿Quién toma apuntes por ti cuando faltas a clase?
2. ¿Por cuántos días vas a estar ocupado/a la semana que viene?
3. ¿En qué piensas especializarte? ¿Por qué?
4. ¿Por dónde te gusta caminar cuando quieres estar solo/a?
5. ¿Para cuándo tendrás lista la próxima tarea para esta clase?
6. ¿Cuántas páginas escribes por día cuando necesitas escribir un informe?
7. Para ti, ¿cuál es el problema más serio de la educación hoy?
8. ¿Qué lugar recomiendas para las vacaciones de primavera?

◇ H ◇ The structure *verb + (preposition) + noun object*

No preposition in Spanish versus preposition in English

In contrast to English, the frequently used verbs **buscar, escuchar, esperar, mirar, pagar,** and **pedir (i)** do not require a preposition before a direct object to complete their meaning. The preposition **a,** or personal **a,** must be used, however, when the direct object is a person. Notice the use of *for* and *at* in the English examples.

Miro la manifestación.	*I'm looking at the demonstration.*
Miro a los manifestantes, quienes **piden** reformas.	*I'm looking at the demonstrators, who are asking for reforms.*
—¿**Buscas a** alguien?	*Are you looking for someone?*
—Sí, **busco a** Teresa.	*Yes, I am looking for Teresa.*

Preposition in Spanish versus no preposition in English

In the case of some verbs, Spanish requires a preposition before a noun object, whereas English does not. The following are some of these verbs.

Verb + preposition *a*	**Verb + preposition *de***
acercarse a *to approach*	abusar de *to abuse*
asistir a *to attend*	acordarse (ue) de *to remember*
jugar (ue) a *to play* [*a game*]	cambiar de *to change*
parecerse a *to resemble*	carecer de *to lack*
renunciar a *to give up*	desconfiar de *to mistrust*
Verb + preposition *con*	disfrutar de/con *to enjoy*
casarse con *to marry*	dudar de *to doubt*
cumplir con *to carry out*	fiarse de *to trust*
Verb + preposition *en*	gozar de/con *to enjoy*
entrar en/a *to enter*	salir de *to leave* [*a place*]
fijarse en *to notice*	olvidarse de *to forget*
confiar en *to trust*	
influir en *to influence*	

Ayer **cambié de** opinión y no **asistí a** mi clase de cocina.	*Yesterday I changed my mind and did not attend my cooking class.*
Ese señor **carece de** gusto. **Goza con** platos que no saben a nada.	*That gentleman lacks any taste. He enjoys dishes that don't taste of anything.*

Nota gramatical: Spanish verbs such as **buscar, escuchar, esperar, mirar, pagar,** and **pedir** are transitive verbs, i.e., they take a direct object, an object without a preposition. The equivalent English verbs are not transitive; they require a preposition before their object. Likewise, English verbs such as *to abuse, to enjoy, to lack, to leave, to mistrust,* and *to trust* are transitive; they take a direct object, an object without a preposition. The equivalent Spanish verbs are not transitive; they require a preposition before their object. Dictionaries usually use an abbreviation to indicate whether a verb is transitive or not: *v. t.,* for example.

Verbs with different prepositions in Spanish and English

Some Spanish verbs require a preposition that is not a direct translation of the preposition used in English. Compare the following frequently used verbs and prepositions with their English equivalents.

Verb + preposition *con*	**Verb + preposition *en***
contar (ue) con *to count on*	consistir en *to consist of*
soñar (ue) con *to dream of*	pensar (ie) en *to think of/about*
Verb + preposition *de*	**Verb + preposition *por***
admirarse de *to be amazed at*	decidirse por *to decide on*
depender de *to depend on*	felicitar por *to congratulate on*
despedirse (i) de *to say good-by to*	inquietarse por/con *to worry about*
enamorarse de *to fall in love with*	preguntar por *to inquire about*
hablar de *to talk about*	
reírse (i) de *to laugh at*	
servir (i) de *to serve as*	

El éxito de nuestro plan **depende de** ti. **Contamos con** tu apoyo.

Te **felicitamos por** tu matrimonio. **Te enamoraste de** esa joven, **soñabas con** casarte con ella y ahora todo es realidad.

*The success of our plan **depends on** you. We **count on** your support.*
*We **congratulate** you **on** your marriage. You **fell in love with** that young lady, you **dreamed of** marrying her, and now everything has all become reality.*

Summary of important uses of *a, de, en, para,* and *por*

	Usage	Example
a	Direct object referring to people (personal **a**)	Invité **a** Adriana a nuestra fiesta.
	Indirect object	Le pasé el libro **a** tu compañero.
	Direction (*toward*)	Viajaremos **a** Río de Janeiro.
	Time (point in time)	El concierto es **a** las siete.
	Means, manner	Debes escribir el informe **a** máquina.
	Price, rate	Las manzanas están **a** $2 el kilo.
	Simultaneous action	**Al** llegar a casa, vi un accidente.
de	Origin, point of departure	Somos **de** Venezuela.
	Time (of day, dates)	Volvimos a las seis **de** la tarde.
	Possession, close association, authorship	Iré a la casa **de** mis padres. Leo una novela **de** Vargas Llosa.
	Contents	Bebió un vaso **de** vino.
	Material something is made of	Compré un escritorio **de** metal.
	Characteristics	Hable con el señor **de** la camisa azul.
en	Location (*in, on, at*)	Mi hermana está **en** Sevilla. Te veo mañana **en** la universidad.
	Time when something occurs	Estaré de vacaciones **en** julio.
	Means of transportation	Viajo **en** tren.
para	Destination	Salgo **para** Buenos Aires mañana.
	Purpose, goal	Ahorro dinero **para** comprar un coche.
	Time limit; fixed point in time	Veré a mi familia **para** Navidad.
	Implied comparison	Hace calor **para** este mes del año.
	Opinion	**Para** mí, la salud no tiene precio.
por	Cause, reason, motive	Él no vota **por** no tener dieciocho años.
	Agent of an action	El bandido fue detenido **por** la policía.
	Motion along or through a place	El ladrón entró **por** la ventana.
	Means of transportation	Prefiero viajar **por** avión.
	Duration	Estudié **por** cuatro horas.
	Exchange	Te cambio mi coche **por** el tuyo.
	Price, rate	Puedo caminar cuatro millas **por** hora.
	Beneficiary (*on behalf of*)	Hago este sacrificio **por** ti.
	Object of an errand	Pablo vino **por** su chaqueta.

Una familia goza con la comida ofrecida por un restaurante de Mexicali, México y al mismo tiempo se deleita escuchando canciones interpretadas por una banda de mariachis. ¿Hay restaurantes mexicanos en su ciudad? ¿Los frecuenta Ud.?

EJERCICIOS

Ejercicio 1

Complete el siguiente párrafo con las preposiciones **a, de, en, para** o **por,** según convenga.

Soy estudiante _____ biología. Estudio _____ Estados Unidos, pero no soy _____ este país. Nací _____ Costa Rica, país que visito _____ menudo. Viajo casi todos los años _____ San José, mi ciudad natal. Por supuesto, viajo _____ avión porque un viaje _____ tierra toma mucho tiempo. Ahora trabajo y ahorro dinero _____ poder visitar a mi familia. Voy a reunirme con ellos _____ diciembre. Voy a llegar a San José el 15 de diciembre _____ las tres _____ la tarde y estaré _____ la casa _____ mis padres dentro de una hora. Me dicen que van a echar la casa _____ la ventana _____ celebrar mi llegada. Estoy muy contento porque voy a poder ver _____ mi familia y _____ mis amigos. _____ mí, es muy importante volver _____ mis raíces.

Ejercicio 2

Formen oraciones completas y lógicas, seleccionando elementos de cada columna.

MODELO: *Jorge y Elena abusan de la bondad de su abuelo.*

mi mejor amiga	abusar	en	esta costumbre
yo	entrar	por	la bondad de su abuelo
tú y yo	depender	con	su hermana mayor
mis abuelos	mirar	para	nuestra aventura
tú	contar	de	una camisa bien planchada
Jorge y Elena	casarse	a	la sala de clase
	enamorarse	∅	Sara
	buscar		mí
	parecerse		la exhibición con interés
	olvidarse		una persona inteligente
	reírse		Alejandro

Ejercicio 3

Complete las siguientes frases que describen la situación de Martina, quien se levantó tarde esta mañana y tuvo que darse prisa para llegar a clase a tiempo. Atención: a veces no se necesita poner ninguna preposición.

Martina depende _____ su despertador y normalmente puede contar _____ él, pero esta mañana el reloj no sonó. Al abrir los ojos a las siete y media, Martina miró _____ su reloj, se fijó _____ la hora con asombro, se acordó _____ su clase de las ocho y saltó de la cama. Entró corriendo _____ el cuarto de baño y como carecía _____ tiempo, renunció _____ la idea de ducharse antes de salir _____ la casa. Buscó _____ la ropa, se la puso y decidió que aunque parecía que no había dormido en toda la noche, tenía que asistir _____ clase porque tenía una prueba.

Más tarde Martina se rió _____ la situación con su compañera Patti. Las dos decidieron que esto le serviría _____ lección a

Martina. Sin embargo, después de pensar _____ toda la situación, decidieron que el problema no había sido el despertador. Martina, quien está muy enamorada _____ Raúl, salió con él la noche anterior; conversando, no se fijaron _____ la hora y no se despidieron hasta medianoche. Patti le recordó a su amiga que primero tenía que cumplir _____ sus deberes académicos y que luego, durante los fines de semana, podía disfrutar _____ su vida social.

Ejercicio 4

Divídanse en grupos e inventen breves presentaciones sobre alguna persona fascinante o curiosa. Usen varias expresiones verbales presentadas en esta sección sobre las preposiciones. Después, elijan a un miembro del grupo para presentar la narración al resto de la clase.

MODELO: *Yo me acuerdo de un señor que se parecía mucho a Abraham Lincoln. Cada vez que lo veía me admiraba de la semejanza. Una vez decidí acercarme a él para presentarme. Me río de esto ahora porque cuando le hablé, me contestó con una serie de insultos. Me despedí de él pensando que esto me servía de ejemplo: hubo un solo Lincoln.*

Foco en el léxico: *Preguntar* versus *pedir*

1. Both **preguntar** and **pedir** mean *to ask.*

2. The verb **preguntar** is used to request information.

Voy a **preguntar** a qué hora abren.	*I am going to ask what time they open.*
¿**Preguntaste** si tienen una sección de no fumar?	*Did you ask if they have a nonsmoking section?*

3. The expression **hacer una pregunta** means *to ask a question.*

Le **hice unas preguntas** sobre el menú.	*I asked him some questions about the menu.*

4. **Preguntar por** means to *inquire about someone or something,* and the reflexive form **preguntarse** expresses *to ask oneself* or *to wonder.*

Preguntemos por Graciela.	*Let's inquire about Graciela.*
Me pregunto si aceptan tarjetas de crédito aquí.	*I wonder if they accept credit cards here.*

5. **Pedir (i)** expresses the English meanings *to ask for, to request someone to do something,* and *to order* (in a restaurant, etc.). Observe in the following examples that **pedir** means *to ask for* and does not require the preposition **por** or **para** to complete its meaning.

¿**Pediste** té con limón?	*Did you order tea with lemon?*
Pediré más pan.	*I'll ask for more bread.*
Le voy a **pedir** a mi profesor que me escriba una carta de recomendación.	*I'm going to ask my professor to write a letter of recommendation for me.*

 **EJERCICIOS**

Ejercicio 1

Ud. dice lo que hacen las siguientes personas usando la información dada. Siga el modelo.

MODELO: los estudiantes / qué nota obtuvieron
Los estudiantes preguntan qué nota obtuvieron.

1. los turistas / información
2. los niños / preguntas a sus padres
3. algunos amigos / por mí a mi mamá
4. al terminar de cenar, los clientes / la cuenta
5. si no llevo reloj, yo / la hora
6. a veces los entrevistadores / preguntas indiscretas
7. los clientes / preguntas al camarero
8. a menudo yo / si podremos vivir en paz alguna vez

Ejercicio 2

Antonio y Elena van por primera vez al restaurante Santa Fe. Complete la siguiente conversación con la forma apropiada de **preguntar, preguntarse, hacer preguntas** o **pedir** para saber si se divirtieron o no.

Antonio: Bueno, llegamos un poco temprano. Le voy a _____ a ese hombre si tiene nuestra reservación.

Elena: Y hazme el favor de _____ una mesa en la sección de no fumar.

* * * * *

Antonio: Elena, no lo vas a creer; él dijo que no sabía nada de nosotros. Me _____ mi nombre y dijo que lo sentía mucho, pero que teníamos que esperar.

Elena: ¿Le _____ cuánto tiempo tendremos que esperar?

* * * * *

Antonio: Bueno, ya que por fin estamos sentados, ¿sabes qué vas a _____?

Elena: Creo que voy a _____ una entrada ligera, pero no entiendo qué son algunos de los platos.

Antonio: Si no entiendes todo el menú, puedes _____ al camarero. Por mi parte, no hay duda; siempre _____ el arroz con pollo y una ensalada mixta.

* * * * *

Elena: Tardan mucho con la comida, ¿no te parece? ¿Quieres _____ si recuerdan que estamos aquí?

Antonio: Para la próxima ocasión, debemos _____ a nuestros amigos si conocen otro restaurante mejor.

Elena: ¿Por qué no _____ la cuenta para pagar estas bebidas y luego salir? Podemos comer en otra parte.

* * * * *

Elena: ¡Qué lástima! A veces yo _____ cómo ganan dinero los negocios que tratan así a sus clientes.

Antonio: Antes de salir, quiero hablar con el gerente y _____ si este tipo de servicio es normal o si algunos camareros no vinieron a trabajar esta noche.

Ejercicio 3

Trabajando en parejas, incorporen las expresiones que aparecen a continuación en oraciones completas con **preguntar** o **pedir**.

MODELO: la hora
                Un señor sin reloj me preguntó la hora.

1. ayuda para abrir esta lata de verduras
2. dónde se encuentra Susana
3. si queríamos viajar a Guanajuato, México
4. dos huevos y dos trozos de tocino
5. si se siente mejor mi abuelito
6. consejos para sus problemas personales
7. si hay fruta fresca esta noche
8. si tienen una mesa en la sección de no fumar

Rincón del escritor

1. Trabajando en pequeños grupos, discutan primeramente las ventajas y desventajas de ponerse a dieta. Una vez que hayan terminado la discusión, una persona del grupo escribe un informe con las conclusiones. Finalmente, un representante de cada grupo lee las conclusiones al resto de la clase.

2. La lectura de este capítulo trata de la cocina mexicana. Escriba unos párrafos sobre lo que Ud. considera los rasgos esenciales de la cocina estadounidense o sobre algún tipo de cocina regional de este país. Comparta su escrito con sus compañeros.

Lectura: La globalización

C A P Í T U L O 6

LECTURA

La globalización

Las personas que andan en busca de comida rápida no saben si almorzar en McDonald's, Burger King, KFC o Taco Bell; allí están todos esos negocios, uno junto al otro. ¿Ocurre esta escena en una ciudad de los Estados Unidos? No, la ciudad está en España, Japón, Malasia y en muchos otros países. Éste es uno de los resultados de la globalización.

En el campo de la economía, la globalización se entiende como el predominio de las fuerzas del mercado en todo el planeta y la necesidad de actuar de acuerdo con° estas fuerzas globales. El mundo, según este modelo, se ha convertido en un inmenso mercado libre con empresas que operan a escala mundial. Del campo económico, la globalización se ha extendido a múltiples áreas del vivir cotidiano° y se habla de la globalización de las costumbres, de la moda, de la información, del consumo así como de un nuevo orden político regido° por la globalización.

Quienes aplauden la pérdida de fronteras° señalan que la globalización ha significado nuevas oportunidades económicas para muchas empresas, que ha fomentado° la producción y ha mejorado los modos de producción, con beneficios para los consumidores. La globalización ha ayudado a desarrollar las telecomunicaciones, ha facilitado el progreso tecnológico y ha desarrollado mayores y mejores relaciones internacionales, lo que podría llegar a fortalecer° la unidad entre los pueblos. La globalización podría conducir al bienestar°, desarrollo° y progreso de la mayor parte de la humanidad.

Los que no comparten° esta visión lamentan ver los mismos negocios en todas las urbes° del planeta; prefieren la variedad a la uniformidad. Sostienen que, a pesar de la globalización, las diferencias entre las

de... in accordance with

daily

ruled
boundaries

ha... has fostered

strengthen

welfare; development

share
major cities

clases sociales, así como entre los países desarrollados y los subdesarrollados, no han desaparecido sino que en algunos casos se han acentuado. La globalización, según ellos, ha dado prioridad a los mercados, pero ha olvidado al ser humano. Debiera existir armonía entre las necesidades de la persona y la producción y consumo de los bienes° y servicios, de modo que la economía esté al servicio del ser humano y no al revés°.

goods

al... *the other way around*

En torno a la lectura

1. ¿Cómo se entiende el concepto de globalización en el campo económico?
2. ¿Cómo explicaría Ud. el uso del término "globalización" aplicado a la moda?
3. ¿Cuáles podrían ser algunos aspectos positivos de la globalización?
4. ¿Qué críticas se le hacen a la globalización?
5. ¿Cree Ud. que la economía está al servicio del ser humano o se preocupa solamente de las ganancias?

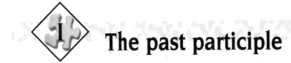

The past participle

A Forms

1. The past participle of regular verbs is formed by adding **-ado** to the stem of **-ar** infinitives, and **-ido** to the stem of **-er** and **-ir** infinitives.

-*ar* verbs	-*er* verbs	-*ir* verbs
mejorar	**establecer**	**decidir**
mejor**ado**	establec**ido**	decid**ido**

When the infinitive stem of an **-er** or **-ir** verb ends in **a, e,** or **o,** a written accent is required on the **i** of the past participle ending **-ido.**

caer	caído	oír	oído
creer	creído	reír	reído
distraer	distraído	roer	roído
leer	leído	traer	traído

2. The following are some of the most common verbs with completely irregular past participles.

Infinitive	Past participle	Infinitive	Past participle
abrir	**abierto**	morir	**muerto**
cubrir	**cubierto**	poner	**puesto**
decir	**dicho**	resolver	**resuelto**
escribir	**escrito**	romper	**roto**
hacer	**hecho**	ver	**visto**
ir	**ido**	volver	**vuelto**

The past participles of verbs with stems similar to the ones in the preceding list have the same irregularities.

Model verb	Related verb	Irregular past participle
abrir	reabrir *to reopen*	reabierto
cubrir	descubrir *to discover*	descubierto
escribir	describir *to describe*	descrito
	inscribir *to inscribe; to register*	inscrito
	transcribir *to transcribe*	transcrito
hacer	deshacer *to undo*	deshecho
	rehacer *to redo*	rehecho
	satisfacer *to satisfy*	satisfecho
poner	componer *to compose*	compuesto
	imponer *to impose*	impuesto
	suponer *to suppose*	supuesto
volver	devolver *to return, give back*	devuelto
	revolver *to stir*	revuelto

B Uses

1. Together with the auxiliary verb **haber,** the past participle forms the perfect tenses. **Haber** agrees with the subject in person and number, but the past participle is invariable. (See Section II, p. 216 of this chapter on the perfect tenses for the conjugations of **haber.**)

La globalización **ha facilitado** el progreso tecnológico, **ha abierto** nuevas oportunidades económicas y **ha traído** beneficios a los consumidores.

Globalization has facilitated technological progress, has opened up new economic opportunities, and has brought benefits to consumers.

He recibido la solicitud de trabajo, pero todavía no la **he llenado** porque hasta ayer tú no me **habías dado** más detalles sobre el puesto.

I have received the job application form, but I haven't filled it out yet because until yesterday you had not given me more details on the position.

2. Together with **ser**, the past participle forms the passive voice. The participle agrees in gender and number with the subject of the sentence. (See Section IV, p. 233 of this chapter on passive constructions.)

Unos economistas **fueron entrevistados** por los periodistas del periódico local.	*Some economists were interviewed by the journalists of the local newspaper.*
Las relaciones internacionales **han sido fortalecidas** por la globalización.	*International relations have been strengthened by globalization.*

3. **Estar** + a past participle is used to express a condition or state that is the result of a previous action. The past participle agrees in gender and number with the subject. (See Chapter 3, Section I, p. 90 on **ser** and **estar** + a past participle.)

Rompí el jarrón de porcelana. El jarrón de porcelana **está** roto.	*I broke the china vase. The china vase is broken.*
Los gases de los vehículos contaminan el aire. El aire **está** contaminado.	*The fumes from vehicles contaminate the air. The air is contaminated.*
Solucionamos los problemas ambientales. Los problemas ambientales **están** solucionados.	*We solved the environmental problems. The environmental problems are solved.*

4. The past participle can be used as an adjective. As such, it agrees in gender and number with the noun it modifies.

La conferencia **planeada** para el viernes próximo ha sido aplazada.	*The lecture planned for next Friday has been postponed.*
Las nuevas medidas económicas **tomadas** por el gobierno han sido bien recibidas.	*The new economic measures taken by the government have been well received.*
Los artículos **publicados** en el periódico de hoy son muy polémicos.	*The articles published in today's newspaper are very controversial.*

5. The past participle can also be used to introduce an adverbial phrase that expresses time or reason. If the participle has an object, that object comes after the participle.

Terminados los análisis del mercado, abrieron el nuevo negocio.	*Once the market analyses were finished, the new business opened.*

Recibido el mensaje, lo
contestamos de inmediato.

*Once the message was received,
we answered it right away.*

> **Nota gramatical:** This construction is seldom found in the spoken language. To convey the same message, an adverbial clause is more common: **Una vez que terminaron los estudios del mercado, abrieron el negocio** or **Cuando terminaron los estudios del mercado, abrieron el negocio.**

 **EJERCICIOS**

Ejercicio 1

Ud. enumera actividades que ha hecho o que no ha hecho últimamente. Siga el modelo.

MODELO: comer en McDonald's
Últimamente he comido en McDonald's. O: *Últimamente no he comido en McDonald's.*

1. salir de paseo con amigos *he salido*
2. visitar un museo *he visitado*
3. ir al supermercado *he ido*
4. hacer un viaje a otro estado *he hecho*
5. oír música latina *he oído*
6. leer una novela romántica *he leído*
7. escribir cartas a mis familiares *he escrito*
8. ver una buena película *he visto*
9. volver a mi restaurante favorito *he vuelto*
10. resolver un crucigrama *he resuelto*

Ejercicio 2

Un estudiante universitario le cuenta a su hermana parte de lo que ocurrió cuando asistió a una conferencia dada por un premio Nobel en economía en su universidad. Complete la descripción con el participio pasado de los verbos indicados entre paréntesis.

Isabel, ¡no te puedes imaginar el número de coches que vi _____ (estacionar) en los espacios _____ (dedicar) a los asistentes a la conferencia! ¡Nunca he _____ (ver) tantos coches en un solo lugar! Estoy _____ (sorprender) de que haya tantas personas _____ (interesar) en la economía. El tema _____ (seleccionar) para la conferencia fue la globalización de las economías _____ (industrializar). Fue una conferencia más bien _____ (especializar) con una serie de análisis _____ (complicar), fuera de los _____ (acostumbrar) datos estadísticos. Yo creo que muchas personas no quedaron _____ (satisfacer) con la conferencia; en realidad estaban _____ (decepcionar) porque esperaban una conferencia más _____ (entretener). Una conclusión a que he _____ (llegar) después de haber _____ (escuchar) al conferenciante es que los problemas económicos no se han _____ (resolver), pero que los economistas siguen _____ (dedicar) a mejorar las condiciones de todos nosotros.

Ejercicio 3

Un/a estudiante cuenta su experiencia cuando trató de encontrar trabajo. Forme oraciones completas, según el modelo.

MODELO: abrir la carta / ver una invitación a una entrevista de empleo
Abierta la carta, vi una invitación a una entrevista de empleo.

1. leer la invitación / llamar a la secretaria para confirmar la cita
2. confirmar la cita / encontrar mi resumen profesional y ponerlo al día
3. preparar mi resumen / escribirlo a máquina de nuevo
4. hacer todos estos preparativos / salir para la entrevista
5. encontrar la oficina indicada / presentarme a la recepcionista
6. llenar los formularios necesarios / dejarlos con la recepcionista

Tejedora de Antigua, Guatemala, ciudad fundada en 1543. Con la globalización, telas tejidas por artesanos pueden ser ofrecidas a nivel mundial.

7. aclarar algunos datos con la secretaria / entrar a entrevistarme con la directora
8. terminar la entrevista / descubrir que sólo buscaban un ayudante voluntario. ¡Qué vida!

Ejercicio 4

El Ministro de Energía enumera los resultados que ha obtenido mientras ha estado en su cargo. Forme oraciones usando los sustantivos, **estar** y el participio pasado de los verbos.

MODELO: crisis energética / superar
          La crisis energética está superada.

1. problemas con la electricidad / resolver *están resueltos*
2. contaminación de muchos centros urbanos / controlar *está controlada*
3. estudios sobre el agua potable / terminar *están terminados*
4. nueva central hidroeléctrica / construir *construida*
5. abusos del medio ambiente / corregir *corregida*
6. regulaciones sobre energía nuclear / publicar *publicada*
7. planes para los próximos cinco años / aprobar *aprobadas*
8. río que pasa por la ciudad / descontaminar *descontaminado*
9. amantes de la naturaleza / satisfacer

Ejercicio 5

Usando el participio pasado de los verbos como adjetivo, invente una frase según el modelo, usando los elementos que se dan a continuación para describir posesiones de Ud. o de sus conocidos. Después de hablar de los objetos de la lista, añada otros que reflejen sus propias pertenencias favoritas.

MODELO 1:   tela / tejer
            Tengo una tela tejida por una artesana guatemalteca.

MODELO 2:   sandalias de cuero / hacer
            Dos compañeras mías tienen unas sandalias de cuero hechas en México.

1. bolsa de mano / manufacturar
2. recuerdo especial / regalar
3. dos libros de poesía / publicar
4. novela española / autografiar
5. carta original del autor mexicano Carlos Fuentes / componer
6. una fotografía bellísima de El Alcázar / sacar
7. varios artefactos interesantes / descubrir
8. menú típico / traer
9. (Continúe, mencionando otros artículos personales.)

Ejercicio 6

Organícense en pequeños grupos y túrnense para explicar algunos aspectos positivos o negativos de su trabajo actual (o uno que ha tenido en el pasado). No se olvide de mencionar qué trabajo es. Puede usar las frases que se dan a continuación u otras de su invención.

estar interesado/a

estar aburrido/a

estar satisfecho/a

participar en las decisiones tomadas

hacer caso de las quejas recibidas

hay empleados matriculados en la universidad

hay puestos desocupados

hay beneficios ofrecidos a todos

es un trabajo bien/mal pagado

hay evaluaciones escritas u orales

MODELO 1: *Trabajo de camarero en un restaurante del centro. Estoy satisfecho con mi puesto porque está en un lugar bien situado; también es un trabajo muy bien pagado.*

MODELO 2: *Mi trabajo es cajera en una sala de cine. Vi un anuncio publicado en el periódico y solicité el puesto. Una vez arreglada la entrevista, vi que era una buena situación para una estudiante matriculada en la universidad.*

The perfect tenses

The perfect tenses are formed by combining the auxiliary verb **haber** with the past participle of the principal verb. For the present perfect, the auxiliary verb **haber** is conjugated in the present tense; for the past perfect, **haber** is conjugated in the imperfect; and for the future perfect, in the future.

A Forms

Present perfect	Past perfect	Future perfect
he trabajado	**había** trabajado	**habré** trabajado
has trabajado	**habías** trabajado	**habrás** trabajado
ha trabajado	**había** trabajado	**habrá** trabajado
hemos trabajado	**habíamos** trabajado	**habremos** trabajado
habéis trabajado	**habíais** trabajado	**habréis** trabajado
han trabajado	**habían** trabajado	**habrán** trabajado

> ***Nota gramatical:*** The perfect tenses conjugated above are three commonly used ones. Perfect tenses not included in the chart above are the conditional perfect and the perfect tenses of the subjunctive. The use of the conditional perfect **(yo habría trabajado)** in **si** clauses is covered in Chapter 10, Section I, p. 363. The present perfect subjunctive **(yo haya trabajado)** and the past perfect subjunctive **(yo hubiera/hubiese trabajado)** are studied in Chapter 9, Section I, p. 325.

1. Regardless of the gender or number of the subject of the perfect tense, the past participle is invariable; it always ends in **-o.**

   La globalización **ha acelerado** el progreso económico, pero las diferencias entre países ricos y pobres no **han desaparecido.**

   Globalization has accelerated economic progress, but the differences between rich and poor countries have not disappeared.

2. No word may come between **haber** and the past participle. Thus, object pronouns are placed before the auxiliary, as is the adverb **no** (**no** precedes object pronouns). Other adverbs, such as **ya, todavía,** and **recientemente,** may either precede the auxiliary or come after the past participle.

   La contaminación de los ríos no **ha desaparecido** totalmente todavía, pero creen que para dentro de cinco años ya **habrá disminuido.**

   River pollution has not totally disappeared yet, but they think that in five years it will have already decreased.

Mercado en Valencia, España. ¿Ha visitado Ud. alguna vez un mercado semejante a éste, donde se encuentran antigüedades y objetos de segunda mano?

He pensado en el trabajo de investigación que voy a hacer, pero no lo **he escrito** todavía.

I've thought about the research paper I'm going to do, but I haven't written it yet.

B Uses

Use of the present perfect

1. The present perfect is used to refer to past events that have been completed prior to the present moment and that have some bearing on the present. (Consult Chapter 2, Section II, p. 68 for the use of **hacer** in ongoing events.)

Le **hemos enviado** a tu abogado los documentos que pidió. ¿Los **ha recibido** ya?
Ha aumentado mucho últimamente el número de empresas multinacionales.

We have sent your lawyer the documents he requested. Has he received them yet?
The number of multinational companies has increased a lot lately.

2. The present perfect is also used with time references such as **hoy, esta semana, este mes,** and **este año,** when the reference is to a present time that has not yet ended. However, the simple preterit is used when the speaker views the action as finished and therefore detached from the current moment.

—Yo no **he visto** a Yolanda esta mañana. ¿Tú la **has visto?**

I haven't seen Yolanda this morning. Have you seen her?

—Sí, la **vi** muy temprano esta mañana, pero ya **se fue.**

Yes, I saw her very early this morning, but she left.

Ud. no **ha recibido** ninguna carta hoy.

You haven't received any letters today. (Mail delivery not over)

Ud. no **recibió** ninguna carta hoy.

You didn't receive any letters today. (Mail delivery over)

Use of the past perfect

The past perfect tense is used to show that a past action was completed prior to the start of another past action (stated or implied) or prior to a specific time in the past. (Consult Chapter 2, Section II, p. 68 for the use of **hacer** in actions continuing in the past.)

Ayer vi varias calles inundadas porque la noche anterior **había llovido** mucho.

Yesterday I saw several flooded streets because it had rained a lot the night before.

Ayer antes de las diez de la mañana el correo ya **había llegado.**

Yesterday before 10 A.M. the mail had already arrived.

Use of the future perfect

The future perfect is used to show that a future action will have been completed prior to the start of another future action or prior to a specific time in the future.

El viernes a más tardar ya **habrán descontaminado** la laguna del Parque Central.

By next Friday at the latest they will have already decontaminated the lagoon in Central Park.

Yo volveré a casa el domingo y se supone que mi compañero de cuarto **habrá llegado** el día anterior.

I will return home Sunday, and it is expected that my roommate will have arrived the day before.

See Chapter 10, Section I, p. 363 for use of the conditional perfect in **si** clauses and Chapter 9, Section I, p. 325 for use of the perfect tenses of the subjunctive.

Ejercicio 1

Ud. menciona algunos efectos de la globalización. Siga el modelo.

MODELO: desarrollar mejores telecomunicaciones
La globalización ha desarrollado mejores telecomunicaciones.

1. mejorar los modos de producción
2. extenderse al campo de la moda
3. imponer un modelo deshumanizado
4. facilitar el progreso tecnológico
5. abrir nuevas perspectivas económicas
6. traer algunos beneficios para los consumidores
7. poner énfasis en lo económico
8. intensificar las relaciones internacionales
9. no satisfacer a los humanistas
10. no resolver los conflictos sociales

Ejercicio 2

Una consejera de la universidad habla con un estudiante que quiere cambiar de especialización académica. Complete su diálogo con la forma apropiada del presente perfecto: **haber** + participio del pasado del verbo que aparece entre paréntesis.

Consejera: Me informa la secretaria que Ud. está aquí porque _____ (decidir) cambiar de especialización.

Estudiante: Sí, creo que me _____ (ir) mejor en mis clases de ciencias sociales que en las de ciencias naturales. Ahora quiero especializarme en historia.

Consejera: Bueno, pero ¿_____ (pensar) bien su decisión? Es una decisión muy importante.

Estudiante: Sí, la _____ (meditar) bien.

Consejera: ¿_____ (consultar) con algún profesor de su departamento actual?

Estudiante: La verdad es que no; no _____ (conversar) con nadie.

Consejera: ¿_____ (ver) la lista de requisitos para su programa nuevo?

Estudiante: Sí, _____ (leer) toda la información que hay sobre el programa de historia.

Consejera: Bueno, está bien. ¿_____ (traer) la documentación necesaria?

Estudiante:	Sí, la _____ (poner) en este cuaderno.
Consejera:	Y, ¿_____ (acordarse) de llenar un formulario de solicitud para cambiar de especialización?
Estudiante:	¡Ay! ¡Me _____ (olvidar)! Lo puedo hacer inmediatamente.
Consejera:	Perfecto. Le deseo buena suerte en el programa de historia. _____ (ser) un placer ser su consejera durante su primer año en la universidad.
Estudiante:	Ud. siempre me _____ (dar) muchos consejos excelentes. Gracias por todo.

Ejercicio 3

Las siguientes personas han hecho cosas que nunca habían hecho antes. Siga el modelo.

MODELO: los líderes locales: preocuparse por la economía global / tener esa preocupación antes
Los líderes locales se han preocupado por la economía global; nunca habían tenido esa preocupación antes.

1. Julia y Laura: comenzar a trabajar para una empresa multinacional / trabajar para ese tipo de compañía antes
2. mis sobrinos: votar por el candidato del partido ecologista / participar en política antes
3. (yo): decidir especializarme en economía / pensar en otra carrera que la de médico antes
4. (nosotros): cancelar nuestros planes para agrandar nuestro negocio / sufrir reducciones económicas antes
5. Mónica: pedir ayuda para su clase de economía social / necesitar ayuda antes
6. (tú): leer libros sobre política internacional / hacer ese tipo de lecturas antes

Ejercicio 4

En grupos de cuatro estudiantes, averigüen cuáles de las siguientes (u otras) actividades han hecho sus compañeros. Añadan otros detalles cuando sea posible.

MODELO: visitar un país extranjero
E1: *¿Has visitado un país extranjero?*
E2: *No, nunca lo he hecho; pero sí he visitado muchos estados diferentes.*

1. hacer paracaidismo (*parachuting*)
2. ver la última película de Tom Cruise
3. ir a Nueva York
4. esquiar en las montañas de Colorado o Utah

5. ganar un premio en algún concurso
6. participar en una manifestación política
7. (Inventen otras actividades.)

Ejercicio 5

Trabajando en parejas, túrnense para hacer entrevistas en las situaciones que aparecen a continuación y otras de su invención. Sigan el modelo.

MODELO: buscando empleo
E1: *Veo que has trabajado en varios sitios.*
E2: *Sí, hasta ahora he tenido tres puestos diferentes. Primero, he trabajado de cajero/a en un restaurante ...*

1. hablando con un/a consejero/a académico/a
2. hablando de su último viaje al extranjero
3. explicándole a su profesor/a sus dificultades con una tarea
4. describiéndole a un/a doctor/a sus síntomas

Ejercicio 6

En grupos de cuatro personas, cada estudiante debe expresarle al grupo dos cosas que nunca había hecho antes de tener dieciséis años pero que ahora sí ha hecho. Formen dos frases distintas, como en el modelo. Al final de cada comunicación, otro estudiante del grupo debe resumir las dos actividades mencionadas en discurso indirecto.

MODELO: E1: *Antes de los dieciséis años yo nunca había manejado un coche, pero ahora manejo todos los días. Tampoco había estudiado una lengua extranjera, pero ahora estudio español.*
E2: *Tomás dijo que antes de tener dieciséis años nunca había manejado un coche ni estudiado una lengua extranjera.*

Ejercicio 7

Diga para cuándo piensa Ud. que las siguientes cosas ya se habrán hecho. Dé tantos detalles como sea posible. Al terminar las actividades de la lista, añada otras.

MODELO: tú: comprarte un coche nuevo
Creo que en cuatro años me habré comprado un coche nuevo. Será un Jaguar o un Porsche.

1. tú: casarte, graduarte de la universidad, ganar un millón de dólares, sacar a bailar a Gloria Estefan
2. tus padres: jubilarse, mudarse a otra casa, enviar más dinero, visitarte en la universidad
3. tu mejor amigo/a: comprarte un regalo, limpiar su cuarto, sacar una nota sobresaliente en una clase, aprender a manejar bien

Ejercicio 8

¿Qué habrán hecho Uds. en diez o quince años? Divídanse en grupos de cuatro personas. Cada estudiante debe hacer conjeturas sobre su propio futuro y el futuro de otro miembro del grupo. Pueden hablar de su trabajo, sus viajes, sus familias, sus vacaciones, su residencia u otros asuntos de su interés.

MODELO: *En quince años habré obtenido una posición de responsabilidad en un negocio internacional. También mi familia y yo habremos tomado algunas vacaciones magníficas a varios países de Sudamérica. Jorge, creo que tú te habrás graduado de la universidad, por fin.*

Reflexive, reciprocal, and impersonal constructions

A Reflexives

Forms and position

Subject pronouns	Corresponding reflexive pronouns
yo	me
tú	te
él, ella; Ud.	**se**
nosotros/as	nos
vosotros/as	os
ellos, ellas; Uds.	**se**

Reflexive pronouns have the same positions as direct- and indirect-object pronouns: They precede the conjugated verb in simple and compound tenses and in negative commands; they are attached to the end of the verb in affirmative commands; in a sequence of a conjugated verb followed by an infinitive or a present participle, they may be attached to the infinitive or to the present participle, or they may precede the conjugated verb. A reflexive pronoun comes before direct- or indirect-object pronouns. (See Chapter 4, Section III, p. 144 for the position of object pronouns.)

Me levanto temprano; siempre **me** he levantado temprano.	*I get up early; I have always gotten up early.*
¡No **te** sientes aquí! ¡Siénta**te** en esa silla!	*Don't sit here! Sit down on that chair!*
Nos debemos controlar mejor. / Debemos controlar**nos** mejor.	*We should control ourselves better.*
Sofía **se** lavó el pelo y ahora **se lo** está peinando. / Sofía **se** lavó el pelo y ahora está peinándo**selo.**	*Sofía washed her hair and is now combing it.*

Uses

1. Reflexive pronouns are used to indicate that the direct or indirect object in a sentence is the same as its subject, thus showing that the subject both performs and receives the action. Observe the difference in meaning of the following nonreflexive and reflexive constructions.

Nonreflexive	Reflexive
Paco defiende a Tomás. **Lo** defiende. *Paco defends Tomás. He defends him.*	Paco **se** defiende. **Se** defiende. *Paco defends himself. He defends himself.*
Ana enoja a Rita. **La** enoja. *Ana makes Rita mad. She makes her mad.*	Ana se enoja. **Se** enoja. *Ana gets mad. She gets mad.*
Paco **le** lava la cara al bebé. *Paco washes the baby's face.*	Paco **se** lava la cara. *Paco washes his (own) face.*
Le compré un regalo a mi hermanita. *I bought a present for my little sister.*	**Me** compré un regalo. *I bought a present for myself.*

2. In the case of some verbs, the reflexive pronoun is an integral part of the verb and does not indicate that the action goes back to the subject. The pronoun **se** placed immediately after the infinitive identifies such verbs as reflexive.

abstenerse *to abstain*	arrepentirse (ie, i) *to repent*	atreverse *to dare*
ausentarse *to be absent*	dignarse *to deign*	jactarse *to boast*

quejarse *to complain*

rebelarse *to revolt*

suicidarse *to commit suicide*

Muchos **se quejan** de las empresas multinacionales y **se rebelan** contra la globalización.

Many complain about multinational companies and rebel against globalization.

3. Many verbs that indicate a change in body position or a mental or physical change are reflexive in Spanish but not in English.

Change in body position	Mental change	Physical change
acostarse (ue) *to go to bed*	aburrirse *to get bored*	cansarse *to get tired*
agacharse *to crouch*	alegrarse *to become happy*	debilitarse *to weaken, grow weaker*
arrodillarse *to kneel down*	avergonzarse (üe) *to be ashamed*	desmayarse *to faint*
hincarse *to kneel down*	enojarse *to get mad, angry*	enfermar(se) *to get sick*
inclinarse *to bow; to lean*	enorgullecerse *to be proud*	enrojecer(se) *to blush*
levantarse *to get up*	entristecerse *to become sad*	fatigarse *to get tired*
pararse *to stand up; to stop*	indignarse *to become indignant*	fortalecerse *to get strong*
sentarse (ie) *to sit down*	ofenderse *to feel offended*	resfriarse *to get a cold*
	preocuparse *to worry*	
	sorprenderse *to be surprised*	

Note that in the case of mental and physical change, the English equivalent is often *to become* or *to get* + an adjective. (See also Chapter 3, Section VI, p. 123.)

Los padres **se enojaron** porque el niño **se acostó** tarde.	*The parents got mad because the child went to bed late.*
El hombre **se inclinó** hacia adelante y luego **se desmayó.**	*The man leaned forward and then he fainted.*

4. Other verbs change in meaning when used reflexively.

Nonreflexive	Reflexive
acercar *to bring near*	acercarse *to approach*
acordar (ue) *to agree on*	acordarse (ue) *to remember*
comportar *to entail; to endure*	comportarse *to behave*
enterar *to inform*	enterarse *to find out*
equivocar *to mistake (A for B)*	equivocarse *to be mistaken*
ir *to go*	irse *to leave*
llamar *to call*	llamarse *to be called (named)*
morir (ue, u) *to die*	morirse (ue, u) *to die (nonviolently)*
parecer *to seem*	parecerse *to resemble*
preguntar *to ask (a question)*	preguntarse *to wonder*

Acércate; acerca esa silla.	*Come near me; bring that chair near.*
Julia **se parece** a su mamá; **parece** que eso no le gusta mucho.	*Julia resembles her mother; it seems that she doesn't like that too much.*

5. The reflexive pronoun **se** is used in sentences that describe unintentional, unplanned occurrences that are the result of chance rather than of conscious decision. The person involved in the action or who inadvertently caused it to happen is viewed as the indirect object (the person to whom something happens); the inanimate object is the grammatical subject of the action and normally appears at the end of the sentence. The initial phrase beginning with **a** in the following diagram is optional. The verb is always in the third person singular or plural.

(*a* + noun/pronoun)	Reflexive pronoun *se*	Indirect-object pronoun	Verb	Subject	
A mi hermano	se	le	perdió	el anillo.	*My brother lost his ring.*
A mí	se	me	rompieron	las gafas.	*I broke my glasses.*
	Se	nos	quebró	un jarrón.	*A vase broke on us. / We broke a vase.*
	Se	te	olvidaron	las llaves.	*You forgot your keys.*

Verbs that are frequently used to express accidental or unplanned events include **acabar, caer, descomponer, ocurrir, olvidar, perder (ie), quebrar (ie),** and **romper.**

¡A Tano **se le ha ocurrido** una idea genial!	*Tano has come up with a brilliant idea!*
Se nos acabó la gasolina.	*We ran out of gas.*
Se me descompuso el coche.	*My car broke down on me.*

> **Nota gramatical:** The reflexive construction in unplanned occurrences signals that the person involved in the action (the indirect object) is not really responsible for that action. Thus, the sentence **Rompí el jarrón** may indicate a deliberate or an accidental action depending on the context, whereas **Se me rompió el jarrón** can only refer to an accident.

B Reciprocals

1. The plural reflexive pronouns **nos, os,** and **se** are also used to indicate reciprocal actions. In English, *each other* or *one another* expresses reciprocal action. Some common verbs used in reciprocal constructions include **abrazarse, amarse, ayudarse, besarse, casarse, comprometerse, darse la mano, despedirse (i), escribirse, felicitarse, saludarse,** and **telefonearse.**

| Las dos empresarias **se dieron la mano** y **se felicitaron** después de firmar el convenio. | *The two businesswomen shook hands and congratulated each other after signing the agreement.* |

Mónica y Benito **se aman;** si no **se ven, se telefonean** o **se escriben.**	*Mónica and Benito love each other; if they don't see each other, they phone or write each other.*

2. Although structurally a reciprocal construction is identical to a reflexive construction with a plural subject, in actual communication the specific context or the meaning of the verb generally indicates which meaning (either reflexive or reciprocal) is intended. However, if clarification becomes necessary, phrases such as **uno/a/s a otro/a/s, entre sí,** or **mutuamente** may be used for the reciprocal construction; **a sí mismo/a/os/as,** for the reflexive construction.

Los hermanos **se abrazaron;** pronto iban a **separarse.**	*The brothers embraced each other; they would soon part company.*
Los miembros del equipo **se miraron** con asombro cuando llegó el nuevo dueño. ¡Era una mujer!	*The team members looked at each other with astonishment when the new owner arrived. It was a woman!*
Los atletas **se miraron.**	*The athletes looked at themselves/at each other.*
Los atletas **se miraron unos a otros.**	*The athletes looked at each other.*
Los atletas **se miraron a sí mismos.**	*The athletes looked at themselves.*

C Impersonal *se*

1. The pronoun **se** with a singular verb can be used to indicate that a sentence has an indefinite subject or that no individual in particular performs an action.

Se vive bien en este país.	*People live well in this country.*
Se dice que el consumismo continuará.	*They say consumerism will continue.*
No **se permite** estacionar aquí.	*One is not allowed to park here. / Parking is not allowed here.*

Se + verbo (3rd person singular)

2. There are several English equivalents of the impersonal construction with **se.**

Se trabaja mucho en esta oficina.	_People_ work a lot in this office. _They_ (indeterminate) work a lot in this office. _One_ works a lot in this office. _You_ (indeterminate) work a lot in this office.

3. The word **uno** is used to express an impersonal statement with reflexive verbs in order to differentiate between a personal subject (_he, she, you_) and the indefinite use of **se** (_one, people,_ etc.).

Se siente bien después de hacer ejercicio. (= Él/Ella/Ud. se siente bien...)

He/She feels good after exercising. / You feel good after exercising.

Uno se siente bien después de hacer ejercicio.

One feels good after exercising.

See Section IV, p. 233 of this chapter for use of passive **se.**

EJERCICIOS

Ejercicio I

Explique lo que hicieron Ud. y otras tres personas la noche de una cena para reunir fondos para un programa de becas estudiantiles.

MODELO: Julia: vestirse / vestir a su hijita
Julia se vistió y luego vistió a su hijita.

1. Samuel y Julia: saludarse cordialmente / saludar al resto del grupo
2. Julia y yo: preguntarles a los organizadores el número de billetes vendidos / preguntarnos qué posibilidades teníamos de ganar suficiente dinero
3. (tú): informarte de la hora del comienzo / informar al equipo de meseros
4. (yo): mirarme en el espejo / mirar a mis compañeros
5. Samuel e Inés: presentarse al presidente de la universidad / presentar el presidente al resto del grupo
6. (tú): sentar al presidente y a su esposa / sentarte
7. (nosotros): felicitarnos unos a otros / felicitar a todos los que nos ayudaron

Ejercicio 2

Diga lo que hacen las personas que ve en la escena siguiente. Use verbos tales como **afeitarse, bañarse, cepillarse, desayunarse, ducharse, lavarse, maquillarse, ponerse, quitarse, vestirse** u otros semejantes.

MODELO: *Mi hermanito se levanta tarde.*

papá

mamá

hermanito

hermana

hermano mayor

hermanita

gato

yo

Ejercicio 3

Ayer fue para Ud. un día de desastres y mini-desastres. Complete las siguientes oraciones según el modelo.

MODELO: perder / las llaves del coche
Se me perdieron las llaves del coche.

1. derramar / la leche
2. quemar / las tostadas
3. descomponer / la impresora
4. quebrar / las gafas
5. extraviar / los billetes para el concierto
6. olvidar / la cita con el dentista

Ejercicio 4

Dos compañeros/as estudian química y también participan juntos/as en muchas actividades fuera de clase. En grupos de tres, háganse y contéstense preguntas, como en el modelo, sobre la cooperación que existe o no existe entre los/las compañeros/as. Respondan creativamente.

MODELO: (nombres) / llevarse bien trabajando en los proyectos de química, ¿no?
  E1: *Alicia y Felipe, Uds. se llevan bien trabajando en los proyectos de química, ¿no?*
  E2: *(Alicia): Sí, nos llevamos bastante bien.*
  E3: *(Felipe): Aunque a veces nos gritamos cuando estamos cansados.*

1. (nombres) / telefonearse mucho para hablar de las tareas en la clase de química, ¿no?
2. (nombres) / darse consejos en el laboratorio de química, ¿no?
3. (nombres) / ayudarse frecuentemente con las tareas de clase, ¿no?
4. (nombres) / entenderse muy bien jugando al tenis, ¿no?
5. (nombres) / felicitarse con entusiasmo después de un partido de tenis, ¿no?
6. (nombres) / escribirse cartas durante el verano cuando no estudian juntos, ¿no?

Ejercicio 5

Verbo transitivo → has a direct object

Explique los reglamentos de un entrenador de básquetbol muy estricto, según el modelo. Al final de la lista, añada otros reglamentos.

MODELO: no hablar durante la práctica sin permiso
  No se habla durante la práctica sin permiso.

1. no faltar a las sesiones de práctica *no se falta*
2. practicar sin distracciones *se practica*
3. prohibir beber y comer en el gimnasio durante las sesiones *se prohibe*
4. no entrar al gimnasio sin zapatos de básquetbol *no se entra*
5. llevar siempre el uniforme reglamentario *se lleva*
6. no poder salir a fiestas durante la temporada de básquetbol *no se puede*
7. dejar el vestuario limpio y ordenado después de ducharse *se deja*
8. (Añada otros reglamentos.)

Ejercicio 6

Háganse preguntas para saber cómo se sienten sus compañeros en las siguientes circunstancias. Para las preguntas pueden usar expresiones como **¿Qué te pasa?, ¿Qué les ocurre a Uds./ellos?** o **¿Qué le(s) sucede a... ?** En las respuestas, usen una de las expresiones que se dan a continuación u otras que seleccionen Uds.

aburrirse	enojarse	irritarse
alegrarse	entristecerse	ponerse furioso/a
avergonzarse	frustrarse	ponerse impaciente
deprimirse	impacientarse	preocuparse
divertirse	indignarse	sorprenderse

MODELO: cuando no poder terminar los ejercicios físicos
      E1: *¿Qué te pasa, Ana, cuando no puedes terminar los ejercicios físicos?*
      E2: *Pues, me irrito y también me preocupo un poco por mi salud.*

1. cuando llegar tarde al trabajo
2. cuando estar muy cansado/a
3. cuando no tener nada que hacer
4. cuando poder hacer ejercicio regularmente
5. cuando ser felicitado/a por un/a profesor/a
6. cuando leer algo muy complicado
7. cuando gritarte un miembro de la familia
8. cuando llover tres días seguidos

Ejercicio 7

Escoja uno de los ejemplos de la lista o invente otro y prepare una breve explicación sobre cómo vive o trabaja aquella persona. Al final de la presentación, conteste las preguntas que tengan sus compañeros.

MODELO: un/a atleta sobresaliente en la universidad
      E1: *Un/a atleta sobresaliente se levanta tempranísimo, se entrena más de dos horas antes de desayunar, se esfuerza por seguir una dieta equilibrada y no se siente frustrado/a de llevar una vida tan disciplinada.*
      E2: *Pero, ¿por qué tiene que levantarse tan temprano?*
      E1: *Porque quiere entrenarse antes de ocuparse de las clases y sus otras responsabilidades.*

un/a político/a famoso/a en todo el país

un/a célebre cantante de música popular

un/a estudiante graduado/a que termina el doctorado

un/a novelista de fama internacional

otra persona de su preferencia

Ejercicio 8

Cada estudiante, uno tras otro, menciona una actividad que hace recíprocamente con otra persona. No repitan ninguna actividad.

MODELO: E1: *Miguel y yo nos llamamos por teléfono antes de ir a clase para ver quién va a manejar.*
E2: *Pues, Olga y yo nos damos ánimo la una a la otra antes de ir a un examen de matemáticas.*
Etc.

IV ◇ Passive constructions

A Active versus passive constructions

1. The *active voice* is used when the subject performs the action expressed by the verb and the direct object is the element acted upon. This construction places the main focus of interest on the performer of the action (= active subject) rather than on the receiver (= direct object).

Active voice		
Subject	**Action**	**Element acted upon**
Cervantes	**escribió**	*El Quijote.*
La directora	**despidió**	a varios empleados.

2. The *passive voice* is used when the element acted upon is the grammatical subject of the sentence. The direct object has been turned into a passive subject to show that the main focus of interest has shifted from the performer to the receiver of the action.

Passive voice		
Element acted upon	**Passive action**	**Agent**
El Quijote	**fue escrito**	por Cervantes.
Varios empleados	**fueron despedidos**	por la directora.

Miembros de sindicatos obreros y simpatizantes protestan contra la Organización Mundial del Comercio en Seattle, Washington. Piensan que muchos trabajadores estadounidenses serán reemplazados por trabajadores de otros países, a quienes se les pagará menos dinero.

3. The passive construction takes a form of **ser** + a past participle. The performer of the action (agent), if mentioned, is expressed by a prepositional phrase introduced by **por.**

> Varios empleados **fueron despedidos por** la nueva directora.
>
> *Several employees were fired by the new director.*
>
> El término "globalización" **fue usado** primero en contextos económicos.
>
> *The term "globalization" was first used in economic contexts.*

4. The past participle in the passive construction functions as an adjective and, therefore, agrees in gender and number with the subject of the sentence.

> Las compañías multinacionales son **alabadas** por unos, **criticadas** por otros.
>
> *Multinational companies are praised by some, criticized by others.*
>
> Todas las carreteras serán **reparadas** el próximo verano.
>
> *All of the highways will be repaired next summer.*

Nota gramatical: Both **ser** and **estar** may be followed by a past participle. **Ser** describes an action, a passive action; **estar** describes the result of the action. **El aire es contaminado diariamente por los miles de vehículos que circulan por la ciudad y, como resultado, el aire está contaminado.** *The air is contaminated daily by the thousands of vehicles that travel through town and, as a result, the air is (has become) contaminated.* See Chapter 3, Section I, p. 90 for **ser** and **estar** followed by a past participle.

B ▸ Alternatives to the passive voice

[handwritten: ser = action, estar = result of action]

The passive voice is used much less frequently in Spanish than in English. As a consequence, active alternatives such as the **se** construction, a verb in the third person plural, or the reversal of the normal subject + verb + direct object word order are generally preferred as substitutes.

Se construction

1. The pronoun **se** (without its reflexive meaning) is frequently used in situations in which the performer of the action is irrelevant, too indefinite to pinpoint, or unknown and, therefore, not mentioned. Note the several English equivalents of this **se** construction.

Se gasta más dinero hoy que antes.	*More money is spent now than before.* *They* (impersonal) *spend more money now than before.* *You* (impersonal) *spend more money now than before.* *People spend more money now than before.* *One spends more money now than before.*

2. The **se** construction is formed by the pronoun **se** + a verb in the third person. A noun referring to an inanimate object or objects, or to an anonymous person or persons functions as the subject of the **se** construction and normally follows the verb; the verb agrees with the subject.

Hoy **se publicó** sólo un artículo sobre la crisis financiera actual. Ayer **se publicaron** cinco artículos sobre el mismo tema.	*Today only one article on the current financial crisis was published. Yesterday five articles on the same subject were published.*

En esta oficina no **se necesita** sólo una secretaria; **se necesitan** tres por lo menos.

In this office they don't need just one secretary; they need at least three.

ADIVINANZA

Vuela sin alas,
silba sin boca
y no se ve
ni se toca.

Respuesta al final del capítulo

3. A noun referring to a specific person or persons functions as the direct object of the **se** construction and is preceded by the preposition **a;** the verb is always conjugated in the third person singular.

No **se ha designado a** la investigadora de mercado de nuestra empresa; dicen que **se nombrará a** una administradora europea.

The market researcher of our company has not been selected; they say a European administrator will be appointed.

Nota gramatical: The preposition **a** indicates that the following noun phrase is a direct object, not a subject, thus preventing ambiguity in some cases. In sentences such as **Se defendió la supervisora** (without the preposition **a**) the noun phrase **la supervisora** is interpreted as the subject, the pronoun **se** is a reflexive pronoun, and thus the sentence means only *The supervisor defended herself.* In sentences such as **Se defendió *a* la supervisora** (with the preposition **a**) the noun phrase **la supervisora** is interpreted as a direct object, the pronoun **se** is not reflexive, indicating that the agent is irrelevant, and the sentence means *The supervisor was defended* or *They* (indeterminate) *defended the supervisor.*

4. Both passive **se** and impersonal **se** indicate that the performer of an action is unknown or irrelevant; thus, the distinction in meaning is minimal.

Se cultiva trigo aquí.

Wheat is grown here (passive). / People grow wheat here (impersonal).

There is, however, a grammatical distinction: Passive **se** is used with verbs that take a direct object, whereas impersonal **se** can be used with any type of verb. Also, passive **se** is used with verbs conjugated in the third person *singular or plural*, impersonal **se** with verbs conjugated in the third person *singular only*. The table that follows summarizes the grammatical classification.

With verbs that take a direct object		
Singular nonhuman noun	Aquí **se** culti**va** trigo.	passive or impersonal **se**
Plural nonhuman noun	Aquí **se** culti**van** papas.	passive **se** only (plural verb)
Singular or plural human noun	**Se** castig**ó** al criminal/ a los criminales.	passive or impersonal **se**
With verbs that do not take a direct object		
	Se vi**ve** bien aquí.	impersonal **se** only

Verb in the third person plural form

When the performer of an action is not mentioned, another alternative frequently used is an active construction with the indefinite third person plural form of the verb.

Construirán una nueva carretera en este lugar.

They will build a new highway in this place. / A new highway will be built in this place.

No **permiten** estacionar aquí.

Parking is not allowed here. / They don't allow parking here.

Necesitan una secretaria en la oficina. **Han entrevistado** a cinco personas para el puesto.

They need a secretary in the office. They have interviewed five people for the position.

Nota gramatical: A verb in the third person plural without a subject pronoun may refer to specific individuals or undetermined, unknown ones, depending on context. Compare the following two contexts:

El negocio de Ernesto y Pilar marcha mal; *despidieron* **a muchos trabajadores** (or *ellos despidieron* **a muchos trabajadores**). *Ernesto and Pilar's business is not doing well; they (= Ernesto and Pilar) fired many workers.*

La economía marcha mal; *despidieron* **a muchos trabajadores.** *The economy is not doing well; they* (indefinite) *fired many workers (or many workers were fired).*

The subject pronoun **ellos** cannot be used in this last sentence; the verb alone conveys the idea that no specific person is doing the firing.

Reversal of *subject* + *verb* + *direct object* word order

An active sentence in which normal word order (subject + verb + direct object) is reversed (direct object + verb + subject) is sometimes used rather than the passive voice. When this happens, a redundant direct-object pronoun must be added before the verb to show that what precedes it, though in an initial position, is not the subject but the direct object of the verb.

La manifestación contra las compañías transnacionales la organizó un sindicato de trabajadores.

The demonstration against transnational companies was organized by a worker's union.

Las elecciones municipales no **las** ganaron los socialistas.

The municipal elections weren't won by the socialists.

A estos empleados los supervisa la señora Avendaño. **A aquéllos los** supervisa el señor Gutiérrez.

These employees are supervised by Mrs. Avendaño. Those are supervised by Mr. Gutiérrez.

EJERCICIOS

Ejercicio I

Mencione los planes futuros que el nuevo gobierno acaba de anunciar.
Siga el modelo.

MODELO: telecomunicaciones / mejorar
Las telecomunicaciones serán mejoradas.

1. contaminación ambiental / controlar la contaminacion ambiental será controlado
2. comercio local / favorecer el comercio local será favorecido
3. impuestos / rebajar los impuestos serán rebajados
4. injusticias sociales / remediar
5. salarios / aumentar
6. monopolios comerciales / investigar
7. medio ambiente / proteger

Ejercicio 2

Cambie las siguientes noticias a la voz pasiva. Utilice el mismo tiempo verbal que aparece en la frase original.

MODELO: Los estudiantes criticaron al rector de la universidad.
El rector de la universidad fue criticado por los estudiantes.

1. Las compañías transnacionales emplean a muchos especialistas en informática. Las especialistas fueron empleados por las compañías transnacionales
2. El próximo gobierno mejorará nuestras condiciones económicas.
3. Dos norteamericanos recibieron el Premio Nobel de economía.
4. El alcalde ha solucionado los problemas del transporte urbano.
5. Los trabajadores agrícolas organizarán una manifestación pacífica.
6. Una comisión especial ha estudiado a fondo los problemas ambientales.

Ejercicio 3

¿Qué sabe Ud. de la historia y la cultura hispánicas? Forme oraciones completas y lógicas combinando un elemento de cada columna y usando la voz pasiva con un verbo en el pasado.

MODELO: *La Bamba* fue grabada por Ritchie Valens.

el rey Juan Carlos	coronar	César Chávez
el Premio Nobel	escribir	el pueblo español
La Bamba	explorar	fray Junípero Serra
la corrida de toros	fundar	Gabriel García Márquez
la Florida	grabar	Gloria Estefan
la música bilingüe	obtener	Hernán Cortés

la novela *Don Quijote*	organizar	Juan Ponce de León
los aztecas	pintar	los romanos
los trabajadores	popularizar	Miguel de Cervantes
varias misiones californianas	traer a España	Ritchie Valens
varios murales de México	vencer	Rivera y Orozco
		Rubén Blades

Ejercicio 4

Un líder del gobierno local explica a los periodistas las medidas que se están tomando para mejorar la economía. Siga el modelo.

MODELO: firmar acuerdos con otros países
Se firman acuerdos con otros países.

1. fomentar el turismo
2. automatizar la producción
3. bajar las tasas de interés
4. incentivar la creación de nuevas industrias
5. otorgar préstamos a pequeños comerciantes
6. reparar la red de carreteras

→ Se + verb 3rd person (sing. or plur. [based on direct object)

se used in passive voice = "se estudia matemática" o "se estudian matemáticas y algebra"

Ejercicio 5

Ud. contesta las preguntas de un/a compañero/a de trabajo para ponerlo/la al día sobre lo que ha pasado en el departamento mientras él/ella estuvo de vacaciones.

MODELO: anunciar tu promoción
E1: *¿Ya anunciaron tu promoción?*
E2: *Sí, se anunció hace dos días.* O: *No, todavía no se ha anunciado.*

1. instalar la computadora en mi despacho
2. remodelar las oficinas de los supervisores
3. distribuir la información sobre los nuevos beneficios de salud
4. fijar nuevas metas para el trimestre que viene
5. firmar el contrato con los contratistas
6. resolver los desacuerdos entre nuestro departamento y el de publicidad

Ejercicio 6

En grupos de tres, cada estudiante menciona por lo menos una cosa que se hace en cada uno de los siguientes lugares.

MODELO: en un restaurante
          E1: *En un restaurante se piden varias comidas y bebidas.*
          E2: *También se conversa con los amigos sobre las actividades del día.*
          E3: *Muchas veces se lee el periódico durante la comida.*

1. en un mercado al aire libre
2. en un laboratorio de lenguas
3. en un concierto
4. en una clínica
5. en un partido de básquetbol
6. en una peluquería
7. en México
8. en Brasil

Ejercicio 7

Un/a amigo/a ha vuelto a su universidad después de estar en otro país casi dos años. Su amigo/a tiene muchas preguntas. En parejas, túrnense para hacer y contestar las siguientes preguntas. Utilicen la variante para la voz pasiva que aparece en el modelo y mantengan el mismo tiempo verbal que aparece en la pregunta.

MODELO: E1: ¿Quién ganó la última elección para senador de este estado?
          E2: *La elección la ganó un candidato independiente.*

1. ¿Qué equipo ganó la Serie Mundial el año pasado?
2. ¿Dónde se van a celebrar los próximos Juegos Olímpicos?
3. ¿Quiénes ganarán las próximas elecciones estatales, los republicanos o los demócratas?
4. ¿Qué países firmaron el acuerdo de NAFTA?
5. ¿Quiénes hicieron tan popular el programa de Rush Limbaugh?
6. En su opinión, ¿qué estado tiene el mejor sistema de educación universitaria ahora?
7. ¿Quiénes compran la música de Ricky Martin?
8. ¿Por qué están construyendo edificios nuevos en el recinto universitario?

Ejercicio 8

Escoja dos artículos o servicios que necesita y dos que quiere ofrecer y prepare anuncios según el modelo. Puede usar las sugerencias que aparecen a continuación u otras de su invención. Use verbos como **necesitar, solicitar, buscar, ofrecer** y **anunciar.**

Necesitar	*Ofrecer*
tutor para una clase	coche de segunda mano
clases de guitarra / español	llantas para la nieve
revistas de segunda mano sobre ...	computadora portátil
libros de texto usados	discos compactos de música popular

MODELO 1: muebles para el patio
Se necesitan muebles para el patio de un jardín. Se busca un juego con parasol y con cuatro sillas por lo menos. Se paga bien. Preguntar por el Sr. Arredondo al 311-7733.

MODELO 2: sillón
Se ofrece un sillón en buenas condiciones. Se ha usado muy poco. Casi se regala; muy buen precio. Llamar al 337-9838 y preguntar por la Srta. González.

Foco en el léxico: Spanish equivalents of *to miss*

The Spanish verbs and expressions **perder(se) (ie), faltar, hacer falta, echar de menos,** and **extrañar** can each express the English verb *to miss* or *to be missing*, even though they may also have other meanings. Which verb is used depends upon the context. Note that although these five expressions are the ones most frequently used to express *to miss*, other verbs can also be used.

1. **Perder** is used to refer to missing a means of transportation or an opportunity. Some sense of responsibility for the loss is expressed or implied.

Llegué tarde al aeropuerto y **perdí** mi vuelo.	*I arrived late at the airport and missed my flight.*
Sin una buena educación, los jóvenes **pierden** muchas oportunidades.	*Without a good education, young people miss many opportunities.*

2. **Perderse** is used in the sense of missing an event, an activity, or a moment, especially something pleasant or exciting, or of special interest to the person(s) affected. **Perderse** expresses an emotional involvement or intensity that is lacking with **perder.**

—Si vas a Miami, **te perderás** la cena de bienvenida para el nuevo director.	*If you go to Miami, you'll miss out on the banquet to welcome the new director.*
—Lo malo es que **voy a perderme** el primer partido de fútbol de mi hijo.	*What's really bad is that I'll miss my son's first soccer game.*

3. **Faltar (a)** means *to miss* in the sense of simply not attending a class, an appointment, or some other event; no sense of responsibility is implied. **Faltar** is used to indicate that someone or something is not present.

¿Por qué **faltaron** tantos estudiantes a clase ayer?	*Why did so many students miss class yesterday?*
Fue una reunión muy caótica; en primer lugar, **faltaron** muchas sillas.	*It was a very chaotic meeting; in the first place, a lot of chairs were missing.*

4. **Hacer falta** is used to indicate that something is lacking, although desired or needed. **Hacer falta,** in the sense of *to miss* or *to be missing,* implies a certain degree of need for the absent person or thing.

Para mí, **hace falta** más comprensión de nuestro sistema económico.	*In my opinion, more understanding of our economic system is needed.*
Juan no estuvo allí; nos **hizo falta** su sentido del humor.	*Juan wasn't there; we missed his sense of humor.*

5. To miss someone or something in an emotional way is most often expressed with **echar de menos** or **extrañar.** Both suggest regret for the absence. Although **hacer falta** can also be used with this meaning, it occurs much less frequently.

Ya me gradué, pero **echo de menos** la rutina académica.	*I just graduated, but I miss the academic routine.*
También **extraño** mucho a mis compañeros de clase.	*I also miss my classmates a great deal.*
Me **hace falta** el ambiente universitario.	*I miss the university environment.*

EJERCICIOS

Ejercicio 1

Complete el siguiente diálogo con la forma apropiada de **perder(se),
faltar, hacer falta** o **echar de menos,** según el contexto.

Andrés: ¿Tuviste problemas ayer, Claudia? ¿Por qué _____ a la
reunión de nuestro grupo de trabajo?

Claudia: _____ porque _____ el autobús de las nueve.

Andrés: ¡Lo siento mucho! _____ una reunión muy útil y todos tus
colegas te _____. Ten cuidado, porque puedes _____ el
puesto.

Claudia: Lo sé, Andrés. ¿Tomaste apuntes? ¿Me los prestas? Me
_____ para saber qué se trató en la reunión.

Andrés: Claro, te los presto ahora. El supervisor no nos dijo qué
les pasaría a los empleados que _____ a la reunión, pero
no creo que esté muy contento contigo. Trata de llegar a
tiempo la próxima vez. Si te despiden, yo te voy a _____.

Claudia: Andrés, creo que _____ más personas tan amables y
cooperadoras como tú. Gracias.

Ejercicio 2

En parejas, túrnense para hacer y responder creativamente a las
siguientes preguntas. Utilicen **perder(se), faltar, hacer falta, echar de
menos** o **extrañar.**

MODELO: ¿No echas de menos a tus amigos de la escuela secundaria?
*Claro, echo mucho de menos a los que decidieron asistir a otra
universidad.*

1. ¿Faltas al trabajo de vez en cuando?
2. ¿Qué te falta para ser completamente feliz?
3. ¿Te hace falta más tiempo a veces para dedicarte a tus pasatiempos?
4. ¿Te has perdido alguna buena fiesta por compromisos familiares?
5. ¿Qué cosas echas de menos más de tu casa o familia?
6. ¿Has perdido alguna vez una buena película por tener que trabajar
horas extraordinarias?

Rincón del escritor

1. Trabajando en pequeños grupos, discutan las ventajas y desventajas de la globalización para los Estados Unidos y para los países que están al sur del río Bravo (*Rio Grande*, en inglés). Terminada la discusión, una persona del grupo escribe un informe con las conclusiones del grupo. Finalmente, un representante de cada grupo lee las conclusiones al resto de la clase.

2. Escriba unos párrafos indicando si a Ud. le gusta o le disgusta ver las mismas tiendas y los mismos negocios en muchos lugares del planeta y qué opinión tiene Ud. de esta consecuencia de la globalización. Comparta su escrito con sus compañeros.

Respuesta a la adivinanza, p. 236: el viento

Lectura: La isla de los gigantes

CAPÍTULO 7

LECTURA

La isla° de los gigantes   *island*

Imponentes y colosales gigantes de piedra° volcánica,   *rock*
habitantes mudos° de una isla triangular, tienen desde   *mute*
hace siglos° la vista fija en el horizonte. Esculpidos en   *centuries*
una sola pieza, sus enormes cabezas están a veces
coronadas° por un amplio sombrero y muestran siem-   *crowned*
pre unas grandes orejas. Son los misteriosos moais de
la Isla de Pascua.

La más oriental de las islas polinesias, la Isla de
Pascua está situada a cerca de cuatro mil kilómetros
del puerto chileno de Caldera, el punto más cercano
del continente americano. Recibió su nombre por
haber sido descubierta, o redescubierta, por marinos
holandeses° un domingo de Pascua de Resurrección°   *Dutch;* **domingo...**
en 1722. Muchos años antes sus primeros habitantes   *Easter Sunday*
daban a la isla diferentes nombres; Te Pito Te Henúa
("el ombligo° del mundo"), Mataki Te Rangi ("ojos que   *navel*
hablan al cielo", en referencia a los cráteres de sus volcanes, hoy apagados°) y más recientemente Rapa Nui,   *extinct*
que significa "isla grande", que se cree es de origen
tahitiano.

La isla pertenece a Chile desde 1888 y en la actua-
lidad° tiene unos tres mil habitantes que han perdido   **en...** *currently*
su conexión histórica con los moais y sus construc-
tores. Así, han surgido° diversas explicaciones sobre el   **han...** *have emerged*
origen de los gigantes de piedra, llegando algunos a
aventurar° que habrían sido construidos por avan-   *venture*
zadas civilizaciones de seres extraterrestres.

Como la mayoría de los científicos atribuye origen
polinesio a la cultura de la isla, se plantea° el proble-   *arises*
ma del transporte de esas estatuas. Una civilización
sin tecnología movió las estatuas desde la cantera°   *quarry*
donde fueron esculpidas hasta la costa, una distancia
de unos dos kilómetros. Hacia fines de los años 90 del

siglo recién pasado, Jo Anne van Tiburg, investigadora del Instituto de Arqueología de UCLA, demostró en el terreno mismo° cómo unas cuarenta personas con la ayuda de cuerdas y troncos° habrían podido transportar esos inmensos bloques de piedra.

en... *on the field*
cuerdas... *cords and logs*

Así, quizá esté resuelto el misterio del transporte de los gigantes. Queda aún, sin embargo, el misterio más grande de saber quiénes construyeron los gigantes y qué representaban para ellos.

En torno a la lectura

1. Describa un moai.
2. ¿Dónde está localizada la Isla de Pascua? ¿Qué lugar es el punto del continente americano más cercano a la isla?
3. ¿Por qué recibió el nombre de "Isla de Pascua"?
4. ¿Qué otros nombres ha tenido la isla?
5. ¿A qué país pertenece la isla y desde cuándo?
6. ¿Qué misterio acerca de la isla se ha resuelto? ¿Qué misterio queda todavía?

The forms of the present subjunctive

The subjunctive and the indicative are the two main verbal moods in Spanish. *Mood* is used to indicate the speaker's point of view regarding the action expressed. When a verbal action is presented as true to objective reality, the *indicative* mood is used to express it. On the other hand, when the action is presented as hypothetical, doubtful, not having any reality outside of the speaker's mind, or colored by the speaker's subjectivity, the *subjunctive* mood is chosen.

A Endings

1. All verbs use the following endings in the present subjunctive.

	-ar verbs	*-er* and *-ir* verbs
yo	**-e**	**-a**
tú	**-es**	**-as**
él, ella; Ud.	**-e**	**-a**
nosotros/as	**-emos**	**-amos**
vosotros/as	**-éis**	**-áis**
ellos, ellas; Uds.	**-en**	**-an**

2. Note that the present subjunctive endings are similar to the present indicative endings. The present subjunctive endings are characterized by a vowel shift: endings of **-ar** verbs all begin with the vowel **e**; endings of **-er** and **-ir** verbs all begin with the vowel **a**.

B Normally derived stems

The present subjunctive stem of most verbs is formed by dropping the **-o** ending of the first person singular present indicative and adding the appropriate **-e** endings in the case of **-ar** verbs, and **-a** endings in that of **-er** and **-ir** verbs. This applies to regular verbs, to some verbs that have a spelling change in the present indicative, and to verbs that have an irregular first person in the present indicative. (See Chapter 1, Section I, p. 8 for verbs with spelling changes and for a more complete list of verbs with irregularities in the present indicative.)

	Present indicative: yo form	Present subjunctive
Regular verbs		
viajar	viaj**ø**	viaje, viajes, viaje, viajemos, viajéis, viajen
beber	beb**ø**	beba, bebas, beba, bebamos, bebáis, beban
decidir	decid**ø**	decida, decidas, decida, decidamos, decidáis, decidan
Verbs with a spelling change in the present indicative		
continuar	contin**ú**ø	continúe, continúes, continúe, continuemos, continuéis, continúen
conven**c**er	conven**z**ø	convenza, convenzas, convenza, convenzamos, convenzáis, convenzan
ele**g**ir	eli**j**ø	elija, elijas, elija, elijamos, elijáis, elijan
prote**g**er	prote**j**ø	proteja, protejas, proteja, protejamos, protejáis, protejan
distin**gu**ir	distin**g**ø	distinga, distingas, distinga, distingamos, distingáis, distingan
inclu**i**r	inclu**y**ø	incluya, incluyas, incluya, incluyamos, incluyáis, incluyan
Verbs with an irregular first person singular in the present indicative		
conocer	conozc**ø**	conozca, conozcas, conozca, conozcamos, conozcáis, conozcan
hacer	hag**ø**	haga, hagas, haga, hagamos, hagáis, hagan
oír	oig**ø**	oiga, oigas, oiga, oigamos, oigáis, oigan
poner	pong**ø**	ponga, pongas, ponga, pongamos, pongáis, pongan
salir	salg**ø**	salga, salgas, salga, salgamos, salgáis, salgan
traducir	traduzc**ø**	traduzca, traduzcas, traduzca, traduzcamos, traduzcáis, traduzcan
ver	ve**ø**	vea, veas, vea, veamos, veáis, vean

Es necesario que **camines** más, que no **bebas** tanto café y que **hagas** lo que dice el médico. Habla conmigo cuando **decidas** comprar un coche. Es importante que **elijas** un buen modelo.

It's necessary for you to walk more, not drink so much coffee, and do what the doctor says. Talk to me when you decide to buy a car. It's important for you to choose a good model.

⟨C⟩ **Irregularities**

Spelling changes in the present subjunctive

Some verbs require a spelling change to preserve the pronunciation of the final stem consonant. In the present subjunctive, these changes affect all persons. (Consult Chapter 1, Section I, p. 8 for verbs with a spelling change in the present indicative.)

Verbs affected	Spelling change	Model verb		Other verbs
-car	**c → qu**	sa**car**		atacar
		sa**que**	sa**que**mos	buscar
		sa**que**s	sa**qué**is	indicar
		sa**que**	sa**que**n	tocar
-gar	**g → gu**	lle**gar**		entregar
		lle**gue**	lle**gue**mos	jugar (ue)
		lle**gue**s	lle**gué**is	pagar
		lle**gue**	lle**gue**n	rogar (ue)
-zar	**z → c**	alcan**zar**		almorzar (ue)
		alcan**ce**	alcan**ce**mos	comenzar (ie)
		alcan**ce**s	alcan**cé**is	empezar (ie)
		alcan**ce**	alcan**ce**n	lanzar
-guar	**u → ü**	averi**guar**		apaciguar
		averi**güe**	averi**güe**mos	atestiguar
		averi**güe**s	averi**güé**is	
		averi**güe**	averi**güe**n	

Es necesario que no **busques** excusas y que **pagues** tus cuentas.

It's necessary for you not to look for excuses and for you to pay your bills.

Es urgente que **averigüe** Ud. a qué hora llega el avión.

It is urgent that you find out what time the plane is arriving.

Stem-changing verbs in the present subjunctive

Stem-changing verbs ending in **-ar** and **-er** have the same pattern in the subjunctive as in the present indicative: The stem change affects all persons except for the **nosotros** and **vosotros** forms. (See Chapter 1, Section I, p. 9 for a more complete list of stem-changing verbs in the present indicative.)

	pensar (e → ie)		volver (o → ue)	
Model verbs	piense		vuelva	
	pienses		vuelvas	
	piense		vuelva	
	pensemos		volvamos	
	penséis		volváis	
	piensen		vuelvan	
Other verbs	comenzar	perder	contar	poder
	defender	querer	devolver	recordar
	encender	recomendar	jugar (u → ue)	resolver
	entender	sentar(se)	oler (o → hue-)	soñar

Stem-changing verbs ending in **-ir** show the same changes in the present subjunctive as in the present indicative and an additional change (**e → i; o → u**) that affects the **nosotros** and **vosotros** forms. (See Chapter 1, Section I, p. 9 for a more complete list of stem-changing verbs in the present indicative.)

	preferir (e → ie, i)		dormir (o → ue, u)	pedir (i → i)	
Model verbs	prefiera		duerma	pida	
	prefieras		duermas	pidas	
	prefiera		duerma	pida	
	prefiramos		durmamos	pidamos	
	prefiráis		durmáis	pidáis	
	prefieran		duerman	pidan	
Other verbs	adquirir (i → ie)	mentir	morir	conseguir*	reír**
	divertir	sentir		corregir*	seguir*
				elegir*	sonreír**

*These verbs also have spelling changes in the present indicative as described in the table on p. 250.

Reír and **sonreír** conjugate in the present subjunctive as follows: **ría, rías, ría, riamos, riáis, rían.**

Quiero que **piense** en mi oferta y que **vuelva** mañana, si le interesa.	*I want you to think about my offer and to come back tomorrow, if it interests you.*
Espero que te **diviertas** en la reunión de tu club de turismo y que no te **duermas** durante la película, como la última vez.	*I hope you have a good time at your tourist club meeting and that you won't fall sleep during the movie, like last time.*

Irregular verbs

The following six verbs are irregular in the present subjunctive. Note that the first person singular of the present indicative of these verbs does not end in **-o**.

haber	ir	saber	ser	dar*	estar*
haya	vaya	sepa	sea	dé	esté
hayas	vayas	sepas	seas	des	estés
haya	vaya	sepa	sea	dé	esté
hayamos	vayamos	sepamos	seamos	demos	estemos
hayáis	vayáis	sepáis	seáis	deis	estéis
hayan	vayan	sepan	sean	den	estén

****Dar** and **estar** are considered irregular because of the accent marks some of the forms carry. Although one-syllable words do not generally require a written accent, the first and third person singular forms of **dar (dé)** have an accent to distinguish them from the preposition **de**. See also Appendix B: Written Accent Marks.

No creo que **haya** una buena explicación para el misterio de los moais.	*I don't think there is a good explanation for the mystery of the moais.*
Es importante que el hotel **sea** espacioso y que **esté** cerca del mar.	*It is important that the hotel be spacious and that it be near the sea.*

Nota gramatical: What is irregular in the present subjunctive of the verbs **haber, ir, saber,** and **ser** is the stem: **hay-, vay-, sep-,** and **se-,** respectively. The endings are the regular endings of **-er** and **-ir** verbs: **-a, -as, -a, -amos, -áis, -an.**

Vista del volcán Rano Kau en la Isla de Pascua, isla que pertenece a Chile. Todos recomiendan que los visitantes suban a ver el cráter del volcán, de 1,6 kilómetros de diámetro, con sus lagunas interiores y su bella vegetación nativa. ¿Cree Ud. que algún día Ud. visite esta isla?

EJERCICIOS

Ejercicio 1

Reemplace el sujeto en negrita con las palabras que aparecen entre paréntesis y cambie la forma del verbo, según el modelo.

MODELO: Es bueno que **tú** camines todos los días. (Antonio, nosotros)
Es bueno que Antonio camine todos los días. Es bueno que caminemos todos los días.

1. Josefina y Lourdes quieren que **yo** las acompañe a la Isla de Pascua. (Maxi, Susana y yo, todos sus amigos, tú, vosotros)
2. Es necesario que **nosotros** leamos folletos informativos antes de viajar. (yo, mi familia, ellas, tú, vosotras)
3. Es importante que **los estudiantes** pongan atención en clase. (tú, yo, mi compañero de cuarto, Lucía y yo, Carolina y Enriqueta)
4. Es aconsejable que **ella** reciba más información antes de tomar una decisión. (yo, vosotros, Uds., tú, Roberto y yo)

5. Elena siente que **su amigo** no pueda salir con ella esta vez. (el señor Vargas, sus hermanas, vosotras, tú, yo)
6. Martín pide que **tú** vayas con él esta noche. (todos nosotros, su novia, Uds., Daniel, yo)
7. Es importante que **vosotros** seáis flexibles. (tú, los profesores, yo, Concha, nosotras)

Ejercicio 2

Ud. irá con un grupo de amigos a la Isla de Pascua. Diga lo que espera que haga el grupo durante la visita. Empiece sus frases con **Espero que ...**

MODELO: escuchar canciones polinesias
          Espero que escuchemos canciones polinesias.

1. pasar unas horas en el Parque Nacional
2. visitar la cantera de Rano Raraku
3. subir hasta el cráter del volcán Rano Kau
4. hacer un paseo en jeep por la isla
5. ir a ver los petroglifos de Orongo
6. conocer las pinturas de algunas cavernas
7. visitar algunos pueblos pequeños de la isla
8. encontrar bonitas artesanías para llevar de recuerdo

Ejercicio 3

En parejas, hablen de lo que es importante que sus compañeros/as de cuarto hagan o no hagan. Usen algunas de las siguientes ideas u otras que se les ocurran. Empiecen sus frase con **Para mí, es importante que ..., es esencial que...** o **es necesario que...**

MODELO: E1: *Para mí, es importante (esencial, necesario) que mis compañeros de cuarto paguen el teléfono a tiempo.*
          E2: Sí, y también es esencial que ...

lavar los platos	compartir las responsabilidades domésticas
saber cocinar	preparar buenas comidas
hacer la cama	pagar la cuenta de la electricidad
poner la ropa en su sitio	sacar la basura
tener consideración para los demás	hacer las compras

Ejercicio 4

En parejas, túrnense para hacer el papel de un/a mesero/a que pasa el peor día de su vida porque tiene que explicar que **siente** o **lamenta** que no pueda complacer a su cliente.

MODELO: Cliente: ¿Se permite fumar en esta parte del restaurante?
Mesero/a: *Lamento (Siento) que no se permita fumar en este restaurante.*

1. ¿Hay espacio para un grupo de diez personas?
2. ¿Tienen Uds. una mesa con vista al río?
3. ¿Ofrecen Uds. platos especiales para los que están a dieta?
4. ¿Se incluye el postre en el precio del plato especial del día?
5. ¿Se sirve desayuno durante todo el día?
6. ¿Pueden Uds. servirnos dos vasos de champán?

Ejercicio 5

Trabajen en grupos pequeños y ofrezcan tres o cuatro consejos para cada situación que aparece a continuación. Empiece sus frases con **Recomiendo que..., te sugiero que...** o **te aconsejo que...**

MODELO: un amigo que no sabe qué hacer este fin de semana
E1: *Recomiendo que compres el periódico para ver qué películas hay.*
E2: *Te sugiero que vayas al baile que se da el viernes en la residencia estudiantil.*
E3: *Te aconsejo que vengas a mi casa y que la limpies toda.*

1. un amigo que quiere bajar de peso
2. una amiga que quiere dejar de fumar
3. una amiga que está enojada con su compañera de cuarto

The subjunctive in noun clauses

1. The subjunctive is used very frequently in Spanish, mostly in dependent clauses. A dependent clause is a group of words that contains a conjugated verb but that cannot stand alone as a sentence. Dependent clauses function as nouns (noun clauses), adjectives (adjective or relative clauses), or adverbs (adverbial clauses).

noun	Quiero ese **libro.** *I want that book.*
noun clause	Quiero **que me pases ese libro.** *I want you to pass me that book.*
adjective	¿Ves el puente **destruido** allí? *Do you see the destroyed bridge there?*
adjective clause	¿Ves el puente **que han destruido** allí? *Do you see the bridge they have destroyed there?*
adverb	Hablaremos **pronto.** *We'll talk soon.*
adverbial clause	Hablaremos **tan pronto como tú regreses.** *We'll talk as soon as you return.*

2. Generally, an expression that reflects doubt, disbelief, emotion, desires, or suggestions made to influence another person's actions is followed by the subjunctive in a dependent clause.

Indicative mood	Subjunctive mood
Sé que la Isla de Pascua **pertenece a Chile.**	Dudo que la Isla de Pascua **pertenezca** a Perú.
I know that Easter Island belongs to Chile.	*I doubt that Easter Island belongs to Peru.*
Veo que **caminas** más cada día.	Te recomiendo que **camines** más.
I see that you are walking more every day.	*I recommend that you walk more.*
Es verdad que **viajaré** a Chile pronto.	Es estupendo que **visite** Santiago pronto.
It is true that I'll soon travel to Chile.	*It is great that I'll visit Santiago soon.*

This section deals with the main uses of the subjunctive in noun clauses. See Chapter 8, Section III, p. 312 for use of the subjunctive in adjective clauses and Chapter 9, Section III, p. 340 for use of the subjunctive in adverbial clauses.

La figura de un mono, una de las cerca de 300 imágenes que se ven desde el aire en Nazca, Perú. No se sabe cómo y con qué fin una civilización antigua creó estas líneas. Esperemos que algún día podamos resolver el misterio de estas configuraciones.

A Attempting to influence behavior

1. The subjunctive is used in a dependent clause after a verb or an expression that shows an attempt to influence someone's behavior or attitude. Verbs and expressions of influencing may be as strong as commands or demands, or as mild as recommendations, suggestions, and pleadings. Expressions of desire or hope are also means of influencing. In each case, the subject of the main verb expresses the desire or preference that someone do something or that something take place.

Mi doctor quiere que **deje** de fumar.	*My doctor wants me to quit smoking.*
Es mejor que **vuelvas** a la una.	*It's better that you come back at one o'clock.*
Voy a pedirle al camarero que nos **traiga** la cuenta.	*I am going to ask the waiter to bring us the check.*
Es esencial que nos **respetemos** los unos a los otros.	*It is essential for us to respect one another.*

The following are some of the most common expressions used to reflect attempts at influencing behavior.

aconsejar *to advise*	pedir (i) *to ask, request*
decir *to say; to tell*	permitir *to allow*
dejar *to let, allow*	preferir (ie, i) *to prefer*
desear *to wish; to desire*	prohibir *to prohibit, forbid*
esperar *to hope*	querer *to want*
exigir *to require*	recomendar (ie) *to recommend*
hacer *to have (someone do something)*	rogar (ue) *to beg*
	sugerir (ie, i) *to suggest*
mandar *to order*	es necesario *it is necessary*
es esencial *it is essential*	es preciso *it is necessary*
es importante *it is important*	es urgente *it is urgent*
es mejor *it is better*	

2. Verbs of communication such as **decir, escribir, indicar, insistir,** or **repetir (i)** are followed by the indicative if they simply convey information, but they require the subjunctive in the dependent clause when they express attempts at influencing.

Information: Indicative	**Influencing: Subjunctive**
Mi supervisor me dice que **tendré** vacaciones en un mes.	Tomás me dice que **vaya** a Chile para mis vacaciones.
My supervisor tells (informs) me that I will have my vacation in a month.	*Tomás tells (orders, suggests) me to go to Chile on my vacation.*
Carolina insiste que yo **soy** un mentiroso.	Carolina insiste que yo **diga** la verdad.
Carolina insists (states again) that I am a liar.	*Carolina insists (demands) that I tell the truth.*

3. Notice in the following examples that influencing requires that the subject of the main clause be different from that of the subordinate verb. If this is not the case, the infinitive should be used.

Different subjects: Subjunctive	Same subject: Infinitive
Elena quiere que **su hija vaya** a Perú este verano.	Elena **quiere ir** a Perú este verano.
Elena wants her daughter to go to Peru this summer.	*Elena wants to go to Peru this summer.*
Esper**o** que **tú colabores** en el proyecto.	**Espero colaborar** en el proyecto.
I hope you will collaborate on the project.	*I hope to collaborate on the project.*

B ▷ Emotional response and subjective viewpoint

1. The subjunctive is used in a dependent clause after verbs or expressions that convey an emotional response or a subjective viewpoint regarding the information contained in the dependent clause.

Me alegro de que **vayas** a Sudamérica este verano.	*I'm glad you are going to South America this summer.*
Me molesta que ese señor **hable** en voz tan alta.	*It bothers me that that gentleman speaks in such a loud voice.*
Me sorprende que no **encuentres** trabajo todavía.	*I'm surprised that you haven't found a job yet.*

The following are some common verbs used to express an emotional reaction.

alegrar(se) *to be happy*	molestar *to bother*
deplorar *to deplore*	quejarse *to complain*
gustar *to please*	sentir (ie, i) *to be sorry*
lamentar *to regret*	sorprender *to surprise*

2. Impersonal expressions that may indicate emotion, subjectivity, the coloring of facts with one's own view, opinions, and prejudices also use the subjunctive in a dependent clause. The following are some common impersonal expressions of this type.

es agradable *it is nice*	es extraño *it is strange*
es bueno *it is good*	es increíble *it is unbelievable*
es curioso *it is odd, unusual*	es lamentable *it is a pity*
es deplorable *it is deplorable*	es una lástima *it is a pity*
es estupendo *it is great*	es malo *it is bad*

es natural *it is natural*

es normal *it is normal*

es raro *it is strange*

es vergonzoso *it is shameful*

Es curioso que nadie **sepa**
quiénes construyeron los moais.

Es estupendo que **vayas** a pasar
unos días en la Isla de
Pascua.

Es increíble que **esté** nevando
en pleno verano.

*It's odd that nobody knows
who built the moais.*

*It's great that you are going to
spend a few days on Easter
Island.*

*It's incredible that it's snowing
in the middle of the summer.*

Nota gramatical: With verbs and expressions of influencing the action described in the dependent clause is unrealized: **Te recomiendo que estudies informática. / Es importante que estudies informática.** *I recommend that you study computer science. / It is important that you study computer science.* The addressee does not study computer science; the speaker simply recommends that the listener consider taking up this field of study in the future. With verbs and expressions denoting emotional reaction, the action described in the dependent clause generally does take place: **Me alegro de que/Es curioso que estudies informática.** *I'm happy/It is odd that you are studying computer science.* Even though there is no doubt that the addressee studies computer science, the emotion expressed by the verb or expression in the main clause—**alegrarse, ser curioso**—triggers the use of the subjunctive.

3. After verbs of emotion, the infinitive is used instead of the subjunctive if the subject of the main verb is the same as that of the dependent clause.

Different subjects: Subjunctive	Same subject: Infinitive
Lamento que **Roberto tenga** que irse hoy.	**Lamento tener** que irme hoy.
I regret that Roberto has to leave today.	*I regret having to leave today.*
Siento que **mi hermanito siga** interrumpiendo nuestra conversación.	**Siento tener** que interrumpir nuestra conversación.
I'm sorry my little brother keeps interrupting our conversation.	*I'm sorry to have to interrupt our conversation.*

C ◆ Doubt, disbelief, and denial

1. The subjunctive is used in a dependent clause after all expressions of doubt, uncertainty, disbelief, or denial regarding the information contained in the dependent clause.

Dudo que **descubran** quiénes construyeron las estatuas de la Isla de Pascua.	*I doubt that they'll discover who built the statues on Easter Island.*
Es posible que **volemos** a Argentina la semana que viene.	*It is possible that we'll fly to Argentina next week.*
Niego que la verdad científica **sea** la única verdad.	*I deny that scientific truth is the only truth.*

2. Notice the contrast between some common expressions of doubt and disbelief, which are followed by the subjunctive, and expressions of certainty and belief, which are followed by the indicative.

Indicative: Belief/certainty	Subjunctive: Disbelief/doubt
creer *to believe*	no creer
no dudar *to not doubt*	dudar
estar seguro *to be sure*	no estar seguro
no negar *to not deny*	negar
pensar *to think*	no pensar
es claro *it is clear*	no es claro
es cierto *it is certain*	no es cierto
es evidente *it is evident*	no es evidente
es indudable *it is without doubt*	no es indudable
es seguro *it is sure, certain*	no es seguro
es verdad *it is true*	no es verdad

Es evidente que mi primo **es** uno de los sospechosos, pero **no es evidente** que **sea** culpable.	*It is evident that my cousin is one of the suspects, but it is not evident that he is guilty.*
Pienso que **deben** reducir el acceso a sitios arqueológicos, pero **no pienso** que lo **deban** eliminar.	*I think they should reduce access to archeological sites, but I do not think they should eliminate it.*

Estoy seguro de que te
graduarás. No estoy seguro
de que te **gradúes** el mayo
próximo.

*I am sure you will graduate. I am
not sure you will graduate
next May.*

Nota gramatical: The use of a positive or negative statement with these
verbs and expressions correlates with more or less certainty regarding
the action or state described in the dependent clause. Sometimes the distinction between doubt and certainty is clear, as with the verb **dudar.** A
sentence such as **Dudo que esa persona tenga veintidós años** *I doubt
that person is twenty-two years old* conveys the speaker's obvious doubt.
A sentence such as **No dudo que esa persona tiene veintidós años** *I
don't doubt that person is twenty-two years old* conveys the speaker's
absence of doubt, i.e., the speaker's certainty. With verbs such as **pensar**
and **creer,** however, the distinction is not as patent. The sentences **Creo
que esa persona tiene veintidós años** and **No creo que esa persona
tenga veintidós años** both indicate that there is a certain amount of
doubt in the speaker's mind; however, the negative sentence implies more
doubt than the affirmative sentence, hence the subjunctive.

---

3. In interrogative sentences, the speaker's intent, viewpoint, or attitude determines whether the subjunctive or the indicative is to be used in the dependent clause after expressions of certainty and belief. When the speaker wishes
to convey some degree of doubt or disbelief or when the question is about
something unknown, the subjunctive is used; otherwise, the indicative.

Speaker doesn't know: Indicative	Speaker is doubtful: Subjunctive
¿Estás seguro de que tu explicación **es** válida?	¿Estás seguro de que tu explicación **sea** válida?
Are you sure your explanation is valid? (I don't know.)	*Are you sure your explanation is valid? (I doubt it.)*
¿Crees que tu candidato **ganará** la elección?	¿Crees que tu candidato **gane** la elección?
Do you think your candidate will win the election? (I don't have an opinion.)	*Do you think your candidate will win the election? (I don't think he will.)*

Summary of the uses of the subjunctive in noun clauses

Influencing behavior	Te **sugiero** que **confíes** en tus compañeros.
Emotional reaction to facts	¡**Es una lástima** que no **puedas** venir a mi fiesta!
Subjective viewpoints, opinions	Es la una de la tarde. **Es extraño** que esas tiendas **estén** cerradas.
Doubt, disbelief, and denial	**Dudo** que tu explicación **sea** aceptable. Además, **no creo** que **satisfaga** a los expertos.

EJERCICIOS

Ejercicio 1

Use los dibujos que aparecen a continuación para hacer el papel de un/a doctor/a que le hace recomendaciones a un paciente.

MODELO: *Le recomiendo que lleve una vida activa.*

hacer ejercicio; llevar una vida activa; dar paseos al aire libre

consumir frutas y vegetales diariamente; evitar las grasas; no fumar

ver regularmente a su doctor; hacerse exámenes periódicos; no temer visitar al médico

¿Otras recomendaciones?

Ejercicio 2

Su agente de viajes le hace a Ud. las siguientes recomendaciones.

MODELO: recomendar / comprar su billete con anticipación
Le recomiendo que compre su billete con anticipación.

1. sugerir / hablar con amigos que han hecho el mismo viaje
2. recomendar / leer acerca de los lugares que va a visitar
3. aconsejar / pedir folletos informativos

4. rogar / hacer preguntas si tiene dudas
5. aconsejar / no viajar durante la temporada alta si puede
6. sugerir / comenzar su viaje durante la semana, no en fin de semana
7. aconsejar / ser flexible en sus fechas de viaje
8. sugerir / no llevar demasiado equipaje
9. rogar / verificar su hora de vuelo unos días antes de la partida
10. pedir / llegar al aeropuerto dos horas antes de su vuelo

Ejercicio 3

Hagan el papel de un/a profesor/a que explica las reglas y deberes de los estudiantes de su clase. Al final, en parejas, digan qué es importante en su clase de español.

MODELO 1: llegar puntualmente a la clase
Es importante (necesario, preciso, esencial) que Uds. lleguen puntualmente a la clase.

1. preparar las tareas todos los días
2. no faltar a clase
3. leer con cuidado el programa del curso
4. saber en qué días caen los exámenes
5. establecer una rutina de trabajo eficaz
6. ser respetuosos de las opiniones de los demás
7. ir al laboratorio una vez a la semana
8. ver los tres videos suplementarios
9. elegir pronto un tema para el trabajo de investigación
10. escribir los informes a máquina

MODELO 2: *Es necesario (obligatorio) que participemos activamente en las actividades orales de la clase.*

Ejercicio 4

Complete las siguientes frases con el presente de indicativo o subjuntivo, según el contexto.

MODELO: Marta sabe que yo <u>estudio</u> (estudiar) español, pero quiere que (yo) _____ (estudiar) francés también.
Marta sabe que yo *estudio* español, pero quiere que *estudie* francés también.

1. Es verdad que yo <u>viajo</u> (viajar) a España este verano, pero no es verdad que (yo) <u>viaje</u> (viajar) con un grupo organizado.
2. Entiendo que ella <u>quiere</u> (querer) ir pronto a Cancún, pero es imposible que (ella) <u>vaya</u> (ir) antes del fin del semestre.
3. Fernando cree que nosotros _____ (pasar) mucho tiempo en la playa; no cree que (nosotros) _____ (pasar) bastante tiempo en la biblioteca.

4. Veo que tú _____ (hacer) ejercicio a veces, pero deseo que (tú) lo _____ (hacer) casi todos los días.

5. Comprendo que la secretaria _____ (llegar) a las nueve, pero prefiero que (ella) _____ (llegar) a las ocho y media.

6. Mi profesora me dice que yo _____ (aprender) bastante bien, pero también me recomienda que (yo) _____ (aprender) más rápido si quiero sacar una A en la clase.

7. Espero que tú _____ (trabajar) con todos los miembros del grupo; ya sé que (tú) _____ (trabajar) bien con Elisa.

8. Ana María me informa que Uds. _____ (venir) para la Navidad; ¡no saben cuánto me alegro de que (Uds.) _____ (venir) a pasar unos días con nosotros!

9. Me molesta que Benjamín _____ (contar) tantos chismes; me parece que (él) siempre los _____ (contar).

10. El boletín meteorológico informa que _____ (ir) a nevar el sábado y domingo próximos; es lamentable que _____ (ir) a nevar para el fin de semana.

Ejercicio 5

Complete las siguientes opiniones que expresan sus compañeros acerca del cine. Emplee el presente de indicativo o de subjuntivo.

MODELO: ser extraño / poca gente ir al cine a menudo
Es extraño que poca gente vaya al cine a menudo.

1. no ser cierto / las películas de aventuras ser siempre muy populares
2. ser verdad / haber mucha violencia en las películas
3. ser increíble / algunos actores recibir mucho dinero
4. ser indudable / las nuevas películas de Disney no ser tan buenas como las antiguas
5. ser sorprendente / pocos actores hispanos aparecer en las películas
6. ser evidente / a muchas personas encantarles los efectos especiales

Ejercicio 6

En grupos de tres, hagan comentarios acerca de la situación socioeconómica actual. **Ojo:** A veces se emplea el subjuntivo, otras el indicativo y otras el infinitivo. Completen las siguientes frases según el modelo.

MODELO: reducir el déficit
E1: Es necesario que el presidente _____.
Es necesario que el presidente *reduzca el déficit.*
E2: Sí, él quiere _____.
Sí, él quiere *reducirlo.*
E3: Yo creo que lo _____.
Yo creo que lo *reducirá.*

1. pagar más impuestos
   —Me parece que debemos _____.
   —No es necesario que _____.
   —Estoy seguro de que _____.
2. proteger el medio ambiente
   —¿Cuándo aprenderemos a _____?
   —Yo creo que las nuevas leyes _____ bastante bien.
   —Es dudoso que esas leyes _____ tanto como tú crees.
3. proponer un mayor presupuesto para la educación
   —Es importante que nosotros _____.
   —Yo creo que dentro de poco muchos congresistas _____.
   —El Congreso trata de _____.
4. resolver el problema de los residuos tóxicos
   —No creo que nadie _____.
   —No tienes razón. La ciencia nos ayudará a _____.
   —Sí, pronto la sociedad _____.
5. reducir el consumo de energía
   —Veo que muchos _____.
   —Yo no veo mejora; muy pocos se esfuerzan por _____.
   —Pues, es mi deseo que todos _____.

Ejercicio 7

Piense en su propia vida y complete las siguientes frases para reflejar las
frustraciones que siente a veces por falta de tiempo o por exceso de
trabajo. **Ojo:** En algunas frases se usa el infinitivo, en otras se usa el
verbo conjugado.

MODELO 1: Temo que Tony y yo …
          Temo que Tony y yo no podamos hacer el viaje con Uds.;
          tenemos un examen el lunes.

MODELO 2: Temo …
          Temo no poder hacer las compras hoy; es necesario que
          termine la composición para la clase de inglés.

1. Siento mucho que mis amigos …
   Siento mucho …
2. Espero que …
   Espero …
3. Me molesta …
   Me molesta que la gente …
4. Mi hermano deplora que su jefe/a …
   Mi hermano deplora …
5. Lamentamos que la profesora …
   Lamentamos …

Ejercicio 8

Trabajando en parejas, túrnense para pedir consejos y hacer recomendaciones. Siga el modelo.

MODELO: estar muy cansado/a todo el tiempo: aconsejar
E1: *Estoy cansado/a todo el tiempo.¿Qué me aconsejas?*
E2: *Te aconsejo que dejes de trabajar tantas horas y que te tomes un día libre todas las semanas.*

1. necesitar sacar buenas notas este semestre: recomendar
2. no llevarme bien con mis padres: sugerir
3. no tener un buen trabajo: recomendar
4. pensar viajar a un lugar exótico: sugerir
5. desear casarse antes de terminar los estudios: aconsejar

Ejercicio 9

En grupos de tres o cuatro, expresen sus reacciones a las siguientes opiniones. Usen verbos o expresiones como **creer/no creer, estar seguro/no estar seguro, dudar, esperar, querer, es preciso, es mejor, es posible, es verdad** u otros de su propia selección.

MODELO: El gobierno puede resolver nuestros problemas.
E1: *Yo estoy seguro/a de que el gobierno puede resolver algunos de nuestros problemas más serios.*
E2: *Yo dudo que el gobierno pueda resolver nuestros problemas.*
E3: *Es imposible que el gobierno pueda resolver todos nuestros problemas, pero sí creo que puede contribuir en parte.*

1. La prensa dice la verdad.
2. Es importante explorar el espacio.
3. El turismo masivo daña el medio ambiente.
4. La música popular de hoy es excelente.
5. La tecnología nos ayuda a vivir mejor.
6. Los atletas profesionales merecen los grandes salarios que ganan.

Ejercicio 10

En grupos de tres o cuatro, expresen sus sentimientos o quejas con respecto a los temas que siguen. Usen verbos como **molestar, sorprender, frustrar, alegrar, deplorar, lamentar, sentir, gustar** y **quejarse.**

MODELO: los restaurantes / permitir fumar
E1: *Me molesta muchísimo que en algunos restaurantes todavía permitan que los clientes fumen.*
E2: *A mí no. Me gusta que lo permitan en espacios especiales.*

E3: *Pues, me alegro de que en algunos restaurantes ya no lo permitan en ninguna parte.*

1. los peatones / no respetar los semáforos
2. el gobierno / no dejar tomar alcohol a los menores de dieciocho años
3. los profesores / dar exámenes los viernes
4. los vendedores / hacer llamadas telefónicas a la casa por la noche
5. los políticos / comenzar sus campañas tantos meses antes de la elección

III The subjunctive in independent clauses

The subjunctive is found mainly in dependent clauses; in a few instances, however, the subjunctive is found in independent clauses:

1. in set exclamations, such as **¡Viva(n)!** and **¡Muera(n)!,** or in sentences that express desire or hope, in which a main verb such as **espero** is implied.

¡Viva la revolución!	*Long live the revolution!*
¡Mueran los traidores!	*Death to traitors!*
Que te mejores. (Espero que te mejores.)	*I hope you get better.*
Que te diviertas.	*Have a good time.*

> **Nota gramatical:** English sentences such as *Long live the Queen!* are also in the subjunctive, as indicated by the verb form *live* and not *lives*.

2. to express wishes after **ojalá** (*May God [Allah] grant*). In modern usage, **ojalá** is the equivalent of *I hope*.

Ojalá (que) **consigas** un nuevo empleo pronto.	*I hope you get a new job soon.*
Ojalá (que) **pueda** ir de vacaciones pronto.	*I hope I can go on vacation soon.*

Las pirámides de Teotihuacán, México. Ojalá que el gobierno mexicano sepa preservar estas bellas construcciones.

3. to emphasize doubt or uncertainty in independent clauses after **probablemente** (*probably*) and **a lo mejor, acaso, quizá(s),** and **tal vez** (*maybe, perhaps*). Use of the indicative after these words implies a greater likelihood that what follows will take place.

Less doubtful: Indicative	More doubtful: Subjunctive
Federico no vino a clase. **Quizá está** enfermo.	Federico no vino a clase. **Quizá esté** enfermo.
Federico did not come to class. He is sick, maybe.	*Federico did not come to class. Maybe he is sick.*
Probablemente Jorge **escribe (escribirá)** un ensayo sobre Borges.	**Probablemente** Jorge **escriba** un ensayo sobre Borges.
Jorge is probably writing (will probably write) an essay on Borges.	*Jorge will probably write an essay on Borges.*
Tal vez Raquel **está** de vacaciones.	**Tal vez** Raquel **esté** de vacaciones.
It's likely that Raquel is on vacation.	*It's possible that Raquel is on vacation.*

4. The subjunctive is also used in independent clauses to express indirect commands intended for a third person or persons. (See p. 277 in this chapter for indirect commands.)

—Sara quiere que le pases su trabajo a máquina.

Sara wants you to type her paper.

—Que lo **haga** ella. Yo no tengo tiempo.

Let her do it. I don't have the time.

Summary of the subjunctive in independent clauses

In set exclamations and expressions in which a verb like **espero** is implied	**¡Viva** el candidato progresista! **Que te mejores.**
After **ojalá**	**Ojalá** (que) **puedas** ir de vacaciones.
After **quizá(s), tal vez, acaso, a lo mejor, probablemente** to emphasize doubt or uncertainty	**Probablemente** Ramón **esté** de vacaciones. **Quizá** todo **se solucione** sin mayor problema.
In indirect commands	Yo no voy a tomar notas por ti; **que las tome** tu compañero de cuarto.

EJERCICIOS

Ejercicio 1

Ud. y sus compañeros/as tienen las siguientes reacciones cuando escuchan que Ernesto, un compañero de estudios, ha sido llevado de urgencia al hospital. Comience sus frases con **Ojalá...**

MODELO: no sentir mucho dolor
           Ojalá no sienta mucho dolor.

1. no ser nada grave
2. no tener complicaciones
3. mejorarse pronto
4. salir pronto del hospital
5. reponerse rápidamente
6. volver a clases dentro de poco

Ejercicio 2

Mencione lo que Ud. piensa hacer este fin de semana, quizá. Use **quizá(s)** o **tal vez** en sus oraciones. Si la probabilidad es alta (70%, por ejemplo), emplee el indicativo; si la probabilidad es baja (30%, por ejemplo), use el subjuntivo.

MODELO: salir con mi novio/a el viernes (70%)
Quizá salgo (saldré) con mi novio el viernes.
salir con mi novio/a el viernes (30%)
Tal vez salga con mi novio el viernes.

1. ver una película (70%)
2. asistir a una fiesta (30%)
3. hacer una caminata (30%)
4. reunirme con unos amigos (70%)
5. ir de compras (70%)
6. almorzar con mis padres (30%)
7. quedarme en casa (30%)

Ejercicio 3

En grupos de tres o cuatro personas y empleando **tal vez, a lo mejor, quizá(s)** o **probablemente,** cada estudiante inventa una explicación para cada una de las siguientes situaciones. Luego, decidan qué explicaciones son mejores y compártanlas con otro grupo.

MODELO: Ud. y un compañero llegan a clase y ven que ni la profesora ni los demás estudiantes están presentes.
E1: *Tal vez sea un día de fiesta.*
E2: *Probablemente trabajen todos en el laboratorio.*
E3: *A lo mejor los relojes estén descompuestos.*

1. Ud. entra en un café popular con sus amigos y ve que nadie tiene comida ni bebidas en la mesa.
2. Daniel llega tarde al trabajo y ve que hay cinco empleados nuevos en la oficina; uno de ellos está sentado en el escritorio de Daniel.
3. Ofelia, una estudiante, recibe una carta del decano de la facultad en la que la invita a reunirse con él en dos días.
4. Martín le dice a Ud. que su mejor amigo no piensa ir a su fiesta esta noche.

Ejercicio 4

Usando **ojalá,** exprese dos deseos, uno afirmativo y el otro negativo, para las siguientes situaciones futuras.

MODELO: el baile de esta noche
Ojalá que la música sea buena y que la entrada no cueste demasiado dinero.

1. el clima durante sus próximas vacaciones
2. las tareas de español para este fin de semana
3. las clases del próximo semestre
4. la película que va a ver con un/a amigo/a esta semana
5. la cita que va a tener con un/a chico/a que conoció hace poco tiempo
6. el partido de básquetbol en el que su equipo jugará contra el mejor equipo de la liga

Direct and indirect commands

A Direct commands

With *Ud.*, *Uds.*, and *tú*

1. The **Ud.** and **Uds.** forms of affirmative and negative commands, as well as negative **tú** commands, are expressed with the corresponding present subjunctive forms of the verb. Affirmative **tú** commands take the same form as the third person singular present indicative.

	-ar verbs comprar		*-er* verbs vender		*-ir* verbs decidir	
	Affirmative	**Negative**	**Affirmative**	**Negative**	**Affirmative**	**Negative**
Ud.	compre	no compre	venda	no venda	decida	no decida
Uds.	compren	no compren	vendan	no vendan	decidan	no decidan
tú	**compra**	no compres	**vende**	no vendas	**decide**	no decidas

Señor Gálvez, **vaya** de paseo este fin de semana.	*Mr. Gálvez, go for a stroll this weekend.*
Muchachos, **decidan** pronto qué quieren hacer.	*Boys, decide soon what you want to do.*
Ana, no **decidas** nada hoy.	*Ana, don't decide anything today.*
Juan, **compra** tus billetes de avión pronto.	*Juan, buy your plane tickets soon.*

2. The following verbs have irregular forms for the affirmative **tú** command.

decir	**di**	salir	**sal**
hacer	**haz**	ser	**sé**
ir	**ve**	tener	**ten**
poner	**pon**	venir	**ven**

Sé bueno. **Ve** al comedor y **pon** la mesa.

Be good. Go to the dining room and set the table.

Haz un esfuerzo. **Di** todo lo que recuerdas. Pero **no digas** mentiras.

Make an effort. Say everything you remember. But don't tell any lies.

REFRÁN

Haz buena harina
y no toques la
bocina.

3. Use of the subject pronoun is optional with all Spanish commands. The subject pronoun, if there is one, follows the verb. It is used for emphasis, to indicate contrast, or as a matter of courtesy.

Espere (Ud.), por favor; lo atiendo de inmediato.

Please wait; I'll help you right away.

—¿Dónde debo firmar esta solicitud de crédito?

Where should I sign this credit application?

—**Firme Ud.** aquí, por favor.

Sign here, please.

When enumerating a series of commands, a sentence may use the subject pronoun with the first command, but omit it thereafter.

Suba (Ud.) al terzcer piso, **busque** la agencia de empleos y **hable** con el señor Gómez.

Go up to the third floor, look for the employment agency, and speak to Mr. Gómez.

4. In affirmative commands, reflexive and object pronouns are attached to the verb, forming a single word. When pronouns are attached to a command form, a written accent is required when the stressed syllable is the third or fourth from the end. Note that a command form such as **dé** retains the written accent whether or not pronouns are attached.

¿Ves ese folleto que está a tu derecha? **Pásamelo**, por favor.	*Do you see that brochure on your right? Pass it to me, please.*
La llamaré mañana, señora. **Déme** su número de teléfono, por favor y **dígame** a qué hora puedo llamar.	*I will call you tomorrow, madam. Give me your telephone number, please, and tell me what time I can call.*

5. In negative commands, reflexive and object pronouns precede the verb and remain separate words.

Entiendo la situación perfectamente. No **me la expliques**.	*I understand the situation perfectly. Don't explain it to me.*
Necesitas llegar temprano al aeropuerto mañana; no **te levantes** tarde.	*You need to arrive at the airport early tomorrow; don't get up late.*

With *vosotros*

1. To form the affirmative **vosotros** command, the **-r** of the infinitive is replaced by **-d: comprar ↦ comprad.** The negative **vosotros** command is identical to the second person plural of the present subjunctive. Remember that **vosotros** is primarily used in Spain; in Hispanic America **Uds.** forms are used for familiar plural commands.

-ar verbs comprar		*-er* verbs vender		*-ir* verbs insistir	
Affirmative	**Negative**	**Affirmative**	**Negative**	**Affirmative**	**Negative**
comprad	no compréis	vended	no vendáis	insistid	no insistáis

No **uséis** este aparato de inmediato. **Leed** las instrucciones primero.	*Don't use this machine right away. Read the directions first.*
Hablad con Julio personalmente; no **llaméis** por teléfono.	*Speak with Julio personally; don't call on the phone.*

2. As with other command forms, reflexive and object pronouns follow and are attached to affirmative **vosotros** commands; they precede the verb in negative commands. When pronouns are attached to an affirmative command, a written accent may be required on the stressed syllable of the stem to reflect proper stress.

<table>
<tr><td>El televisor se descompuso.
  Mandadlo a reparar. **No lo**
  reparéis vosotros mismos.
Cuando llegue el contrato,
  enviádmelo de inmediato.</td><td>*The TV set broke down. Send it*
  to be repaired. Don't repair it
  yourselves.
When the contract arrives, send it
  to me immediately.</td></tr>
</table>

3. When the reflexive pronoun **os** is attached to an affirmative **vosotros** command, the final **d** of the verb is dropped and a written accent is added to the **i** of **-ir** verbs: **limpiad, limpiaos; poned, poneos; vestid, vestíos.** Exception: **id, idos.**

<table>
<tr><td>No os **vayáis** tan temprano.
  Idos más tarde. **Quedaos**
  unos minutos más.</td><td>*Don't leave so early. Leave later.*
  Stay a few more minutes.</td></tr>
</table>

With *nosotros*

1. In a command with **nosotros,** which corresponds to the English word *let's* + a verb, the speaker invites another person or a group to participate in an activity or a type of behavior. A **nosotros** command can be expressed either with **vamos a** + an infinitive or, more commonly, with the **nosotros** form of the present subjunctive.

<table>
<tr><td>**Vamos a comprar** pan francés
  para el picnic. / **Compremos**
  pan francés para el picnic.
Juguemos al voleibol esta tarde.

No escuchemos música clásica;
  escuchemos jazz.</td><td>*Let's buy French bread for our*
  picnic.

Let's play volleyball this
  afternoon.
Let's not listen to classical music;
  let's listen to some jazz.</td></tr>
</table>

2. Reflexive and object pronouns follow and are attached to the present subjunctive **nosotros** form in affirmative commands; they precede the verb in negative commands. As with **Ud.** and **Uds.** commands, a written accent is required when the stressed syllable is the third or fourth from the end. (Note in the last two examples that when the pronoun **se** or the reflexive pronoun **nos** is attached to a **nosotros** command, the final **s** of the verb is dropped: **apuremos + nos ↝ apurémonos.**)

<table>
<tr><td>Allí va Beatriz. **Llamémosla.**
  Hablémosle del concierto del
  sábado.</td><td>*There goes Beatriz. Let's call her.*
  Let's talk to her about
  Saturday's concert.</td></tr>
</table>

David no tiene la culpa. No **lo critiquemos.** No **lo ofendamos.**

It's not David's fault. Let's not criticize him. Let us not offend him.

Miguel no ha visto este folleto sobre un viaje a Machu Picchu; **mostrémoselo.**

Miguel hasn't seen this brochure about a trip to Machu Picchu; let's show it to him.

Estamos atrasados. **Apurémonos.**

We are late. Let's hurry.

3. The present indicative, not the present subjunctive, is used to express an affirmative **nosotros** command with **ir** (*to go*) and **irse** (*to leave*).

—**Vamos** de compras al centro.

Let's go shopping downtown.

—Sí, **vámonos** ya. Pero **no vayamos** a la zapatería.

Yes, let's leave now. But let's not go to the shoe store.

B ▷ Indirect commands

1. Direct commands are addressed directly to a particular person or persons. Indirect commands are intended to be conveyed to a third person or persons and are formed by **que** + a third person singular or plural verb form in the present subjunctive.

No puedo ir al aeropuerto contigo. **Que te acompañe Jaime;** él tiene la tarde libre.

I cannot go to the airport with you. Let Jaime go with you; he has the afternoon free.

Yo no voy a firmar esa petición. **Que la firmen los otros.**

I am not going to sign that petition. Let the other people sign it.

> **Nota gramatical:** The subjunctive is used in this type of sentence because a verb of influencing is implied: **Que lo haga ella.** = **Prefiero / Quiero que lo haga ella.** See Section II, p. 258 of this chapter for the use of the subjunctive after verbs of influencing.

2. Object pronouns precede the verb in indirect commands. The subject (that is, the person or persons who are supposed to carry out the indirect command) follows the verb or verb phrase.

—¿Quién puede escribir estas facturas?

Who can write these invoices?

Petroglifos que se encuentran en la aldea ceremonial de Orongo, junto al volcán Rano Kau, en la Isla de Pascua. Estos dibujos constituyen una de las atracciones turísticas de la isla.

—**Que las escriba Inés**; ella tiene mucha experiencia. Por favor, **que no se ocupe Benito** de ellas; la última vez cometió muchos errores.

Let Inés write them; she has a lot of experience. Please, don't let Benito take care of them; last time he made many mistakes.

Nota gramatical: With the exception of the affirmative **tú** and **vosotros** direct commands, command forms use the same forms as the present subjunctive forms, as can be seen in the following illustration with the verb **viajar.**

	Present subjunctive	**Command forms**
tú	viajes	**¡viaja!;** ¡no viajes!
Ud.	viaje	¡viaje!; ¡no viaje!
él	viaje	¡que (no) viaje él!
nosotros	viajemos	¡(no) viajemos!
vosotros	viajéis	**¡viajad!;** ¡no viajéis!
Uds.	viajen	¡viajen!; ¡no viajen!
ellos	viajen	¡que (no) viajen ellos!

Ejercicio 1

Ud. amonesta a su amigo/a que cree, por ejemplo, que Machu Picchu y los moais de la Isla de Pascua fueron construidos por seres de otros planetas.

MODELO: tener una posición crítica
            Ten una posición crítica.

1. usar tu sentido común
2. no aceptar pruebas que no entiendes
3. ver con tus propios ojos, si puedes
4. no creer todo lo que ves en la televisión
5. poner atención a lo que lees
6. pedir pruebas verificables
7. no ser tan crédulo/a todo el tiempo
8. buscar información en enciclopedias confiables
9. no tener miedo de contradecir
10. leer informes escritos por científicos

Ejercicio 2

Ud. es muy exigente y le molesta cuando ve que su compañero/a de apartamento maltrata varios aparatos domésticos o no hace las cosas como Ud. cree que deben hacerse. Déle instrucciones al respecto y use pronombres cuando sea posible.

MODELO: no poner tanto detergente en la lavadora / usar menos o vas a
            dañar la máquina
            No pongas tanto detergente en la lavadora; usa menos o vas a
            dañar la máquina.

1. no dejar agua en la plancha / vaciarla al terminar de planchar
2. no meter un cuchillo en la tostadora para sacar el pan / sacarlo con los dedos
3. no hacer las cuentas mentalmente / hacerlas con la calculadora
4. no encender tantos aparatos a la vez / ahorrar electricidad
5. no dar golpes al televisor / ajustarlo usando el control remoto
6. no subir tanto el volumen del equipo estereofónico / bajarlo un poco para no molestar a los vecinos
7. no dejar abierta la puerta al salir / cerrarla con llave
8. no salir de la casa sin hacer la cama / tratar de mantener la casa en orden

Ejercicio 3

Hoy está Ud. a cargo de un grupo de niñitos y niñitas de nivel preescolar. Indique las órdenes que necesita dar para que hagan o no hagan las acciones representadas en el dibujo. Dé primeramente órdenes al grupo usando el pronombre **Uds.;** en seguida, use el pronombre **tú** para dar órdenes individuales. Puede usar verbos como **escuchar, escribir, dibujar, empujar, tocar (el tambor)** u otros de su elección.

MODELOS: (Uds.) *Escuchen una historia. (Pongan el tocadiscos y escuchen la historia de "Los tres cochinitos".)*
(tú) *Escucha una historia. (Pon el tocadiscos y escucha la historia de "Los tres cochinitos".)*

Ejercicio 4

En grupos de tres, un/a estudiante hace el papel de una persona que les enseña a otras dos personas a preparar un taco. Usen el vocabulario que aparece a continuación u otro de su elección. Después de la presentación sobre el taco, los demás estudiantes deben enseñarles a sus compañeros a hacer un taco de otra manera o a preparar una ensalada, un sandwich u otra comida que Ud. escoja.

agregar	carne molida
calentar (ie)	cebolla
cortar	lechuga
freír (i)	queso
lavar	salsa
mezclar	tomate
picar	tortillas para tacos
poner	
sacar	

MODELO: *Saquen todos los ingredientes, laven la lechuga y los tomates, ...*

Ejercicio 5

Trabajando en parejas, túrnense para hacer el papel de dos amigos que no se ponen de acuerdo en lo que quieren hacer durante una tarde libre. Uno propone una actividad y el otro la rechaza y propone otra en su lugar.

MODELO: escuchar los discos compactos nuevos que compré
   E1: *Escuchemos los discos compactos nuevos que compré.*
   E2: *No, no los escuchemos ahora; caminemos al parque y*
       tomemos el sol.

1. tomar un café expresso
2. visitar el pueblo vecino
3. ir de compras al nuevo hipermercado
4. probarnos unos zapatos de tenis
5. hacer una salida al campo
6. jugar al voleibol

Ejercicio 6

Ud. tiene ganas de descansar este fin de semana, pero uno/a de sus compañeros/as de cuarto tiene otros planes. Conteste sus preguntas, empleando un mandato indirecto.

MODELO: E1: ¿Por qué no me acompañas a la biblioteca?
              E2: *Yo no, que te acompañe Martín.*

1. Me ayudarás a hacer las compras, ¿no es verdad?
2. ¿Quieres pasar a buscar el cortacésped? Ya está reparado.
3. ¿Nos llevas al estadio en tu coche?
4. ¿Quieres ayudarme a buscar un regalo de cumpleaños para Sergio?
5. ¿Tienes ganas de almorzar conmigo en la pizzería Queso Triple?
6. Las ventanas están sucias. ¿Me haces el favor de lavarlas?

Ejercicio 7

Trabajen en grupos de tres o cuatro estudiantes. Cada persona del grupo debe darle por lo menos dos consejos (afirmativos y negativos) a un amigo (imaginario) que se encuentra en las siguientes situaciones.

MODELO: no tener suficiente dinero para comprar el coche que quiere
             Deposita tu dinero en el banco y no salgas a divertirte tanto con
             los amigos.

1. sentirse un poco enfermo/a
2. no saber si ir al cine o a una fiesta
3. olvidarse del cumpleaños de la madre
4. estar a punto de perder el trabajo por llegar tarde tres veces
5. pelearse con el /la novio/a dos días consecutivos
6. encontrar un perro perdido

Foco en el léxico: *Trabajar, funcionar,* and similar verbs

Several Spanish verbs may be used to express the variety of meanings possible in the English terms *to work* and *to operate*. The most frequently used are **trabajar** and **funcionar**.

1. **Trabajar** is used to express *to work* in the general sense of doing physical labor or fulfilling the requirements of a job.

    En algunas familias los dos   *In some families both parents*
       padres **trabajan** para pagar   *work in order to pay the bills.*
       las cuentas.

    Adela **trabajó** allí tres años   *Adela worked there three years*
       antes de comenzar a **trabajar**   *before beginning to work at the*
       en la Compañía Sandoval.   *Sandoval Company.*

2. Several verbs in Spanish may be used to express putting into motion or operating a machine or device. **Conducir** (preferred in Spain) or **manejar** (preferred in Latin America) is used more frequently with means of land transportation (motorcycle, car, bus, etc.). **Operar** and **hacer funcionar** are used more frequently with other types of machines and devices.

Ana **conduce (maneja)** un coche sport.	*Ana drives (operates) a sports car.*
Dudo que la niña sepa **hacer funcionar** este aparato.	*I doubt the girl knows how to run (work) this device.*
Ojalá que pronto me dejen **operar** esta máquina.	*I hope they soon let me operate (work) this machine.*

3. The verbs most frequently used to refer to the functioning of a machine or device are **funcionar** and **andar. Caminar** and **marchar** are used to a lesser degree. **Funcionar** may also refer to the performance of a system or a program.

Llama a la sección de reparaciones; no **funciona** bien este teléfono.	*Call the repair department; this telephone is not working properly.*
Compremos otra caja registradora; ésta nunca **anda** bien.	*Let's buy another cash register; this one never works well.*
A mí me parece que los programas de servicios sociales **funcionan** bien aquí.	*It seems to me that the social service programs work well here.*

4. **Hacer trabajar** is used to express the idea of making someone else work.

Rodolfo dejó de trabajar allí porque creía que lo **hacían trabajar** demasiado.	*Rodolfo stopped working there because he thought they made him work too much.*

 **EJERCICIOS**

Ejercicio I

Complete la frase con una de las palabras o expresiones presentadas en esta lección.

1. ¿Cuándo empezaron Uds. a _____ para la agencia de viajes Trotamundos?
2. Si no _____ bien tu telefax, llévalo al taller de reparaciones.
3. ¿Puedes ayudarme a _____ la lavadora nueva?

4. Mi única queja es que el patrón nos _____ demasiadas horas; prefiero tener más tiempo libre.
5. No pude preparar la cena; de repente la estufa dejó de _____.
6. Hacía diez años que yo _____ allí antes de cambiar de empleo.
7. Voy de compras; mi reloj ya no _____ bien.
8. No sé si puedo _____ este coche; es demasiado grande y el tablero de mandos es muy complicado.

Ejercicio 2

En parejas, háganse y contesten las siguientes preguntas según su propia experiencia.

MODELO: E1: ¿Te hacen trabajar mucho en las clases?
              E2: *Claro, nos hacen trabajar durante las noches y los fines de semana.*

1. ¿Cuánto tiempo hace que sabes hacer funcionar una computadora?
2. ¿Funcionan bien los relojes electrónicos? Y el reloj que tienes ahora, ¿anda bien?
3. De los trabajos que has tenido, ¿en cuál te hacían trabajar más? ¿Te gustaba trabajar allí?
4. ¿Crees tú que el sistema educativo funciona bien? ¿Qué parte funciona mejor?
5. ¿A qué edad empezaste a manejar? ¿Qué tipo de vehículo prefieres manejar?
6. De los amigos que tienes, ¿quién trabaja más? ¿Por qué trabaja tanto?
7. Si debes subir al décimo piso y el ascensor no funciona, ¿qué haces?
8. ¿Prefieres operar un cortacésped eléctrico o uno a gasolina? ¿Por qué?

Rincón del escritor

1. Trabajando en pequeños grupos, discutan primeramente si Uds. piensan que son más admirables algunas construcciones o realizaciones del mundo antiguo o algunas del mundo moderno. Una vez que hayan terminado la discusión, una persona del grupo escribe un informe con las conclusiones. Finalmente, un representante de cada grupo lee las conclusiones al resto de la clase.

2. Escriba un informe en que Ud. describe una maravilla del mundo antiguo que a Ud. le asombra y explique por qué le asombra. Comparta su escrito con sus compañeros.

Lectura: El teletrabajo, ¿un nuevo modo de vida?

CAPÍTULO 8

LECTURA

El "teletrabajo," ¿un nuevo modo de vida?

Son muchos ya los trabajadores que para llegar al lugar de trabajo no tienen que conducir el automóvil o tomar algún medio de transporte urbano y sufrir así todas las inconveniencias de las congestiones de la circulación°. Simplemente tienen que caminar unos pasos hacia el cuarto en que tienen instalada su computadora. Este aparato y las telecomunicaciones constituyen su oficina. Son los teletrabajadores, un concepto relativamente nuevo en la organización del sistema laboral°.

traffic

relativo al trabajo

Aunque algunos teletrabajadores trabajan desde su casa, hay otros que trabajan en telecentros, locales independientes de las oficinas centrales dotados° con equipo de telecomunicaciones, mientras otros trabajan mientras viajan o desde las oficinas de los clientes. Así, el teletrabajo puede definirse como todo trabajo remunerado que se realiza sin necesidad de acudir° diariamente a la empresa, y que utiliza las nuevas tecnologías de la información y la comunicación.

equipped

ir, asistir

Esta ampliación del sistema de oficina central está revolucionando el mundo de la empresa tanto a nivel de directivos como de empleados. Para muchos el teletrabajo mejora la calidad de vida de todos porque alivia los problemas de tráfico, ofrece al trabajador tener horarios flexibles y le deja más tiempo para el ocio° y la reflexión, y a la empresa le da más autonomía para planificar mejor el tiempo.

leisure

Otros, sin embargo, señalan las desventajas de este nuevo tipo de trabajo: la falta° de motivación que puede sentir el teletrabajador al sentirse solo, sin ganas de trabajar y sin supervisión; el peligro constante de trabajar más horas al no saber poner límite al trabajo; la necesidad de una autodisciplina para volver a trabajar en una atmósfera que permite descansos ilimitados.

lack

Algunos sociólogos señalan que el trabajador que opera desde casa puede perder el sentido de los ritmos del tiempo y de la duración, del movimiento del cuerpo incluso y, lo que es más importante, pierde el contacto social con sus colegas que ocurre en el lugar de trabajo tradicional.

En torno a la lectura

1. ¿En qué consiste la oficina de un/a teletrabajador/a?
2. ¿Cómo define Ud. el teletrabajo?
3. ¿Qué ventajas presenta el teletrabajo para los trabajadores? ¿Y para la empresa?
4. ¿Puede mencionar algunas de las desventajas del teletrabajo?
5. En su opinión, ¿cuál es la mayor ventaja? ¿Y la mayor desventaja?
6. ¿Le gustaría a Ud. ser teletrabajador/a? ¿Por qué?

The imperfect subjunctive

A Forms

1. The stem of the imperfect subjunctive of all verbs is formed by dropping **-ron** from the third person plural form of the preterit.

2. The imperfect subjunctive has two sets of endings. The **-ra** endings are used more frequently both in Spain and in Hispanic America; the **-se** endings are used primarily in Spain and are more common in the written than in the spoken language. Notice that first and third person singular forms are identical and that first person plural forms have a written accent.

	-ar verbs **trabajar**	*-er* verbs **entender**	*-ir* verbs **vivir**
Stem:	ellos trabaja~~ron~~	ellos entendie~~ron~~	ellos vivie~~ron~~
	-ra endings		
	trabaja**ra**	entendie**ra**	vivie**ra**
	trabaja**ras**	entendie**ras**	vivie**ras**
	trabaja**ra**	entendie**ra**	vivie**ra**
	trabajá**ramos**	entendié**ramos**	vivié**ramos**
	trabaja**rais**	entendie**rais**	vivie**rais**
	trabaja**ran**	entendie**ran**	vivie**ran**
	-se endings		
	trabaja**se**	entendie**se**	vivie**se**
	trabaja**ses**	entendie**ses**	vivie**ses**
	trabaja**se**	entendie**se**	vivie**se**
	trabajá**semos**	entendié**semos**	vivié**semos**
	trabaja**seis**	entendie**seis**	vivie**seis**
	trabaja**sen**	entendie**sen**	vivie**sen**

3. All verbs that have changes in spelling, stem changes, or irregular stems in the third person plural form of the preterit maintain that same irregularity in the imperfect subjunctive. (Consult Chapter 2, Section I, p. 48 for a complete list of irregularities in the preterit.)

Verb	Preterit: *ellos* form	Imperfect subjunctive
leer	le**y**eron	yo le**y**era (le**y**ese)
dormir (ue, u)	d**u**rmieron	yo d**u**rmiera (d**u**rmiese)
mentir (ie, i)	m**i**ntieron	yo m**i**ntiera (m**i**ntiese)
pedir (i)	p**i**dieron	yo p**i**diera (p**i**diese)
dar	**di**eron	yo diera (diese)
decir	**dij**eron	yo dijera (dijese)
estar	**estuv**ieron	yo estuviera (estuviese)
hacer	**hic**ieron	yo hiciera (hiciese)
poder	**pud**ieron	yo pudiera (pudiese)
querer	**quis**ieron	yo quisiera (quisiese)
saber	**sup**ieron	yo supiera (supiese)
tener	**tuv**ieron	yo tuviera (tuviese)
venir	**vin**ieron	yo viniera (viniese)

El jefe nos pidió que
estudiáramos las ventas del
mes y que **hiciéramos** un
informe.

*The boss asked us to study the
monthly sales and to make a
report.*

Nunca pensé que **estuvieras**
tan ocupada que no **pudieras**
venir a verme.

*I never thought you'd be so busy
that you couldn't come to see
me.*

4. The verbs **ir** and **ser,** which have identical forms in the preterit, also have identical forms in the imperfect subjunctive. Context determines which verb is meant.

	Preterit: *ellos* form	Imperfect subjunctive
ir	ellos fueron (al cine)	yo fuera (fuese) al cine
ser	ellos fueron (felices)	yo fuera (fuese) feliz

Ricardo me pidió que no **fuera**
antipático y que **fuera** al cine
con él ayer.

*Ricardo asked me not to be
disagreeable and to go to the
movies with him yesterday.*

> ***Nota gramatical:*** In most instances, sentences using the **-ra** and the **-se** imperfect subjunctive endings are synonymous: **Era importante que yo encontrara trabajo. / Era importante que yo encontrase trabajo.** One instance in which only the **-ra** ending can be used is in sentences implying politeness: **¿Quisieras** (and not **Quisieses**) **salir con nosotros esta tarde?** See p. 291 of this section for this use of the imperfect subjunctive.

B▷ Uses of the imperfect subjunctive

1. The imperfect subjunctive is used under the same circumstances as the present subjunctive when the situation referred to is in the past. In independent clauses, it is used after **ojalá, quizá(s), probablemente, a lo mejor,** and in indirect commands. In noun clauses, it is used to attempt to influence other people's behavior, and to report emotional reactions to facts, subjective viewpoints, or doubts.

Present subjunctive	Imperfect subjunctive
Es lamentable que no **tengas** tiempo para visitar a tu familia. *It is regrettable that you don't have time to visit your family.*	Era lamentable que no **tuvieras** tiempo para visitar a tu familia. *It was regrettable that you didn't have time to visit your family.*
Me han recomendado que **trabaje** menos y que **descanse** más. *They have recommended that I work less and rest more.*	Me recomendaron que **trabajara** menos y que **descansara** más. *They recommended that I work less and rest more.*
En este puesto será muy importante que yo **aumente** las ventas. *In this job, it will be very important that I increase sales.*	En mi último puesto era muy importante que yo **aumentara** las ventas. *In my last job, it was very important that I increase sales.*
Me sorprende que nadie **haga** preguntas. *I'm surprised that nobody asks questions.*	Cuando estaba en mi primer año de secundaria, me sorprendía que nadie **hiciese** preguntas. *When I was in my first year of high school, I was surprised that nobody would ask questions.*

See Chapter 7, Section III, p. 269 for use of the present subjunctive in independent clauses; Chapter 7, Section II, p. 256 for use of the present subjunctive in noun clauses; Chapter 9, Section III, p. 340 for use of the present subjunctive in adverbial clauses; and p. 312 in this chapter for use of the subjunctive in adjective clauses.

2. The imperfect subjunctive, with **-ra** endings only, is used with **deber, poder,** and **querer** to phrase a statement or a question in an especially polite way. The conditional tense can also be used for this purpose. (See Chapter 4, Section II, p. 138 for use of the conditional to express politeness.)

¿Pudiera (Podría) Ud. indicarme cómo llegar a la oficina de correos?	*Could you tell me how to get to the post office?*
Quisiera (Querría) entrevistarme con el director de la empresa.	*I would like to have an interview with the director of the company.*

3. The imperfect subjunctive is also used to express contrary-to-fact or highly unlikely circumstances.

¡Ojalá que yo **pudiera** trabajar desde mi casa!	*I wish I could work from home!* (The speaker doesn't work from home.)
Si **estuviera** libre esta tarde, te ayudaría.	*If I were free this afternoon, I would help you.* (But I probably won't be.)
Si **salieras** temprano del trabajo, podríamos ir a casa de Carolina.	*If you were to leave work early, we could go to Carolina's house.* (It's highly unlikely that the person will leave work early.)
Tú hablas como si **fuese** muy fácil aprender a usar todas estas nuevas máquinas de la oficina.	*You speak as if it were so easy to learn how to use all these new office machines.* (The speaker implies it is not easy.)

⬦C⬦ Sequence of tenses

The choice between the present subjunctive and the imperfect subjunctive is determined by the tense of the verb in the main clause.

Mimetism de la pintora mexicana Remedios Varos (1908–1963). Según su opinión, ¿qué reacción quería la artista que tuviéramos cuando viéramos a la mujer que ocupa el centro del cuadro?

Main clause (Indicative)	Subordinate clause (Subjunctive)
Present Present perfect Future	Present subjunctive Imperfect subjunctive
Imperfect Preterit Conditional	Imperfect subjunctive

1. If the verb of the main clause is in either the present, the present perfect, or the future tense, any subjunctive tense is possible in the subordinate clause, provided that the combination is logical. The present subjunctive is, however, more common.

Dudo que él **tenga** autodisciplina ahora. Dudo que él **tuviera** autodisciplina el año pasado.

I doubt he has self-discipline now. I doubt he had self-discipline last year.

Es imperativo que **dediques** más tiempo a la reflexión.

It is imperative that you devote more time to reflection.

Le pediré a Rodrigo que me **preste** su computadora portátil.

I will ask Rodrigo to lend me his laptop computer.

Elena nunca ha negado que **seamos** amigas.

Elena has never denied that we are friends.

2. If the verb in the main clause is in any of the past tenses or in the conditional, the imperfect subjunctive is used in the subordinate clause.

Cuando estaba en la secundaria, mis padres querían que yo **estudiara** informática.

When I was in high school, my parents wanted me to study computer science.

Lamenté que no **pudieras** venir al picnic de la oficina.

I regretted that you couldn't come to the office picnic.

¿Qué tal si le hacemos una pequeña fiesta a Teresa? Preferiría que **fuera** una sorpresa. Me gustaría que no le **dijeran** nada a ella.

How about if we have a small party for Teresa? I would prefer that it be a surprise. I'd like for you not to say anything to her.

Anoche hubo disturbios en el centro y fue necesario que **interviniera** la policía.

Last night there were disturbances downtown, and it was necessary for the police to intervene.

See Chapter 9, Section I, p. 325 for use of the perfect tenses of the subjunctive.

EJERCICIOS

Nota: En los ejercicios siguientes aparece siempre el imperfecto de subjuntivo que usa las terminaciones en **-ra,** las terminaciones de mayor uso. Practique también, si lo desea, las terminaciones en **-se.** En el Ejercicio 7 sólo pueden usarse las terminaciones en **-ra.**

Un teletrabajador se rasura en la oficina de su casa al mismo tiempo que atiende un llamado telefónico. ¿Querría Ud. que su trabajo se hiciera desde casa y que pudiera así evitar las inconveniencias del tráfico?

Ejercicio 1

Ud. hace el papel de un supervisor antiguo que ve diferencias entre los empleados de antes y los de ahora. Él explica qué cualidades era importante que los empleados tuvieran antes. Siga el modelo.

MODELO: no cambiar de trabajo frecuentemente
Era importante que los empleados no cambiaran de trabajo frecuentemente.

1. ser flexibles
2. poseer autodisciplina
3. sentir lealtad (*loyalty*) por la empresa
4. tener buenos hábitos de trabajo
5. saber escribir bien un informe
6. no llegar atrasados al trabajo nunca
7. pedir permiso por razones familiares sólo de vez en cuando
8. trabajar horas extraordinarias de ser necesario

Ejercicio 2

Ud. es un/a teletrabajador/a que tuvo muchos problemas la semana anterior y le cuenta a un/a amigo/a qué cosas le molestaron. Siga el modelo.

MODELO: el jefe / pedirme ir a la oficina central
Me molestó que el jefe me pidiera ir a la oficina central.

1. la electricidad / cortarse muchas veces
2. tía Rosalía / llamarme por teléfono a casa en horas de trabajo
3. mi computadora portátil / descomponerse
4. la línea de acceso a la red / estar ocupada con frecuencia
5. uno de mis hijos / necesitar cuidado especial por estar un poco enfermo
6. el supervisor / adelantar la fecha de entrega de un informe importante

Ejercicio 3

Todo el mundo le ha pedido algo a Ud. hoy. Exprésele esto a otra persona, según el modelo.

MODELO: mi hijo: llevarlo al colegio y pasar a buscarlo por la tarde
(rogar)
Mi hijo me rogó que lo llevara al colegio y que lo pasara a buscar por la tarde.

1. Olivia: ir al correo y comprarle sellos (pedir)
2. mi esposo/a: devolverle a Rosie sus libros (decir)
3. Tony y Luis: pasar por su casa y consultarlos acerca de un problema nuevo (recomendar)
4. Martín: acompañarlo a su lección de piano (exigir)
5. Susana y Roberto: ayudarlos a hacer las compras (pedir)
6. Sara: tener más paciencia durante esta parte del proyecto (sugerir)
7. una profesora mía: necesitar hablarle de mi trabajo de investigación (aconsejar)
8. dos primos míos: hacerles varios favores este fin de semana (insinuar)

Ejercicio 4

Ud. y dos amigos/as buscan un apartamento, pero tienen diferentes opiniones sobre lo que quieren. Han visto varios apartamentos y ahora discuten sus preferencias. Usen algunas de las siguientes ideas y otras originales. Empiecen cada oración con un verbo como **(me) gustaría, preferiría, recomendaría** o **querría**.

MODELO: E1: *Me gustaría que alquiláramos el apartamento con gimnasio.*
E2: *Preferiría que buscáramos un apartamento más barato que ése.*
E3: *Pues, yo recomendaría que viéramos más apartamentos antes de escoger.*

seguir buscando algo económico

conseguir un apartamento cerca de nuestro lugar de trabajo

encontrar un sitio con lavadora

alquilar un apartamento con aire acondicionado

tener un apartamento en una zona tranquila

buscar un apartamento próximo a la parada del autobús

obtener un lugar con piscina

informarse más sobre las diferentes opciones

vivir más lejos del centro de la ciudad

Ejercicio 5

Termine las siguientes frases con **como si,** según el modelo. Puede completar las frases usando las posibilidades sugeridas a continuación o sus propias expresiones.

ganar mucho dinero

no sentirse bien

no tener ningún cuidado

no tener problemas económicos

ir a recibir una promoción

preferir estar en otro lugar

querer salir inmediatamente

saberlo todo

ser un atleta profesional

MODELO: El jefe me trata como si …
           El jefe me trata como si yo no supiera hacer mi trabajo.

1. Uds. se portan como si …
2. Tu prima corre como si …
3. Tú andas despreocupado/a como si …
4. Algunos empleados gastan dinero como si …
5. Tus hermanos juegan al béisbol como si …
6. Mi primo Aníbal habla como si …
7. Mi novio/a actúa como si …
8. Mi jefe se sonríe como si …
9. Elena da discursos como si …

Ejercicio 6

Diga cómo se sintió Ud. al enterarse de las noticias que aparecen a continuación. Use expresiones como **me sorprendió, me alegró, me molestó, me entusiasmó, me gustó, me asustó, me enojó, me pareció estupendo, me decepcionó** u otras similares.

MODELO: Su supervisor dijo que Ud. no podía salir de vacaciones la semana próxima.
Me enojó mucho que mi supervisor me dijera que no podía salir de vacaciones la semana próxima.

1. Sus compañeros de trabajo fueron a ver una película sin invitarlo/la.
2. Sus padres le prestaron dinero para comprar un coche.
3. Su tía le regaló varios discos compactos para su cumpleaños.
4. No fue posible arreglar la computadora.
5. Su jefe lo felicitó por el informe que Ud. escribió.
6. Una amiga y Ud. ganaron quinientos dólares en la lotería.
7. Ud. se cayó y se fracturó el brazo.
8. Un buen vendedor le vendió un televisor nuevo que no necesitaba.

Ejercicio 7

En parejas, túrnense para decir qué dirían en las siguientes situaciones. Usen **deber, querer** y **poder** en estas expresiones de cortesía. A continuación aparecen dos modelos posibles.

MODELO 1: Ud. quiere cambiar una máquina de afeitar en una tienda.
Perdone, señorita. ¿Pudiera Ud. cambiarme esta máquina de afeitar por otra diferente?

MODELO 2: Ud. compra billetes para un concierto muy popular y quiere obtener un buen asiento.
Quisiera comprar dos billetes en la primera fila, si me hace el favor.

1. Ud. quiere comprar una lavadora automática a un precio especial, pero la venta especial se venció ayer.
2. Ud. y una amiga desean devolver una camisa, pero se les olvidó traer el recibo.
3. Ud. necesita que le reparen su coche, pero no tiene mucho tiempo.
4. Ud. habla con su consejero académico porque no entiende muy bien qué se debe hacer para cambiar de especialización.

5. Ud. le sugiere a un compañero de trabajo que no tome tantos descansos.
6. Ud. habla con la dueña de su apartamento sobre una estufa que no funciona bien.

Ejercicio 8

En parejas, túrnense para hacer y contestar preguntas sobre las siguientes situaciones hipotéticas.

MODELO: suspender la clase de español hoy
E1: *¿Qué harías si suspendieran la clase de español hoy?*
E2: *Si suspendieran la clase de español hoy, yo saldría a comer. ¡Tengo más hambre que un león!*

1. recibir (tú) un cheque en el trabajo por una cantidad mucho mayor que tu salario
2. poder (tú) salir de vacaciones mañana
3. recibir (tú) una herencia muy grande
4. tener (tú) citas con dos chicos/as para la misma noche
5. despedirte de tu jefe repentinamente
6. llegar a visitarte tus padres sin aviso
7. ver (tú) a tu novio/a del brazo con otra persona
8. estar abandonado/a (tú) en una isla inhabitada
9. (¿otra situación?)

Ejercicio 9

Usando la expresión **ojalá (que),** cada estudiante expresa algo de su vida que le gustaría que fuera diferente. Piense, por ejemplo, en sus amigos o familia, en su casa, en la ciudad donde vive o en su trabajo.

MODELO: E1: *Ojalá que mis hermanos vivieran más cerca de mí.*
E2: *Ojalá yo pudiese trabajar desde mi casa.*

Ejercicio 10

Mencione actividades a las que sus amigos lo/la invitaban a participar cuando Ud. era niño/a. Use frases como **me gustaba (me daba mucho gusto), me agradaba, me fascinaba, me alegraba** y **me parecía estupendo.**

MODELOS: *Me gustaba que mis amigos vinieran a jugar a mi casa.*
Me agradaba mucho que me invitaran al cine los sábados por la tarde.

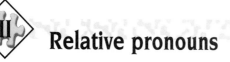

Relative pronouns

A Relative pronouns and restrictive and nonrestrictive relative clauses

1. Relative pronouns introduce dependent adjective (or relative) clauses. Both the pronoun and the rest of the adjective clause refer back to an antecedent. The antecedent is a noun or pronoun found in the main clause. In contrast to English, the relative pronoun cannot be omitted in Spanish.

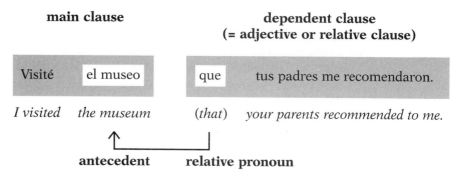

main clause	**dependent clause** **(= adjective or relative clause)**
Visité el museo	que tus padres me recomendaron.
I visited *the museum*	*(that)* *your parents recommended to me.*

antecedent   relative pronoun

2. Within the relative clause the relative pronoun can function as a subject, a direct or an indirect object, or the object of a preposition.

Subject	Busco el camino **que va al parque.** *I am looking for the road that goes to the park.*	= **el camino** va al parque
Direct object	Leí el informe **que tú me diste.** *I read the report (that) you gave me.*	= tú me diste **el informe**
Indirect object	No veo al empleado **a quien le pedí información.** *I do not see the employee from whom I requested information.*	= le pedí información **al empleado**
Object of a preposition	Tú no conoces a la señora **de quien hablamos.** *You don't know the woman we're talking about.*	= hablamos **de la señora**

> **Nota gramatical:** Formal English distinguishes between *who* subject and *whom* direct object in sentences such as: *I know the man who greeted you* (*who* subject), and *I know the man whom you greeted* (*whom* direct object). In colloquial English, *whom* direct object appears as *who* or can be omitted altogether: *I know the man who you greeted* or *I know the man you greeted*. *Who* subject is never omitted. The Spanish equivalents of these two sentences are: **Conozco al hombre que te saludó** (**que** subject) and **Conozco al hombre que saludaste / Conozco al hombre a quien saludaste** (**que** direct object; **a quien,** direct object preceded by personal **a**).

3. As in English, a dependent clause introduced by a relative pronoun can be either restrictive or nonrestrictive. A restrictive clause gives information necessary to identify an antecedent and is essential to the meaning of the sentence. It is not set off by commas.

Los empleados **que llegaron atrasados** fueron amonestados por el supervisor.	*The employees who arrived late were admonished by the supervisor.* (Only those employees who were late were admonished.)
El joven **que entró** es mi primo Rubén.	*The young man who came in is my cousin Rubén.*

A nonrestrictive clause gives parenthetical, nonessential information about a specific antecedent and is set off by commas.

Los empleados, **que llegaron atrasados,** fueron amonestados por el supervisor.	*The employees, who arrived late, were admonished by the supervisor.* (All employees were late, and they were all admonished.)
Rubén, **quien vive en Colorado,** es primo mío.	*Rubén, who lives in Colorado, is a cousin of mine.*

B The relative pronoun *que*

1. The relative pronoun **que** (*that, which, who, whom*) refers back to both personal and nonpersonal antecedents. **Que,** which is used in both restrictive and nonrestrictive relative clauses, is the relative pronoun used most frequently.

El director **que** me entrevistó
es muy joven.

*The director who interviewed me
is very young.*

El colega **que** conocí ayer vivió
muchos años en Venezuela.

*The colleague I met yesterday lived
in Venezuela for many years.*

Están reparando la autopista
que lleva a la capital.

*They are repairing the freeway
that leads to the capital.*

El puesto **que** obtuve me
agrada mucho.

*The position I got pleases me a
lot.*

El alcalde, **que** ha tenido un
excelente desempeño, se
presentará a la reelección.

*The mayor, who has had an
excellent record, will seek
reelection.*

Esas montañas, **que** están
cubiertas de nieve todo el
año, son difíciles de escalar.

*Those mountains, which are
covered with snow year-round,
are hard to climb.*

Esta computadora, **que** acabo
de comprar, es rapidísima.

*This computer, which I just
bought, is very fast.*

> ***Nota gramatical:*** In restrictive relative clauses, English *who* subject is rendered by **que,** not **quien(es),** in Spanish: *The workers who received a raise were happy.* **Los trabajadores que recibieron un aumento de sueldo estaban felices.** In nonrestrictive relative clauses, set off by commas, English *who* subject can be rendered by **que** or **quien(es):** *The workers, who received a raise, were happy.* **Los trabajadores, que/quienes recibieron un aumento de sueldo, estaban felices.**

2. When referring back to a nonpersonal antecedent, **que** is used after the common prepositions **a, de, con,** and **en.** In contrast to English, the preposition always precedes the relative pronoun in Spanish.

Las entrevistas **a que** me
presenté fueron agotadoras.

*The interviews I went to were
exhausting.*

El tema **de que** trata ese
programa no te interesará.

*The topic that program deals with
will not interest you.*

No es mucho el dinero **con
que** contamos.

*The money we are counting on is
not much.*

Los detalles **en que** te fijas
son nimios.

*The details to which you pay
attention are trivial.*

Nota gramatical: In formal English the preposition precedes the relative pronoun, as it does in Spanish: *The details to which you pay attention are trivial.* **Los detalles en que te fijas son nimios.** Colloquial English prefers to omit the relative pronoun, and the preposition, in this case, follows the verb of the dependent clause: *The details **you pay attention to** are trivial.* This last structure does not exist in Spanish.

C The relative pronoun *quien(es)*

1. The relative pronoun **quien(es)** (*who, whom*) refers only to people and agrees with its antecedent in number.

La señora a **quien** saludaste esta mañana es la nueva secretaria.	*The lady you greeted this morning is the new secretary.*
No te asocies con personas a **quienes** no respetas.	*Don't associate with people you do not respect.*

Los profesionales y estudiantes a quienes les interesa tener un instrumento de trabajo siempre a mano aprecian el gran potencial que les ofrecen las computadoras portátiles. ¿Usa Ud. o piensa usar en el futuro una computadora portátil? ¿Cuáles son las características que considera Ud. más importantes en una máquina de este tipo?

LATITUDE X200

¿Está Ud. por adquirir una computadora portátil, pero busca una que sea delgada y liviana? Dell introdujo la notebook Latitude X200 que tiene un peso de tan sólo 1.27 kilogramos y un espesor de apenas 2.03 centímetros.

Le encantará esta computadora con un procesador Mobile Intel Pentium III-M de 800 MHz, con chipset Intel 830MG, hasta 640 MB de SDRAM PC133 (compartido); un disco duro de 30 GB; módem integrado de 56K y una pantalla de 12.1 pulgadas con resolución de 1028x768. Venga a probarla a nuestra sala de ventas.

2. As the personal subject of a nonrestrictive clause, **quien(es)** is used interchangeably with **que. Quien(es)** cannot be the subject of a restrictive clause; **que** is used instead.

Esteban, **quien (que)** odia las máquinas, acaba de comprarse una computadora portátil.	*Esteban, who hates machines, has just bought himself a laptop computer.*
Los empleados, **quienes (que)** trabajaron durante el fin de semana, recibirán un sobresueldo.	*The employees, who worked during the weekend, will receive a bonus.*
Los empleados **que** trabajaron durante el fin de semana recibirán un sobresueldo.	*The employees who worked during the weekend will receive a bonus.*
La policía detuvo al hombre **que** asaltó el Banco Industrial.	*The police arrested the man who robbed the Industrial Bank.*

Nota gramatical: In restrictive relative clauses, English *who(m)* direct object is in Spanish a simple **que** or **a quien(es),** with personal **a** preceding **quien(es):** *The employees who(m) we hired start working today. / The employees we hired start working today.* **Los empleados que contratamos comienzan a trabajar hoy. / Los empleados a quienes contratamos comienzan a trabajar hoy.**

3. **Quien(es)** can be used after simple prepositions.

No conozco a la chica **a quien (con quien, de quien)** hablabas ayer.	*I don't know the girl to whom (with whom, about whom) you were talking yesterday.*
No he escogido el colega **con quien** voy a trabajar.	*I have not chosen the colleague with whom I am going to work.*
Mónica, **con quien** salía a menudo durante mis años universitarios, vendrá a visitarme.	*Mónica, with whom I used to go out frequently during my university years, will come to visit me.*

D The relative pronouns *el cual* and *el que*

1. **El cual** (*which, who, whom*) and **el que** (*which, who, whom*) may be used to refer to both personal and nonpersonal antecedents. They agree in gender and number with the antecedent.

Mi supervisora, con **la cual** me entiendo muy bien, está ahora de vacaciones.	*My supervisor, with whom I get along very well, is on vacation now.*
Los parques de la ciudad, **los que** se mantienen muy limpios, están llenos de gente los fines de semana.	*The city parks, which are kept very clean, are full of people on weekends.*

2. **El cual** may be used instead of **que** or **quien** in nonrestrictive relative clauses, although this use is less common. However, when more than one noun, each of a different gender or number, precedes the relative pronoun, **el cual** is used instead of **que** or **quien** in order to avoid ambiguity.

Mi cuñado, **el cual (quien, que)** se encuentra en Europa, dice que nos ha comprado muchos regalos.	*My brother-in-law, who is in Europe, says that he has bought many presents for us.*
La novia de mi hermano, **la cual** estudia arquitectura, trabaja para una compañía multinacional.	*My brother's fiancée, who (= the fiancée) studies architecture, is working for a multinational company.*
El periódico de la ciudad, **el cual** se fundó en 1895, tiene instalaciones modernas.	*The newspaper of our city, which (= the newspaper) was founded in 1895, has modern equipment.*

3. **El que** may also be used in nonrestrictive clauses, usually with the meaning of *the one(s) who* or *the one(s) that*. With this use it is not interchangeable with **el cual.** Notice the difference in meaning in the following examples.

Mi hermana, **la que** se interesa en los negocios, es ahora la propietaria de la Mueblería La Mundial. (There may be more than one sister.)	*My sister, the one that is interested in business, is now owner of the La Mundial Furniture Store.*
Mi hermana, **la cual** se interesa en los negocios, es ahora la propietaria de la Mueblería La Mundial. (There is only one sister.)	*My sister, who is interested in business, is now owner of the La Mundial Furniture Store.*

4. **El que** is often used to refer to an unexpressed antecedent when that antecedent has been mentioned previously or when context makes it clear.

—¿Has visto antes a ese empleado?	*Have you seen that employee before?*
—¿**El que** lleva una boina vasca?	*The one who is wearing a Basque beret?*
El que* se esfuerza triunfará.	*The one who tries harder will succeed.*

5. **El cual** and **el que** may both be used after simple and compound prepositions, though **el cual** is more common.

Todavía creo en las causas **por las cuales (por las que)** lucho.	*I still believe in the causes for which I fight.*
¿Qué te parece si nos juntamos en la puerta del almacén **frente al cual (frente al que)** estacionaste el coche?	*How about meeting at the door of the store across from which you parked your car?*
No encuentro el libro **encima del cual** dejé la cartera.	*I can't find the book on top of which I left my purse.*
Hay varios problemas **sobre los que** nadie quiere hacer comentarios.	*There are several problems about which nobody wants to comment.*
Ese estudiante, **delante del cual** me siento en clase, quiere ser astrónomo.	*That student, in front of whom I sit in class, wants to be an astronomer.*

> ***Nota gramatical:*** To generalize, one could say that **que** is preferred after the simple, frequently used prepositions **a, con, de,** and **en.** A form of **el cual** is preferred after the rest of the simple prepositions as well as after all compound prepositions. **Una cualidad *de que* depende el éxito del teletrabajo es la autodisciplina.** *A quality on which the success of telework depends is self-discipline.* / **Una cualidad *acerca de la cual* quiero hablarte es la autodisciplina.** *A quality about which I want to talk to you is self-discipline.*

*Note: **Quien** or **quienes** may replace a form of **el que** when the understood noun is a person or persons: **Quien se esfuerza triunfará** (*He who tries harder will succeed*). **Quien** is preferred in generic statements, such as the ones found in proverbs: **Quien adelante no mira, atrás se queda** (*He who does not look ahead, lags behind*).

6. The neuter relative pronoun **lo que** is used in restrictive relative clauses to refer to an indefinite antecedent. In this usage, **lo que** corresponds to the English word *what*, in the sense of *that which*.

—No me has dicho **lo que** quieres como regalo de cumpleaños.	*You haven't told me what you want as a birthday present.*
—**Lo que** quiero es que me des una sorpresa.	*What I want is for you to surprise me.*

7. The neuter relative pronouns **lo cual** and **lo que** may be used in nonrestrictive relative clauses to refer to an antecedent that is an entire clause. In this usage they correspond to the English pronoun *which*.

El jefe no ha hablado con nadie esta mañana, **lo cual (lo que)** es muy extraño. ¿Sabes qué le pasa?	*The boss hasn't spoken with anyone this morning, which is very strange. Do you know what's the matter with him?*
Las tasas de interés siguen bajando, **lo que (lo cual)** nadie parece entender.	*Interest rates keep on going down, which nobody seems to understand.*

 E ▸ ## The relative pronoun *cuyo*

The relative pronoun **cuyo** (*whose, of which*) expresses possession. **Cuyo** precedes the noun that is possessed and agrees with that noun in gender and number. In questions, however, **de quién**, not **cuyo**, expresses *whose*.

Hoy hablé con el vecino **cuya hija** estudia contabilidad.	*Today I spoke with the neighbor whose daughter studies accounting.*
Hay pocos partidos políticos **con cuyos principios** yo concuerdo.	*There are few political parties whose principles I agree with.*
Esta librería, **cuyo dueño** es amigo mío, tiene un buen surtido de libros en español.	*This bookstore, whose owner is a friend of mine, has a good selection of books in Spanish.*
Borges, **cuyas historias** leo una y otra vez, es uno de mis autores favoritos.	*Borges, whose stories I read over and over again, is one of my favorite authors.*
¿**De quién** es esa computadora portátil?	*Whose laptop computer is that?*

Summary of the uses of relative pronouns

Que, quien, el cual, and *el que* in restrictive relative clauses

As subject:
que

El muchacho **que** entró trabaja aquí.
Voy a la tienda **que** está en la esquina.

As direct object:
que, a quien

No me gustó el chico **a quien (que)** conocí ayer.
Me desagradó el museo **que** visité ayer.

As indirect object:
a quien, al que, al cual

Ése es el empleado **a quien (al cual, al que)** le pasé las llaves.
Devolví el libro **al que (al cual)** le faltaban hojas.

After **a, de, con, en:**
que/quien,* el cual, el que

Regálale algo bonito a la muchacha **con quien (con la cual, con la que)** sales.
Debes comprarte la cámara **de que (de la cual, de la que)** te hablé.

After other simple prepositions:
el cual, el que, quien

Ésa es la supervisora **para la cual (para la que, para quien)** trabajo.
No abandonaré los principios **por los cuales (por los que)** lucho.

After compound prepositions:
el cual, el que

Esa es la muchacha **detrás de la cual** me siento en clase.
Vamos hacia la tienda **frente a la cual (frente a la que)** dejamos el auto.

Que, quien, el cual, and *que* in nonrestrictive relative clauses

As subject:
que, quien, el cual

Mis padres, **que (quienes, los cuales)** están en Buenos Aires, vendrán a verme pronto.
El periódico local, **que (el cual)** fue fundado hace cincuenta años, ha ganado muchos premios.

As direct object:
que, quien, el cual, el que

Admiro mucho a Cortázar, **a quien (al cual, al que)** leo a menudo.
El telecentro Nuevos Horizontes, **que (el cual)** visitamos ayer, es grandísimo.

As indirect object:
a quien, al cual, al que

Raúl, **a quien (al cual, al que)** no le gustan los apartamentos, se comprará una casa grande.
Esta novela, **a la cual (a la que)** la censura le ha quitado unas páginas, se vende muy bien.

*Que** is used when the antecedent is a thing or an idea; **quien** is used with personal antecedents.

Summary of the uses of relative pronouns (cont.)

After simple prepositions: el cual, el que, quien	La directora de la compañía, **con quien (con la cual, con la que)** converso a menudo, se jubilará pronto. Este pueblo, **del cual (del que)** seguramente has oído hablar, es muy antiguo.
After compound prepositions: el cual (el que)	Ese estudiante, **delante del cual** me siento en clase, se especializa en bioquímica. Voy a caminar hacia el estadio, **detrás del cual** dejé el coche.

Possessive relative pronoun

cuyo, -a, -os, -as	Hay pocas compañías **cuya política económica** aplaudo. Bill Gates, **cuya compañía** aparece a menudo en las noticias, es un hombre de negocios genial.

Ejercicio 1

Ud. enumera las personas que vio ayer en el trabajo. Siga el modelo.

MODELO: persona / encargarse de las ventas
Vi a la persona que se encarga de las ventas.

1. recepcionista / atender a los clientes extranjeros
2. muchacho / hacer los mandados (*errands*)
3. secretaria / trabajar en publicidad
4. empleado / ocuparse de la contabilidad
5. colega / escribir el boletín informativo mensual

Ejercicio 2

En parejas, túrnense para hacer el papel de una persona que no conoce a nadie en la fiesta y que le pregunta a su amigo/a por las personas que se ven en la ilustración que sigue. Use pronombres relativos en su pregunta.

MODELO: E1: *¿Cómo se llama (Quién es) el hombre que está mirando el álbum fotográfico?*
E2: *Se llama (Es) Manuel.*

Ejercicio 3

En parejas, túrnense para hacer los papeles que se representan a continuación. Usen un pronombre relativo con preposición como en el modelo.

MODELO: (yo) / ver a un amigo tuyo anoche
E1: *Vi a un amigo tuyo anoche.*
E2: *¿Sí? ¿Quién es el amigo mío a quien viste?*

1. mi compañera de cuarto / conocer a un pariente tuyo anteayer
2. mis hermanas / trabajar para una vecina tuya ayer
3. tu primo / hablar mal de unos compañeros míos
4. un ladrón / asaltar a un profesor mío anoche
5. Mónica / salir anoche con un hombre diferente
6. (nosotros) / conversar con una persona muy famosa en la fiesta
7. Alfonso / insultar a uno de tus amigos
8. (yo) / escoger al candidato por quien quiero votar

Ejercicio 4

Una mujer que busca casa le envía una carta a su hermana, en la cual le describe una casa que le fascinó. Lea la descripción que sigue y seleccione el pronombre relativo más apropiado de entre los que se dan en negrita entre paréntesis.

Hace poco fui a ver una casa antigua **(que, a la cual, lo que)** una familia rica había remodelado. ¡Era preciosa! En la sala, por ejemplo, había unos muebles **(quienes, que, de los cuales)** sin duda eran antigüedades de gran valor. Había una vendedora en la sala **(la que, quien, a quien)** yo había conocido en otra oportunidad y **(de quien, por quien, la que)** yo te he escrito en otra ocasión. Además, estaban presentes el dueño de la casa con sus hijos, **(el cual, los cuales, quien)** casi no molestaban nada con sus juegos y con **(los que, quien, el cual)** me entendí bien.

En seguida entré en la cocina, **(de la cual, la que, quien)** acababan de pintar de un color alegre. En la cocina había una estufa, por **(la que, quien, lo cual)** yo daría bastante dinero. Las puertas de madera del armario, frente **(a que, a las cuales, al que)** me quedé por varios minutos, me parecían casi obras de arte. En ese momento recordé **(el que, las que, lo que)** había visto en algunas de las mansiones de Louisiana.

Por la ventana de la cocina se veían las flores del jardín, **(que, las cuales, quien)** estaban preciosas. Por desgracia, en ese momento entraron dos adultos, **(quienes, el que, cuyo)** hijo de seis o siete años estaba impaciente por concluir la visita.

En fin, yo tardaría otra hora en describirte todo **(la que, lo que, que)** vi allí. Volví a la puerta principal, cerca de **(que, la cual, quien)** había dejado el abrigo y me junté con la vendedora, **(la cual, que, a quien)** me referí antes. Ella me habló del interés **(cuyo, lo cual, que)** tienen los dueños de vender la casa. ¡Cuánto me gustaría vivir en una casa así!

Ejercicio 5

Rodolfo y David conversan mientras van al centro donde los espera María. Complete sus oraciones con el pronombre relativo más apropiado. En algunos casos hay más de un pronombre posible.

1. —Rodolfo, ¿sabes dónde está la parada del autobús _____ va al centro?
   —Está por allí, cerca de aquel hombre _____ fuma una pipa.
2. —¡Andamos perdidos! ¿Por qué no le pides ayuda a ese hombre con _____ habla el chico de la bicicleta?
   —¿A él? Se ve más perdido que nosotros. Voy a buscar un policía; a ver, ¿dónde está el policía a _____ vi hace poco?

3. —Oye, David, ¿conoces a la mujer de _____ hablaba todo el mundo en la fiesta anoche?

—No la reconocí al principio, pero luego recordé que es Augusta, _____ trabaja con Francisco.

4. —Cerca de aquí hay una buena pizzería _____ nombre no recuerdo.

—Mira, allí está. Es una pizzería _____ usa ingredientes frescos solamente. Tengo hambre.

5. —Oye, ¿te fijaste en el nombre de la mueblería delante de _____ paró el autobús?

—¿No es la misma mueblería de _____ se quejó tu papá en una carta a la prensa?

6. —Dicen que la policía llegó muy pronto a aquella carnicería dentro de _____ se cometió un robo ayer.

—Sí; y, ¿sabes?, al pobre propietario, _____ tiene un hijo en nuestra universidad, lo asaltaron hace sólo seis meses.

7. —No sé nada más del robo; te he dicho absolutamente todo _____ averigüé.

—Está bien. Voy a hablar con Jaime, _____ madre estaba cerca de allí cuando sucedió.

8. —Mi amigo Ricardo compró un pasaje en esa agencia de viajes; va a visitar a sus hermanos, _____ viven en San Antonio.

—Pues, yo conozco muy bien a una de las agentes _____ trabaja allí. Ella es _____ estuvo en mi clase de computación.

9. —Vámonos; aquélla es la tienda enfrente de _____ María nos iba a esperar. Por lo menos eso es _____ me dijo esta mañana.

—De acuerdo. Y luego vamos a los almacenes La Estrella, _____ quedan muy cerca de aquí.

Ejercicio 6

Un/a amigo/a suyo/a quiere comprar un coche usado y le pide ayuda. Su amigo/a le hace preguntas usando expresiones como **¿Qué te parece(n)... ?, ¿Qué opinas de... ?** o **¿Te gusta(n)... ?** y Ud. responde empleando pronombres relativos en las respuestas. Puede usar el vocabulario que aparece a continuación u otro de su elección.

con cambio manual/automático

con/sin aire acondicionado

con cinturón de seguridad/bolsas de aire

para dos/cuatro pasajeros

con pocos/muchos kilómetros

MODELO: E1: *¿Te gustan los coches con cambio manual?*
E2: *Francamente, prefiero los que tienen cambio automático.*

Ejercicio 7

En grupos de tres personas, túrnense para expresar su opinión sobre los siguientes aspectos de hacer un viaje. Use frases como **lo que me fastidia, lo que me enoja, lo que me molesta, lo que me pone furioso/a, lo que me fascina, lo que me gusta, lo que me alegra** y **lo que me sorprende** para comunicar su punto de vista.

MODELO: hacer los planes

E1: *Lo que me fastidia es hacer los planes; hay que tomar tantas decisiones.*

E2: *Pues, precisamente lo que me fascina a mí es hacer los planes. Uno goza pensando en las aventuras futuras.*

E3: *Cuando hago los planes, lo que me molesta a mí es la frustración de no poder comenzar el viaje inmediatamente.*

1. leer los folletos y libros de guía
2. consultar al/a agente de viajes
3. arreglar el itinerario
4. tener un itinerario rígido
5. ir con más de dos personas
6. viajar en coche; viajar en avión
7. descubrir lugares y personas interesantes
8. pasar muchas horas al sol
9. volver y encontrar mucho trabajo que hacer
10. pagar las cuentas que llegan más tarde
11. (otra idea suya)

The subjunctive in adjective clauses

1. Subordinate clauses introduced by a relative pronoun and modifying a noun (the antecedent) are called adjective or relative clauses. (See the diagram on p. 299 of this chapter.) The nature of the antecedent determines whether to use the subjunctive or the indicative in an adjective clause. If the antecedent is specific and known to exist, the indicative is used in the adjective clause; if the antecedent is unknown and may or may not exist, the subjunctive is used.

Known antecedent: Indicative	Unknown antecedent: Subjunctive
Busco a la secretaria que **trabaja** en este piso. *I am looking for the secretary who works on this floor.*	Busco una secretaria que **domine** el español y el inglés. *I am looking for a secretary who is fluent in Spanish and English.*
Aquí hay alguien que **entiende** de computadoras. *Here is someone who understands computers.*	¿Hay alguien aquí que **entienda** de computadoras? *Is there anyone here who understands computers?*
Yo vivía en una ciudad que no **estaba** contaminada. *I used to live in a city that was not polluted.*	Me gustaría vivir en un pueblo que no **estuviera** contaminado. *I would like to live in a village that was not polluted.*

Note: The personal **a** is often not used before a direct object that is indefinite or whose existence is unknown. The personal **a** is always used, however, before the indefinite words **alguien, alguno, nadie,** and **ninguno.**

Busco dependientes que tengan experiencia.	*I'm looking for salespeople who have experience.*
Necesito encontrar **a alguien** que me reemplace durante mis vacaciones.	*I need to find someone who can replace me during my vacation.*
¿Recuerdas **a algunos** de los compañeros con quienes nos reuníamos los jueves?	*Do you remember some of the friends with whom we used to get together on Thursdays?*

2. The subjunctive is also used in adjective clauses that modify an antecedent that is nonexistent or unknown within the speaker's realm of experience.

No conozco a nadie que se **interese** por la contabilidad.	*I don't know anyone who is interested in accounting.*
Aquí no hay nada que **valga** la pena comprar.	*There is nothing here that is worth buying.*
Ayer no recibí ninguna carta que **trajera** noticias importantes.	*Yesterday, I didn't get a single letter that brought important news.*

3. Use of the subjunctive or the indicative in an adjective clause may depend upon context.

Mi mejor vendedor pide un aumento del 10%. No me importa lo que **tengo** que pagarle.

*My best salesperson is asking for a ten percent raise. It doesn't matter what I (do) have to pay him. (**Lo** refers to a known amount; use of the indicative implies that the speaker knows how much to pay.)*

Necesitamos otro vendedor urgentemente. No me importa lo que **tenga** que pagarle.

*We need another salesperson urgently. It doesn't matter what I (may) have to pay him. (**Lo** refers to an unknown amount.)*

Tranquilízate. Haré lo que tú **dices.**

Calm down. I'll do what you say.

Tranquilízate. Haré lo que tú **digas.**

Calm down. I'll do whatever you (might) say.

Ejercicio 1

Exprese los pensamientos de Jorge, quien todavía no está seguro de lo que le va a regalar a su novia Rosita. Use el tiempo apropiado del subjuntivo o del indicativo, según el contexto.

MODELO: Quiero algo que _____ (ser) especial y que le _____ (indicar) cuánto la quiero.
Quiero algo que *sea* especial y que le *indique* cuánto la quiero.

1. Sé que Rosita tiene un sombrero que _____ (hacer) juego con su abrigo nuevo; quizá esta tarde yo pueda encontrar un par de guantes que le _____ (parecer) bonitos.
2. Querría encontrar unas perlas que _____ (ser) atractivas y que no _____ (costar) demasiado.
3. Se me olvidó que ella ya tiene unos pendientes de plata que _____ (llevar) a menudo.
4. Rosita quería una blusa de seda que _____ (ir) con su traje azul, pero las blusas eran muy caras y no encontré ninguna que me _____ (gustar).

Oficinista de una gran empresa que se siente muy a gusto entre computadoras y pantallas. Hoy en día las grandes empresas casi no contratan a nadie que no entienda de computadoras. ¿Qué máquinas o aparatos usa Ud. en su trabajo?

5. El mes pasado mencionaba con frecuencia que desearía tener figurillas de cristal que _____ (ser) muy delicadas y que _____ (tener) aspecto oriental.

6. En estos momentos necesito hablar con alguien que me _____ (ayudar) a encontrar algo que a Rosita le _____ (gustar).

7. Ya no puedo esperar más; voy a comprar la primera cosa bonita que _____ (encontrar).

8. Creo que voy a regalarle esta pulsera que _____ (parecerse) a otra mucho más cara.

Ejercicio 2

El presidente de la compañía explica el tipo de empleado que buscan. Siga el modelo.

MODELO: tener buenas cartas de referencia
Buscamos empleados que tengan buenas cartas de referencia.

1. satisfacer los requisitos mínimos para los puestos que tenemos
2. entender de telecomunicaciones
3. poder trabajar en otro estado si es necesario
4. saber trabajar en equipo
5. no temer dar su opinión
6. adaptarse con facilidad a situaciones nuevas

Ejercicio 3

Escriba una conclusión para cada oración y luego compare su versión con las de sus compañeros de clase.

MODELO: Busco un/a jefe/a que …
Busco un/a jefe/a que no me diga todo el tiempo lo que tengo que hacer.

1. Parece imposible encontrar un supervisor que …
2. Necesito hablar con el gerente de la compañía; me dicen que es una persona que …
3. Cuando yo era niño/a, tenía un/a amigo/a que …
4. No sé nada de computadoras; quisiera encontrar a alguien que me …
5. Tengo una oferta de trabajo que …
6. Mi ilusión es que algún día voy a encontrar un/a novio/a que …
7. La semana pasada fui de vacaciones, pero no pude encontrar a nadie que me …
8. En mi trabajo conozco a una chica que … pero no hay ninguna que …
9. Para tu cumpleaños quiero comprarte un regalo que …
10. Ayer no recibí ningún mensaje electrónico que …

Ejercicio 4

Trabajando en grupos de tres, túrnense para expresar las características que **busca, necesita** o **quiere** en las cosas o las personas que se presentan a continuación. Una vez terminada esta primera actividad, repitan el ejercicio cambiando el enfoque al pasado con **buscaba, necesitaba** o **quería.**

MODELO 1: una casa
Necesito una casa que sea bastante grande, pero que no cueste mucho dinero.

MODELO 2: una casa
Quería una casa que estuviera cerca de mi trabajo y que tuviera un bonito jardín.

1. un/a médico/a
2. un coche
3. un/a compañero/a de cuarto
4. un trabajo
5. un/a esposo/a
6. una computadora
7. un/a amigo/a
8. un regalo
9. (¿Puede inventar más?)

Ejercicio 5

En parejas, inventen diálogos breves usando las expresiones que se dan a continuación. Uno de los estudiantes hace el papel de una persona que está de mal humor y que responde negativamente a todas las preguntas. Use palabras como **nada, nadie** o **ninguno.**

MODELO: encontrar algún programa / facilitar tu trabajo
          E1: *¿Encontraste algún programa que facilitara tu trabajo?*
          E2: *No, no encontré ninguno que facilitara mi trabajo.*

1. comprar alguna revista especializada / poder ayudarte en tu profesión
2. conocer a alguien / querer contratar tus servicios
3. recibir algún mensaje electrónico / traerte buenas noticias
4. ver algo en la red / servirte para completar tu informe
5. descubrir un sitio en la red / parecerte bueno para colocar anuncios publicitarios
6. informarte de un autobús / llevarte a tu trabajo rápidamente
7. anotar el nombre de una persona / poder ayudarte con la compra de un coche
8. recibir un elogio (*praise*) de tus superiores / hacerte feliz

Ejercicio 6

Divídanse en grupos de dos o tres. Describan sus deseos respecto a los siguientes temas, usando expresiones como **quiero, deseo** o **tengo ganas de.** Sean imaginativos/as y traten de incluir en cada respuesta dos frases descriptivas con dos verbos distintos.

MODELO: encontrar una tienda de ropa que ...
          E1: *Quiero encontrar una tienda de ropa que tenga un surtido excelente y que ofrezca crédito sin interés.*

1. trabajar para un/a jefe/a que ...
2. ir a un parque que ...
3. conseguir un trabajo que ...
4. votar por un/a candidato/a que ...
5. comprar un automóvil que ...
6. regalarles a mis padres algo que ...
7. ver una película que ...
8. hacer un viaje que ...
9. (¿Otros deseos?)

Ejercicio 7

Con un/a compañero/a, inventen minidiálogos sobre las diferentes personas interesantes que conocen o que no conocen. Usen las sugerencias que se dan y luego continúen con otras más personalizadas.

MODELO:　saber hablar ruso

　　　　　E1: *¿Conoces a una persona que sepa hablar ruso?*
　　　　　E2: *Sí, conozco a varias personas que saben hablar ruso.*
　　　　　　　O: *No, no conozco a nadie que sepa hablar ruso.*

1. viajar a otros países como parte de su trabajo
2. querer hacer paracaidismo (*parachuting*)
3. ser atleta profesional
4. tener un BMW
5. sacar notas sobresalientes en matemáticas
6. no faltar nunca al trabajo
7. venir a la universidad en autobús
8. no comer carne
9. (¿otras personas?)

Ejercicio 8

Describa la ciudad donde vive y luego otra donde le gustaría vivir. Puede usar algunas de las siguientes características u otras más representativas de sus propias ideas.

MODELO:　(no) ser muy pequeña / oportunidades económicas / problemas con la seguridad pública

　　　　　Vivo en una ciudad que es muy pequeña y que no tiene muchas oportunidades económicas.
　　　　　Me gustaría vivir en una ciudad que no tuviera problemas con la seguridad pública.

1. (no) estar cerca del mar / cerca de otra ciudad grande / en las montañas
2. (no) tener transporte público / un clima caluroso / una economía vigorosa
3. (no) ser cara / capital del estado / rural
4. (no) ofrecer buenos restaurantes / una buena selección de viviendas / oportunidades para los jóvenes
5. (¿otras características?)

Ⅳ Foco en el léxico: Spanish equivalents of *to save*

Ahorrar, guardar, and **salvar** are the main equivalents of the English verb *to save.*

1. **Ahorrar** usually refers to saving money or time, often conveying the idea of storing up something. In a reflexive construction, it is used in the sense of sparing oneself something or saving time or work.

Trato de **ahorrar** el diez por ciento del dinero que gano.	*I try to save ten percent of the money I earn.*
Martín dice que **ahorra** tiempo si se organiza bien antes de escribir informes.	*Martín says that he saves time if he gets well organized before writing reports.*
Me ahorré mucho trabajo aprendiendo a usar un programa de procesamiento de textos.	*I saved a great deal of work by learning how to use a word-processing program.*

2. **Guardar** expresses *to save* in the sense of putting aside or keeping something for someone.

No te olvides de **guardar** todos tus recibos.	*Don't forget to keep all your receipts.*
Le estoy **guardando** un asiento a Tere.	*I'm saving a seat for Tere.*

3. **Salvar** means *to save* in the sense of rescuing someone or something from danger, harm, or destruction.

A pesar del peligro del diluvio, pudieron **salvar** a toda la gente.	*In spite of the danger from the flood, they managed to save all the people.*
Ese doctor le **salvó** la vida a mi hijo.	*That doctor saved my son's life.*
Tu llegada me **salvó** del aburrimiento que sentía.	*Your arrival saved me from the boredom I was feeling.*

Ejercicio 1

Llene cada espacio en blanco con la forma apropiada de uno de los verbos estudiados en esta sección.

1. —¿Pudieron _____ del diluvio los artefactos del museo?
   —No todos. Si has _____ el periódico de hoy, puedes leer todos los detalles en la sección sobre cultura.
2. —¿Cómo puedes _____ dinero con tantos gastos en restaurantes, ropa y películas?
   —Pero, Claudio, no _____ ni un centavo. Ojalá pudiera _____ como tú lo haces.
3. —Escucha, Juanito, no puedo tolerar ni una palabra más de este conferenciante. Salgo por un momento. ¿Me _____ el asiento?
   —Claro, como siempre; tú te _____ un mal rato y yo me quedo aquí más aburrido que una ostra.
4. —¿Dónde _____ tú los papeles y los recibos importantes?
   —Pues, yo me _____ mucho tiempo y me _____ de muchos dolores de cabeza dándoselo todo a mi hermana mayor. Ella es mucho más organizada que yo.
5. —¡No me gusta escribir! ¿Qué me recomiendas para _____ me de esta tarea para mi clase?
   —Lo mejor para _____ mucho esfuerzo y problemas es escoger un tema limitado, estudiarlo con atención y luego pensar bien en la organización de las ideas.

Ejercicio 2

En parejas, túrnense para hacer los papeles de una persona que quiere abrir una cuenta y del/de la empleado/a del banco que la atiende.

MODELO: E1: He decidido ahorrar una parte de mis ganancias; ¿qué me aconseja?
          E2: *Bueno, es más fácil ahorrar si se acostumbra a hacerlo todos los meses.*

1. ¿Puedo ahorrar dinero y ganar interés con una cuenta de cheques?
2. ¿Tiene Ud. consejos para los que nunca han podido ahorrar dinero antes?
3. ¿Tienen Uds. un sistema de depósitos electrónicos para los que quieren ahorrarse molestias?
4. Si uso el depósito electrónico, ¿me mandarán recibos? Me gusta guardarlos.
5. ¿Tienen Uds. cajas de seguridad para guardar documentos valiosos?

Rincón del escritor

1. Trabajando en pequeños grupos, discutan primeramente las ventajas y desventajas del teletrabajo y si ese modo de trabajar es el preferido de Ud. y sus compañeros. Una vez que hayan terminado la discusión, una persona del grupo escribe un informe con las conclusiones. Finalmente, un/a representante de cada grupo lee las conclusiones al resto de la clase.

2. Escriba unos párrafos acerca de cómo ve Ud. el futuro del teletrabajo en este país; diga si Ud. cree que dentro de unos años todos seremos teletrabajadores o no. Comparta su escrito con sus compañeros.

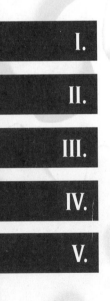

Lectura: Ecoturismo: ¿independencia económica o desastre para el medio ambiente?

CAPÍTULO 9

I. The perfect tenses of the subjunctive

II. Sequence of tenses

III. The subjunctive in adverbial clauses

IV. The conjunctions **pero, mas,** and **sino (que)**

V. Foco en el léxico: Spanish equivalents of *to move*

LECTURA

Ecoturismo: ¿independencia económica o desastre para el medio ambiente?

En las sociedades modernas agobiadas° por el estrés se promueven cada vez más los viajes y excursiones a todos los puntos del planeta. Turistas con y sin videocámaras se pasean por lugares accesibles y remotos.

    Muchos países y regiones con grandes recursos° naturales han comenzado a desarrollar° el turismo masivo como la más importante actividad económica. Sin embargo, este tipo de turismo conlleva° problemas de smog, grandes cantidades de basura, deterioro del medio ambiente y de las culturas nativas. Así, para evitar estos problemas, ha surgido el "ecoturismo". Hacer ecoturismo significa viajar hacia áreas naturales no contaminadas con el objetivo de admirar, estudiar y disfrutar el paisaje, sus plantas y animales, así como las culturas de la zona. Algunos estudiosos del medio ambiente han sugerido que el ecoturismo es el mejor medio para lograr el desarrollo económico de un área y al mismo tiempo conservar los recursos naturales.

    Pero hay otros que tienen una opinión contraria. Afirman que colocar "eco" delante de "turismo" sólo tiene como objetivo aumentar las ventas e incrementar las ganancias de la industria turística. Sostienen°, además, que los que se benefician con la actividad económica de un lugar son muchas veces inversionistas° extranjeros. Pierde también a veces el medio ambiente, como se ve en títulos como los siguientes que no reflejan casos aislados°:

Nuevas reservas naturales de las islas Galápagos enfrentan graves problemas a causa del boom ecoturístico.

overburdened, exhausted

resources
develop

entails

They maintain

investors

isolated

Miles de turistas internacionales afectan las áreas vírgenes del continente antártico.

En las últimas décadas, se ha usado el turismo para acelerar la integración de las comunidades y los países al mercado global. La mayoría de los países venden ahora su cultura y su medio ambiente como una oferta° turística. Pero hay que tener cuidado porque aunque el ecoturismo ayude al crecimiento económico, puede tener consecuencias irreparables para el medio ambiente y tristes efectos en la calidad de vida de los habitantes. El ecoturismo puede ser beneficioso, pero debe ser administrado y controlado juiciosamente°.

offer, package

judiciously

En torno a la lectura

1. ¿Cree Ud. que la gente viaja más o menos que en la época de sus padres? ¿Por qué?
2. ¿Qué consecuencias puede traer el turismo masivo?
3. ¿Cómo definiría Ud. el ecoturismo?
4. ¿Qué críticas le hacen algunas personas al ecoturismo?
5. ¿Podría Ud. mencionar algún accidente ecológico relacionado con el turismo?
6. ¿Conoce Ud. algún lugar turístico del mundo hispano que "se vende" bien?

The perfect tenses of the subjunctive

A Forms

Present perfect	Past perfect (*-ra*)	Past perfect (*-se*)
haya viajado	hubiera viajado	hubiese viajado
hayas viajado	hubieras viajado	hubieses viajado
haya viajado	hubiera viajado	hubiese viajado
hayamos viajado	hubiéramos viajado	hubiésemos viajado
hayáis viajado	hubierais viajado	hubieseis viajado
hayan viajado	hubieran viajado	hubiesen viajado

1. The present perfect subjunctive is formed with the present subjunctive of the auxiliary verb **haber** + a past participle. (See Chapter 6, Section 1, p. 210 for regular and irregular past participles.)

Es posible que Ricardo **haya decidido** cancelar su viaje.	*It is possible that Ricardo has decided to cancel his trip.*
Lamento que **hayas perdido** tus documentos y que no los **hayas recuperado** todavía.	*I regret that you have lost your documents and that you have not recovered them yet.*

2. The past perfect subjunctive is formed with the imperfect subjunctive of **haber** + a past participle. Either the **-ra** or **-se** endings of the imperfect subjunctive of **haber** may be used; however, the **-ra** endings are more common, especially in the spoken language.

Como tu avión no llegaba, temíamos que **hubieras tenido** un accidente.	*Since your plane didn't arrive, we were afraid that you had had an accident.*
Todos se alegraron de que el desastre ecológico del mes pasado no **hubiera causado** más daños.	*Everyone was happy that last month's ecological disaster had not caused greater damage.*

El periódico nos informó que no había nadie que **hubiese propuesto** un aumento de las actividades turísticas.	*The newspaper informed us that that there was nobody who had proposed an increase in tourist activities.*

3. The negative adverb **no** and the object pronouns precede the conjugated form of the auxiliary verb **haber,** which is directly followed by the past participle. Other adverbs such as **ya, todavía,** and **frecuentemente** either precede the auxiliary or follow the past participle.

Es increíble que el gobierno local todavía no se **haya preocupado** (no se **haya preocupado** todavía) de regular el turismo masivo.	*It's unbelievable that the local government has not taken any interest in regulating mass tourism yet.*
—Aprobaron varias medidas para acelerar la economía local, ¿verdad? —Sí, pero a todos les sorprendió que no las **hubieran aplicado** de inmediato.	*Several measures to accelerate the local economy were approved, right?* *Yes, but it surprised everyone that they hadn't applied them immediately.*

◆B▷ Uses

Use of the present perfect subjunctive

The present perfect subjunctive may be used in a dependent clause that requires the subjunctive. The main verb may be in the present, present perfect, future, or future perfect, or in a command form.

Esperamos que **hayas tenido** un buen viaje.	*We hope you have had a good trip.*
No conozco a nadie que **haya visitado** un bosque tropical.	*I don't know anybody who has visited a rain forest.*
Nos ha sorprendido que el consejo municipal **haya aprobado** una propuesta tan desventajosa para el medio ambiente.	*We are surprised that the city council has approved a proposal so disadvantageous for the environment.*

Estoy seguro de que más adelante
dudaremos que esta aventura
extraordinaria **haya sucedido.**

No decidas todavía qué excursión
tomar; espera que la agente de
viajes te **haya dado** más
opciones primero.

*I am sure that later on we will
doubt that this extraordinary
adventure has ever happened.*

*Don't decide yet what trip to take;
wait until the travel agent has
given you more options first.*

Use of the past perfect subjunctive

The past perfect subjunctive may be used in dependent clauses that require
the subjunctive. The main verb may be in the past (preterit, imperfect, past
perfect) or in the conditional or conditional perfect.

Cuando visitamos a tu tío ayer, se
quejó de que sus hijos no lo
hubieran invitado a ir con ellos
en el crucero que tomaron.

*When we visited your uncle
yesterday, he complained that
his children had not invited
him to go with them on the
cruise they took.*

No era verdad que nosotros no
hubiéramos respetado el
contrato.

*It wasn't true that we had not
honored the contract.*

Hasta ese momento los detectives
habían dudado de que el
sospechoso **hubiera salido** del
país.

*Up until that moment, the
detectives had doubted that the
suspect had left the country.*

Habríamos preferido que, antes de
llamar a la policía, tú nos
hubieses llamado a nosotros
primero.

*We would have preferred that,
before calling the police, you
would have called us first.*

See Chapter 10, Section I, p. 362 for use of the past perfect subjunctive in
contrary-to-fact **si** clauses.

Nota gramatical: As in English, a perfect tense in Spanish is used
when the action or state described by the dependent clause precedes in
time the action or state described in the main clause. The two most frequent combinations are shown in the table that follows.

Main clause (indicative)	Dependent clause (subjunctive)	
present	present perfect	En esta reunión no **hay** nadie que **haya visitado** un bosque tropical. *At this meeting there is nobody who has visited a tropical rain forest.*
preterit or imperfect	past perfect	En la última reunión no **conocí** a nadie que **hubiera visitado** un bosque tropical. *At the last meeting, I didn't meet anyone who had visited a tropical rain forest.*

Netscape: canal 19 – biciaccion

Location: http://www.costaricaweb.com/biciaccion/bike.htm   What's Related

BICI TOURS

costa rica bike tours

Invitamos a todos los ciclistas nacionales e internacionales a conocer Costa Rica en Mountain Bike, a través de los recorridos entre montañas por lugares exóticos de vasta vegetación, pasando por volcanes, lagunas, ríos y playas con un clima tropical que permite practicar Mountain Bike todo el año.

También puede combinar los tours de Mountain Bike con otras actividades como Bungee, Jump, Rafting, Escalada, Surf, etc. Tenemos facilidades para transporte, alimentación y hospedaje. Comunícate y empieza ya la meta a conquistar con nosotros en un país con diversas ventajas para practicar el Mountain Bike.

Fax: (506) 226-9095.
Apdo. Postal 1472-1011. Y Griega, San José

Hay muchas empresas, pequeñas y grandes, que tienen interesantes ofertas turísticas para los amantes de la naturaleza y del ejercicio. ¿Conoce Ud. a algún amigo suyo que haya hecho ecoturismo en algún país hispano?

Ejercicio 1

El consejo municipal de su ciudad decidirá pronto si aprueban o no un proyecto que puede tener consecuencias negativas para el medio ambiente. Ud. y sus amigos indican lo que temen que los miembros del consejo hayan hecho o no hayan hecho.

MODELO: considerar sólo el aspecto económico
           Temo que hayan considerado sólo el aspecto económico.

1. tomar en cuenta los beneficios inmediatos solamente
2. no pensar en las generaciones futuras
3. excluir la opinión de los biólogos
4. no prestar atención a la calidad de la vida de las personas
5. no ver los posible efectos negativos
6. realizar el proyecto a pesar de las críticas

Ejercicio 2

Al final del año académico, muchos estudiantes desean tomarse unas vacaciones. Complete las oraciones para expresar la situación, usando el presente perfecto de subjuntivo.

MODELO: Espero que antes de que termine el verano Lupe y yo _____ (poder) tomarnos unas vacaciones.
           Espero que antes de que termine el verano Lupe y yo *hayamos podido* tomarnos unas vacaciones.

1. Es una vergüenza que las aerolíneas _____ (subir) el precio de los billetes otra vez.
2. Siento mucho que algunos estudiantes no _____ (salir) de la ciudad el verano pasado.
3. Es probable que Ruth _____ (divertirse) mucho el verano anterior.
4. A mis padres les disgusta que yo _____ (decidir) ir en viaje de placer y no de estudios.
5. Es una suerte que tú _____ (ahorrar) dinero durante el semestre.

6. Los estudiantes extranjeros se alegran de que ellos _____ (hacer) reservaciones con anticipación.

7. Es lamentable que a Rita no le _____ (gustar) la sugerencia que yo le hice.

8. ¿Te complace que nosotros _____ (alquilar) un auto a un muy buen precio?

Ejercicio 3

Ud. acaba de volver a su casa después de haber asistido a una reunión de ex alumnos de su escuela secundaria. No había visitado su escuela desde hacía veinte años. Usando el pluscuamperfecto de subjuntivo, complete las oraciones para hablar de esa experiencia.

MODELO: Me extrañó que algunos compañeros no _____ (cambiar) mucho.
Me extrañó que algunos compañeros no *hubieran/hubiesen cambiado* mucho.

1. Fue una lástima que muchos maestros no _____ (poder) asistir.

2. Me pareció increíble que la ciudad _____ (crecer) tanto.

3. Para todos fue maravilloso que el cómico de la clase no _____ (perder) su sentido del humor.

4. Lamenté mucho que algunas áreas verdes _____ (desaparecer).

5. A todos nos dolió que el edificio _____ (deteriorarse) y que las autoridades no lo _____ (reparar).

6. Todos esperábamos que el café donde nos reuníamos no _____ (desaparecer); sentimos que _____ (convertirse) en una panadería.

7. A todos nos gustó muchísimo que los organizadores _____ (decorar) el gimnasio con motivos de nuestra época de estudiantes.

Ejercicio 4

Manuel iba a reunirse con varios amigos frente al Cine Sarasota, pero todavía no ha llegado. Trabajando en parejas y usando los siguientes dibujos como punto de partida, cada estudiante hace conjeturas sobre las posibles razones por su tardanza, comenzando sus frases con **Es posible, Es probable** o **Puede ser.**

MODELO: E1: *Es posible que se haya olvidado de la hora de la cita.*
E2: *O, peor, puede ser que no se haya acordado de la cita.*

Ejercicio 5

Diga cómo expresaría Ud. sus sentimientos personales en las siguientes situaciones. Puede usar expresiones como **me sorprende que, me molesta que, siento que, qué lástima (triste) que, lamento mucho que, ojalá que, qué bueno que, qué bien que** o **me alegra que.**

MODELO: Una amiga tuvo un accidente automovilístico.
           ¡Qué lástima que Evangelina haya tenido un accidente! Ojalá que no haya sufrido ningún golpe serio.

1. Un primo suyo perdió su trabajo.
2. Una amiga abandonó los estudios universitarios.
3. Un amigo cayó a la cama con una terrible influenza el día de un examen final.
4. Un vecino ganó un premio e irá en un crucero por el mar Caribe.
5. Un miembro de su familia declaró una especialización en psicología clínica.
6. Un compañero de estudios obtuvo una beca para estudiar en Costa Rica.

Ejercicio 6

Por interés cívico, Ud. participó en una reunión sobre los problemas de transporte público en su ciudad. Converse sobre este tema con otra persona que no pudo asistir a la reunión. Su compañero/a puede usar expresiones como **me dijeron que, oí por la radio que, vi en la televisión que, supimos que, me enteré de que** o **leí en el periódico que.** Ud. puede usar **me alegró que, me frustró que** u otras expresiones similares.

MODELO: Se propusieron varias soluciones.

           E1: *Oye, me dijeron que se habían propuesto varias soluciones. ¿Es verdad?*

           E2: *Sí, y me alegró muchísimo que se hubieran propuesto tantas soluciones interesantes.*

1. El director dio mucho tiempo para preguntas y comentarios del público.
2. Decidieron dedicar más fondos al estudio de la circulación de tráfico.
3. Los participantes no apoyaron más restricciones sobre los automóviles.
4. Se discutió muy poco tiempo la contaminación causada por los autobuses.
5. Los participantes insistieron en volver a reunirse dentro de un mes.
6. Se anunció otra reunión para dentro de poco tiempo.

Ejercicio 7

En grupos de tres o cuatro, cada estudiante menciona dos deseos que espera que se hayan realizado de aquí a cinco años. Piense primero en algo personal y luego en algo relacionado con la sociedad en general.

MODELO: *Ojalá que dentro de cinco años mis compañeros y yo hayamos conseguido buenos puestos profesionales. También es mi deseo que se haya reducido el problema del desempleo nacional.*

En seguida, repita el ejercicio hablando de deseos que tenía hace cinco años.

MODELO: *Pues, en aquellos días yo esperaba que mis padres me hubieran regalado un coche y ¡así resultó! De igual manera, yo deseaba que la inflación se hubiera reducido.*

Sequence of tenses

In sentences with dependent clauses, there must be a logical correlation between the tense of the main verb and that of the dependent verb. The following are the most common combinations.

A Main verb and dependent verb in the indicative

Main clause	Dependent clause
Present	Present perfect
Imperfect	Past perfect
Preterit	Preterit perfect
Future	Future perfect
Conditional	Conditional perfect

1. When both the verb of the main clause and that of the dependent clause are in the indicative (any of the tenses above), the verbs can be in any tense, as long as the combination is logical.

Afirman que el turismo **es** la industria principal de muchos países.

They assert that tourism is the main industry of many countries.

Algunos estudiosos **han sugerido** que el ecoturismo **beneficiará** la economía y **conservará** los recursos naturales.

Some experts have suggested that ecotourism will benefit the economy and will preserve natural resources.

Mis padres **dijeron** que **habían perdido** el avión esa tarde y que la agente de la aerolínea les **había dicho** que como no **había** más vuelos ese día **podrían** continuar su viaje el día siguiente.

My parents said that they had missed their plane that afternoon and that the airline agent had told them that since there were no more flights that day they could continue their trip the next day.

2. Command forms may combine with the present, the future, the past, or the conditional.

Dime qué **haces** en este momento / **harás** mañana / **hiciste** ayer / **hacías** ayer a las dos / **harías** con un millón de dólares.

Tell me what you are doing now / will do tomorrow / did yesterday / were doing yesterday at two o'clock / would do with a million dollars.

B Main verb in the indicative, dependent verb in the subjunctive

1. If the main verb in the sentence is in the present, present progressive, present perfect, future, future perfect indicative, or is a command, the verb in the dependent clause may be in the present, the present perfect, the imperfect, or the past perfect subjunctive. In the latter two cases, the event expressed by the dependent clause occurred prior to that of the main clause.

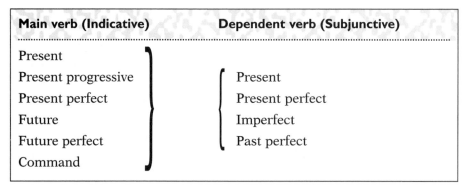

Main verb (Indicative)	Dependent verb (Subjunctive)
Present	
Present progressive	Present
Present perfect	Present perfect
Future	Imperfect
Future perfect	Past perfect
Command	

Pareces agobiado. Te **sugiero** que **trabajes** menos horas.

You seem overburdened. I suggest that you work fewer hours.

Dudo que mis vecinos **hayan salido** de la ciudad este fin de semana.

I doubt that my neighbors have gone out of town this weekend.

Estoy esperando que el mecánico **termine** de arreglar el coche para ir de paseo.

I'm waiting for the mechanic to finish fixing the car in order to go for a ride.

Será bueno que **aumenten** el número de parques de estacionamiento público.

It will be good if they increase the number of public parking lots.

Siempre me **ha sorprendido** que muchos turistas no **puedan** dejar de usar su cámara.

I have always been surprised by the fact that many tourists are not able to stop using their cameras.

No **esperes** que yo te **solucione** tus problemas.

Don't expect me to solve your problems.

Lamento que mi tarjeta postal nunca te **llegara.**

I am sorry my postcard never reached you.

Dudo que para esa fecha yo ya **hubiera comenzado** a pensar en hacerme guía turística.

I doubt that by that date I had already started thinking of becoming a tour guide.

Nota gramatical: To include the most frequently used tense combinations, one could say that a main clause in the present or future combines with a dependent clause in the present subjunctive: **Es bueno que regulen el turismo. / Será bueno que regulen el turismo.** *It is good that they regulate tourism. / It will be good that they regulate tourism.* A main clause in the present combines also with a dependent clause in the present perfect subjunctive: **Me alegro de que hayan convertido esta área en parque nacional.** *I'm happy they have turned this area into a national park.*

Escena en Buenos Aires, Argentina. ¿Qué problemas enfrentan las personas que viven en los centros urbanos grandes? ¿Dónde cree Ud. que quisieran ir para escapar de algunos de estos problemas?

2. If the main verb is in any of the past tenses, or in the conditional or the conditional perfect, the verb of the dependent clause must be either in the imperfect subjunctive or the past perfect subjunctive.

Main verb (Indicative)	Dependent verb (Subjunctive)
Imperfect Past perfect Preterit Conditional Conditional perfect	Imperfect Past perfect

Todos **pidieron** que **construyeran** más parques en la ciudad.

Everybody requested that they build more parks in the city.

Mi hermana **quería** trabajar para una compañía que se **especializara** en biotecnología.

My sister wanted to work for a company that specialized in biotechnology.

Hasta hace poco, los contribuyentes todavía se **quejaban** de que les **hubieran aumentado** los impuestos.

Until recently, taxpayers were still complaining that their taxes had been raised.

Le dije a Tito que me **había molestado** que nadie me **hubiera advertido** la cancelación de la reunión.

I told Tito that it had upset me that nobody had advised me about the cancellation of the meeting.

Sería bueno que **resolvieran** pronto el problema de las especies en vías de extinción.

It would be good if they would solve the problem of endangered species soon.

Nota gramatical: Just as the future lines up with the tenses of the present, so the conditional lines up with the tenses of the past. One can then say that a main clause in the past (imperfect, preterit, or conditional) combines with a dependent clause in the imperfect subjunctive. **Fue bueno que regularan el turismo. / Sería bueno que regularan el turismo.** *It was good that they regulated tourism. / It would be good for them to regulate tourism.* A main clause in the preterit or imperfect combines also with a dependent clause in the past perfect subjunctive: **Me alegré de que hubieran convertido esta área en parque nacional.** *I was happy they had turned this area into a national park.*

EJERCICIOS

Ejercicio 1

Su compañero/a de cuarto quiere saber (1) qué les aconseja Ud. a sus amigos que van a viajar y (2) qué le aconsejó Ud. a su primo Raúl que viaja pronto. Siga los modelos.

MODELO 1: no viajar con mucho equipaje
Les aconsejo que no viajen con mucho equipaje.

MODELO 2: no viajar con mucho equipaje
Le aconsejé que no viajara/viajase con mucho equipaje.

1. prestar atención a las recomendaciones de la gente del lugar
2. cambiar dinero en los bancos
3. pedir el menú del día en los restaurantes
4. viajar en primavera u otoño de ser posible
5. hacer reservaciones de hotel con anticipación
6. poner su nombre en las maletas
7. no dormir cuatro horas cada día

Ejercicio 2

A pesar de ser sábado, Samuel ha pasado un día muy ocupado. Para entender algo de su día, ponga los verbos en la forma que corresponda al contexto.

Al levantarse, Samuel pensaba que hoy _____ (ir) a ser un día como todos los otros. Sabía que _____ (ser) necesario que su compañero de cuarto y él _____ (hacer) algunas compras en el supermercado. También él quería buscar un abrigo que _____ (poder) usar durante los días más fríos del invierno. Después de entrar en una tienda de ropa, Samuel encontró a una dependiente que lo _____ (ayudar) mucho. Durante su conversación Samuel descubrió que la dependiente _____ (ser) aficionada al teatro. Sin vacilar, él decidió que la _____ (invitar) a ver una comedia esa misma noche, y lo _____ (hacer). Pobre Samuel. Corrió por toda la ciudad, pero no pudo encontrar ningún lugar que todavía _____ (tener) boletos. Pero todo resultó bien. Samuel le explicó a su amiga que no _____ (quedar) entradas, y ella lo _____ (entender) sin problemas. En vez de ir al teatro, ellos decidieron ir a un restaurante que _____ (servir) comida de la India. Mañana voy a aconsejarle a Samuel que _____ (obtener) entradas al teatro antes de hacer invitaciones. Yo espero que en el futuro él _____ (usar) más juicio en situaciones semejantes. Pienso que sería mejor que él _____ (conocer) a una persona más de treinta minutos antes de invitarla a salir, ¿no lo crees?

Ejercicio 3

Exprese opiniones sobre el turismo masivo, reemplazando las expresiones en negrita por las que aparecen entre paréntesis. Haga los cambios necesarios en las cláusulas subordinadas, usando el subjuntivo o el indicativo, según el contexto.

MODELO: **Creo** que el turismo masivo ayuda a la economía. (creía, es bueno, era bueno)
Creía que el tourismo masivo ayudaba a la economía.
Es bueno que el turismo masivo ayude a la economía.
Era bueno que el turismo masivo ayudara a la economía.

1. **Me parece** que el ecoturismo tiene un gran futuro. (me parecía, dudo, dudaba, digo, dije)
2. Nuestros líderes no **permiten** que las industrias contaminen el ambiente. (permitían, permitirán, permitieron, permitirían, van a permitir, han permitido nunca)
3. **Es** importante que nos demos cuenta de los inconvenientes del turismo. (era, fue, será, ha sido, va a ser, sería)
4. Nos **gustaría** que se preservaran los recursos naturales. (gusta, gustará, gustaba, ha gustado)
5. **Creo** que el turismo es una industria sin contaminación. (creía, nunca creí, he creído, dudaba, no dudo)

Ejercicio 4

Divídanse en grupos de dos o tres estudiantes. Hablen de los cambios que ocurren con el transcurso del tiempo, terminando las siguientes frases de una forma lógica.

MODELO: Cuando yo tenía cinco años, quería que mis padres ... Ahora, quiero que mis padres ...
Cuando yo tenía cinco años, quería que mis padres *me acompañaran a todos los lugares.* Ahora, quiero que mis padres *me permitan vivir independientemente.*

1. En el primer año de la universidad, me gustaba que mis amigos ... Ahora me parece preferible que ellos ...
2. Hoy es muy fácil que nosotros ... En el siglo pasado era imposible que la gente ...

3. El día de mi primera cita me pareció importante que ... Ahora me parece más importante que ...
4. Antes, cuando tenía que hablar frente a otras personas, yo temía que el público ... Ahora, sin muchos temores, sólo considero que ...
5. Cuando yo era niño/a y mis padres salían de vacaciones solos, me parecía que ... Ahora, en cambio, me parece que ...
6. En esta etapa de mi vida, es bueno que todos los días yo ... A los diez años, me parecía mejor que ...
7. Hoy conozco a muchas personas que ... Años atrás, no conocía a nadie que ...
8. ¿Sabes que hoy me ha sorprendido que tú ...? Cuando éramos compañeros/as en la escuela superior, no me sorprendía que tú ...
9. Hace años, cuando visitaba a mis abuelos, me quejaba de que ... Ahora que están muertos, me quejo de que ...
10. En años anteriores yo pensaba que para disfrutar mis vacaciones ... Sin embargo, ahora sé que para disfrutar mis vacaciones ...

Ejercicio 5

Imagínese que Ud. le escribe a un/a amigo/a sus impresiones de la película futurística *Locura en los cielos*, que vio hace varios días. Complete las oraciones de un modo apropiado dentro de la lógica del contexto.

Pues, yo _____ (haber) decidido no ver esa película, pero Julieta y Andrés _____ (insistir) en que yo los _____ (acompañar), de manera que _____ (ir). Puede ser que ésa _____ (haber) sido una de las peores decisiones que yo _____ (haber) tomado este año. Pues, a contar. Primero _____ (salir) un grupo de científicos totalmente locos que _____ (querer) hacer experimentos sobre la trayectoria de las órbitas de varios planetas. A pesar de que uno de ellos, Antonio Cuerdo, les _____ (aconsejar) que no lo _____ (hacer), siguieron adelante y _____ (establecer) estaciones con inmensos cohetes en seis planetas y tres lunas diferentes. _____ (Ser) imposible que el pobre Antonio los _____ (convencer) del peligro de lo que _____ (hacer). Claro, como siempre, _____ (haber) una hermosa mujer, la novia de Antonio, que _____ (estar) en gran peligro. Al final, Antonio y su novia _____ (lograr) destruir la estación de mando de los villanos. Entiéndeme, no es que no me _____ (gustar) las películas futurísticas; lo que _____ (pasar) es que *Locura en los cielos* no _____ (ser) más que un melodrama de los más ridículos. La próxima vez, cuando Julieta y Andrés me _____ (pedir) que los _____ (acompañar) al cine, voy a leer lo que _____ (decir) los críticos primero.

Ejercicio 6

Invente dos oraciones, que luego compartirá con sus compañeros, mostrando sentimientos tanto positivos como negativos con respecto a un solo suceso. Puede usar tiempos del presente o del pasado como en el modelo. Algunos temas posibles son (1) salir de vacaciones en dos semanas, (2) recibir una invitación a dar un discurso importante, (3) conseguir un trabajo nuevo, (4) necesitar comprar otro coche, (5) llegar pronto al final del semestre académico, (6) tener pronto una cita con su jefe/a de trabajo. Si puede, invente otras situaciones similares.

MODELO: *Mi novia/o está contenta/o de que yo haya conseguido un buen trabajo, pero sintió mucho que yo tuviera que trabajar los fines de semana durante los primeros meses.*
Mi novia/o se alegró de que yo hubiera conseguido un buen trabajo, pero ahora no le gusta que yo trabaje a menudo durante los fines de semana.

The subjunctive in adverbial clauses

1. An adverbial clause modifies the verb of the main (independent) clause of a sentence and is introduced by conjunctions such as **cuando, como, aunque,** and **porque.** An adverbial clause conveys information about the time, place, manner, condition, cause, purpose, or result of the main action. An adverbial clause may also express a supposition or uncertainty about the main action.

Saldré de viaje **cuando termine el semestre.**
I will leave on a trip when the semester is over.

Aunque pierda dinero, no aceptaré esas condiciones.
Even though I may lose money, I will not accept those conditions.

Protejamos las bellezas naturales **para que todos podamos disfrutarlas.**
Let's protect our natural beauty spots so that we can all enjoy them.

2. Both the indicative and the subjunctive are used in adverbial clauses. The indicative is used to express an action, an event, or a situation that does happen, has happened, or is certain to happen. The subjunctive is used if

an adverbial clause conveys doubt, uncertainty, or possibility, or if the adverbial clause refers to an action that has not yet taken place. Compare the use of the indicative and the subjunctive in the following adverbial clauses.

Prefiero no viajar en esta época porque **hace** frío.	*I prefer not to travel during this time because it is cold.*
Viajaré cuando no **haga** frío.	*I will travel when it is not cold.*
Como **estaba** enferma, no fue a trabajar.	*Since she was sick, she didn't go to work.*
Aunque yo **tuviera** fiebre, yo iría a trabajar.	*Even though I might have a fever, I would go to work.*

A Conjunctions always followed by the indicative

1. The indicative is always used in an adverbial clause that gives the reason for a situation or for the occurrence of an action or event.

No pudimos cenar en el restaurante Neptuno porque **estaba** cerrado por reparaciones.	*We were unable to have dinner at the Neptuno Restaurant because it was closed for repairs.*
Ya que no **podré** asistir a la boda de Yolanda, le he enviado un regalo por correo.	*Since I will not be able to attend Yolanda's wedding, I have mailed her a present.*
Como no me **dieron** permiso en el trabajo, tuve que cancelar el viaje a Acapulco.	*Since they didn't give me permission at work, I had to cancel my trip to Acapulco.*

2. The following are some of the conjunctions that indicate reason or cause.

como *since*	puesto que *since, because*
porque *because*	ya que *since, because*

> **Nota gramatical:** The conjunction **como** also indicates manner, in which case it can be followed by either the indicative or subjunctive. See p. 345.

B. Conjunctions always followed by the subjunctive

1. The subjunctive is always used in an adverbial clause to refer to an event that has not yet taken place at the time indicated by the tense of the main verb. Consequently, the subjunctive is always used after the following conjunctions.

a fin de que *in order that*	con tal (de) que *provided that*
a menos (de) que *unless*	en caso de que *in case that*
a no ser que *unless*	para que *so that*
antes (de) que *before*	sin que *without*

Dame tu dirección electrónica antes de que te **olvides.**	*Give me your email address before you forget.*
Necesito verte para que **planeemos** las próximas vacaciones.	*I need to see you so that we can plan our next vacation.*
En caso de que **vengas** en dirección a mi casa, tráeme el disco compacto que me prometiste.	*In case you are coming toward my house, bring me the compact disc you promised me.*
A menos que **ocurra** un milagro, voy a salir mal en mi examen de cálculo.	*Unless there is a miracle, I am going to flunk my calculus exam.*

Nota gramatical: **Antes (de) que** is always followed by a verb in the subjunctive: **Antes de que** *salgas* **del trabajo, llámame.** *Before you leave from work, call me.* Its antonym **después (de) que** behaves like a conjunction of time and may be followed by either the indicative or subjunctive. Indicative: **Después de que yo** *llegué*, **nadie dijo nada.** *After I arrived, nobody said anything.* Subjunctive: **Después de que** *llegues* **a casa, llámame por teléfono.** *After you get home, give me a ring.* See p. 343 of this section for the use of indicative or subjunctive after conjunctions of time.

2. **Antes de, después de, para,** and **sin** are followed by an infinitive when the subject of the main verb is the same as that of the dependent clause.

Almorzaremos **antes de ir** a clase.	We'll eat lunch before going to class.
Nunca viajo **sin llevar** mi cámara.	I never travel without taking my camera.
Estudio **para aprender.**	I study so that I will learn.

C Conjunctions followed by either the indicative or the subjunctive

Conjunctions of time

1. The following conjunctions of time may be followed by either the indicative or the subjunctive.

cuando *when*	hasta que *until*
después (de) que *after*	mientras que *while; as long as*
en cuanto *as soon as*	tan pronto como *as soon as*

Cuando **voy** a Sevilla, me alojo en casa de unos amigos.	When I go to Seville, I stay at some friends' house. (*I do this on a regular basis.*)
Cuando **vaya** a Sevilla, me alojaré en casa de unos amigos.	When I go to Seville, I will stay at some friends' house. (*I have not yet gone to Seville.*)
Partiré tan pronto como **pueda.**	I'll leave as soon as I can.

2. Conjunctions of time that refer to habitual events, present or past, or to actions that have taken place in the past are followed by the indicative.

Tan pronto como **termino** de trabajar, tomo el metro y regreso a casa. Antes, cuando **terminaba** de trabajar, iba a un café con los amigos.	As soon as I finish working, I catch the metro and return home. Before, when I finished working, I used to go to a coffeehouse with my friends.
Después de que **leí** un artículo sobre las islas Galápagos, pensé en ir allí en mi próximo viaje.	After I read an article on the Galapagos Islands, I thought of going there on my next trip.

REFRÁN

Cuando el diablo no tiene qué hacer, con el rabo mata moscas.

3. Conjunctions of time that refer to future or anticipated events are followed by the subjunctive.

Mientras Ud. **siga** este régimen, no tendrá problemas de peso.	*As long as you keep to this diet, you will not have problems with your weight.*
Estaré en la ciudad hasta que se **acabe** el semestre, pero en cuanto **termine** el último examen, saldré para la casa de mis padres.	*I will be in town until the semester is over, but once I finish my last exam, I will leave for my parents' home.*

De modo que, de manera que

The conjunctions **de modo que** (*so that*) and **de manera que** (*so that*) may convey two different meanings: the result of an action or the purpose of an action. They are followed by the indicative to imply result and by the subjunctive to imply purpose. When used to imply purpose, **de modo/manera que** are synonymous with **para que**.

Me apuré **de modo que terminé** pronto. (*result: indicative*)	*I hurried up so that I finished soon.*
Apúrate **de modo que termines** pronto. (*purpose: subjunctive*)	*Hurry up so that you can finish soon.*
Hablé en voz alta **de modo que** todos me **oyeron/oyeran.**	*I spoke in a loud voice so that everyone heard me/could hear me.*

Aunque, a pesar (de) que

1. The conjunctions **aunque** (*although, even though, even if*) and **a pesar (de) que** (*in spite of*) are followed by the indicative to introduce facts or situations viewed as facts.

Aunque necesito una videocámara, no compraré una todavía.	*Even though I need a videocamera, I won't buy one yet.*
A pesar de que estaba lloviendo, Susana y yo jugamos al tenis.	*In spite of the fact that it was raining, Susana and I played tennis.*

2. When **aunque** or **a pesar de que** introduce a clause that expresses a supposition or a conjecture, the conjunction is followed by the subjunctive.

Aunque el ecoturismo **ayude** al crecimiento económico, puede tener consecuencias negativas para el medio ambiente.	*Even though ecotourism may help economic growth, it may have negative consequences for the environment.*
Aunque tuviera dificultades económicas en el futuro, nunca les pediría dinero prestado a mis padres.	*Even though I might have economic hardships in the future, I would never ask my parents for money.*

3. The verb in the clause introduced by **aunque** may be conjugated in the subjunctive if it refers to a fact that the speaker considers irrelevant to the main point being made in the sentence.

Sé que es tarde, pero **aunque sea** tarde, voy a llamar a Gonzalo porque necesito hablar con él urgentemente.	*I know it's late, but even though it is late, I will call Gonzalo because I need to talk with him urgently.*

Como, donde, según

The conjunctions **como** (*as, in any way*), **donde** (*where, wherever*), and **según** (*according to*) are used in adverbial clauses referring to place and manner. The indicative is used in clauses that refer to a specific, known place or manner; the subjunctive is used to refer to a nonspecific or unknown place or manner.

¿Coloco el paquete **donde** tú me **pediste?**	*Do I place the package where you asked me to?* (a specific place)
Colócalo **donde haya** lugar.	*Put it wherever there's room.* (any place)
¿Lo coloco **como** me **dijiste,** de costado?	*Do I place it the way you told me, on its side?* (a specific way)
Colócalo **como quieras,** no importa.	*Put it any way you want, it doesn't matter.* (any way)

Summary of the indicative versus the subjunctive in adverbial clauses

Conjunctions	Followed by	Examples
como (*reason*) porque puesto que ya que	Indicative: reason	**Como quiero** pasar un semestre en el extranjero, ahorro dinero. Haré ese trabajo **porque** me **pagarán** bien.
a fin de que a menos (de) que a no ser que antes (de) que con tal (de) que en caso (de) que para que sin que	Subjunctive: not yet realized	Te acompañaré al cine **a menos de que deba** trabajar sobretiempo. Vámonos a casa **antes de que comience** a nevar. Salí de la conferencia **sin que** nadie se **diera** cuenta.
cuando después (de) que en cuanto hasta que mientras (que) tan pronto como	Indicative: occurs or occurred Subjunctive: anticipated (not realized)	**Cuando vengo** a este centro comercial, siempre paso por la tienda de música. **Cuando venga** a este centro comercial otra vez, pasaré más tiempo en la tienda de ropa. Te llamaré por teléfono **en cuanto esté** libre.
a pesar de que aunque	Indicative: fact Subjunctive: supposition, conjecture; irrelevant fact	**Aunque hace** frío, no llevo abrigo. **Aunque haga** frío mañana, iré a jugar al tenis. **Aunque tuviera** mucho dinero, seguiría trabajando.
de manera que de modo que	Indicative: result Subjunctive: purpose	Ella enuncia claramente **de modo que** todos la **entienden.** Enuncia claramente, por favor, **de modo que** todos te **entiendan.**
como (*manner*) donde según	Indicative: specific, known Subjunctive: nonspecific, unknown	Deja ese paquete **donde** te **indiqué.** Deja ese paquete **donde encuentres** lugar.

Ejercicio 1

Antes de aceptar la invitación de un/a amigo/a de acompañarlo/la a México por unos días, Ud. pone condiciones (1) pensando que es posible que Ud. acepte; (2) pensando que es difícil que Ud. pueda aceptar. Siga los modelos.

MODELO 1:   (yo) obtener permiso en el trabajo
Iré con tal de que obtenga permiso en el trabajo.

MODELO 2:   (yo) obtener permiso en el trabajo
Iría con tal de que obtuviera permiso en el trabajo.

1. acompañarme mi mejor amigo/a
2. no ser caro el viaje
3. (yo) reunir dinero
4. (nosotros) volver dentro de una semana
5. (nosotros) no salir el próximo domingo
6. (nosotros) ir a un lugar soleado

Ejercicio 2

Con un/a compañero/a, diga cuándo va a hacer Ud. las siguientes cosas.

MODELO: hacer la tarea
E1: *¿Cuándo vas a hacer la tarea?*
E2: *Voy a hacerla cuando vuelva de la tienda.*

1. salir a tomar fotos
2. salir de vacaciones
3. pagar las cuentas
4. visitar a tus parientes
5. ir a un parque nacional
6. limpiar la casa
7. hacer una caminata
8. jugar al tenis

Ejercicio 3

Repita el Ejercicio 2, expresando las mismas acciones con dos puntos de vista diferentes: (1) cuándo hace Ud. estas cosas normalmente y (2) cuándo las hizo la última vez.

MODELO: hacer la tarea
          E1: *¿Cuándo haces la tarea?*
          E2: *Normalmente la hago cuando llego a casa, pero ayer la hice cuando fui a la biblioteca.*

Ejercicio 4

Ud. es una persona de necesidades sencillas que no les tiene mucha fe a las novedades tecnológicas. Exprese sus ideas, combinando las siguientes frases con la conjunción indicada y usando el indicativo o el subjuntivo, según el contexto.

MODELO: Antes teníamos varios aparatos en casa. Me cansé de arreglarlos constantemente. (hasta que)
          Antes teníamos varios aparatos en casa hasta que me cansé de arreglarlos constantemente.

1. No tengo necesidad de máquinas. Prefiero no complicarme la vida. (porque)
2. No uso ni batidora ni abrelatas eléctricos. Los métodos antiguos sirven perfectamente. (puesto que)
3. Mi familia insiste en que yo use un horno de microondas. Yo puedo ahorrarme mucho tiempo. (para que)
4. No voy a comprar una refrigeradora nueva todavía. La mía está vieja y medio descompuesta ahora. (aunque)
5. Mi hermana está segura de que voy a comprar una cafetera eléctrica. Vamos mañana a una tienda de descuentos. (cuando)
6. Llevaré una vida tranquila. Sigo con mis costumbres actuales. (mientras)
7. Es posible que cambie de opinión. Los aparatos duran más tiempo. (cuando)
8. Pero supongo que hay poca posibilidad de que yo me convenza. Soy una persona de ideas bien definidas. (ya que)

Ejercicio 5

Complete las siguientes frases, expresando el propósito de cada acción. Use **para que** o **a fin de que,** y cuidado: a veces se necesita usar el tiempo presente y otras veces, el tiempo pasado.

MODELO: Mi amiga me prestó su grabadora ...
          Mi amiga me prestó su grabadora para que yo pudiera tener música en mi fiesta esta noche.

1. La jefa de un amigo le permite asistir a un programa especial de clases …
2. Mi hermana me regaló cincuenta dólares …
3. Mi profesor de matemáticas me dio un día extra para esta tarea …
4. Les doy mi dirección electrónica a mis amigos …
5. Mis padres compraron un abrigo muy grueso …
6. Cuando mi mamá sintió un poco de fiebre, fue al médico inmediatamente …
7. Le voy a explicar el problema a mi papá …
8. Yo le dije la verdad a mi novia …

Ejercicio 6

Varios amigos le piden favores a Ud. o le hacen invitaciones, pero, como Ud. está muy ocupado/a estos días, les explica cuándo y en qué circunstancias podría hacer lo que quieren. Contésteles las preguntas y use algunas de las siguientes conjunciones: **cuando, tan pronto como, después (de) que, en cuanto, con tal (de) que, aunque, a menos (de) que,** etc.

MODELO: E1: ¿Me dejas llevar tu diccionario a casa?
E2: *Supongo que sí. Puedes hacerlo con tal que me lo devuelvas si lo necesito.*

1. ¿Me ayudas a armar la nueva mesa de trabajo que compré?
2. ¿Tienes ganas de acompañarme al centro esta tarde?
3. ¿Cuándo podrás pasar por mi casa para ver el nuevo televisor que compré?
4. Mi coche está descompuesto; ¿tienes tiempo de ver qué le pasa?
5. Están exhibiendo una nueva película española. ¿Vamos todos esta noche?
6. Dan una charla esta tarde sobre las reservas biológicas de Costa Rica. ¿Vamos?
7. ¿Me haces el favor de prestarme la novela *Promesas falsas*?
8. ¿Me enseñas a usar la IBM?

Ejercicio 7

Trabajen en parejas para hacer una pequeña presentación sobre uno de los aparatos que se mencionan a continuación. En la presentación, cada estudiante hace el papel de un/a vendedor/a que trata de venderle el aparato escogido a un/a cliente. Traten de convencerlo/la de que el modelo es una compra excelente y que le va a gustar mucho. Pueden hablar del precio, la garantía y la posibilidad de devolverlo a la tienda si no le gusta. Usen una variedad de conjunciones adverbiales y el indicativo o el subjuntivo, como en el modelo. Después de terminar la preparación, uno/a de los/las estudiantes de la pareja hace su presentación a otra pareja y viceversa.

Aparatos para vender

cafetera eléctrica

estéreo

teléfono inalámbrico (*cordless*)

televisor

tocador de DVD

MODELO: *Esta cafetera eléctrica es una compra magnífica puesto que está en oferta durante esta semana. Y, en caso de que no pueda pagarla al contado, le ofrecemos facilidades de pago. Estoy seguro/a de que le gustará porque hace un café delicioso en muy pocos minutos y Ud. nunca tendrá que repararla a menos que no siga las instrucciones. Cómprela ahora para que su familia disfrute del mejor café posible.*

The conjunctions *pero, mas,* and *sino (que)*

A Pero and *mas*

The conjunction **pero** establishes a contrast between two parts of a sentence; it corresponds to the English word *but* in the sense of *however*. **Mas,** written without an accent, is a synonym of **pero** used mainly in written Spanish.

Esta universidad no es grande, **pero** es una de las mejores en mi campo de especialización.	*This university isn't big, but it is one of the best in my field.*
Pedí una beca, **pero** no sé todavía si me la darán.	*I asked for a scholarship, but I don't know yet if they'll give it to me.*

Se puede seguir este curso el primer año, **mas** se requiere una preparación académica en historia del arte moderno.	*This course can be taken the first year, but it requires academic preparation in the history of modern art.*
Querría ir de vacaciones a una región remota, **pero** no encuentro ninguna que parezca interesante.	*I would like to go on vacation to a remote area, but I don't find any that looks interesting.*
Los lugares naturales de nuestra zona no son espectaculares, **pero** encantan a muchos turistas.	*The natural attractions of our area are not spectacular, but they charm many tourists.*
Es bueno desarrollar el turismo, **mas** uno debe preservar el medio ambiente también.	*It's good to develop tourism, but one must also preserve the environment.*

B ▸ *Sino* and *sino que*

1. The conjunctions **sino** and **sino que** are used to correct or clarify information. They are used when the first part of a sentence is negative and the second part contradicts or is in opposition to the first part. Both **sino** and **sino que** correspond to the English word *but* in the sense of *but rather* or *but on the contrary.*

—¿Vas a ir a un lugar exótico este verano?	*Are you going to an exotic place this summer?*
—No, no voy a ir a un lugar exótico **sino** a un lugar muy conocido. No es que los lugares exóticos no me gusten, **sino que** me canso a veces de los lugares exóticos.	*No, I'm not going to go to an exotic place but to a well-known place. It's not that I don't like exotic places but rather that I sometimes get tired of exotic places.*

2. **Sino que,** not **sino,** must be used before a clause with a conjugated verb.

No voy a ir a una reserva biológica el mes próximo **sino que** esperaré hasta el próximo verano.	*I won't go to a biological reserve next month, but will wait until next summer.*
No voy a ir a una reserva biológica el mes próximo **sino** el verano próximo.	*I won't go to a biological reserve next month but next summer.*

Vista del Parque Nacional Henry Pitter en Aragua, Venezuela. A muchos les encanta visitar lugares remotos como éste, pero al turista medio le gusta un lugar más accesible y con más comodidades.

EJERCICIOS

Ejercicio 1

Juanita, de vacaciones en Perú, fue de compras. Llene los espacios en blanco con **pero, sino** o **sino que** para entender más sobre su salida.

MODELO: No fui a los grandes almacenes _____ a tres tiendas de artículos típicos.
No fui a los grandes almacenes *sino* a tres tiendas de artículos típicos.

1. No me gustó la primera, _____ las últimas dos me parecieron muy buenas.
2. En la segunda no me atendió una dependiente _____ la dueña de la tienda.
3. Hablamos mucho tiempo, _____ salí sin comprar nada.
4. Me gustaron varios ponchos allí, _____ eran muy caros.
5. No llevaba mis cheques de viajero _____ mi tarjeta de crédito.
6. Fui a la tercera tienda, _____ al principio no encontré nada que me gustara.

7. El primer artículo que me gustó no fue un anillo (*ring*) de oro _____ de plata.
8. Compré algo; no fue un anillo de plata, _____ fue un animalito hecho de plata.
9. La dependiente trató de venderme otros objetos, _____ resistí la tentación.
10. La próxima vez que vaya yo de compras, no quiero ir sola _____ acompañada.

Ejercicio 2

Ud. se encuentra con un/a amigo/a a quien no ve desde hace cierto tiempo. Trabajando con un/a compañero/a de clase, túrnense para hacer y contestar las siguientes preguntas según el modelo.

MODELO: E1: Acabas de regresar de Colombia, ¿verdad? (Venezuela)
           E2: *No, no acabo de regresar de Colombia sino de Venezuela.*

1. Fuiste allí en viaje de placer, ¿verdad? (viaje de negocios)
2. Fue un viaje aburrido, ¿verdad? (maravilloso)
3. Estuviste allí dos meses, ¿no? (dos semanas)
4. Pasaste todo el tiempo en Maracaibo, ¿verdad? (Caracas)
5. Trabajas para una compañía exportadora, ¿no? (importadora)
6. Volverás a ese país en viaje de negocios, ¿no? (viaje de placer)

Ejercicio 3

Exprese su punto de vista sobre su situación educativa, completando las siguientes oraciones. Use **sino que** si es necesario.

MODELO: Quería asistir a una universidad en otro estado, pero ...
           Quería asistir a una universidad en otro estado, pero decidí
           ahorrar dinero y estudiar más cerca de mi casa.

1. Mi beca no cubre todos mis gastos, pero ...
2. No me voy a especializar en negocios sino ...
3. No puedo pasar un año en otro país como algunos estudiantes, pero ...
4. No pienso vivir en una residencia estudiantil sino ...
5. Preferiría especializarme en ecología del medio ambiente, pero ...
6. No quiero graduarme en seis o siete años como muchos sino ...
7. Me gustaría comprarme una computadora, pero ...
8. Mis hermanos no asisten a esta universidad sino ...
9. Los viernes por la noche prefiero no estudiar sino ...
10. Ya me matriculé para el próximo semestre, pero ...

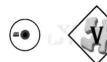

Foco en el léxico: Spanish equivalents of *to move*

1. **Mover (ue)** is the most common verb used in Spanish to express *to move.* The reflexive form **moverse** refers to bodily movement or the physical motion of something, such as a vehicle.

Moveremos todos los muebles al otro dormitorio mientras pintemos.	*We will move all the furniture to the other bedroom while we paint.*
No **te muevas** mientras te saco una foto.	*Don't move while I take your picture.*
¡Cuidado! El coche **se movió** un poco.	*Be careful! The car just moved a little bit.*
No **me moveré** de aquí hasta que regreses.	*I won't move from here until you come back.*

2. The verb **trasladar(se)** may be used as a synonym of **mover(se),** but it most commonly refers to *moving, transferring,* or *being transferred* from one place to another, as for work reasons.

Van a **trasladar** los heridos al hospital.	*They are going to move (take) those injured to the hospital.*
Pedí que me **trasladaran** a otra oficina; **me trasladaré** en dos semanas.	*I requested that they move (transfer) me to another office; I'll move in two weeks.*

3. **Transportar** refers to *moving things from one place to another,* usually for a fee.

Gano dinero los fines de semana **transportando** muebles para una compañía local.	*I earn money on weekends by moving (transporting) furniture for a local company.*

4. A simple change of residence is most often expressed by **mudarse.**

Muchos matrimonios jóvenes **se mudan** con frecuencia.	*Many young married couples move frequently.*

5. *To move,* in the sense of taking a turn in a game such as chess or cards, is expressed by **jugar (ue)** or **hacer una jugada.**

Ya **jugué (hice una jugada);** ahora te toca a ti.	*I already moved; it's your turn now.*

Jugadores de ajedrez en una plaza de Caracas, Venezuela. ¿Saben a quién le toca jugar?

6. *To move someone emotionally* is expressed with **impresionar** or **conmover (ue)**.

Las palabras de la presidente nos **impresionaron** mucho.	*The president's words moved us a great deal.*
Ese hombre tiene un corazón impenetrable; no lo **conmueven** ni las lágrimas de un niño.	*That man has a hard heart; not even a child's tears move him.*

EJERCICIOS

Ejercicio 1

Dé la forma correcta de uno de los verbos estudiados en esta sección en el espacio indicado.

1. —Van a pintar todo mi apartamento; la dueña de la casa me quiere _____ a otro apartamento por una semana.
   —Ella te trata con mucha consideración; eso me _____ bastante.
2. —Me compré un camión la semana pasada. Pienso usarlo para _____ los efectos personales de la gente que _____ de una casa a otra.

—¡Qué bueno! Pienso _____ pronto; me prestarás tu camión, ¿verdad?

3. —¿Qué te pasa? Te noto preocupado.

—Como sabes, acabo de _____ de casa. Y ahora el jefe quiere que me _____ a la oficina que tiene la compañía en otro estado. ¡Qué contrariedad!

4. —¡Espera! Tú sabes que en este juego debemos turnarnos. No _____ todavía. Le toca a Raúl _____ ahora.

—Casi no puedo esperar, porque si _____ esta pieza de aquí hasta allí, ganaré el partido.

5. —Me encanta la primavera; me _____ mucho ver la renovación de la naturaleza.

—Te entiendo bien. Cuando veo que las ramas de los árboles _____ suavemente con la brisa, me imagino que es como un gesto de saludo a la nueva estación.

Ejercicio 2

Reaccione a las siguientes situaciones con una pregunta o un comentario. Use **mover(se), trasladar(se), transportar, mudarse, jugar, hacer una jugada, impresionar** o **conmover,** según el caso.

MODELO: Sus padres piensan irse a vivir a otra ciudad.
           No tengo ganas de mudarme de aquí.

1. Ud. habla con una persona que ha estacionado su coche de tal manera que Ud. no puede salir a la calle en el suyo.
2. Su mejor amigo/a le dice que va a asistir a otra universidad.
3. Ud. acaba de comprar un piano, pero vive en el tercer piso de un edificio que no tiene ascensor.
4. Su compañero/a de cuarto acaba de decirle que no le gusta la colocación de los muebles.
5. Su modista, quien le está tratando de ajustar su traje nuevo, se queja del exceso de energía de Ud.
6. Ud. acaba de asistir con un/a amigo/a a uno de los mejores conciertos que jamás ha escuchado.
7. Su jefe/a le ha dicho que le puede dar una promoción en su trabajo si acepta un puesto en otro estado.
8. Ud. le pregunta a su jefe/a si la compañía pagará el coste de transporte de sus efectos personales.
9. Ud. juega al ajedrez (*chess*), pero su compañero/a no hace más que contemplar el tablero.
10. Ud. expresa sus sentimientos al hablar con un grupo de voluntarios que han trabajado mucho para una obra de caridad que Ud. dirige.

Rincón del escritor

1. Trabajando en pequeños grupos, discutan primeramente las ventajas y desventajas de la industria turística en su región. Una vez que hayan terminado la discusión, una persona del grupo escribe un informe con las conclusiones. Finalmente, un/a representante de cada grupo lee las conclusiones al resto de la clase.

2. Escriba unos párrafos sobre su lugar preferido para pasar las vacaciones, indicando por qué prefiere ese lugar. Comparta su escrito con sus compañeros.

Lectura: La explosión de lo latino en Estados Unidos

LECTURA

La explosión de lo latino en Estados Unidos

El censo del año 2000 confirmó la reciente explosión de lo latino en la vida estadounidense. Los hispanos, 35 millones según este censo, son ahora la minoría que crece más rápido. Se proyecta que a mediados de siglo casi un 25% de la población, unos 96 millones, tendrá ancestros hispanos.

Este boom es evidente en el mundo del espectáculo y los deportes. Actrices como Jennifer López y Penélope Cruz, cantantes como Cristina Aguilera, Ricky Martin y Marc Anthony son ídolos de la cultura popular con admiradores dentro y fuera de EE.UU. Los aficionados del béisbol se emocionan con las hazañas° de un Sammy Sosa, un Alex Rodríguez o un Pedro Martínez y piensan que el resurgimiento de este deporte se debe en gran parte al aporte° de jugadores latinos en las Grandes Ligas.

deeds, exploits

contribution

Menos reconocidos, pero altamente importantes son los logros° de los hispanos en otros campos. En las ciencias, el microbiólogo Raúl Cano de la Universidad Politécnica de California estudia el ADN° de organismos primitivos. En el campo jurídico, se menciona a muchos hispanos como posibles candidatos a la Corte Suprema. Más y más hispanos se incorporan al campo de la política nacional. La literatura vive también un boom latino con escritores como Sandra Cisneros, Julia Álvarez, Esmeralda Santiago y Óscar Hijuelos.

achievements

DNA

Aún así, queda todavía camino por recorrer. Exceptuando a las grandes estrellas, el cine y la televisión parecen no dar mucho lugar a los hispanos. No han desaparecido los estereotipos del latino como un extranjero exótico, como un recién llegado o como un inmigrante ilegal. Más duras son las estadísticas que muestran que los hispanos como grupo ganan menos dinero y tienen menos acceso a la educación que la población en general. La nota positiva, sin embargo, es que las estadísticas indican también que se ha hecho y se sigue haciendo progreso. El empuje°, la *initiative* ética de trabajo, la creencia en fuertes lazos fami- liares° de la población hispana auguran que este pro- **lazos...** *family ties* greso no se detendrá.

En torno a la lectura

1. Según el último censo, ¿cuántos hispanos viven en Estados Unidos? ¿Cuáles son las proyecciones para mediados de este siglo?
2. Mencione una figura hispana del mundo del espectáculo y otra del mundo de los deportes y dé algunos datos acerca de esas personas.
3. ¿Conoce algunas figuras hispanas del mundo de la política nacional de Estados Unidos?
4. ¿Ha leído algún libro de Sandra Cisneros u otro escritor hispano? ¿Cuál? ¿Qué le pareció?
5. ¿En qué áreas queda todavía camino por hacer para los hispanos?
6. En su opinión, ¿cuáles son algunas contribuciones importantes de la cultura hispana a la cultura estadounidense?

Si clauses

A **si** clause is an adverbial clause that modifies the verb of the main clause. It may express a situation that is factual or is likely to occur, or a situation that is contrary to fact or highly unlikely to happen.

Si quieres entender los problemas del biculturismo, puedes leer *Cuando era puertorriqueña* de Esmeralda Santiago.	*If you want to understand the problems of biculturism, you can read Esmeralda Santiago's* Cuando era puertorriqueña. *(likely to happen)*
Si hemos tenido triunfos en nuestra campaña política, también hemos tenido decepciones.	*If we have had triumphs in our political campaign, we have also had disappointments. (fact)*
Si recibimos suficientes fondos, podremos continuar la renovación del centro de la ciudad.	*If we receive sufficient funds, we will be able to continue the renovation of the city center. (likely to happen)*
Habríamos resuelto muchos problemas si hubiéramos tenido un presupuesto mayor.	*We would have solved many problems if we had had a larger budget. (contrary to fact)*

Note that a **si** clause may appear before or after the main clause.

A *Si* clauses in the indicative

1. The indicative is used in both the main clause and the **si** clause to express *facts*. Various combinations of tenses are possible, and usage is similar to English.

Antes, **solía** correr por las tardes **si hacía** buen tiempo. Ahora sólo **corro si** el índice de contaminación **es** bajo.	*Before, I used to run in the afternoons if the weather was nice. Now I run only if the pollution index is low.*
Si ahora **hay** más conciencia con respecto a la diversidad cultural, **se debe** a las aportaciones de los grupos de inmigrantes.	*If there is now more awareness about cultural diversity, it is due to the contributions of the immigrant groups.*

Si la población hispana **continúa** creciendo al ritmo actual, en 2050 **llegará** a casi cien millones de personas.	*If the Hispanic population keeps growing at the current pace, in 2050 it will reach almost one hundred million people.*

ADIVINANZA

Nadie soy ni tengo ser
y muchos metros al día
suelo menguar y crecer,
mas no me puedo mover
si no tengo compañía.

Respuesta al final del capítulo

2. To refer to an event that is probable or very likely to occur in the future, the verb in the **si** clause is in the present indicative and the verb of the main clause is in the present or future tense, or is a command form. The verb in a **si** clause is *never* in the present subjunctive.

Si hace sol esta tarde, **vamos** a jugar béisbol.	*If it is sunny this afternoon, we are going to play baseball.*
Aumentará la población hispana **si continúa** creciendo al mismo ritmo.	*The Hispanic population will increase if it continues growing at the same pace.*
Si vienes a la ciudad la semana próxima, **llámame** por teléfono.	*If you come to town next week, give me a call.*

B   *Si* clauses in the imperfect or past perfect subjunctive

1. To refer to a situation that is contrary to fact or highly unlikely to happen in the present or in the future, the verb of the **si** clause is in the imperfect subjunctive and that of the main clause is usually in the conditional. See Chapter 8, Section I, p. 288 for the imperfect subjunctive, and Chapter 4, Section II, p. 136 for the conditional tense.

Yo **estudiaría** para ingeniero **si fuera** mejor para las matemáticas.	*I would study to be an engineer if I were better in math.*
Si tuviera tiempo, **comenzaría** a leer una novela de Óscar Hijuelos.	*If I had time, I would start reading a novel by Óscar Hijuelos.*

Si esa noticia **fuese** verdad, **estaríamos** muy sorprendidos.	*If that piece of news were true, we would be very surprised.*

> **Nota gramatical:** English *would* is also used to describe habitual, customary actions, in which case the equivalent in Spanish is the imperfect tense: *As a child, I would often stay overnight at my friends' homes.* **De niño, a menudo pasaba la noche en casa de mis amigos.** Habitual *would* can be replaced by *used to*: *I would stay overnight = I used to stay overnight.* See the review of the imperfect in Section III, p. 375 of this chapter and also in Chapter 2, Section I, p. 48.

2. To refer to a past situation that never took place and therefore is contrary to fact, the **si** clause is in the past perfect subjunctive and the main clause is usually in the conditional perfect. See Chapter 9, Section I, p. 325 for the perfect tenses of the subjunctive.

Si nos hubiéramos levantado más temprano, no **habríamos perdido** el avión.	*If we had gotten up earlier, we would not have missed the plane.*
Habríamos ido al concierto de Cristina Aguilera **si** la entrada no **hubiera costado** mucho dinero.	*We would have gone to Cristina Aguilera's concert if the ticket had not cost a lot of money.*

3. **De** + an infinitive phrase can be used instead of a **si** clause.

De tener (Si tuviera) más información, se la daría.	*Had I more information, I would give it to you.*
De haber sabido (Si hubiera sabido) esa noticia antes, podría haber hecho algo.	*Had I known that piece of news before, I would have done something.*

C. Como si clauses

The conjunction **como si** (*as if*) is used in a dependent clause to express a contrary-to-fact situation. **Como si** + the imperfect subjunctive refers to a contrary-to-fact situation in the present; **como si** + the past perfect subjunctive refers to a contrary-to-fact situation in the past.

En casa de mi novio me tratan **como si** yo **fuera** de la familia.

At my fiancé's home they treat me as if I were a member of the family.

¿No me reconoces? Actúas **como si** jamás me **hubieses visto** antes.

Don't you recognize me? You're acting as if you had never seen me before.

Summary of *si* clauses

Usage	*Si* clause	Main clause	Examples
Facts: present and past	Indicative	Indicative	Si **estamos** aburridos, **vamos** al cine. Antes, si **nevaba** mucho, yo no **salía** de casa.
Likely future events	Present indicative	Future, Present indicative, Command	No **aprobarás** tus cursos si no **estudias** más. Si **tienes** tiempo, **ven** a verme.
Contrary to fact: present	Imperfect subjunctive	Conditional	Si **hubiera** menos restricciones, más industrias **contaminarían** el ambiente.
Contrary to fact: past	Past perfect subjunctive	Conditional perfect	Yo **habría comprado** más discos compactos si **hubiera tenido** más dinero.

Usage	*Como si* clause	Examples
Contrary to fact: present	Imperfect subjunctive	Me miras **como si** yo **fuera** un animal raro.
Contrary to fact: past	Past perfect subjunctive	Has destrozado el coche y actúas **como si** no **hubiera ocurrido** nada.

Nota gramatical: Except for the use of the subjunctive in Spanish versus the indicative in English for unlikely or contrary-to-fact statements, the two languages use basically the same structures in the most frequently used conditional sentences:

Spanish	**English**
si + present indicative	*if* + present indicative
Si *vienes* por avión, te iré a buscar al aeropuerto.	*If you **come** by plane, I'll go get you at the airport.*
si + past (imperfect) subjunctive	*if* + past indicative
Si *vinieras* por avión, te iría a buscar al aeropuerto.	*If you **came** by plane, I'd go get you at the airport.*
si + past perfect subjunctive	*if* + past perfect indicative
Si *hubieras venido* por avión, te habría ido a buscar al aeropuerto.	*If you **had come** by plane, I would have gone to get you at the airport.*

EJERCICIOS

Ejercicio 1

Ud. indica cosas que hará durante el fin de semana si todo marcha bien. Siga el modelo.

MODELO: lavar el coche
Si todo marcha bien, lavaré el coche.

1. terminar mi trabajo de investigación
2. ir al banco a depositar un cheque
3. salir con los amigos una noche
4. llamar por teléfono a mis padres
5. preparar mis lecciones para la semana siguiente
6. arreglar mi cuarto

Ejercicio 2

Ud. indica cosas que haría si no tuviera tantas obligaciones académicas.

MODELO: asistir a conciertos más a menudo
Si no tuviera tantas obligaciones académicas, asistiría a
conciertos más a menudo.

1. salir de la ciudad todos los fines de semana
2. escuchar a mis cantantes favoritos cada noche
3. mirar más televisión
4. ir al cine frecuentemente
5. pasar más tiempo con mi familia
6. comenzar a practicar algún deporte

Ejercicio 3

En parejas, háganse y contéstense preguntas sobre lo que piensan hacer durante este año académico si tienen la oportunidad. Piensen en actividades relacionadas con (1) aprender algo nuevo, (2) participar más en la vida social o cívica, (3) hacer más (o nuevas formas de) ejercicio, (4) estar más en contacto con algún amigo o pariente, (5) hacer un viaje interesante, etc. Después de terminar, repitan el ejercicio, hablando de lo que harían si tuvieran la oportunidad.

MODELO 1:   E1: *¿Qué harás este año si tienes la oportunidad?*
E2: *Pues, si tengo la oportunidad, voy a tomar una clase de*
literatura chicana.

MODELO 2:   E1: *¿Qué harías este año si tuvieras la oportunidad?*
E2: *Pues, investigaría la participación de los hispanos en la*
política si tuviera la oportunidad.

Ejercicio 4

Ud. le da consejos a un/a amigo/a que ahora quiere cambiar algunos aspectos de su vida. Siga el modelo.

MODELO: dormir ocho horas / tener mucha energía
Si duermes ocho horas, tendrás mucha energía.

1. hacer ejercicio todos los días / sentirte mejor
2. estudiar cuatro horas cada día / mejorar las notas
3. ir a la biblioteca para estudiar / poder concentrarte mejor
4. dejar de tomar tanto café / dormir mejor
5. levantarte antes de las ocho de la mañana / hacer más cosas durante el día
6. formar parte de un grupo social / divertirte más

7. interesarte en algún pasatiempo o deporte / llevar una vida sana
8. comprarte un perro o un gato / desarrollar el sentido de la responsabilidad

Ejercicio 5

En parejas, usen oraciones con el **si** condicional para expresar lo que dirían o harían en las siguientes situaciones.

MODELO: Un amigo bebe mucho y Ud. sospecha que también toma drogas.
            Si un amigo mío bebiera mucho o tomara drogas, yo le hablaría muy francamente. Yo le daría el nombre de un buen consejero y le ofrecería mi amistad y mi apoyo.

1. Su jefe le ha dado una entrada para asistir al concierto de su artista favorito/a. Ud. quiere ir, pero le había prometido a su novio/a que irían juntos al cine esa misma noche.
2. La madre de una amiga se ha fracturado la pierna y necesita ayuda en casa pues vive sola en otra ciudad. Su amiga no sabe si debe acabar el semestre o no: faltan dos meses. Su madre le dice a ella que se quede en la universidad para terminar el semestre.
3. Su mejor amigo siente mucha atracción por la novia de otro amigo suyo. Aquél le informa a Ud. que piensa invitar a la chica a un baile. La amistad del segundo amigo le es importante a Ud.; además, hace ya dos años que él es novio de la chica.
4. Su hermana le menciona que dos personas de su clase de química han obtenido una copia del examen final que se da mañana. Ella dice que va a ir a la residencia de estas personas para ver el examen y preparar las respuestas. Se nota que su hermana está nerviosa.
5. Pronto van a comenzar las vacaciones de Navidad y su compañero/a de cuarto está confuso/a. Sus padres viven en dos ciudades distintas y ambos quieren que él/ella pase toda la temporada en su casa. Su compañero/a tiene el mismo gran afecto por los dos.

Ejercicio 6

Con un/a compañero/a, recuerde algunas de las situaciones de sus años en la escuela secundaria. Al terminar los temas que se dan a continuación, hablen de otros aspectos de la escuela en aquellos días.

MODELO: no entender la lección de geometría
            E1: *Dime, ¿qué hacías cuando no entendías la lección de geometría?*
            E2: *Si yo no entendía la lección de geometría, invitaba a Marta a tomar helados conmigo. Ella entendía de todo y me ayudaba.*

Orgullo del artista méxicoamericano Simón Silva (1961–), cuyas obras se inspiran en la experiencia de los hispanos en Estados Unidos. ¿Qué diría Ud. si le preguntaran en qué se diferencia esta familia hispana de una familia norteamericana media?

1. no tener dinero para salir los fines de semana
2. no terminar la tarea
3. tener sueño durante una clase
4. enojarse contigo tu novio/a
5. sacar una nota mala en un examen
6. no gustarte uno de tus maestros
7. estar descompuesto tu coche
8. estar aburrido/a

Ejercicio 7

En grupos de cuatro o cinco estudiantes, inventen varias frases para cada una de las siguientes situaciones, según el modelo.

MODELO: Juan Antonio es de una familia muy rica. ¿Cómo actúa él?
E1: *Juan Antonio actúa como si fuera mejor que nosotros.*
E2: *Actúa como si no hubiera tenido una sola preocupación en su vida.*
E3: *Actúa como si el dinero pudiera solucionar todos los problemas.* (etc.)

1. Anita es una persona arrogante. ¿Cómo habla ella?
2. El presidente del estudiantado es muy poderoso. ¿Cómo trata él a otras personas?
3. La familia Montoya es muy unida. ¿Cómo tratan los padres a sus hijos?
4. Mi hermano es muy musculoso. ¿Cómo se ve él?

5. Uds. viven en una ciudad maravillosa. ¿Cómo viven allí?
6. Roberto gasta mucho dinero durante los fines de semana. ¿Cómo lo gasta él?
7. Sofía y Claudia fueron a México por una semana. ¿Cómo regatearon (*bargain*) ellas?
8. Simón estaba muy triste. ¿Cómo se veía él?

Ejercicio 8

En parejas, háganse y contéstense las siguientes preguntas.

MODELO: E1: Si tuvieras que pasar un mes en una isla abandonada, ¿qué cosa llevarías contigo?
            E2: *Pues, llevaría una novela muy larga. ¿Y tú?*
            E1: *Creo que llevaría mi computadora.*

1. ¿Adónde irías de vacaciones si pudieras escoger cualquier sitio del mundo?
2. Si pudieras estudiar un semestre en un país hispano, ¿a qué país irías?
3. Si tuvieras varios millones de dólares, ¿qué harías primero?
4. ¿Qué habrías hecho si hubieras aprendido a hablar español cuando eras niño/a?
5. Si pudieras conocer a cualquier persona, ¿a quién te gustaría conocer?
6. ¿A qué universidad habrías asistido si el dinero no hubiera tenido importancia?
7. Si fueras un/a científico/a de gran talento, ¿qué problema estudiarías?
8. (Sigan inventando preguntas y respuestas según los modelos anteriores.)

Ejercicio 9

Piense Ud. en alguna decisión muy importante que tendrá que tomar y que lo/la afectará: estudios, carrera, matrimonio, etc. Escriba unas líneas que reflejen sus ideas y luego comparta lo que escribió con sus compañeros de clase.

MODELO: *Si estudio dos años más, puedo graduarme y conseguir un buen puesto. En cambio, si dejara los estudios o si los interrumpiera, podría divertirme y conocer mejor el mundo.*

Ejercicio 10

Escriba frases sobre dos o tres aspectos de su vida que ahora serían diferentes si hubiera tomado otra decisión o si hubiera hecho algo distinto. Luego, comparta sus frases con sus compañeros de clase. A continuación aparecen algunos ejemplos para el comienzo de sus frases.

Si yo no hubiera escogido esta universidad, …

Si hubiese sido mujer/hombre en vez de hombre/mujer, …

Si hubiera nacido a comienzos del siglo pasado, …

MODELO 1: *Si yo no hubiera estudiado mucho cuando era niña, no habría podido asistir a la universidad.*

MODELO 2: *Estoy seguro de que no habría aprendido a tocar el violín si mis padres no me hubieran llevado a muchos conciertos.*

Adverbs of manner

1. Adverbs modify verbs, adjectives, and other adverbs to indicate place, time, manner, and degree. Adverbs are usually placed after the verb or before the adjective or other adverb modified.

En esta tienda tu disco DVD favorito está **muy** barato. Cómpralo **aquí.**
In this store your favorite DVD is very inexpensive. Buy it here.

No lo puedo atender **ahora;** vuelva Ud. **mañana.**
I can't help you now; come back tomorrow.

Ese señor siempre me saluda **muy cortésmente.**
That gentleman always greets me very politely.

2. Manner adverbs include words such as **bien, mal, despacio,** and **aprisa;** numerous phrases such as **a la fuerza** (*by force*), **a menudo, de improviso** (*unexpectedly*), and **de memoria** (*by heart*), as well as most adverbs ending in **-mente.**

Ese estudiante habla **mal,** pero escribe **bien.**
That student speaks poorly, but writes well.

No camines tan **aprisa.**
Don't walk so fast.

Ramiro nos visitó **de improviso.**
Ramiro visited us unexpectedly.

A menudo no entendemos los descubrimientos de los científicos.
We often do not understand scientists' discoveries.

A Adverbs ending in *-mente*

1. Adverbs ending in **-mente** are generally adverbs of manner that tell *how* something is done. They are formed by adding the suffix **-mente** (usually equivalent to the English suffix *-ly*) to the feminine or to the common form of the adjective: **ruidosa → ruidosamente, difícil → difícilmente, amable → amablemente.** A written accent is retained when **-mente** is added.

Yo dormía **plácidamente** cuando el despertador sonó **ruidosamente.** Me levanté **rápidamente.**	*I was sleeping peacefully when the alarm clock went off noisily. I got up quickly.*

2. When two or more adverbs ending in **-mente** modify the same word, only the last adverb in the series retains the ending **-mente.** All preceding adverbs drop **-mente** and use the feminine form of the corresponding adjective.

Si Ud. actúa **tranquila y metódicamente,** no tendrá problemas.	*If you act calmly and methodically, you won't have any problems.*
Ese señor siempre me saluda **gentil, respetuosa** y **ceremoniosamente.**	*That gentleman always greets me politely, respectfully, and ceremoniously.*

B Adverbial phrases

1. Two common alternatives to adverbs of manner ending in **-mente** are the constructions **con** + *noun*, and **de manera (modo)** + *adjective*.

Raúl Cano estudia **con atención** el ADN de algunos organismos primitivos. Lo estudia **de modo meticuloso.**	*Raúl Cano carefully studies the DNA of some primitive organisms. He studies it in a meticulous way.*
Mi sobrinito recibió **con alegría** un coche para armar. Se puso a armar las piezas **con entusiasmo.** Pero después de unos momentos, trabajaba **de modo** más **lento** y su madre tuvo que terminar de armarlo.	*My little nephew joyfully received a car to put together. He started putting the parts together enthusiastically. But after a few minutes, he was working more slowly, and his mother had to finish putting it together.*

> **Nota gramatical:** Note that the adverbial phrase **de modo (manera)** + *adjective* begins with the preposition **de;** the equivalent English adverbial phrase uses the preposition *in:* **Hazlo de manera sistemática.** *Do it in a systematic way.*

2. Compare the following alternative phrases to adverbs ending in **-mente.**

con + noun	Adverb in -mente	de modo/manera + adjective	Adverb in -mente
con cuidado	cuidadosamente	de modo rápido	rápidamente
con claridad	claramente	de manera completa	completamente
con cariño	cariñosamente	de modo cortés	cortésmente
con gusto	gustosamente	de manera gradual	gradualmente
con respeto	respetuosamente	de modo prudente	prudentemente

 ⟨C⟩ Adjectives functioning as adverbs

An adjective can function as an adverb of manner when used with an intransitive verb (one that cannot take a direct object) or with a verb that expresses a state or condition. The adjective modifies both the subject and the verb simultaneously and agrees with the subject.

¿Qué ha ocurrido, muchachos?
    Salieron de casa **malhumorados**
    y han regresado muy **contentos.**

What has happened, boys? You
    left home in a bad mood and
    have come back very happy.

Anoche me acosté inmediatamente
    porque llegué muy **cansado.**

Last night I went to bed right
    away because I was very tired
    when I arrived.

 **EJERCICIOS**

Ejercicio I

Ud. responde a las preguntas de un/a compañero/a sobre algunos de sus hábitos. Siga el modelo.

MODELO: ¿Contestas las cartas tarde? (pronto)
    No, contesto las cartas prontamente.

Con el aumento de la población latina en Estados Unidos, aumenta también de modo acelerado la publicación de periódicos en español en Estados Unidos. ¿Lee Ud. con frecuencia periódicos hispanos?

1. ¿Comes demasiado? (moderado)
2. ¿Llegas a tu trabajo con atraso? (puntual)
3. ¿Practicas tu español sólo los martes y jueves? (diario)
4. ¿Escuchas los discos de Marc Anthony a veces? (constante)
5. ¿Asistes a clase de vez en cuando? (regular)
6. ¿Te preparas para tus exámenes sin ningún plan? (metódico)
7. ¿Les respondes a tus profesores con descortesía? (respetuoso)

Ejercicio 2

Ud. está de acuerdo con las afirmaciones que siguen y las repite reemplazando el adverbio con las expresiones sinónimas **de modo/manera** + *adjetivo* o **con** + *sustantivo*. Siga los modelos.

MODELO: Debemos estudiar las estadísticas atentamente. (modo)
           Sí, debemos estudiar las estadísticas de modo atento.
           Debemos estudiar las estadísticas atentamente. (con ...)
           Sí, debemos estudiar las estadísticas con atención.

1. La minoría hispana crece aceleradamente. (modo)
2. Alex Rodríguez juega magníficamente. (manera)
3. Raúl Cano hace sus experimentos cuidadosamente. (con ...)

4. Jennifer López actúa admirablemente. (modo)
5. La población hispana ha aumentado apreciablemente. (manera)
6. Las madres hispanas tratan a sus hijos cariñosamente. (con ...)
7. La participación hispana en la política crece significativamente. (modo)
8. Jon Secada canta emocionadamente. (con ...)

Ejercicio 3

Trabajando con un/a compañero/a de clase, túrnense para expresar cómo hacen algunos de sus amigos (o Ud. mismo/a) las siguientes actividades. Usen adverbios terminados en **-mente** o frases adverbiales que incluyan **con** + *sustantivo* o **de modo/manera** + *adjetivo*.

MODELO: hablar (el) español
E1: *Isabel habla correcta y rápidamente el español.*
E2: *Sí, y Jorge lo habla de una manera inexacta y con mucha dificultad.*

1. manejar su coche
2. levantarse por la mañana
3. actuar en situaciones de emergencia
4. tratar a las personas del sexo opuesto
5. aprender cosas nuevas
6. tomar decisiones importantes

Ejercicio 4

Cada estudiante debe pensar en un aparato electrónico o mecánico que utiliza con frecuencia. Luego, en un grupo de tres o cuatro estudiantes, cada uno explica cómo esa máquina le simplifica la vida. Usen adverbios terminados en **-mente** o frases que incluyan **de modo/manera** + *adjetivo* o **con** + *sustantivo*. Pueden hablar de los aparatos que aparecen a continuación o de otros de su elección.

MODELO: un secador de pelo
Con mi secador de pelo me peino con más facilidad y puedo salir más rápidamente de la casa por la mañana.

1. una computadora
2. un lavaplatos
3. una grabadora
4. una fotocopiadora
5. un reloj despertador
6. una calculadora

Ejercicio 5

Presente a la clase unas líneas que narren cómo Ud. hizo algo especial en su vida. Trate de usar una variedad de estructuras adverbiales.

MODELO: armar una bicicleta

Una vez mis padres me compraron una bicicleta. Llegó en una caja. Al principio miré la caja con desilusión, pero mi madre, mi padre y yo la armamos con entusiasmo porque yo quería usar la bicicleta inmediatamente. Después de terminar, salí alegremente a la calle con mi bicicleta nueva. Al volver de mi primer viaje, les di las gracias a mis padres efusivamente.

Review of the uses of the preterit and the imperfect

The preterit and the imperfect are both simple past tenses. They represent two different ways of looking at past events: The preterit focuses on completed actions; the imperfect, on ongoing, customary, or habitual actions in the past. (See Chapter 2, Section I, p. 48 for a complete presentation of the forms and uses of the preterit and the imperfect.)

A Uses of the preterit

1. The preterit describes actions viewed as completed in the past.

El sábado pasado **salí** a pasear por la mañana y **visité** a unos amigos por la tarde.	*Last Saturday I went for a walk in the morning and visited some friends in the afternoon.*

2. The preterit reports a change in a condition or state in the past.

Al recibir una carta de mi familia, **me puse** muy contento.	*Upon receiving a letter from my family, I became very happy.*
Anoche **tuve** miedo cuando llegué a una calle muy oscura.	*Last night I became scared when I came to a very dark street.*

3. The preterit signals an action that interrupts another action continuing in the past.

Todos dormíamos cuando **sonó** el teléfono.	*We were all sleeping when the phone rang.*

Note that the continuing action is expressed in the imperfect.

B ◆ Uses of the imperfect

1. The imperfect expresses an action in progress in the past. It usually corresponds to the English construction *was/were* + an *-ing* form of the verb.

Ayer a las tres de la tarde **preparaba** un informe para mi clase de arte.	*Yesterday at three in the afternoon I was preparing a report for my art class.*

2. The imperfect expresses mental, emotional, or physical conditions or states in the past.

Después de la práctica de béisbol de ayer, **estaba** cansado y no **tenía** energías, pero **estaba** feliz de haber hecho ejercicio.	*After yesterday's baseball practice, I was tired and didn't have any energy, but I was happy to have exercised.*

The verbs **conocer, poder, querer,** and **saber** usually express mental conditions in the past and are conjugated in the imperfect. Used in the preterit, they express an action and acquire a special meaning.

Hasta hace poco yo no **conocía** a tu madre. La **conocí** ayer.	*Up until recently I didn't **know** (= was not acquainted with) your mother. I **met** (= got to know) her yesterday.*
Yo no **sabía** que la familia de Humberto era de Colombia. Lo **supe** el miércoles pasado.	*I didn't **know** that Humberto's family was from Colombia. I **found** that **out** last Wednesday.*
Antes, yo estaba en forma. **Podía** correr una milla en seis minutos. Ayer no **pude** correr ni media milla.	*Before, I was in shape. I **was able** (had the ability) to run a mile in six minutes. Yesterday I didn't even **manage** to run half a mile.*

3. In narrations, the imperfect gives background information or provides the setting for an action or actions. The time of day is considered background information and is always expressed in the imperfect.

Era la una de la tarde. **Brillaba** el sol. No **había** ninguna nube en el cielo. El estadio **estaba** lleno de gente. (…)

It was one o'clock in the afternoon. The sun was shining. There wasn't a cloud in the sky. The stadium was full of people. (…)

4. The imperfect is used to express habitual actions in the past.

El semestre pasado **iba** a clases por la mañana y **trabajaba** los martes y los jueves por la tarde.

*Last semester I **used to go** to class in the morning and **would work** on Tuesday and Thursday afternoons.*

EJERCICIOS

check this on blackboard

Ejercicio 1

Usando el pretérito o el imperfecto según convenga, complete esta información acerca del astronauta de origen hispano Dr. Franklin Chang-Díaz, que trabaja para la NASA.

Franklin Chang-Díaz _nació_ (nacer) en Costa Rica en 1950. Su familia le _dió_ (dar) el nombre de Franklin por la gran admiración que uno de sus abuelos _sentía_ (sentir) por el presidente Franklin D. Roosevelt. Años más tarde su familia_se mudó_ (mudarse) a Venezuela. Mientras _vivía_ (vivir) allí,_se informó_ (informarse) por su madre del lanzamiento del Sputnik, el primer satélite artificial. Su madre le _dijo_ (decir) que _había_ (haber) una nueva estrella en los cielos, hecha por los hombres. En ese momento _comenzó_(comenzar) la fascinación de Franklin por el espacio.

hubo = preterite of haber

Cuando _tenía_ (tener) dieciocho años, Franklin _llegó_ (llegar) a Estados Unidos. _Trajo_ (Traer) cincuenta dólares en los bolsillos, no _hablaba_(hablar) inglés, pero _estaba_ (estar) determinado a salir adelante. Al año siguiente, 1969,_se inscribió_ (inscribirse) en la Universidad de Connecticut con especialidad en ingeniería. _Se graduó_ (Graduarse),_continuó_(continuar) estudios graduados y en 1977 _obtuvo_ (obtener) su doctorado. En 1980_cumplió_ (cumplir) su sueño de ser astronauta al ser contratado por la NASA.

Ejercicio 2

Anoche Ud. y un compañero de clase trabajaban en un proyecto para una clase, pero sufrieron numerosas interrupciones. Complete las frases, que explican la situación, con el pretérito o el imperfecto, según el contexto.

A las siete y media mi compañero Daniel y yo _____ (leer) las instrucciones generales del proyecto cuando _____ (sonar) el teléfono. _____ (Ser) Susana; ella _____ (querer) hablar de su día muy frustrante en el trabajo, pero yo le _____ (decir) que Daniel y yo _____ (tener) que estudiar ahora. Cuando ella _____ (colgar) el teléfono, creo que _____ (estar) bastante ofendida.

Más tarde, cuando Daniel y yo _____ (discutir) algunos puntos muy importantes, _____ (entrar) mi hermano Ricardo. Él _____ (decir) que _____ (pensar) que yo y él _____ (ir) a salir al cine esta noche. ¡Ay!, él _____ (tener) razón. Yo le _____ (explicar) que se me había olvidado por completo nuestra cita por lo mucho que _____ (tener) que hacer en la escuela. Mi hermano _____ (marcharse) y cuando _____ (salir), _____ (cerrar) la puerta con mucho ruido.

Pero lo peor _____ (ocurrir) un poco más tarde. Al llegar a un punto crítico en nuestro trabajo, Daniel me _____ (anunciar) que _____ (tener) que irse porque a las nueve y media _____ (ir) a juntarse con su novia frente a la biblioteca. Pues, _____ (ser) las nueve y cuarto y _____ (necesitar) salir en seguida. ¡Qué vergüenza! ¡Yo _____ (ofender) a dos personas para poder estudiar, y, después de todo esto, mi compañero de clase me _____ (dejar) plantado!

Ejercicio 3

En grupos de tres, hagan los papeles de una persona que se enfermó y no pudo acompañar a dos amigos suyos a un concierto que prometía ser excelente. Expresen las preguntas que tenía la persona enferma sobre los siguientes temas cuando volvieron sus amigos del concierto. Los que fueron deben responder con naturalidad y todos usan el pretérito o el imperfecto, según el contexto.

MODELO: las condiciones fuera del sitio del concierto
      E1: *¿Qué tiempo hacía y cuántas personas había sin entradas?*
          ¿Hubo problemas?
      E2: *Hacía bastante frío y había un poco de viento también,*
          pero nadie hacía caso de eso.
      E3: *Es verdad, y creo que había casi mil personas que trataban*
          de comprar entradas frente al sitio. Vi que una persona
          pagó doscientos dólares por dos boletos no muy buenos.
          No hubo problemas porque los policías lo controlaban
          todo muy bien.

1. la venta de recuerdos como cintas, discos compactos, camisas y programas y los precios de estos artículos
2. la hora del comienzo del concierto y el entusiasmo del público
3. el aspecto físico del conjunto, especialmente del/de la cantante principal
4. la recepción de la música por el público
5. su parte favorita del concierto
6. la duración del concierto y la hora de la salida
7. la reacción general de los amigos

Ejercicio 4

Usando el pretérito y el imperfecto, todos los estudiantes de la clase se turnan para terminar las frases que aparecen a continuación. Inventen una historia original y, a veces, humorística sobre la cita (cena y cine) de Roberto y Sally. Al llegar al número 10, sigan inventando la historia hasta terminar con la cena, el cine y la vuelta a la residencia de Sally.

MODELO: El viernes pasado Roberto y Sally ...
El viernes pasado Roberto y Sally tenían una cita a las seis de la tarde. Roberto estaba muy emocionado porque desde hacía tres meses quería invitar a Sally a salir con él.

1. Cuando Roberto llegó a la residencia de Sally ...
2. Al entrar en el coche de Roberto, Sally ...
3. Después de diez minutos de viaje, llegaron al restaurante y Roberto ...
4. Esperaron media hora, pero por fin ...
5. Para beber ...
6. Miraron el menú y ...
7. Cuando el mesero trajo sus platos a la mesa ...
8. Durante toda la cena ...
9. Después de comer el plato principal, ...
10. Antes de salir, Roberto pensaba en la propina y ...

Ejercicio 5

Conteste Ud. las siguientes preguntas. Luego escoja a un/a compañero/a de clase y hágaselas a él/ella, usando la forma familiar **tú**.

1. ¿Cuánto sabía Ud. de los hispanos antes de leer la lectura de esta lección?
2. ¿Leyó hace unos años acerca de los resultados del censo del 2000?
3. ¿Creció mucho la población hispana en su área entre 1990 y 2000?
4. ¿Ya conocía Ud. a algunos escritores hispanos? ¿A cuáles?

5. ¿Conoció a algunos estudiantes hispanos durante su primer semestre en la universidad? ¿Dónde?
6. ¿Compró alguna vez discos de Cristina Aguilera? ¿Dónde escuchó hablar de esta cantante por primera vez?
7. ¿Oyó hablar Ud. de César Chávez? ¿Cuál fue la contribución de este hispano?
8. ¿Qué dato sobre los hispanos le sorprendió más de la lectura? ¿Por qué?

Ejercicio 6

La clase se divide en tres grupos. Cada persona del grupo 1 narra la serie de acciones que hizo antes de salir de la casa esta mañana. Los del grupo 2 hablan de lo que hicieron durante la hora de almuerzo ayer, y los del grupo 3 describen lo que hicieron después de llegar a casa la noche anterior. Cada persona debe mencionar por lo menos cinco acciones.

MODELO: *Esta mañana me desperté a las seis y media, pero decidí quedarme en la cama un rato más. Por fin me levanté a las siete y cuarto. Me duché apresuradamente y me arreglé lo más rápido que pude. No desayuné porque tuve que salir de la casa inmediatamente para llegar a mi clase de las ocho. ¡Pasé una mañana caótica!*

Ejercicio 7

En grupos de cuatro o más estudiantes, túrnense para narrar un momento memorable de su vida. Piensen, por ejemplo, en el día de su graduación de la escuela secundaria, la primera vez que manejó un coche solo o su primer día en un trabajo. Mencionen tanto las acciones que ocurrieron como las circunstancias y condiciones que existían en ese tiempo.

MODELO: *Siempre recuerdo el día de mi primera cita. La chica se llamaba Estela y era compañera en dos de mis clases. Yo estuve muy nervioso todo el día porque pensaba que todo tenía que salir perfecto. Por fin llegó la hora. La noche era magnífica: hacía muy buen tiempo y había luna llena. Yo pensaba que se realizaban mis sueños. Al llegar a la puerta, la madre de Estela me informó que su hija se sentía enferma y que no podía salir. ¡Qué desilusión!*

Frutería en un barrio de San Diego, Estados Unidos. Muchos hispanos saben lo importante que es para ellos tener tiendas con sabor latino en su vecindario. ¿Ha hecho Ud. compras en alguna tienda hispana en Estados Unidos?

Nominalization of adjectives and neuter *lo*

 A Nominalization of adjectives

1. When context is clear, a noun that is modified by an adjective, an adjective phrase, or a clause may be eliminated to avoid repetitiveness. When this happens, the adjective is nominalized; that is, it functions as a noun. Observe in the following examples that the nominalized adjective, as well as the accompanying article, demonstrative, or possessive adjective, agrees in gender and number with the understood noun.

—¿Prefieres los pantalones grises o **los azules?**

Do you prefer the gray pants or the blue ones?

—Me gustan **los azules**, pero **estos grises** me quedan mejor.	*I like the blue ones, but these gray ones fit me better.*
Me gusta la blusa blanca, pero Alicia prefiere **la rosada.**	*I like the white blouse, but Alicia prefers the pink one.*
Los equipos locales son tan buenos como **los profesionales.**	*Local teams are as good as professional ones.*

> **Nota gramatical:** Note that the nominalization occurs because a repeated noun is omitted in Spanish, whereas in English it can be replaced by the pronoun *one(s)*.
>
> Spanish:
>
> **¿Prefieres los pantalones grises o los pantalones azules?** ⇀
> **¿Prefieres los pantalones grises o los azules?**
>
> English:
>
> *Do you prefer the gray pants or the blue pants?* ⇀
> *Do you prefer the gray pants or the blue ones?*

2. The indefinite article **un** becomes **uno** before a nominalized adjective.

Conozco un escritor cubanoamericano, pero no conozco **uno** puertorriqueño.	*I know a Cuban American writer, but I don't know a Puerto Rican one.*

3. A **de** phrase or **que** clause that functions as an adjective may also be nominalized.

Revisé todas las estadísticas, excepto **la de la página 15.**	*I reviewed all the statistics, except the one on page 15.*
Los tamales de este restaurante son buenísimos, pero yo prefiero **los que prepara mi madre.**	*The tamales in this restaurant are very good, but I prefer the ones that my mother prepares.*
La voz que acabas de oír es **la del loro.**	*The voice you just heard is the parrot's.*

Nota gramatical: Again, the nominalization occurs because a repeated noun has been omitted in Spanish.

> **Estos tamales no son tan buenos como *los tamales que* prepara mi madre.** ⇝
>
> **Estos tamales no son tan buenos como *los que* prepara mi madre.**

In English, the pronoun *one(s)* takes the place of the repeated noun.

> *These tamales aren't as good as the **tamales** my mother prepares.* ⇝
> *These tamales aren't as good as the **ones** my mother prepares.*

B The neuter article *lo*

Before a masculine singular adjective

Lo is the neuter form of the definite article. It is invariable and is used with a masculine singular adjective to refer to an abstract idea or quality. Observe in the following examples the various English equivalents of **lo** + an adjective.

Lo importante es no desanimarse.	***What is important*** *is not to get discouraged.*
Lo difícil es dar el primer paso.	***The hard thing*** *is to take the first step.*
Sólo piensas en **lo tuyo.**	*You only think about **what's yours.***
No te metas en **lo nuestro.**	*Don't meddle in **our affairs.***
Creo que debemos respetar **lo acordado** en nuestra última reunión.	*I believe we have to respect **what was agreed upon** at our last meeting.*

Nota gramatical: As indicated in the preceding section on nominalization of adjectives, p. 381, the use of the other forms of the article **(el, la, los, las)** before an adjective indicates that a specific noun has been omitted because of previous mention:

> **—¿Qué deportes practican en los países caribeños?**
>
> *What sports do they practice in the Caribbean countries?*
>
> **—El principal es el béisbol. (= El deporte principal es el béisbol.)**
>
> *The main one is baseball.*

Before a variable adjective or an adverb

When **lo** is followed by a variable adjective or an adverb, it expresses the degree or extent of a quality. A variable adjective agrees in gender and number with the noun to which it refers. In this usage, **lo** corresponds to the English word *how*.

Siempre me ha sorprendido **lo caros** que son esos productos. Los comerciantes se quejan de **lo mal** que se venden.	*I have always been surprised at how expensive those products are. The shopkeepers complain about how poorly they sell.*
Casi no puedo creer **lo populares** que son los beisbolistas norteamericanos en todo el Caribe.	*I can hardly believe how popular American baseball players are in the Caribbean.*

Before *de* + phrase

1. **Lo** + **de** is used to nominalize an adjective phrase that refers to a situation or fact in a general way; that is, there is no specific noun modified.

¿Cómo va **lo de** la venta de tu casa?	*How's (the matter about) the sale of your house going?*
¿Y qué pasó con **lo de** tu hermano? ¿Esa operación que se iba a hacer?	*And what happened with your brother's matter? That operation he was supposed to undergo?*

2. **Lo** + **de** may correspond to phrases such as the following.

el asunto de *the matter of*	el problema de *the problem of*
la parte de *the part of*	la cuestión de *the issue of*
—¿Y en qué quedó el asunto de la venta del coche?	*And how was the matter of the car sale resolved?*
—**Lo del coche** quedó bien. Ya se vendió.	*The car sale went well. It's already been sold.*
—¿Te afecta el problema de la desocupación?	*Does the unemployment problem affect you?*
—Sí, **lo de la desocupación** es serio.	*Yes, the unemployment matter is serious.*

◇C The neuter pronoun *lo*

1. The neuter pronoun **lo** is used to replace a previously expressed situation or occurrence in its entirety.

—Jon Secada dará un concierto en la ciudad.	*Jon Secada will give a concert in our city.*
—Ah, no **lo** sabía. ¿Quién te **lo** dijo?	*Oh, I didn't know (it). Who told you so?*

2. **Lo** is also used to replace a predicate noun or adjective after linking verbs such as **estar, parecer,** and **ser.**

Esos animales parecen llamas, pero no **lo** son. Son vicuñas.	*Those animals seem to be llamas, but they aren't. They are vicuñas.*
—Pareces cansado.	*You seem tired.*
—**Lo** estoy.	*I am.*

See Chapter 8, Section II, p. 306 for the neuter relative pronouns **lo que** and **lo cual.**

EJERC**ICIOS**

Ejercicio I

Ud. y un/a amigo/a hablan de sus preferencias con respecto a los siguientes temas. Represente esto con un/a compañero/a de clase, según el modelo.

MODELO: los zapatos blancos / los zapatos negros
E1: *¿Te gustan más los zapatos blancos o los negros?*
E2: *De los dos, me gustan más los negros.*

1. las corbatas anchas / las corbatas angostas
2. este abrigo grueso / este abrigo ligero
3. esa camisa de manga larga / esa camisa de manga corta
4. los deportes individuales / los deportes de equipo
5. las sillas de plástico / las sillas de madera
6. los cuadros modernos / los cuadros tradicionales
7. los refrescos que tienen azúcar / los refrescos que no tienen azúcar
8. las novelas románticas / las novelas policiales

Ejercicio 2

Con un/a compañero/a, contesten las preguntas dando sus opiniones sobre diferentes aspectos de hacer compras.

MODELO: E1: ¿Qué crees que es lo mejor de hacer las compras en días feriados (*holidays*)?

E2: *Para mí, lo mejor es visitar las tiendas y ver las decoraciones que ponen.*

E1: *Tienes razón, pero en mi opinión lo mejor es buscar ventas especiales.*

1. Y, ¿qué es lo peor de ir de compras en días feriados?
2. ¿Crees que lo caro es siempre lo mejor?
3. ¿Qué es lo más importante cuando uno escoge un regalo para alguien?
4. ¿Qué es lo más peligroso de las tarjetas de crédito?
5. ¿Te enoja lo insistentes que son algunos dependientes?
6. ¿Qué es lo más molesto de tener que devolver algo a una tienda?
7. ¿Qué es lo mejor de los grandes centros comerciales modernos?
8. ¿Qué es lo más frustrante de los centros comerciales?

Ejercicio 3

En parejas, hablen de la preferencia que tiene uno de Uds. con respecto a varias alternativas.

MODELO: ir a comer: restaurante chino / restaurante mexicano

E1: *¿Te gustaría ir a comer a un restaurante chino o a uno mexicano?*

E2: *Preferiría ir a uno mexicano.*

1. asistir a un partido: de béisbol / de tenis
2. ver una película: cómica / de aventuras
3. escuchar un concierto: de música clásica / de música popular
4. salir a bailar a un club: del centro / cerca de aquí
5. comprarle un regalo a tu novio/a en una tienda: grande / pequeña
6. ir de vacaciones a un lugar: exótico / conocido

Ejercicio 4

En grupos de tres, háganse y contéstense las siguientes preguntas (y otras de interés), empleando la estructura **lo de,** según el modelo. En las preguntas, usen estructuras como **¿qué piensan?, ¿qué les parece(n)?, ¿cuál es su reacción?** y **¿qué tal ... ?**

MODELO: el énfasis que ponen en la diversidad cultural

E1: *¿Qué opinan Uds. del énfasis que ponen en la diversidad cultural?*

E2: *Lo de la diversidad cultural me importa, pero creo que debemos poner más énfasis en otros temas, como la discriminación, por ejemplo.*

E3: *Yo lo veo de otro modo. Lo de la diversidad cultural es un tema muy importante; las diferentes herencias culturales nos enriquecen a todos.*

1. la televisión en español
2. los estereotipos étnicos
3. la familia hispana tradicional
4. los jugadores de béisbol latinos
5. el crecimiento de la población hispana
6. los grandes sueldos de las estrellas del cine
7. las minorías étnicas de EE.UU.
8. la inmigración legal
9. la inmigración ilegal

Ejercicio 5

En parejas, respondan a los comentarios o a las preguntas con una oración en la que usen el pronombre neutro **lo,** como en los modelos. Reemplacen los puntos suspensivos (...) por el nombre de un/a compañero/a de clase o de otra persona que los dos conocen.

MODELO 1:   E1: *Esa clase se ha cancelado.*
　　　　　　 E2: *Ah, nadie me lo había dicho. ¿Cómo lo has sabido?*
　　　　　　 E1: *Lo supe hablando con la secretaria del departamento esta mañana.*

MODELO 2:   E1: *(...) Margarita parece totalmente aburrida.*
　　　　　　 E2: *Tienes razón; lo está. ¿Quieres invitarla al cine esta noche?*
　　　　　　 E1: *Sí, hagámoslo. Buena idea.*

1. ¿Sabes que ... sale con ... ?
2. Pareces medio muerto/a de hambre, chico/a.
3. Esta tarde alguien chocó con tu coche estacionado.
4. ¿Es ... un/a empleado/a en la tienda de música de la calle Esmeralda?
5. Hay un puesto vacante en la tienda de música del centro comercial El Sol.
6. Se nota que ... está muy cansado/a, ¿no te parece?
7. (¿otros comentarios?)

Ejercicio 6

En parejas, expresen opiniones sobre las siguientes cuestiones relacionadas con el trabajo. Sigan las formas usadas en el modelo, pero usen una variedad de expresiones como **lo bueno de, lo malo de, lo difícil de, lo interesante de** y **lo curioso de.**

MODELO: los cambios frecuentes de horas
> E1: *Lo negativo de los cambios frecuentes de horas es que afecta mi vida familiar.*
> E2: *Para mí, lo malo de los cambios es que me causa problemas con mi horario de clases universitarias.*

1. los jefes nuevos
2. los programas de orientación
3. el nuevo programa de distribución de productos
4. los precios en la cafetería
5. la música que tocan todo el tiempo
6. el programa optativo de ejercicios físicos

Question words used in exclamations

A *Cómo* and *cuánto* in exclamations

1. **Cómo** expresses *how* in the sense of *in what way;* **cuánto** expresses *how* or *how much* in the sense of *to what extent.* They can be used interchangeably when they directly modify a verb.

¡Cómo (Cuánto) ha crecido la población hispana!	*How (How much) the Hispanic population has grown!*
¡Cuánto (Cómo) has cambiado! No te reconocí.	*How much (How) you have changed! I didn't recognize you.*
¡Cómo (Cuánto) odio tener que hacer una declaración de impuestos!	*How (How much) I hate to have to do a tax return!*

2. **Cuánto/a** + a noun expresses *how much* or *how many* in exclamations. **Cuánto** agrees with the noun it modifies.

¡Cuántas veces te he dicho que mi cantante favorito no es Marc Anthony!	*How many times have I told you that my favorite singer is not Marc Anthony!*
¡Cuántos negocios han fracasado estos últimos meses!	*How many businesses have failed these last few months!*

B▷ *Quién* in exclamations

Exclamations with **quién** + a verb are often used to talk about wishes that probably will never be fulfilled. The verb is in the past subjunctive for wishes referring to the present and in the past perfect subjunctive for wishes referring to the past.

¡Quién pudiera estar escuchando salsa en este momento!	*I wish I could be listening to salsa music right now!*
¡Quién hubiera podido caminar por la luna con los primeros astronautas!	*I wish I had been able to walk on the moon with the first astronauts!*

C▷ *Qué* in exclamations

1. **Qué** + a verb corresponds to the English word *what*.

¡Qué insinúas con esas mentiras!	*What are you insinuating with those lies!*
¡Qué sabes tú de ese tema!	*What do you know about that topic!*

2. **Qué** + an adjective corresponds to the English word *how*.

¡Qué increíble!	*How unbelievable!*
¡Qué increíble fue esa hazaña!	*How unbelievable that feat was!*

3. **Qué** + a singular noun corresponds to the English phrase *what a;* with a plural noun, **qué** is equivalent to *what*. Note that no indefinite article appears in the Spanish sentences.

¡Qué espectáculo vimos!	*What a show we saw!*
¡Qué lanzadores tiene ese equipo de béisbol!	*What pitchers that baseball team has!*

4. If the noun in an exclamation with **qué** is modified by an adjective, the construction **qué** + noun + **más/tan** + adjective is used.

¡Qué espectáculo **más (tan)** fascinante!	*What a fascinating show!*
¡Qué artistas **más (tan)** sensacionales vimos ayer!	*What sensational artists we saw yesterday!*

5. **Qué** + an adverb in exclamations expresses *how* something is done.

¡Qué rápidamente aprendes!	*How fast you learn!*
¡Qué fácilmente puedes resolver el crucigrama!	*How easily you can solve the crossword puzzle!*

Nota gramatical: All the words studied in this section are written with an accent mark when they are used in questions or exclamations. If they have other uses—conjunctions or pronouns, for instance—they are written without an accent. Consult Appendix B: Written Accent Marks.

With an accent	**Without an accent**
¡Qué distraído soy! ¿**Qué** me preguntaste?	La pregunta **que** te hice no es importante.
How absent-minded I am! What did you ask me?	*The question I asked you is not important.*
¡Quién cantara como Shakira!	Ésa es la cantante por **quien** pregunté.
I wish I could sing like Shakira!	*That's the singer about whom I inquired.*
¿**Quién** es Shakira?	Es la cantante a **quien** más admiro.
Who is Shakira?	*She's the singer (whom) I admire the most.*
¡Cómo estudias! ¿**Cómo** lo haces?	No todos son tan diligentes **como** tú.
How you study! How do you do it?	*Not everyone is as diligent as you are.*

Enrique Iglesias
interpreta una
canción durante
un concierto en el
sur de California.
¡Cómo aumenta
el número de
intérpretes latinos
que ocupan un
lugar importante
en la escena
musical de
Estados Unidos!
¿Tiene Ud.
cantantes latinos
favoritos?

EJERCICIOS

Ejercicio I

Complete las siguientes oraciones con la palabra exclamativa apropiada.

1. ¡_____ buena actriz es Penélope Cruz!
2. ¡_____ difícilmente se superan los estereotipos!
3. ¡_____ pudiera cantar como Enrique Iglesias!
4. ¡_____ se emocionan los aficionados al escuchar a sus cantantes favoritos!
5. ¡_____ murales tan interesantes vimos en el barrio Misión de San Francisco!
6. ¡_____ beisbolistas de las Grandes Ligas son de origen hispano!

Ejercicio 2

En grupos pequeños, completen las siguientes exclamaciones con la palabra interrogativa apropiada para expresar algunas de sus reacciones después de la primera semana de un nuevo semestre.

MODELO: Estoy cansadísimo/a. ¡_____ semana más larga!
Estoy cansadísimo/a. ¡*Qué* semana más larga!

1. Me alegro de estar en la clase del profesor Díaz. ¡_____ inteligente es ese profesor!
2. ¡_____ habla la profesora de italiano! Tiene un vocabulario muy extenso.
3. No pude matricularme en aquella clase de literatura, pero ¡_____ veces traté!
4. ¡_____ pudiera descansar todo este fin de semana!
5. ¡_____ buena lección nos presentó la profesora de química! La entendí toda.
6. ¡_____ me gustaría estar contigo en la misma sección de laboratorio!
7. Hay pocas secciones de composición. ¡_____ secciones se han cancelado!
8. No sé si tengo suficientes energías para mis cinco clases. ¡_____ hubiera podido tomar unas vacaciones en la playa después del último semestre!
9. Siempre sacas notas altas sin muchos esfuerzos. ¡_____ puedes seguir haciendo eso!
10. Te admiro mucho. ¡_____ rápidamente terminas tus lecturas de literatura!
11. Tengo un profesor diferente en francés. ¡_____ echo de menos a mi profesora anterior!
12. ¡_____ se visten los estudiantes de primer año! ¡_____ espectáculo tan divertido!

Ejercicio 3

Imagínese que Ud. está de viaje con otra persona. Con otros miembros de la clase, reaccione Ud. a cada una de las siguientes situaciones con varias exclamaciones.

MODELO: A Ud. le parece magnífico el servicio del hotel en que se hospeda.
E1: *¡Qué servicio más excelente tiene este hotel!*
E2: *¡Qué buen servicio da el personal de este hotel!*
E3: *¡Cómo trabajan los empleados de este hotel!*

1. Ud. habla con el botones (*bellhop*) que subió su equipaje a su habitación y que además les demostró a los dos cómo funciona todo.
2. Ud. ve una película excelente en el televisor de su habitación. Se lo dice a su acompañante, quien no la vio.
3. Ud. está contentísimo/a porque un amigo de hace años lo/la va a buscar para cenar esta noche. Lo comenta con su compañero/a.
4. Al reunirse con su amigo (a quien no ha visto por diez años), Ud. comenta sobre su aspecto (*appearance*) muy poco cambiado.
5. Ud. le dice unas palabras al mesero de un restaurante donde acaba de disfrutar de una cena extraordinaria.
6. Ud. se impacienta con la persona con quien viaja porque tarda mucho en prepararse para salir a la calle.
7. En el último día del viaje, Ud. descubre que otro conocido suyo que se hospedaba en el mismo hotel tenía una habitación con una vista de la ciudad mucho mejor que la suya.
8. Ud. no cree que ningún hotel pueda ofrecer mejor servicio y se lo dice al recepcionista al pagar la cuenta.

VI Foco en el léxico: Spanish equivalents of *to leave*

Dejar and **salir** are the two most common verbs used to express the different meanings of *to leave*.

1. **Dejar** often refers to leaving someone or something behind, including the idea of postponing an action.

Esa artista decidió **dejar** los arreglos en manos de su agente.	*That artist decided to leave the arrangements in the hands of her agent.*
Mi hermano me **dejó** frente a la casa de Manuel; yo quería **dejarle** un mensaje sobre nuestros planes.	*My brother dropped me off in front of Manuel's house; I wanted to leave him a message about our plans.*
Vamos a **dejar** los detalles para otra reunión.	*Let's leave the details for another meeting.*

2. Either **dejar** or **abandonar** is used to express the notion of leaving a person, thing, or place quite abruptly or relatively permanently.

Cuando pronosticaron un
huracán, **dejamos
(abandonamos)** la isla
inmediatamente.

*When they forecast a hurricane,
we left the island immediately.*

3. **Salir** refers to *leaving* from or toward a place, often with the meaning *to go out* or *to go away from/toward*.

Salí de mi casa a las siete.
¿Cuándo **sales para** Puerto
Rico?

I left my house at seven.
*When do you leave for Puerto
Rico?*

4. When no particular place is mentioned, the verb **irse** (*to leave* or *to go away*) is preferred. The lack of focus upon a particular place is the most important distinction between **irse** and **salir. Marcharse** is a synonym of **irse.**

Este concierto me aburre.
Quiero **irme.**
Federico ya **se marchó.**

*This concert bores me. I want to
leave.*
Federico already left.

Ejercicio 1

Dé la forma correcta de uno de los verbos estudiados en esta sección en el espacio indicado.

1. Soy norteamericano pero nací en Honduras. Mi familia _____ de Tegucigalpa cuando yo tenía diez años. Aunque yo _____ Honduras, nunca he olvidado mis raíces étnicas.
2. —Hágame el favor de _____ el contrato en mi oficina; lo firmaré mañana. Tengo que _____ en este momento o llegaré tarde; me espera Juan Alberto.
   —Está bien. Lo voy a _____ sobre su escritorio.
3. —Lo siento, Paco, pero la consejera no está aquí en este momento; _____ hace poco tiempo.
   —¿Sabe Ud. si ella _____ un recado para mí antes de _____?
4. —Si tienes tiempo, ¿me puedes _____ en el centro?
   —Claro; te puedo _____ donde quieras. ¿A qué hora quieres _____ de aquí?
   —Pues, _____ ahora, si está bien.

5. —Parece que se han hecho todos los arreglos. Ahora lo quiero _____ todo en tus manos porque mi esposa y yo _____ mañana de vacaciones.

   —De acuerdo. Pueden _____ sin pensar más en este asunto.

6. —La policía nos informó que los ladrones _____ la mitad de lo que robaron detrás de la casa.

   —Sí, parece que se asustaron mientras _____ de aquí. ¡Ojalá lo hubieran _____ todo!

Ejercicio 2

En parejas, háganse preguntas y den respuestas usando **dejar, salir, abandonar, irse** o **marcharse,** según el caso, para explicar las circunstancias de las siguientes situaciones u otras de su propia invención: **dejar** un trabajo o una clase; **dejar** un objeto o una posesión en algún lugar; **dejar** un problema para más tarde; **marcharse** o **irse** de un concierto, de una fiesta o de una reunión; **salir** para unas vacaciones; **salir** de un lugar, o **abandonar** un lugar rápidamente.

MODELO 1: E1: *¿Por qué te marchaste del concierto anoche?*

E2: *Me fui temprano porque me dolía la cabeza con el ruido de la música.*

MODELO 2: E1: *Alguien me dijo que dejaste la clase de zoología. ¿Es verdad?*

E2: *Sí, la dejé porque me cambiaron las horas de trabajo y ahora tengo que salir para mi trabajo a la misma hora de la clase.*

Rincón del escritor

1. Trabajando en pequeños grupos, discutan primeramente la imagen, verdadera o falsa, de Estados Unidos como un crisol (*melting pot*) de culturas diversas. Una vez que hayan terminado la discusión, una persona del grupo escribe un informe con las conclusiones. Finalmente, un/a representante de cada grupo lee las conclusiones al resto de la clase.

2. Escriba unos párrafos sobre la presencia hispánica en su área y la contribución de este grupo a la comunidad. Comparta su escrito con sus compañeros.

Respuesta a la adivinanza, p. 362: la sombra

REFERENCE SECTION

APPENDIX A

Glossary of grammatical terms

Term	Definition	Example
active voice (**voz activa**)	Form of the VERB used when the SUBJECT performs the action expressed by the verb and the DIRECT OBJECT is the element acted upon.	El profesor **abrió** la puerta. (*Compare the passive voice equivalent:* La puerta **fue abierta** por el profesor.)
adjective (**adjetivo**)	A word used to modify or describe a NOUN.	**Mi** casa está cerca de la plaza **principal.**
adjective clause (**cláusula adjetival**)	A CLAUSE that performs the function of an ADJECTIVE. It is introduced by a RELATIVE PRONOUN.	El muchacho **que vive conmigo** está enfermo.
adverb (**adverbio**)	An INVARIABLE word that modifies a VERB, an ADJECTIVE, or another ADVERB. It answers questions such as *when?* (time), *where?* (place), and *how?* (manner).	**Ayer** hice la tarea **muy cuidadosamente.**
adverbial clause (**cláusula adverbial**)	A DEPENDENT CLAUSE that functions as an ADVERB. It modifies the main VERB conveying information such as the time, place, manner, condition, cause, purpose, or result of the main action.	**Cuando debo estudiar,** voy a la biblioteca. Fui al médico **porque estaba enfermo.**
adverbial phrase (**grupo adverbial**)	A group of words that does not contain a VERB and that functions as an ADVERB.	Te veo **a las tres de la tarde.** Ese señor camina **de modo muy extraño.**
agreement (**concordancia**)	Accord in GENDER and NUMBER between a NOUN and the ARTICLES and ADJECTIVES that modify it. Accord in NUMBER and PERSON between a VERB and its SUBJECT.	**El** cuarto ampli**o, la** habitación ampli**a.** Él cant**a,** ellos cant**an.**
antecedent (**antecedente**)	The NOUN or NOUN PHRASE to which a RELATIVE PRONOUN refers.	**El libro** que tú buscas está aquí. (**el libro** *is the antecedent of the relative pronoun* **que**)
article (**artículo**)	A word that precedes a NOUN used to indicate whether it is general, specific, or indefinite.	**La** leche es buena para **la** salud. **El** Presidente habló anoche. **Una** amiga vino a buscarte.
auxiliary verb (**verbo auxiliar**)	A VERB that helps form tenses of other verbs. **Haber** is the auxiliary or helping verb used to form the perfect tenses; **ser** is the auxiliary verb used to form the PASSIVE VOICE.	Nunca **he** visitado Buenos Aires. Esta nueva universidad **será** inaugurada el mes próximo.

Term	Definition	Example
clause (**cláusula**)	A group of words having a SUBJECT and a PREDICATE; the two major types are MAIN (or INDEPENDENT) CLAUSES and SUBORDINATE (or DEPENDENT) CLAUSES.	Escribiré una carta mientras **tú lees esa revista.**
comparison (**comparación; comparativo**)	Constructions headed by words such as **más, menos, tan,** or **tanto** used when comparing people, things, qualities, or amounts.	Mi hermana es **más** alta **que** yo. Tengo **tantos** amigos **como** mi hermana.
conditional (**condicional; potencial**)	A VERB form used to express what would or could occur, or to express polite requests.	Bajo ciertas condiciones, te **daría** esa información. ¿**Querrías** venir al cine conmigo?
conjugation (**conjugación**)	The set of all forms of a VERB that reflect PERSON (first, second, or third person), NUMBER (singular or plural), TENSE (present, past, …), and MOOD (indicative, subjunctive). Each conjugated form consists of a STEM and an ENDING.	**Hablo, hablas, habla, hablamos,** etc.
conjunction (**conjunción**)	An INVARIABLE word that is used to connect words, phrases, CLAUSES, or sentences.	Escribiré una carta **mientras** tú lees el periódico **y** esas revistas.
definite article (**artículo definido**)	The definite articles in Spanish are **el, la, los,** and **las.** They are used to refer to a specific NOUN or when referring to a NOUN in a general sense.	**El** Presidente habló anoche. **La** leche es buena para **la** salud.
demonstrative adjective (**adjetivo demostrativo**)	A word used to show the relative distance of objects or people in relationship to the speaker. The various forms of **este, ese,** and **aquel** are the DEMONSTRATIVE ADJECTIVES in Spanish.	No me gusta **esta** camisa verde. Voy a probarme **esa** camisa azul.
demonstrative pronoun (**pronombre demostrativo**)	A form of the DEMONSTRATIVE ADJECTIVE used without an accompanying noun when the context indicates what the referent of the adjective is. When used as pronouns, the demonstrative forms normally carry an accent mark.	—¿Vives en esa casa? —No, vivo en **aquélla,** al final de la calle.
dependent clause (**cláusula subordinada**)	A group of words introduced by a CONJUNCTION or a RELATIVE PRONOUN that cannot stand by itself as a complete sentence.	Voy a hablar más lentamente **para que entiendas bien.** He resuelto el problema **que tenía.**
descriptive adjective (**adjetivo descriptivo**)	An ADJECTIVE that describes qualities or conditions.	Soy **alta** y **delgada.** Estoy **aburrida.**
direct command (**mandato directo**)	A command addressed directly to a particular person or persons.	—Manolo, **pásame** el periódico, por favor.

Term	Definition	Example
direct object (**objeto directo**)	A thing or a person receiving directly the action of a VERB. It answers the questions *what?* or *whom?*	¿Encontraste **las llaves**?
direct-object pronoun (**pronombre de objeto directo**)	A PRONOUN that replaces a DIRECT OBJECT noun.	Busqué los libros que me pediste, pero no **los** encontré.
future (**futuro**)	A verb TENSE used to express what *will* happen.	¿Cuándo **vendrás** a visitarnos? El próximo año **estaré** en Madrid en esta fecha.
gender (**género**)	The classification of NOUNS and some PRONOUNS into masculine or feminine. In Spanish, the ARTICLES and ADJECTIVES that modify nouns or pronouns also have gender. The article and the demonstrative pronoun have forms that show NEUTER gender, that is to say, they are neither masculine nor feminine.	Esos dos hermanos son muy diferentes. **Él** es alt**o** y **ella** muy pequeñ**a.** Recibí un**a** muy buen**a** noticia. Recibí un buen dat**o.**
historical present (**presente histórico**)	The use of the present indicative to refer to past events. This use helps past events come alive.	En 1516 el explorador Juan Díaz de Solís **navega** por el Río de la Plata y **llega** a un lugar al este de Montevideo. **Sigue** navegando y al desembarcar por segunda vez, **pierde** la vida a manos de indígenas charrúas.
imperative (*mood*) (**imperativo**)	The VERB form that expresses a command.	**Ven** a verme pronto. Niños, **esperad.**
imperfect (**pretérito imperfecto**)	One of the two simple past TENSES in Spanish (the other being the PRETERIT). It is used to describe a setting (background information), a physical or mental condition, or a habitual action.	Ayer **hacía** mucho frío. Yo **caminaba** por la calle principal cuando …
impersonal se (*se* **impersonal**)	The pronoun **se** used with a singular VERB to indicate that a sentence has an indefinite subject or that no individual in particular performs an action.	**Se** trabaja mucho en esta oficina.
indefinite article (**artículo indefinido**)	The indefinite articles in Spanish are **un, una, unos,** and **unas.** They are used to designate nonspecific, indeterminate nouns.	**Un** muchachito quiere hablar contigo.
independent clause (**cláusula independiente**)	A group of words with a SUBJECT and a PREDICATE that can stand by itself and is not preceded by a subordinating CONJUNCTION or RELATIVE PRONOUN. Also called a MAIN CLAUSE.	**Mis amigos aprenden español. Mis amigos opinan** que las lenguas extranjeras son importantes.

Term	Definition	Example
indicative (*mood*) **(indicativo)**	A grammatical MOOD, or set of tenses, used to express factual information.	**Vivo** en una ciudad pequeña. Antes **trabajaba** en una gran compañía, pero **abandoné** ese trabajo.
indirect command **(mandato indirecto)**	A command intended to be conveyed to a third person or persons. An indirect command consists of the word **que** followed by the third person singular or plural of the present subjunctive.	Yo no puedo ayudarte. **Que te ayude tu hermano.**
indirect object **(objeto indirecto)**	A person or persons to whom or for whom something is done. When the indirect object is a noun or noun phrase, a redundant INDIRECT OBJECT PRONOUN is normally also used.	Les di la información **a tus padres.** Le traje el disco **a Lorena.**
indirect-object pronoun **(pronombre de objeto indirecto)**	A PRONOUN that replaces or refers to an INDIRECT OBJECT noun.	Cuando vea a Ramiro voy a pedir**le** su número de teléfono. **Les** di la información a tus padres.
infinitive **(infinitivo)**	The form of the VERB found in dictionaries, showing the general meaning of the verb. It does not indicate TENSE, PERSON, or NUMBER. Spanish infinitives are classified into three CONJUGATION classes based on their ending: **-ar, -er,** and **-ir.**	**Trabajar. Aprender. Escribir.**
interrogative adjective **(adjetivo interrogativo)**	An ADJECTIVE that introduces a question. **Qué** and **cuál(es)** are interrogative adjectives in Spanish.	¿**Qué** películas te gustan? ¿**Cuál** es tu especialidad académica?
interrogative adverb **(adverbio interrogativo)**	An ADVERB that introduces a question about time, place, manner, amount, or reason.	¿**Cuándo** sales para Miami? ¿**Cómo** viajas?
interrogative pronoun **(pronombre interrogativo)**	A PRONOUN used to introduce a question. **Qué** and **quién(es)** are interrogative pronouns in Spanish.	—¿**Quién** llamó? —Carlos. —¿**Qué** dijo? —Que volvería a llamar.
irregular verb **(verbo irregular)**	A VERB that does not follow the conjugation pattern of most Spanish verbs.	Siempre **hago** la tarea, pero ayer no la **hice.** No **tuve** tiempo.
invariable **(invariable)**	Said of words such as PREPOSITIONS, ADVERBS, and CONJUNCTIONS that do not change their forms in response to gender and number.	**para; aquí; cuando** (*invariable words*). (*Compare variable words:* **la, las; bueno, buena; suyos, suyas.**)
main clause **(cláusula principal)**	A group of words with a SUBJECT and a PREDICATE that can stand by itself and is not preceded by a subordinating CONJUNCTION or RELATIVE PRONOUN. Also called an INDEPENDENT CLAUSE.	**Mis amigos aprenden español.** **Mis amigos opinan** que las lenguas extranjeras son importantes.

Term	Definition	Example
mood **(modo)**	Forms of the verb CONJUGATION used to indicate the speaker's attitude toward the action or state. The INDICATIVE, the SUBJUNCTIVE, and the IMPERATIVE are the moods of the Spanish verb system.	**Fuimos** al cine. (*Indicative*) Mi novio quería que **fuéramos** a una discoteca. (*Subjunctive*) **Ve** a la biblioteca. (*Imperative*)
neuter **(neutro)**	A form of the ARTICLE **(lo)** and of the DEMONSTRATIVE PRONOUNS **(esto, eso, aquello)** different from the masculine and feminine forms and used to refer to something indeterminate or unspecified, or to abstract ideas.	**Lo** mejor de la fiesta fue el grupo musical. ¿Qué es **eso** que llevas en la mano? Marta no contesta mi carta todavía. **Eso** me preocupa.
nonrestrictive relative clause **(cláusula relativa explicativa)**	A RELATIVE CLAUSE set off by commas and that gives parenthetical, nonessential information about a specific noun.	Entrevisté a los estudiantes**, que salían para España.** (Todos los estudiantes fueron entrevistados porque todos salían para España.)
noun **(sustantivo)**	A word used to name a person, place, thing, idea, etc. All nouns in Spanish have a grammatical GENDER.	**Pablo. Región. Clase. Democracia.**
noun clause **(cláusula nominal)**	A DEPENDENT CLAUSE introduced by a CONJUNCTION (normally **que**) and that functions as a NOUN.	Él dice **que está enfermo.**
noun phrase **(grupo nominal)**	A word or a group of words that has a NOUN as its main word.	**El gato. El gato de mis tíos. El gato negro de mis tíos.**
number **(número)**	The form of a NOUN or PRONOUN that indicates whether it is *singular* or *plural*. In Spanish, the ARTICLES and ADJECTIVES that modify nouns or pronouns also have number.	En casa tenemos **una gata blanca** y **dos enormes perros negros.**
passive voice **(voz pasiva)**	The form of the VERB used when the DIRECT OBJECT is the grammatical SUBJECT of the sentence. In Spanish the passive voice is formed with the AUXILIARY VERB **ser** followed by a PAST PARTICIPLE. The past participle agrees in GENDER and NUMBER with the subject of the sentence.	La puerta **fue abierta** por el profesor. (*Compare the active voice equivalent:* El profesor **abrió** la puerta.)
past participle **(participio pasado)**	The form of a VERB used with the AUXILIARY VERB **haber** to form the PERFECT TENSES. The past participle of REGULAR VERBS is formed by adding **-ado** to the STEM of **-ar** INFINITIVES, and **-ido** to the stem of **-er** and **-ir** infinitives.	—¿Has **comido** ceviche? —No, nunca lo he **probado.**

Term	Definition	Example
perfect tense (**tiempo perfecto o compuesto**)	A TENSE formed by combining the AUXILIARY VERB **haber** with the PAST PARTICIPLE of the main verb. To form the present perfect, the auxiliary verb **haber** is conjugated in the present; to form the past perfect, **haber** is conjugated in the imperfect; to form the future perfect, **haber** is conjugated in the future, and so on.	Nunca **he estado** en La Paz. Yo no **había notado** eso antes. Antes de fin de mes **habremos terminado** el proyecto. No **habrías tenido** problemas si hubieras hablado conmigo antes. Lamento que no **hayas recibido** mi carta.
person (**persona**)	The form of PRONOUNS and their corresponding verb forms to refer to the speaker (first person), the addressee (second person), or the person or thing spoken about (third person).	—¿Vien**en** Uds. con nosotros? —No, no pod**emos.**
personal a (**a personal**)	The PREPOSITION **a** that precedes a DIRECT OBJECT referring to a specific person or persons.	Vi **a** mi jefe ayer.
personal pronoun (**pronombre personal**)	A PRONOUN that refers to the speaker, addressee, or the person or thing spoken about. They may vary in form depending on the function they fulfill in the sentence: SUBJECT, DIRECT or INDIRECT OBJECT, or object of a PREPOSITION.	**Me** ves en la calle y no **me** hablas. Pero **yo** sé que hablas de **mí.**
possessive adjective (**adjetivo posesivo**)	An ADJECTIVE used to indicate ownership. AGREEMENT depends on the GENDER of the possessed noun and not on the sex of the possessor, as in English (*his/her*).	**Mi** coche es de 1999.
possessive pronoun (**pronombre posesivo**)	A form of the POSSESSIVE ADJECTIVE used without an accompanying NOUN when context makes clear the referent of the adjective. When used as pronouns, possessive forms are normally preceded by the definite article.	Mi coche es de 1999. ¿Y **el tuyo**?
predicate (**predicado**)	The part of the sentence containing the VERB that makes a statement about the SUBJECT.	Mi padre **vive en Colombia ahora.**
preposition (**preposición**)	A word (or a small group of words) that precedes a NOUN or a PRONOUN to show position, direction, time, etc., relative to another word in the sentence.	Viajaré **de** Madrid **a** Barcelona **con** unos amigos.
present (**presente**)	A TENSE used to express an action in progress at the moment of speaking, a habitual action, or an action that began earlier and is still going on.	**Leo** el periódico en este momento. Generalmente **almuerzo** a la una. **Estudio** español desde hace un año.

Term	Definition	Example
present participle (**gerundio, participio presente**)	A VERB form ending in **-ndo** that suggests an ongoing action. It is used to form the PROGRESSIVE TENSES and in DEPENDENT CLAUSES to indicate manner, cause, reason, time, or the condition under which an action is carried out.	Estoy **leyendo** el periódico en este momento. **Estudiando** regularmente no tendrás problemas con tus cursos.
preterit (**pretérito indefinido**)	A simple past TENSE used to express an action, event, or condition seen as completed in the past. The preterit is the tense that tells what happened.	En 1516 el explorador Juan Díaz de Solís **llegó** a un lugar al este de Montevideo. **Siguió** navegando y al desembarcar por segunda vez, **perdió** la vida a manos de indígenas charrúas.
progressive tense (**tiempo progresivo**)	A verb TENSE formed with the AUXILIARY VERB **estar** followed by a PRESENT PARTICIPLE. It is used to describe an action or event in progress or while being performed.	**Estoy leyendo** el periódico en este momento. Cuando tú **estés durmiendo,** yo **estaré viajando** todavía.
pronoun (**pronombre**)	A word that takes the place of a NOUN or a NOUN PHRASE.	—¿Ha llegado Víctor? —**Él** no ha llegado, pero Manuel está aquí.
reciprocal pronoun (**pronombre recíproco**)	A PRONOUN used to indicate a plural SUBJECT involved in mutual action. In Spanish reciprocal pronouns have the same form as REFLEXIVE PRONOUNS; context determines what interpretation is meant.	Yolanda y yo **nos** saludamos muy efusivamente.
reflexive pronoun (**pronombre reflexivo**)	A PRONOUN that refers to the same person or thing as the SUBJECT of the sentence, thus indicating that the subject both performs and receives the action.	Yo siempre **me** levanto temprano. Pedro **se** convenció de que sus amigos lo engañaban.
reflexive verb (**verbo reflejo o reflexivo**)	A VERB whose SUBJECT and DIRECT or INDIRECT OBJECT are the same.	**Me desperté** a las siete y **me levanté** a las siete y media.
regular verb (**verbo regular**)	A VERB whose STEM remains constant throughout the CONJUGATION.	¿**Comprend**es? ¿**Comprend**ías? ¿**Comprend**iste? ¿**Comprend**erás?
relative clause (**cláusula relativa**)	A DEPENDENT CLAUSE introduced by a RELATIVE PRONOUN. Also called an ADJECTIVE CLAUSE.	No encontré los libros **que me pediste.**
relative pronoun (**pronombre relativo**)	A PRONOUN that links or "relates" to a preceding noun (ANTECEDENT) and connects a MAIN and a DEPENDENT CLAUSE into a single sentence.	No encontré los libros **que** me **pediste.**
restrictive relative clause (**cláusula relativa especificativa**)	A DEPENDENT CLAUSE introduced by a RELATIVE PRONOUN that gives information to identify an ANTECEDENT and that is essential to the meaning of the sentence. It is not set off by commas.	Entrevisté a los estudiantes **que salían para España.** (Los estudiantes que <u>no</u> salían para España no fueron entrevistados.)

Term	Definition	Example
si clause (**cláusula condicional**)	An ADVERBIAL CLAUSE that modifies the verb of the MAIN CLAUSE indicating whether a situation is factual, hypothetical, or contrary-to-fact.	**Si salgo del trabajo a las cinco,** te pasaré a ver. No habrías tenido problemas **si hubieras hablado conmigo antes.**
spelling-changing verb (**verbo con cambio ortográfico**)	A VERB whose STEM changes its spelling to preserve the pronunciation of the INFINITIVE stem.	**Busc**ar: yo bus**c**o, yo bus**qué**. (*Both the letter* **c** *and the letters* **qu** *represent the same sound* [k].)
stem (**raíz, radical**)	The part of the VERB that results from dropping the last two letters of the INFINITIVE.	**Trabaj**ar. **Aprend**er. **Escrib**ir.
stem-changing verb (**verbo con cambio en la raíz**)	A VERB in which the spelling of the last STEM vowel changes when stressed.	—¿Cuándo v**ue**lven Uds.? —No v**o**lvemos hasta el sábado.
subject (**sujeto**)	The person or thing that performs the action of the VERB.	**Mi padre** trabaja para una compañía multinacional. **Él** quiere que tú te vayas pronto.
subject pronoun (**pronombre sujeto**)	A PRONOUN that takes the place of a noun subject.	**Tú** estás muy equivocado.
subjunctive (*mood*) (**subjuntivo**)	A VERB form used when the action is presented as hypothetical or doubtful, or as colored by the speaker's subjectivity.	Ojalá **puedas** venir a mi fiesta.
superlative (**superlativo**)	A construction that expresses the highest or lowest degree of a quality.	El Nilo es el río **más largo** del mundo.
tense (**tiempo**)	The particular form of a VERB that indicates when an action occurs: present, past, future, etc.	Ahora **leo** menos; antes **leía** más.
verb (**verbo**)	A word expressing action or condition of the SUBJECT. The verb consists of a STEM and an ENDING, the form of which depends on the SUBJECT (singular, plural; first, second, or third person), the TENSE (present, imperfect, future, conditional), and the MOOD (indicative, subjunctive, imperative).	Cuando **corro** me **canso** un poco.
verb ending (**terminación, desinencia verbal**)	The part of the VERB that follows the STEM and that indicates the NUMBER, grammatical PERSON, and TENSE.	Corr**emos** y nos cans**amos** mucho.
voice (**voz**)	Form of the verb that shows the relationship between the SUBJECT and the VERB as either performing (ACTIVE VOICE) or receiving (PASSIVE VOICE) the action.	El profesor **abrió** la puerta. La puerta **fue abierta** por el profesor.

APPENDIX B
Written accent marks

Grammatical accent mark

Words included in the following three tables may or may not need a written accent mark depending on their meaning or on their grammatical function. Note that words carrying a written accent mark are phonetically stressed, whereas the ones without an accent mark are phonetically unstressed.

Abbreviations: adj(ective), adv(erb), art(icle), conj(unction), def(inite), dir(ect), ind(irect), obj(ect), pers(onal), pos(sessive), prep(osition), pron(oun), refl(exive), v(erb)

aún	= todavía 'still'	**aun**	= incluso 'even'	No llega **aún. Aun** yo iré.
dé	*v.* dar	**de**	*prep.*	¡**Dé** sangre! Soy **de** aquí.
él	*subject pron.*	**el**	*def. art.*	**Él** vino de España. **El** vino es de España.
más	'more'	**mas**	= pero 'but'	Escriba **más**. Iré, **mas** no sé cuándo.
mí	*pers. pron. after prep.*	**mi**	*pos. adj.*	Hablan de **mí**. Visito a **mi** sobrino.
sé	*v.* saber; *v.* ser	**se**	*refl. pron.; impersonal*	No **sé** nada.; ¡**Sé** bueno! Ana **se** lava.; **Se** habla español.
sí	'yes'; *refl. pron. after prep.*	**si**	'if', *conj.*	**Sí,** voy pronto.; Hablan entre **sí. Si** puedo, lo haré.
sólo	= solamente 'only'	**solo**	= solitario 'alone'	**Sólo** él lo sabe. Estoy **solo.**
té	= infusión	**te**	*dir./ind. obj. pron.*	Me gusta el **té,** no el café. **Te** vi a ti ayer.
tú	*subject pron.*	**tu**	*pos. adj.*	**Tú** hablas bien. Soy **tu** amigo.

Interrogative or exclamation words	Relative pronouns; conjunctions	Examples
cómo	como	**¿Cómo** te llamas? ¡**Cómo**! Actúa **como** quieras.
cuándo	cuando	No sé **cuándo** podré venir. Ven **cuando** puedas.
cuánto	cuanto	**¿Cuánto** cuesta? ¡**Cuánto** la admiro! Corrige todo **cuanto** yo escribo.
dónde	donde	**¿Dónde** vives? No recuerdo **dónde** vives. Vi la casa **donde** vives.
qué	que	**¿Qué** tienes en la mano? ¡**Qué** lástima! Espero **que** no llueva. Llegó el niño **que** llamaste.
quién	quien	**¿Quién** vive aquí? ¡**Quién** tuviera un millón de dólares! No conoces al muchacho de **quien** te hablé.

Demonstrative pronouns	Demonstrative adjectives	Examples
éste, ésta, éstos, éstas	este, esta, estos, estas	Dame el libro de francés. No **ése; ese** libro no me interesa.
ése, ésa, ésos, ésas	ese, esa, esos, esas	—¿Quién es **ésa**? ¿Tu prima?
aquél, aquélla, aquéllos, aquéllas	aquel, aquella, aquellos, aquellas	—No, **aquella** joven es mi hermana.

In this textbook, demonstrative pronouns always carry a written accent mark. Be aware, however, that accentuation rules state that a written accent mark on demonstrative pronouns can be optional. It is only obligatory in the very few cases where the sentence is ambiguous, as in the sequence **esta** + **paga,** which has two possible meanings: **ésta paga** *this* (*one*) *pays* or **esta paga** *this payment*.

Pronunciation of *i, u* when next to a vowel

When an **i** or **u** next to another vowel carries phonetic stress, it requires a written accent mark. This **i** or **u** is a full vowel.

escribíamos [es-cri-bí-a-mos]   primacía [pri-ma-cí-a]   baúl [ba-úl]

heroína [he-ro-í-na]   avalúo [a-va-lú-o]   baúles [ba-ú-les]

When an **i** or **u** next to another vowel does not carry phonetic stress, it does not need a written accent mark. The **i** or **u** in this case is pronounced as a diphthong.

emocionan	primicia	astronauta
[e-mo-cio-nan]	[pri-mi-cia]	[as-tro-nau-ta]
heroico	abuelos	devuelven
[he-roi-co]	[a-bue-los]	[de-vuel-ven]

Accent rules for all other words having two or more syllables

All other words having two or more syllables are divided into two categories based on endings:

1. Words ending in a vowel, **-n,** or **-s.** Most words in this category bear phonetic stress on the penultimate syllable and do not require a written accent mark. In the examples below, the syllable carrying phonetic stress has been underlined.

   camar<u>a</u>da   can<u>cio</u>nes   de<u>por</u>te   his<u>pa</u>nos   <u>i</u>magen   sal<u>u</u>dan

   camar<u>a</u>das   cor<u>te</u>ses   de<u>por</u>tes   his<u>pa</u>no   <u>jo</u>ven   vol<u>u</u>men

2. Words ending in a consonant different from **-n** or **-s.** Most words in this category bear phonetic stress on the last syllable and do not require a written accent mark. In the examples below, the syllable carrying phonetic stress has been underlined.

   can<u>tar</u>   enten<u>der</u>   judi<u>cial</u>   amis<u>tad</u>   juven<u>tud</u>   inca<u>paz</u>

   can<u>tor</u>   infan<u>til</u>   pa<u>pel</u>   cali<u>dad</u>   rapi<u>dez</u>   Para<u>guay</u>

Words that do not conform to the two stress patterns described above require a written accent mark. The vowel of the syllable bearing phonetic stress is written with an accent mark, as illustrated below.

Word ends in vowel, *-n*, or *-s*				Word ends in consonant other than *-n* or *-s*	
Phonetic stress: Last syllable		**Phonetic stress: Before next-to-last syllable**		**Phonetic stress: Before last syllable**	
comprendió	trabajé	pásame	pásamelo	cáncer	cráter
almacén	canción	crítica	artículo	mártir	mármol
violín	además	árboles	análisis	árbol	béisbol
autobús	cortés	jóvenes	volúmenes	huésped	lápiz

407

APPENDIX C
Personal pronouns

	Subject	Direct object	Indirect object	After prepositions
I	yo		me	mí
you (familiar)	tú		te	ti
you (formal)	usted (Ud., Vd.)	lo, la; se[2]	le; se[2]	usted; sí[3]
he, she[1]	él, ella	lo, la; se[2]	le; se[2]	él, ella; sí[3]
we	nosotros/as		nos	nosotros/as
you (pl. familiar)	vosotros/as		os	vosotros/as
you (pl., formal)	ustedes (Uds., Vds.)	los, las; se[2]	les; se[2]	ustedes; sí[3]
they	ellos, ellas	los, las; se[2]	les; se[2]	ellos, ellas; sí[3]

[1]When *it* is a subject pronoun, Spanish uses the verb alone: *It rains.* **Llueve.** / *It is important.* **Es importante.** / *It is a book.* **Es un libro.** (Plural: *They are books.* **Son libros.**) When *it* is an object pronoun, Spanish uses **lo** or **la**: *I saw it.* (*it = the book* **el libro**) **Lo vi.** / *I saw it.* (*it = the table* **la mesa**) **La vi.**

[2]**Se** is used instead of **le** or **les** when followed by **lo, la, los,** or **las: María me prestó su libro de español y yo se lo devolví.** *María lent me her Spanish book and I returned it to her.* **Se** is also the reflexive or reciprocal pronoun, both direct and indirect object, that corresponds to **usted(es), él (ellos),** and **ella(s): Usted se defiende.** *You defend yourself.* / **Ellos se escriben cartas.** *They write each other letters.*

[3]**Sí** is the reflexive or reciprocal pronoun, used after prepositions, that corresponds to **usted(es), él (ellos),** and **ella(s): Guárdese Ud. sus comentarios para sí (mismo).** *Keep your comments to yourself.* / **Ella sólo piensa en sí misma.** *She only thinks of herself.* / **Lucharon entre sí.** *They fought with one another.*

APPENDIX D
Verbs

 ## Conjugation of regular verbs

	-*ar* verbs	-*er* verbs	-*ir* verbs
Infinitive	hablar	comer	vivir
Present Participle	hablando	comiendo	viviendo
Past Participle	hablado	comido	vivido

 ### A Simple tenses: Indicative mood

Present	hablo	como	vivo
	hablas	comes	vives
	habla	comes	vive
	hablamos	comemos	vivimos
	habláis	coméis	vivís
	hablan	comen	viven
Imperfect	hablaba	comía	vivía
	hablabas	comías	vivías
	hablaba	comía	vivía
	hablábamos	comíamos	vivíamos
	hablabais	comíais	vivíais
	hablaban	comían	vivían
Preterit	hablé	comí	viví
	hablaste	comiste	viviste
	habló	comió	vivió
	hablamos	comimos	vivimos
	hablasteis	comisteis	vivisteis
	hablaron	comieron	vivieron

	-ar verbs	*-er* verbs	*-ir* verbs
Future	hablaré	comeré	viviré
	hablarás	comerás	vivirás
	hablará	comerá	vivirá
	hablaremos	comeremos	viviremos
	hablaréis	comeréis	viviréis
	hablarán	comerán	vivirán
Conditional	hablaría	comería	viviría
	hablarías	comerías	vivirías
	hablaría	comería	viviría
	hablaríamos	comeríamos	viviríamos
	hablaríais	comeríais	viviríais
	hablarían	comerían	vivirían

B Simple tenses: Subjunctive mood

	-ar verbs	*-er* verbs	*-ir* verbs
Present	hable	coma	viva
	hables	comas	vivas
	hable	coma	viva
	hablemos	comamos	vivamos
	habléis	comáis	viváis
	hablen	coman	vivan
Imperfect (*-ra* forms)	hablara	comiera	viviera
	hablaras	comieras	vivieras
	hablara	comiera	viviera
	habláramos	comiéramos	viviéramos
	hablarais	comierais	vivierais
	hablaran	comieran	vivieran
Imperfect (*-se* forms)	hablase	comiese	viviese
	hablases	comieses	vivieses
	hablase	comiese	viviese
	hablásemos	comiésemos	viviésemos
	hablaseis	comieseis	vivieseis
	hablasen	comiesen	viviesen
Commands (tú)	habla, no hables	come, no comas	vive, no vivas
(vosotros)	hablad, no habléis	comed, no comáis	vivid, no viváis
(Ud.)	hable, no hable	coma, no coma	viva, no viva
(Uds.)	hablen, no hablen	coman, no coman	vivan, no vivan

C Perfect tenses: Indicative mood

	-ar verbs	*-er* verbs	*-ir* verbs
Perfect Infinitive	haber hablado	haber comido	haber vivido
Perfect Participle	habiendo hablado	habiendo comido	habiendo vivido

410

	-ar verbs	**-er verbs**	**-ir verbs**
Present Perfect	he hablado	he comido	he vivido
	has hablado	has comido	has vivido
	ha hablado	ha comido	ha vivido
	hemos hablado	hemos comido	hemos vivido
	habéis hablado	habéis comido	habéis vivido
	han hablado	han comido	han vivido
Past Perfect	había hablado	había comido	había vivido
	habías hablado	habías comido	habías vivido
	había hablado	había comido	había vivido
	habíamos hablado	habíamos comido	habíamos vivido
	habíais hablado	habíais comido	habíais vivido
	habían hablado	habían comido	habían vivido
Future Perfect	habré hablado	habré comido	habré vivido
	habrás hablado	habrás comido	habrás vivido
	habrá hablado	habrá comido	habrá vivido
	habremos hablado	habremos comido	habremos vivido
	habréis hablado	habréis comido	habréis vivido
	habrán hablado	habrán comido	habrán vivido
Conditional Perfect	habría hablado	habría comido	habría vivido
	habrías hablado	habrías comido	habrías vivido
	habría hablado	habría comido	habría vivido
	habríamos hablado	habríamos comido	habríamos vivido
	habríais hablado	habríais comido	habríais vivido
	habrían hablado	habrían comido	habrían vivido

D Perfect tenses: Subjunctive mood

	-ar verbs	**-er verbs**	**-ir verbs**
Present Perfect	haya hablado	haya comido	haya vivido
	hayas hablado	hayas comido	hayas vivido
	haya hablado	haya comido	haya vivido
	hayamos hablado	hayamos comido	hayamos vivido
	hayáis hablado	hayáis comido	hayáis vivido
	hayan hablado	hayan comido	hayan vivido
Past Perfect (*-ra* forms)	hubiera hablado	hubiera comido	hubiera vivido
	hubieras hablado	hubieras comido	hubieras vivido
	hubiera hablado	hubiera comido	hubiera vivido
	hubiéramos hablado	hubiéramos comido	hubiéramos vivido
	hubierais hablado	hubierais comido	hubierais vivido
	hubieran hablado	hubieran comido	hubieran vivido

	-ar verbs	*-er* verbs	*-ir* verbs
Past Perfect (*-se* forms)	hubiese hablado	hubiese comido	hubiese vivido
	hubieses hablado	hubieses comido	hubieses vivido
	hubiese hablado	hubiese comido	hubiese vivido
	hubiésemos hablado	hubiésemos comido	hubiésemos vivido
	hubieseis hablado	hubieseis comido	hubieseis vivido
	hubiesen hablado	hubiesen comido	hubiesen vivido

II Irregular past participles

abrir	**abierto**	hacer	**hecho**
componer	**compuesto**	morir	**muerto**
cubrir	**cubierto**	poner	**puesto**
decir	**dicho**	resolver	**resuelto**
descubrir	**descubierto**	romper	**roto**
devolver	**devuelto**	ver	**visto**
envolver	**envuelto**	volver	**vuelto**
escribir	**escrito**		

III Stem-changing verbs

A Stem-changing verbs ending in *-ar* and *-er*

	e → ie **pensar** *to think*	o → ue **volver** *to return, come back*
Present Indicative	**pie**nso	**vue**lvo
	piensas	**vue**lves
	piensa	**vue**lve
	pensamos	volvemos
	pensáis	volvéis
	piensan	**vue**lven
Present Subjunctive	**pie**nse	**vue**lva
	pienses	**vue**lvas
	piense	**vue**lva
	pensemos	volvamos
	penséis	volváis
	piensen	**vue**lvan

Commands	(tú)	piensa, no pienses	vuelve, no vuelvas
	(vosotros)	pensad, no penséis	volved, no volváis
	(Ud.)	piense, no piense	vuelva, no vuelva
	(Uds.)	piensen, no piensen	vuelvan, no vuelvan

Other Verbs		
cerrar	entender	acordarse	encontrar
comenzar	perder	acostarse	jugar (u → ue)
empezar	sentarse	colgar	llover
		costar	oler (o → hue)
		demostrar	mover

 ◇B▷ **Stem-changing verbs ending in -ir**

	e → ie, i **sentir** to feel	o → ue, u **dormir** to sleep	e → i, i **servir** to serve
Present Participle	sintiendo	durmiendo	sirviendo
Present Indicative	siento	duermo	sirvo
	sientes	duermes	sirves
	siente	duerme	sirve
	sentimos	dormimos	servimos
	sentís	dormís	servís
	sienten	duermen	sirven
Present Subjunctive	sienta	duerma	sirva
	sientas	duermas	sirvas
	sienta	duermas	sirva
	sintamos	durmamos	sirvamos
	sintáis	durmáis	sirváis
	sientan	duerman	sirvan
Preterit	sentí	dormí	serví
	sentiste	dormiste	serviste
	sintió	durmió	sirvió
	sentimos	dormimos	servimos
	sentisteis	dormisteis	servisteis
	sintieron	durmieron	sirvieron
Imperfect Subjunctive[1]	sintiera	durmiera	sirviera
	sintieras	durmieras	sirvieras
	sintiera	durmiera	sirviera
	sintiéramos	durmiéramos	sirviéramos
	sintierais	durmierais	sirvierais
	sintieran	durmieran	sirvieran

[1]Only **-ra** forms are listed in this and the following sections.

Commands	(tú)	siente, no sientas	duerme, no duermas	sirve, no sirvas
	(vosotros)	sentid, no sintáis	dormid, no durmáis	servid, no sirváis
	(Ud.)	sienta, no sienta	duerma, no duerma	sirva, no sirva
	(Uds.)	sientan, no sientan	duerman, no duerman	sirvan, no sirvan

Other Verbs	adquirir (i → ie, i)	morir(se)	concebir
	consentir		despedir(se)
	convertir		elegir
	divertir(se)		pedir
	herir		repetir
	preferir		reír
	mentir		seguir
	sugerir		vestir(se)

IV. Orthographic or spelling-changing verbs

 A. Verbs ending in *-ger* or *-gir*

g → j before **o, a**
escoger *to choose*

Present Indicative	escojo, escoges, escoge, escogemos, escogéis, escogen
Present Subjunctive	escoja, escojas, escoja, escojamos, escojáis, escojan

Commands	escoge, no escojas (tú)	escoged, no escojáis (vosotros)
	escoja, no escoja (Ud.)	escojan, no escojan (Uds.)

Other Verbs	coger	elegir (i)	proteger
	corregir (i)	exigir	recoger
	dirigir		

 B. Verbs ending in *-gar*

g → gu before **e**
pagar *to pay*

Preterit	pagué, pagaste, pagó, pagamos, pagasteis, pagaron
Present Subjunctive	pague, pagues, pague, paguemos, paguéis, paguen

Commands	paga, no pa**gu**es (tú)	pagad, no pa**gu**éis (vosotros)
	pa**gu**e, no pa**gu**e (Ud.)	pa**gu**en, no pa**gu**en (Uds.)
Other Verbs	entregar	llegar	obligar
	jugar (ue)		

C Verbs ending in -car

c → qu before **e**
buscar to look for

Preterit	bus**qu**é, buscaste, buscó, buscamos, buscasteis, buscaron
Present Subjunctive	bus**qu**e, bus**qu**es, bus**qu**e, bus**qu**emos, bus**qu**éis, bus**qu**en
Commands	busca, no bus**qu**es (tú)	buscad, no bus**qu**éis (vosotros)
	bus**qu**e, no bus**qu**e (Ud.)	bus**qu**en, no bus**qu**en (Uds.)
Other Verbs	acercar	indicar	tocar
	explicar	sacar	

D Verbs ending in -zar

z → c before **e**
empezar (ie) to begin

Preterit	empe**c**é, empezaste, empezó, empezamos, empezasteis, empezaron
Present Subjunctive	empie**c**e, empie**c**es, empie**c**e, empe**c**emos, empe**c**éis, empie**c**en
Commands	empieza, no empie**c**es (tú)	empezad, no empe**c**éis (vosotros)
	empie**c**e, no empie**c**e (Ud.)	empie**c**en, no empie**c**en (Uds.)
Other Verbs	almorzar (ue)	cruzar	organizar
	comenzar (ie)		

E Verbs ending in a consonant + -cer or -cir

c → z before **o, a**
convencer to convince

Present Indicative	conven**z**o, convences, convence, convencemos, convencéis, convencen
Present Subjunctive	conven**z**a, conven**z**as, conven**z**a, conven**z**amos, conven**z**áis, conven**z**an
Commands	convence, no conven**z**as (tú)	convenced, no conven**z**áis (vosotros)
	conven**z**a, no conven**z**a (Ud.)	conven**z**an, no conven**z**an (Uds.)
Other Verbs	ejercer	esparcir	vencer

 **F** **Verbs ending in a vowel + *-cer* or *-cir*****

c → zc before o, a
conocer to know, be acquainted with

Present Indicative	conozco, conoces, conoce, conocemos, conocéis, conocen
Present Subjunctive	conozca, conozcas, conozca, conozcamos, conozcáis, conozcan
Commands	conoce, no conozcas (tú) conoced, no conozcáis (vosotros)
	conozca, no conozca (Ud.) conozcan, no conozcan (Uds.)

Other Verbs		
agradecer	obedecer	pertenecer
conducir[2]	ofrecer	producir
desconocer	parecer	reducir
establecer	permanecer	traducir

 G **Verbs ending in *-guir*****

gu → g before o, a
seguir (i) to follow

Present Indicative	sigo, sigues, sigue, seguimos, seguís, siguen
Present Subjunctive	siga, sigas, siga, sigamos, sigáis, sigan
Commands	sigue, no sigas (tú) seguid, no sigáis (vosotros)
	siga, no siga (Ud.) sigan, no sigan (Uds.)

Other Verbs		
conseguir	perseguir	proseguir
distinguir		

 H **Verbs ending in *-guar*****

gu → gü before e
averiguar to find out

Preterit	averigüé, averiguaste, averiguó, averiguamos, averiguasteis, averiguaron
Present Subjunctive	averigüe, averigües, averigüe, averigüemos, averigüéis, averigüen
Commands	averigua, no averigües (tú) averiguad, no averigüéis (vosotros)
	averigüe, no averigüe (Ud.) averigüen, no averigüen (Uds.)

Other Verbs	
apaciguar	atestiguar

[2]See **conducir** in Section V, p. 418, for further irregularities of verbs ending in **-ducir.**

◇I◇ **Verbs ending in -uir**

unstressed **i** → **y** between vowels
construir *to build*

Present Participle	construyendo
Present Indicative	construyo, construyes, construye, construimos, construís, construyen
Preterit	construí, construiste, construyó, construimos, construisteis, construyeron
Present Subjunctive	construya, construyas, construya, construyamos, construyáis, construyan
Imperfect Subjunctive	construyera, construyeras, construyera, construyéramos, construyerais, construyeran

Commands   construye, no construyas (tú)   construid, no construyáis (vosotros)
construya, no construya (Ud.)   construyan, no construyan (Uds.)

Other Verbs   concluir   destruir   instruir
contribuir   huir   sustituir

 ◇J◇ **Verbs ending in -eer**

unstressed **i** → **y** between vowels
creer *to believe*

Present Participle	creyendo
Preterit	creí, creíste, creyó, creímos, creísteis, creyeron
Imperfect Subjunctive	creyera, creyeras, creyera, creyéramos, creyerais, creyeran
Other Verbs	leer poseer

◇K◇ **Some verbs ending in -iar and -uar**

i → **í** when stressed
enviar *to send*

Present Indicative	envío, envías, envía, enviamos, enviáis, envían
Present Subjunctive	envíe, envíes, envíe, enviemos, enviéis, envíen

Commands   envía, no envíes (tú)   enviad, no enviéis (vosotros)
envíe, no envíe (Ud.)   envíen, no envíen (Uds.)

Other Verbs   ampliar   enfriar   variar
confiar   guiar

u → ú when stressed
continuar *to continue*

Present Indicative	continúo, continúas, continúa, continuamos, continuáis, continúan
Present Subjunctive	continúe, continúes, continúe, continuemos, continuéis, continúen
Commands	continúa, no continúes (tú) continuad, no continuéis (vosotros) continúe, no continúe (Ud.) continúen, no continúen (Uds.)
Other Verbs	acentuar graduar(se) situar efectuar

 The verb *reír (i)*[3]

e of the stem drops before -ió and before -ie... endings
reír (i) *to laugh*

Present Participle	riendo
Preterit	reí, reíste, **rió**, reímos, reísteis, **rieron**
Imperfect Subjunctive	**riera, rieras, riera, riéramos, rierais, rieran**
Other Verbs	freír reírse sonreír(se)

Common irregular verbs[4]

andar *to walk; to go*

Preterit	anduve, anduviste, anduvo, anduvimos, anduvisteis, anduvieron
Imperfect Subjunctive	anduviera, anduvieras, anduviera, anduviéramos, anduvierais, anduvieran

caber *to fit*

Present Indicative	quepo, cabes, cabe, cabemos, cabéis, caben
Preterit	cupe, cupiste, cupo, cupimos, cupisteis, cupieron
Future	cabré, cabrás, cabrá, cabremos, cabréis, cabrán
Conditional	cabría, cabrías, cabría, cabríamos, cabríais, cabrían
Present Subjunctive	quepa, quepas, quepa, quepamos, quepáis, quepan
Imperfect Subjunctive	cupiera, cupieras, cupiera, cupiéramos, cupierais, cupieran

[3]As a stem-changing verb, **reír** follows the pattern of **servir** (Section II) in the present indicative, present subjunctive, and command forms.
[4]Only irregular tenses or forms are listed.

418

caer *to fall*

Present Participle	cayendo
Past Participle	caído
Present Indicative	caigo, caes, cae, caemos, caéis, caen
Preterit	caí, caíste, cayó, caímos, caísteis, cayeron
Present Subjunctive	caiga, caigas, caiga, caigamos, caigáis, caigan
Imperfect Subjunctive	cayera, cayeras, cayera, cayéramos, cayerais, cayeran
Similar Verbs	decaer recaer

conducir *to lead; to drive*

Present Indicative	conduzco, conduces, conduce, conducimos, conducís, conducen
Preterit	conduje, condujiste, condujo, condujimos, condujisteis, condujeron
Present Subjunctive	conduzca, conduzcas, conduzca, conduzcamos, conduzcáis, conduzcan
Imperfect Subjunctive	condujera, condujeras, condujera, condujéramos, condujerais, condujeran
Similar Verbs	deducir introducir reducir inducir producir traducir

dar *to give*

Present Indicative	doy, das, da, damos, dais, dan
Preterit	di, diste, dio, dimos, disteis, dieron
Present Subjunctive	dé, des, dé, demos, deis, den
Imperfect Subjunctive	diera, dieras, diera, diéramos, dierais, dieran

decir *to say; to tell*

Present Participle	diciendo
Past Participle	dicho
Present Indicative	digo, dices, dice, decimos, decís, dicen
Preterit	dije, dijiste, dijo, dijimos, dijisteis, dijeron
Future	diré, dirás, dirá, diremos, diréis, dirán
Conditional	diría, dirías, diría, diríamos, diríais, dirían
Present Subjunctive	diga, digas, diga, digamos, digáis, digan
Imperfect Subjunctive	dijera, dijeras, dijera, dijéramos, dijerais, dijeran
*Affirm. **tú** Command*[5]	di
Similar Verbs	contradecir desdecir predecir

[5]The negative **tú** and **vosotros** command forms and the **Ud.** and **Uds.** command forms are identical to the present subjunctive forms. For the affirmative **vosotros** command forms, see Chapter 7, Section IV, p. 273.

estar *to be*

Present Indicative	estoy, estás, está, estamos, estáis, están
Preterit	estuve, estuviste, estuvo, estuvimos, estuvisteis, estuvieron
Present Subjunctive	esté, estés, esté, estemos, estéis, estén
Imperfect Subjunctive	estuviera, estuvieras, estuviera, estuviéramos, estuvierais, estuvieran

haber *to have*

Present Indicative	he, has, ha, hemos, habéis, han
Preterit	hube, hubiste, hubo, hubimos, hubisteis, hubieron
Future	habré, habrás, habrá, habremos, habréis, habrán
Conditional	habría, habrías, habría, habríamos, habríais, habrían
Present Subjunctive	haya, hayas, haya, hayamos, hayáis, hayan
Imperfect Subjunctive	hubiera, hubieras, hubiera, hubiéramos, hubierais, hubieran

hacer *to do; to make*

Past Participle	hecho
Present Indicative	hago, haces, hace, hacemos, hacéis, hacen
Preterit	hice, hiciste, hizo, hicimos, hicisteis, hicieron
Future	haré, harás, hará, haremos, haréis, harán
Conditional	haría, harías, haría, haríamos, haríais, harían
Present Subjunctive	haga, hagas, haga, hagamos, hagáis, hagan
Imperfect Subjunctive	hiciera, hicieras, hiciera, hiciéramos, hicierais, hicieran
*Affirm. **tú** Command*	haz
Similar Verbs	deshacer rehacer satisfacer

ir *to go*

Present Participle	yendo
Present Indicative	voy, vas, va, vamos, vais, van
Imperfect Indicative	iba, ibas, iba, íbamos, ibais, iban
Preterit	fui, fuiste, fue, fuimos, fuisteis, fueron
Present Subjunctive	vaya, vayas, vaya, vayamos, vayáis, vayan
Imperfect Subjunctive	fuera, fueras, fuera, fuéramos, fuerais, fueran
*Affirm. **tú** Command*	ve

oír *to hear*

Present Participle	oyendo
Past Participle	oído
Present Indicative	oigo, oyes, oye, oímos, oís, oyen
Preterit	oí, oíste, oyó, oímos, oísteis, oyeron
Present Subjunctive	oiga, oigas, oiga, oigamos, oigáis, oigan
Imperfect Subjunctive	oyera, oyeras, oyera, oyéramos, oyerais, oyeran

poder *to be able*

Present Participle	pudiendo
Present Indicative	puedo, puedes, puede, podemos, podéis, pueden
Preterit	pude, pudiste, pudo, pudimos, pudisteis, pudieron
Future	podré, podrás, podrá, podremos, podréis, podrán
Conditional	podría, podrías, podría, podríamos, podríais, podrían
Present Subjunctive	pueda, puedas, pueda, podamos, podáis, puedan
Imperfect Subjunctive	pudiera, pudieras, pudiera, pudiéramos, pudierais, pudieran

poner *to put; to place*

Past Participle	puesto
Present Indicative	pongo, pones, pone, ponemos, ponéis, ponen
Preterit	puse, pusiste, puso, pusimos, pusisteis, pusieron
Future	pondré, pondrás, pondrá, pondremos, pondréis, pondrán
Conditional	pondría, pondrías, pondría, pondríamos, pondríais, pondrían
Present Subjunctive	ponga, pongas, ponga, pongamos, pongáis, pongan
Imperfect Subjunctive	pusiera, pusieras, pusiera, pusiéramos, pusierais, pusieran
Affirm. **tú** *Command*	pon

Similar Verbs			
componer	disponer	oponer	reponer
contraponer	imponer	presuponer	sobreponer
descomponer	interponer	proponer	suponer

querer *to want; to wish*

Present Indicative	quiero, quieres, quiere, queremos, queréis, quieren
Preterit	quise, quisiste, quiso, quisimos, quisisteis, quisieron
Future	querré, querrás, querrá, querremos, querréis, querrán
Conditional	querría, querrías, querría, querríamos, querríais, querrían
Present Subjunctive	quiera, quieras, quiera, queramos, queráis, quieran
Imperfect Subjunctive	quisiera, quisieras, quisiera, quisiéramos, quisierais, quisieran

saber *to know*

Present Indicative	sé, sabes, sabe, sabemos, sabéis, saben
Preterit	supe, supiste, supo, supimos, supisteis, supieron
Future	sabré, sabrás, sabrá, sabremos, sabréis, sabrán
Conditional	sabría, sabrías, sabría, sabríamos, sabríais, sabrían
Present Subjunctive	sepa, sepas, sepa, sepamos, sepáis, sepan
Imperfect Subjunctive	supiera, supieras, supiera, supiéramos, supierais, supieran

salir *to go out; to leave*

Present Indicative	salgo, sales, sale, salimos, salís, salen
Future	saldré, saldrás, saldrá, saldremos, saldréis, saldrán
Conditional	saldría, saldrías, saldría, saldríamos, saldríais, saldrían
Present Subjunctive	salga, salgas, salga, salgamos, salgáis, salgan
Affirm. **tú** *Command*	sal

ser *to be*

Present Indicative	soy, eres, es, somos, sois, son
Imperfect Indicative	era, eras, era, éramos, erais, eran
Preterit	fui, fuiste, fue, fuimos, fuisteis, fueron
Present Subjunctive	sea, seas, sea, seamos, seais, sean
Imperfect Subjunctive	fuera, fueras, fuera, fuéramos, fuerais, fueran
Affirm. **tú** *Command*	sé

tener *to have*

Present Indicative	tengo, tienes, tiene, tenemos, tenéis, tienen		
Preterit	tuve, tuviste, tuvo, tuvimos, tuvisteis, tuvieron		
Future	tendré, tendrás, tendrá, tendremos, tendréis, tendrán		
Conditional	tendría, tendrías, tendría, tendríamos, tendríais, tendrían		
Present Subjunctive	tenga, tengas, tenga, tengamos, tengáis, tengan		
Imperfect Subjunctive	tuviera, tuvieras, tuviera, tuviéramos, tuvierais, tuvieran		
Affirm. **tú** *Command*	ten		
Similar Verbs	contener	mantener	retener
	detener	obtener	sostener
	entretener(se)		

traer *to bring*

Present Participle	trayendo
Past Participle	traído
Present Indicative	traigo, traes, trae, traemos, traéis, traen
Preterit	traje, trajiste, trajo, trajimos, trajisteis, trajeron
Present Subjunctive	traiga, traigas, traiga, traigamos, traigáis, traigan
Imperfect Subjunctive	trajera, trajeras, trajera, trajéramos, trajerais, trajeran
Similar Verbs	atraer contraer extraer
	caer(se) distraer(se)

valer *to be worth*

Present Indicative	valgo, vales, vale, valemos, valéis, valen
Future	valdré, valdrás, valdrá, valdremos, valdréis, valdrán
Conditional	valdría, valdrías, valdría, valdríamos, valdríais, valdrían
Present Subjunctive	valga, valgas, valga, valgamos, valgáis, valgan
*Affirm. **tú** Command*	val

venir *to come*

Present Participle	viniendo
Present Indicative	vengo, vienes, viene, venimos, venís, vienen
Preterit	vine, viniste, vino, vinimos, vinisteis, vinieron
Future	vendré, vendrás, vendrá, vendremos, vendréis, vendrán
Conditional	vendría, vendrías, vendría, vendríamos, vendríais, vendrían
Present Subjunctive	venga, vengas, venga, vengamos, vengáis, vengan
Imperfect Subjunctive	viniera, vinieras, viniera, viniéramos, vinierais, vinieran
*Affirm. **tú** Command*	ven
Similar Verbs	convenir intervenir prevenir

ver *to see*

Past Participle	visto
Present Indicative	veo, ves, ve, vemos, veis, ven
Imperfect Indicative	veía, veías, veía, veíamos, veíais, veían
Preterit	vi, viste, vio, vimos, visteis, vieron
Present Subjunctive	vea, veas, vea, veamos, veáis, vean
Similar Verbs	prever

Spanish-English vocabulary

abajo down, below, underneath; downstairs

abogado/a *m./f.* lawyer, attorney

abordar to approach; to tackle

abrazar to embrace, hug

abrazo *m.* embrace, hug

abrelatas *m. sing.* can opener

abstenerse (de) (*irreg.*) to abstain (from); to refrain (from)

aburrido/a boring, bored

aburrimiento *m.* boredom

aburrir to bore

aburrirse to become bored

abusar (de) to abuse

acentuar to accent; to stress, emphasize

acerca de about, with respect to

acercar to bring near

acercarse (a) to approach, draw near (to)

aclarar to clarify

acomodar to suit, adapt to; to make comfortable; to be suitable

acomodarse (a) to conform (to); to adapt oneself (to)

acompañar to accompany

aconsejable advisable

aconsejar to advise, give advice

acordar (ue) to decide; to agree

acordarse (ue) (de) to remember

acostumbrarse (a) to become accustomed (to)

actitud *f.* attitude

actuación *f.* performance; action, behavior

actual current, present

actuar to act, perform

acuarela *f.* watercolor

acuerdo *m.* agreement, accord

acusado/a *m./f.* accused person; *adj.* accused

adelgazar to become slimmer, lose weight

adivinanza *f.* riddle; conjecture

admirarse (de) to be amazed; to be surprised

adquirir (ie, i) to acquire

aduana *f.* customs; customs house

advertir (ie, i) to notice; to point out; to advise

aeropuerto *m.* airport

afecto *m.* affection

afeitar (se) to shave (oneself)

afición *f.* fondness, liking; hobby

aficionado(a) *m./f.* fan, supporter; *adj.* keen, enthusiastic; **aficionado/a a** fond of

agacharse to crouch

agradar to please

agradecer to thank

agregar to add

ahorrar to save (money, time)

ahorro *m.* savings

aire *m.* air; **aire acondicionado** air conditioning; **al aire libre** outdoors

ajedrez *m.* chess

ajustar to adjust, fix; to fit; to settle

ala *f.* wing

albergue *m.* shelter; lodging

alcalde/alcaldesa *m./f.* mayor

alcanzar to reach; to attain; to catch (up with)

alegrar(se) (de) to cheer up, enliven; to become happy

alegría *f.* joy, cheer

alemán/alemana *adj.* German; *m./f.* German person

alfabeto *m.* alphabet

alfombra *f.* carpet

algodón *m.* cotton

alianza *f.* alliance

alimento *m.* food; nourishment

aliviar to relieve, alleviate

almacén *m.* department store; warehouse

almacenar to store

alojamiento *m.* lodging

alojar to lodge

alojarse to be lodged

alquilar to rent

alquiler *m.* rental payment

amable kind, loving

amar to love

amarillo/a yellow

ambiental environmental

ambiente *m.* environment; atmosphere; **medio ambiente** environment

amenazar to threaten

amistad *f.* friendship

amonestar to warn

ampliar to enlarge; to amplify

ancho/a wide

andino/a Andean

angosto/a narrow

anillo *m.* ring

ansioso/a anxious, worried, uneasy

antigüedad *f.* antique; antiquity

antiguo/a ancient, old

antipático/a disagreeable, unpleasant

anunciar to advertise; to announce

anuncio *m.* advertisement; announcement

añadir to add; to increase

apaciguar to pacify, appease

apagar to turn off, extinguish

apagón *m.* blackout

aparato *m.* apparatus, device, machine

aparecer to appear

apariencia *f.* appearance

apellido *m.* last name

aperitivo *m.* appetizer; aperitif

aplaudir to applaud

aplazar to postpone, delay

apoyar to support, be in favor of

apoyo *m.* support

aprendiz/aprendiza *m./f.* beginner, novice

apresuradamente hurriedly

apresurar to hurry, hasten

aprobar (ue) to pass; to approve

apropiado/a appropriate

apunte *m.* note

apurar to hurry

apurarse (de) to hurry up; to worry (about)

archivo *m.* file

armar to put together; to arm

armario *m.* cupboard

arpa *f.* harp

arrepentirse (ie, i) (de) to repent (of)

arrodillarse to kneel down

arroyo *m.* stream, brook; river

arroz *m.* rice

artesanía *f.* handicrafts

artículo *m.* article; **artículo de fondo** in-depth report; editorial

artista *m./f.* artist

asado/a *adj.* roasted; *m.* roast meat; barbecue

asaltar to assault; to rob

ascenso *m.* promotion

ascensor *m.* elevator

asegurar to assure; safeguard; to make secure

asiento *m.* seat

asistir (a) to attend

asociar(se) to associate (oneself)

asombrar to amaze; to frighten

asombro *m.* amazement; fright

aspiradora *f.* vacuum cleaner

asunto *m.* matter, subject, topic

asustar to scare, frighten

asustarse to become scared

atardecer *m.* early evening; *inf.* to grow dark, become late

atar to tie (up)

atarse to get into a muddle

ataúd *m.* coffin

atender (ie) to wait on, help

atestiguar to testify

atónito/a astonished, amazed, astounded

atraer (*irreg.*) to attract

atrasado/a delayed

atreverse (a) to dare (to)

atribuir to attribute

audaz bold, audacious

augurar to predict, to foretell

aumentar to increase

aumento *m.* increase

ausentarse (de) to absent oneself; to go away

ausente absent

automovilístico/a related to automobiles

autopista *f.* freeway

autoridad *f.* authority

avanzado/a advanced

ave *f.* bird; chicken

avenida *f.* avenue

aventura *f.* adventure

avergonzarse (ue) (de) to be ashamed (of); to be embarrassed (of)

averiguar to find out; to inquire

avión *m.* airplane

aviso *m.* piece of information; advice; warning

azúcar *m.* sugar

bacalao *m.* cod(fish)

bajar to lower; to go down; **bajar de peso** to lose weight

bancario/a relative to a bank or to banking

banco *m.* bank

banquero/a *m./f.* banker

barbaridad *f.* outrage; barbarism

barco *m.* boat, ship

barón *m.* baron

baronesa *f.* baroness

barrio *m.* area (of town), neighborhood

basar to base

básquetbol *m.* basketball

bastar to be sufficient, be enough

bastardilla *f.* italic type, italics; **en bastardilla** in italics

bastón *m.* cane

basura *f.* garbage

batidora *f.* beater, mixer

bebé/beba *m./f.* baby

beca *f.* scholarship

béisbol *m.* baseball

besar to kiss

bicicleta *f.* bicycle; **montar en bicicleta** to ride a bicycle

bienvenida *f.* welcome

bilingüe bilingual

billete *m.* bill; ticket

bistec *m.* beefsteak, beef

boda *f.* wedding

boina *f.* beret
boletín *m.* bulletin
boleto *m.* ticket
bomba *f.* bomb; pump
bondad *f.* kindness
bota *f.* boot; leather wine bottle
bote *m.* can, tin; boat
botella *f.* bottle
botón *m.* button, knob; **botones** *pl.* bellboy
breve brief
brillar to shine
brisa *f.* breeze
bufanda *f.* scarf
bullir to boil, bubble up; to move; to swarm
burlarse (de) to mock, ridicule
búsqueda *f.* search
butaca *f.* armchair

caballero *m.* gentleman; horseman
caber (*irreg.*) to fit
cadmio *m.* cadmium
cafetera *f.* coffee pot
caída *f.* fall
caja *f.* box; chest; crate; cashbox, safe; cashier's office; **caja de seguridad** safe, strongbox
cajero/a *m./f.* cashier; bank teller
cajón *m.* large box
calamar *m.* squid
calcetines *m./pl.* socks, stockings
cálculo *m.* calculus
caldo *m.* clear soup; broth
calentar (ie) to warm up
calidad *f.* quality
callado/a reserved; quiet, silent
callejuela *f.* alley
calmar(se) to calm (oneself) down
calor *m.* heat, warmth
caluroso/a hot, warm; enthusiastic

cámara *f.* camera; chamber; **cámara fotográfica** camera
camarada *m.* comrade, companion
camarero/a *m./f.* waiter/ waitress
camarógrafo/a *m./f.* camera person
camarón *m.* shrimp, prawn
cambiar to change; **cambiar de papel** to change roles
cambio *m.* change; transmission; **en cambio** on the other hand
camello *m.* camel
camino *m.* road; path; route; way; **camino de/camino a** on the way to
camiseta *f.* shirt; T-shirt; top; vest
campaña *f.* campaign
campeón/campeona *m./f.* champion
campo *m.* country, countryside; field; scope, sphere; **campo universitario** campus
canapé *m.* canapé; sofá
cantante *m./f.* singer, vocalist
cantidad *f.* quantity, amount
cantimplora *f.* water bottle, canteen
cantor/a *m./f.* singer; *adj.* relative to singing
caña *f.* cane; stalk; reed; **caña de pescar** fishing rod
caótico/a chaotic
capaz capable, competent
capturar to capture
cárcel *f.* jail
carecer (de) to lack
cargo *m.* load; weight; charge; burden
caricatura *f.* caricature; cartoon
caricaturista *m./f.* caricaturist; cartoonist
caridad *f.* charity

cariño *m.* affection, fondness; caress; **cariño/a** *m./f.* sweetheart
cariñoso/a affectionate; tender
carnicería *f.* butcher shop, meat market
carrera *f.* career; race; run, running
carretera *f.* road, highway
cartel *m.* poster, placard; wall chart
cartera *f.* purse, handbag
casamiento *m.* marriage
casarse (con) to get married
caso *m.* case; **hacer caso (de)** to pay attention (to)
castigar to punish
catalán/catalana *m./f.* Catalonian; *adj.* relative to Catalonia
catálogo *m.* catalog
catarro *m.* cold (illness)
catedral *f.* cathedral
causa *f.* cause; **a causa de** because of, on account of
cebolla *f.* onion
célebre famous
celoso/a jealous; suspicious; zealous
censura *f.* censorship, censoring; censure, criticism
censurar to censor; to censure
cercano/a near, nearby
cerdo *m.* pig
cerro *m.* hill
césped *m.* grass, lawn
ceviche *m.* dish of raw fish or shellfish marinated in spicy sauce and lime juice served as an appetizer
champán *m.* champagne
chequera *f.* checkbook
chisme *m.* gossip
chiste *m.* joke
chocar to collide, crash; to shock
chuleta *f.* chop
cielo *m.* sky; heavens; heaven
ciencia *f.* science

científico/a *m./f.* scientist; *adj.* relating to science

cigarrillo *m.* cigarette

cinta *f.* ribbon; tape

cinturón *m.* belt; **cinturón de seguridad** safety belt, seat belt

circo *m.* circus

circulación *f.* traffic; circulation

circular to circulate

circunstancia *f.* circumstance

cita *f.* appointment; (social) date

citar to make an appointment; to date (socially)

ciudadano/a *m./f.* citizen; *adj.* civic, pertaining to the city

cláusula *f.* clause

clavel *m.* carnation

clima *m.* climate

cóctel *m.* cocktail

coger to grab; to grasp; to get

cohete *m.* rocket

cojo/a *m./f.* disabled person; *adj.* disabled, lame

colega *m./f.* colleague

colegio *m.* school; college

colgar (ue) to hang up, hang

collar *m.* necklace

colocación *f.* placing; place; job

colocar to place, put

colono *m.* colonist, settler; tenant

comerciante *m./f.* shopkeeper

comercio *m.* commerce, business

cometer to commit

comienzo *m.* start, beginning; **a comienzos de** at the beginning of; **al comienzo de** at the beginning of

cómodo/a comfortable; convenient

compañía *f.* company

compartir to divide (up); to share

compás *m.* beat, rhythm; measure; compass

competencia *f.* competition; rivalry; competence

complacer to please

componer *(irreg.)* to compose, write; to put together

componerse (de) *(irreg.)* to consist of

comportarse to behave

compra *f.* purchasing, buying; shopping; purchase

comprometerse (a) to compromise oneself; to promise (to)

compromiso *m.* obligation, promise

computación *f.* calculation, computation

computadora *f.* computer

concierto *m.* concert

concluir to conclude

concordar (ue) to agree

concurso *m.* contest, match, competition

conducir to drive; to conduct

conductor/a *m./f.* driver; conductor

conejo *m.* rabbit

conferencia *f.* lecture; conference

conferenciante *m./f.* lecturer

confiar (en; a) to trust (in); to entrust (to)

confundido/a confused

confundir to confuse

confuso/a confused

conjetura *f.* conjecture, guess

conjugar to conjugate

conjunto *m.* whole; assembly; ensemble; *adj.* joint; united

conmover (ue) to move (emotionally)

conocido/a *m./f.* acquaintance; *adj.* acquainted

conocimiento *m.* knowledge

consciente conscious

consecutivo/a consecutive

consejero/a *m./f.* adviser

consejo *m.* advice

conservador/a *m./f.* conservative; *adj.* conservative

conservar to preserve, save; to keep up

consistir (en) to consist (of)

construir to construct

contabilidad *f.* accounting; bookkeeping

contado *m.* cash; **al contado** in cash

contador/a *m./f.* accountant; bookkeeper

contaminación *f.* pollution; contamination

contaminar to pollute; to contaminate

contar (ue) to count; **contar con** to count on

contemporáneo/a contemporary

continuo/a continuous

contradecir *(irreg.)* to contradict

contradictorio/a contradictory

contrario *m.* contrary; **al contrario** on the contrary

contratapa *f.* inside cover

contratar to contract (for), hire

contratista *m./f.* contractor

contribuyente *m./f.* taxpayer

convencer to convince

convencido/a convinced

convenir *(irreg.)* to agree; to suit; to be convenient; to be important

convertirse (ie, i) to become converted, become changed

copia *f.* copy

copiadora *f.* copier

cordero *m.* lamb

coronar to crown

corregir (i) to correct

correo *m.* mail

cortacésped *m.* lawnmower

cortar to cut

corte *f.* (royal) court; law court

corte *m.* cut, cutting

cortés courteous
cortesía *f.* courtesy
cortina *f.* curtain
costa *f.* coast, coastline; cost, price
costado *m.* side; flank
costar (ue) to cost
coste *m.* cost
costo *m.* cost
costumbre *f.* custom; habit
crear to create
crecer to grow
creciente growing
crecimiento *m.* growth
creencia *f.* belief
crema *f.* cream
criar(se) to be raised
crimen *m.* crime
cristal *m.* crystal, glass
crítica *f.* criticism; critique
cruz *f.* cross
cruzar to cross
cuadra *f.* city block
cuadro *m.* picture, painting; scene; description; square; table, chart
cuanto/a *adj.* whatever; *pron.* all that, as much as; *adv./conj.* **en cuanto a** as far as ... is concerned
cuchillo *m.* knife
cuenta *f.* account; **cuenta de ahorros** savings account; **darse cuenta de** to realize
cuento *m.* story, tale
cuerda *f.* rope
cuerdo/a sane; prudent
cuero *m.* leather, skin, hide
cuerpo *m.* body
cuidado *m.* care, worry, concern; carefulness; **tener cuidado** to be careful
cuidadoso/a careful
cuidar to take care of
culpa *f.* fault; blame; **tener la culpa** to be at fault
culpable *m./f.* culprit; *adj.* at fault; guilty
cumplir (con) to carry out, fulfill; to comply (with)

cuna *f.* cradle
cuñada *f.* sister-in-law
cuñado *m.* brother-in-law
cuota *f.* quota, share; fee, dues
cura *f.* cure
cura *m.* Catholic priest
curso *m.* course; school year; direction; flow; **curso obligatorio** required course

dañar to damage; to harm; **hacer daño** to do damage, to do harm
daño *m.* damage; hurt, harm, injury
dar (*irreg.*) to give; **darse cuenta (de)** to realize; **dar un paseo** to take a walk, stroll; **darse prisa** to hurry
de of, from; **de repente** suddenly
deber *m.* obligation
débil weak
debilitar to weaken
debilitarse to grow weaker
decepcionar to disappoint
decepcionarse to become disappointed
dejar to leave (behind); to let, allow; **dejar plantado** to stand up; to walk out on
demasiado/a *adj.* too much; *adv.* too; too much, excessively
demostrar (ue) to demonstrate, show
demostrativo/a demonstrative
dependiente/a *m./f.* store clerk
depósito *m.* deposit
deprimir(se) to become depressed
derecha *f.* right wing (pol.); right side, right hand
derecho(a) *adj.* right, right-hand; straight; *adv.* straight; upright; *m.* right, claim, privilege; law, justice
derramar to spill; to pour out

derrotar to defeat
desacuerdo *m.* disagreement
desanimar(se) to become discouraged, become less enthusiastic
desaparecer to disappear
desarrollar to develop
desarrollo *m.* development
desastre *m.* disaster
descansar to rest
descomponer(se) (*irreg.*) to break (down)
descompuesto/a broken
desconfiado/a distrustful, suspicious
desconfiar (de) to mistrust; to lack confidence in
desconocer to be ignorant of
desconocido/a *m./f.* stranger; *adj.* unknown, unfamiliar; strange
descosido/a torn, unstitched
descubrimiento *m.* discovery
descubrir to discover
descuento *m.* discount
desempeño *m.* carrying out, fulfillment; performance
desempleo *m.* unemployment
desgracia *f.* misfortune, bad luck; accident; disgrace
desgraciadamente unfortunately
deshacer (*irreg.*) to undo
desierto *m.* desert
desigualdad *f.* inequality
desmayarse to faint
desocupado/a vacant, unoccupied; spare, free
desocupar to vacate; to empty
desorden *m.* disorder, mess; confusion
desorientado/a disoriented, confused
despacio/a *adj.* slow; *adv.* slowly
despacho *m.* small office
despedir (i) to fire, lay off
despedirse (i) (de) to take leave (of), say goodbye (to)

despegar to take off (aviation); to unstick

despertador/a *adj.* pertaining to awakening; *m.* alarm clock

despierto/a awake; alert

despreocupado/a unworried

destrozar to destroy

destruir to destroy

desventaja *f.* disadvantage

desventajoso/a disadvantageous

detalle *m.* detail

detener (*irreg.*) to detain, stop; to arrest

deteriorarse to become damaged; to become worn

devolver (ue) to return, give back

día *m.* day; **poner al día** to bring up to date

diálogo *m.* dialogue

diapositiva *f.* slide, transparency

diario/a *adj.* daily, everyday; *m.* newspaper

dibujar to draw, sketch; to design

dibujo *m.* drawing, sketch; design

dictar to dictate; to give (lecture, class)

dieta *f.* diet; **ponerse a dieta** to go on a diet

dignarse to deign to, condescend to

diluvio *m.* flood

dimitir to resign

diputado/a *m./f.* delegate, representative; deputy

dirigir to direct; to conduct; to address

dirigirse to go to

discurso *m.* speech

discutir to discuss; to argue

diseñador/a *m./f.* designer

diseñar to design

disfraz *m.* disguise; mask

disfrutar (de, con) to enjoy

disgustar to annoy, displease; to upset

disgusto *m.* annoyance, displeasure; trouble

disminuir to diminish, lessen

distinguido/a distinguished

distinguir to distinguish

distraer(se) (*irreg.*) to distract (oneself); to amuse (oneself), entertain (oneself)

distraído/a distracted; amused, relaxed

distribuidor/a *adj.* distributing; *m./f.* distributor

distribuir to distribute

disturbio *m.* disturbance

diversión *f.* amusement, entertainment; recreation; hobby

divertido/a entertaining, amusing; funny, enjoyable

divertirse (ie, i) to have a good time

divisar to spot, to make out

doblar to double; to fold; to turn (corner); to dub

doctorado *m.* doctorate

doler (ue) to hurt, ache; to grieve

dolor *m.* pain, ache; grief

droga *f.* drug, medicine

dromedario *m.* dromedary, camel

ducharse to take a shower

duda *f.* doubt

dudar to doubt

dudoso/a doubtful

dueño(a) *m./f.* owner; master

dulce *adj.* sweet; *m.* candy

durar to last, go on for; to endure

economizar to economize, save

ecuación *f.* equation

efectuar to effect, bring about

eficaz efficacious, effective; efficient

egoísta *adj.* egotistical; selfish; *m./f.* egoist; selfish person

ejercer to exercise; to exert; to bring to bear

ejercicio *m.* exercise; **hacer ejercicios** to do exercises

electrodoméstico/a pertaining to an electrical device for the home

elegir (i) to elect; to choose

emocionado/a deeply moved

empeorar to make worse, worsen

empleado/a *m./f.* employee

empleo *m.* employment; job

emprendedor/a *adj.* enterprising; *m./f.* entrepreneur

empresa *f.* enterprise; undertaking, venture; company

empujar to push, shove

en *prep.* in, at, on; **en bastardilla** in italics; **en cambio** on the other hand; **en cuanto a** as far as ... is concerned; **en lugar de** instead of; **en negritas** in boldface; **en seguida** at once, right away; **en vez de** instead of; **en vivo** live (performance); in person

enamorarse (de) to fall in love (with)

encantado/a charmed, delighted; bewitched

encantador/a *adj.* charming, delightful; *m./f.* charmer

encantar to charm, delight

encargado/a *m./f.* agent, person-in-charge; *adj.* in charge of

encender (ie) to turn on; to light

encerrar (ie) to shut in, enclose; to contain

encima (de) on top (of)

encuesta *f.* public-opinion poll; inquiry

energía *f.* energy

enfadado/a angry, upset

enfadar to anger

enfadarse to become angry

enfermero/a *m./f.* nurse

enfoque *m.* focus
enfrentar to confront
enfriar to cool, chill
engañar to deceive
enorgullecerse to be proud
enriquecer to make rich
enriquecerse to become rich
enrojecer(se) to redden; to blush
ensayo *m.* test, trial; rehearsal; essay
entender (ie) to understand; **entenderse con** to get along with
enterar to inform, tell
enterarse (de) to find out (about)
entero/a entire
entrada *f.* entrance; ticket
entregar to deliver
entremés *m.* side dish; short amusing play
entrenador/a *m./f.* coach; trainer
entrenamiento *m.* coaching; training
entrenar to coach; to train
entretener(se) (*irreg.*) to entertain (oneself), to amuse (oneself)
entrevista *f.* interview
entrevistar *f.* to interview
entristecerse to become sad
entusiasmar(se) to fill (oneself) with enthusiasm, excite (oneself)
entusiasmo *m.* enthusiasm
enumerar to enumerate
enunciar to enunciate; to put forward (idea)
enviar to send
episodio *m.* episode
equilibrado/a level-headed; well-balanced; stable
equilibrio *m.* equilibrium
equipaje *m.* luggage, baggage
equipo *m.* equipment; team
equivocado/a mistaken
equivocar to mistake (A for B)

equivocarse to make a mistake
esbeltez *f.* slenderness; gracefulness
esbelto/a slender, thin; graceful
escalar to climb, scale; to break into; to escalate
escándalo *m.* scandal
escena *f.* scene
escenario *m.* stage
escoger to choose
escolar scholastic; school
esconder to hide, conceal
esculpido/a sculpted
escultura *f.* sculpture
esforzarse (ue) (por) to make an effort (to)
esfuerzo *m.* effort
eso that; **a eso de** around, about, approximately; **por eso** that is why
espacio *m.* space; **espacio en blanco** blank space
espacioso/a spacious, roomy
esparcir to spread, scatter, disseminate
especialidad *f.* speciality; major (school); **cambiar de especialidad** to change one's major
especialista *m./f.* specialist; major (school)
especialización *f.* speciality; major (school)
especializarse to specialize; to major (school)
especie *f.* species; kind, sort
espectáculo *m.* spectacle; show
espectador/a *m./f.* spectator
espejo *m.* mirror; **espejo retrovisor** rearview mirror
esquí *m.* ski; skiing
esquiar to ski
esquina *f.* corner
estación *f.* station; season; **estación de mando** command center; **estación de radio** radio station

estacionamiento *m.* parking; **lugar de estacionamiento** parking place
estacionar(se) to park (oneself)
estadía *f.* stay; length of stay
estadio *m.* stadium
estadista *m./f.* statesperson; statistician
estadística *f.* statistics
estar (*irreg.*) to be; **estar de acuerdo** to be in agreement; **estar muerto/a** to be dead; **estar vivo/a** to be alive
estatal pertaining to the state
estatura *f.* stature, height
estéreo *m.* stereo
estereofónico/a stereophonic
estima *f.* esteem
estirar to stretch; **estirar los músculos** to stretch; to warm-up
estrategia *f.* strategy
estrecho/a narrow
estrella *f.* star
estreno *m.* debut, first appearance
estrés *m.* stress
estricto/a strict
estructura *f.* structure, frame
estudiantado *m.* students, student body
estudiantil relative to students
estufa *f.* stove
estupendo/a stupendous, wonderful
etapa *f.* stage; phase
eternidad *f.* eternity
europeo/a European; *m./f.* European
evaluar to evaluate
evitar to avoid
exagerado/a exaggerated
exagerar to exaggerate
exclamativo/a exclamatory
excluir to exclude

excursión f. excursion; tour;
   hacer una excursión to
   take a tour
exhibir to exhibit, show
exigir to demand; to require
éxito m. success; hit
explicar to explain
explotar to exploit; to explode
extinguir to extinguish, put
   out
extracurricular
   extracurricular
extrañar to find strange; to
   miss, yearn for
extranjero/a m./f. foreigner;
   adj. foreign; alien; **al**
   extranjero abroad
extraño/a strange, odd;
   extraneous

fábrica f. factory
facilidad f. facility; ease; flu-
   ency; **facilidades de pago**
   easy terms; credit available
facilitar to facilitate; to
   simplify
falta f. lack, need; shortage;
   fault, mistake
faltar to be lacking; to miss;
   to be absent; **faltar a clase**
   to miss class
familiarizarse to familiarize
   oneself
fanático/a m./f. fanatic
fanatismo m. fanaticism
fascinar to fascinate
fastidiar to annoy, bother
fastidio m. annoyance, nuisance; boredom
fatigarse to get tired
fe f. faith
fecha f. date (calendar)
felicitar (por) to congratulate (on)
feria f. fair, market; carnival;
   holiday
feriado/a relative to a holiday
fiarse (de) to trust (in); to
   rely (on)
fiebre f. fever

figurilla f. a small figure
fijar to fix; to set, determine
fijarse (en) to notice
fila f. row, line
filete m. meat; steak; fillet
fin m. end; **en fin** in short;
   fin de semana weekend
firma f. signature; firm
   (company)
firmar to sign
flor f. flower
folleto m. pamphlet, brochure
fondo m. bottom; far end;
   background; fund; **a fondo**
   thorough; thoroughly; **al**
   fondo in the background;
   at the rear
formulario m. form, blank
foro m. forum
fortalecerse to become strong
fotocopia f. photocopy
fotocopiadora f. photocopy
   machine
fotógrafo/a m./f.
   photographer
fracasar to fail
fracaso m. failure
fracturarse to fracture, break
freír (i) to fry
frijol m. bean
frito/a fried
frustrante frustrating
frustrarse to become
   frustrated
fuente f. fountain; source
fuerza f. strength; **a fuerza**
   de by dint of, by force of
fumar to smoke
función f. function,
   functioning; duties; show,
   performance
funcionar to function; to
   perform
funcionario/a m./f. official,
   civil servant
fundar to found, institute
fútbol m. soccer; football

gabinete m. cabinet; study
   room

gafas f./pl. glasses, spectacles
galería f. gallery
galleta f. cookie; cracker
ganancia f. earnings
ganar to win; to earn
gana f. desire, wish; **de**
   buena (mala) gana willingly (unwillingly); **tener**
   ganas (de) to wish (to)
garantía f. guarantee;
   warranty
garganta f. throat
gastar to spend; to use up; to
   wear away; to waste
gasto m. spending, expendi-
   ture; use; wear; waste
gazpacho m. vegetable soup
   served cold
género m. class, kind, type;
   genre; gender (Grammar);
   cloth
gentil polite; charming;
   graceful
gerente m./f. manager;
   gerente de ventas sales
   manager
gesto m. gesture; grimace;
   expression on one's face
gobernador/a m./f. governor
gobernar (ie) to govern
gobierno m. government
golpe m. blow; bump; punch
goma f. rubber; tire
gordo/a overweight; fat
gorro m. cap, bonnet
gota f. drop; bead
gozar (de) to enjoy
grabado/a adj. recorded,
   taped; m. engraving,
   print
grabadora f. tape recorder
grabar to record, tape
grado m. step; degree; stage;
   grade, quality
graduarse to graduate
graso/a fatty; greasy
grasoso/a fatty; greasy
gratis gratis, free of charge
gris grey
gritar to shout
grueso/a thick

guacamole *m.* thick sauce or paste of pureed avocados served as a dip or in salads

guardar to keep; to put away; to guard

guardia *f.* guard; custody; *m./f.* police officer

guía *m./f.* guide, leader; *f.* guidebook; telephone book; guidance

guiar to guide

gusto *m.* pleasure, enjoyment; taste; whim, fancy; **a gusto** at one's will, fancy

hábil skillful, proficient; clever

habitación *f.* room; dwelling

habla *f.* speech; language

hablador/a *m./f.* talkative person; *adj.* talkative; gossipy

hablante *m./f.* speaker; *adj.* speaking

hacer (*irreg.*) to do; to make; **hacer caso (de)** to pay attention (to); **hacer daño** to damage; **hacer el papel** to play the role; **hacer falta** to need; to be lacking; **hacer una jugada** to make a move or play (game)

hacerse to become, turn into

hambre *f.* hunger, famine; **tener hambre** to be hungry

hecho *m.* fact; deed

helado *m.* ice cream; **helado/a** *adj.* frozen; ice cold

hembra *f.* female; woman

herencia *f.* inheritance

hielo *m.* ice; frost

hincarse to kneel (down)

hipotético/a hypothetical

historiador/a *m./f.* historian

hogar *m.* home

hoja *f.* leaf; sheet (of paper)

hojear to leaf through

holgazán/holgazana *m./f.* idler, loafer; *adj.* idle, lazy

hongo *m.* mushroom; toadstool

honradez *f.* honesty, integrity

horario *m.* schedule, timetable; *adj.* hourly

horno *m.* oven; **al horno** baked; **horno de microondas** microwave oven

hospedar to receive as a guest; to put up, lodge

huevo *m.* egg

huir to flee, to escape from

humo *m.* smoke

humor *m.* humor; **de buen (mal) humor** in a good (bad) mood

huracán *m.* hurricane

idioma *m.* language

igual equal; alike, similar

igualdad *f.* equality; sameness, uniformity

imagen *f.* image; picture

imaginar(se) to imagine (oneself)

impacientarse to become impatient

impaciente impatient

impermeable *m.* raincoat

imponente imposing, impressive

imponer (*irreg.*) to impose; to enforce

importar to be important; to import

impresionante impressive, striking; moving

impresionar to impress; to move

impuesto *m.* tax, duty; taxation

inalcanzable unattainable

incendio *m.* fire

incentivo *m.* incentive

inclinarse (a) to bow; to lean; to incline, slope; to be inclined (to)

incluir to include

incluso even

incómodo/a uncomfortable

incorporar to incorporate

increíble unbelievable

indefinido/a indefinite

indicativo/a indicative

índice *m.* index; ratio, rate; catalog; table of contents

indignar to irritate, make indignant

indignarse to become irritated, become indignant

individuo *m.* individual

inesperado/a unexpected

influir to influence

informática *f.* computer science; information technology

informe *m.* report, statement; information

ingeniero/a *m./f.* engineer

injusticia *f.* injustice; unfairness

inmediato/a inmediately

inquietarse to become anxious, worried; to become disturbed

inquieto/a anxious, worried; disturbed

inscribir(se) to enroll (oneself), register (oneself)

inscrito/a enrolled, registered

insinuar to insinuate, suggest

intercambio *m.* exchange

interesado/a interested; self-seeking

intérprete *m./f.* interpreter; translator

interrogar to interrogate; to ask

interrogativo/a interrogative

interrumpir to interrupt

intervenir (*irreg.*) to intervene; to participate

intrépido/a intrepid, bold

introvertido/a introverted, shy

inundar to flood, swamp

inútil useless

inversión *f.* investment; inversion, reversal

invertir (ie, i) to invest

investigador/a *m./f.* investigator

invitado/a *m./f.* guest

ironía *f.* irony

irritar to irritate

irritarse to become irritated

isla *f.* island

itinerario *m.* itinerary

jactarse (de) to boast (of)

jamón *m.* ham

japonés/japonesa *adj.* Japanese; *m./f.* Japanese person

jardín *m.* garden; yard; **jardín zoológico** zoo

jarrón *m.* vase; urn

jefe(a) *m./f.* boss, director; **jefe(a) de ventas** sales manager

joven *m./f.* young person; *adj.* young

joya *f.* jewel, gem

joyería *f.* jewelry store

jubilarse to retire (from employment)

juego *m.* game, sport; play, playing; set, kit

juez *m./f.* judge

jugada *f.* play, move; **hacer una jugada** to make a move or a play (game)

jugar (ue) to play; **jugar a las damas (a los naipes)** to play chess (cards); **jugar al básquetbol (béisbol, fútbol, tenis)** to play basketball (baseball, soccer/football, tennis)

jugo *m.* juice

juguete *m.* toy

juguetón/juguetona playful

juicio *m.* judgment; opinion; reason, sanity

juntarse to meet, assemble; to join, come together

junto/a *adj.* joined, united; together; *adv.* near, close; together; *prep.* near, close to

jurídico/a legal, juridical

juventud *f.* youth

kiosco (quiosco) *m.* small commercial stand

laboratorio *m.* laboratory; **laboratorio de computación** computer laboratory; **laboratorio de lenguas** language laboratory

lácteo/a relative to dairy products

lado *m.* side; **al lado de** beside, on the side of

ladrón/ladrona *m./f.* thief

lago *m.* lake

lágrima *f.* tear

lámpara *f.* lamp

lana *f.* wool

lanzar to throw, hurl; to pitch; to launch; to promote

lata *f.* tin, can; nuisance, bore

latir to beat; to throb

lavadora *f.* washing machine

lavaplatos *m.* dishwasher

lazo *m.* bow, knot; link, bond

leal loyal, faithful

lechuga *f.* lettuce

lector/a *m./f.* reader

lectura *f.* reading; reading matter

lejano/a distant, remote

letra *f.* letter; bill; draft; learning; lyric

ley *f.* law

libra *f.* pound

libre free

librería *f.* bookstore

líder *m./f* leader

liga *f.* league; suspender, garter

ligero/a light; lightweight, thin; swift, quick; agile

limpieza *f.* cleaning; cleanliness; purity; integrity

linterna *f.* lamp, lantern

lío *m.* mess

listo/a ready, prepared; smart, clever

literatura *f.* literature

litro *m.* liter

liviano/a light; frivolous, trivial

llama *f.* llama; flame

llamada *f.* call; knock, ring

llamar to call; **llamar por teléfono** to telephone

llanta *f.* automobile tire

llave *f.* key; **cerrado/a con llave** locked

llavero *m.* key ring

llegada *f.* arrival

llorar to cry, weep

llover (ue) to rain; **llover a cántaros** to rain cats and dogs

lluvia *f.* rainfall

lluvioso/a rainy

locuaz loquacious, talkative

locura *f.* madness, insanity

locutor/a *m./f.* announcer, commentator

lograr to get, attain; **lograr + inf.** to succeed in; to manage to

loro *m.* parrot

lucha *f.* struggle, fight

luchar to struggle; to fight; to wrestle

lugar *m.* place, site; **en lugar de** instead of

lujo *m.* luxury

lujoso/a luxurious

luz *f.* light; electricity

madera *f.* wood

madurez *f.* maturity; ripeness

maduro/a mature; ripe

maíz *m.* corn; **palomitas de maíz** popcorn

maleta *f.* suitcase

maletín *m.* briefcase; small case; satchel

malhumorado/a bad-tempered, cross

malo/a bad, evil; sick, ill

433

maltratar to treat badly

mandato *m.* order; writ, warrant; mandate

mando *m.* command; rule; leadership; **estación de mando** command center

manejar to drive; to operate; to direct, manage

manejo *m.* driving; handling; running, management

manga *f.* sleeve

manifestación *f.* manifestation; demonstration; riot

manifestante *m./f.* demonstrator; rioter

manifestar (ie) to manifest; to demonstrate; to riot

mano *f.* hand; **a mano** by hand

mantener (*irreg.*) to maintain; **mantenerse en forma** to stay in good shape

manzana *f.* apple; block (of houses, etc.)

máquina *f.* machine; **máquina de afeitar eléctrica** electric razor; **máquina de escribir** typewriter

mar *m./f.* sea

maratón *m.* marathon

maravilloso/a marvelous, wonderful

mariachi *m.* mariachi band (Mex.)

marido *m.* husband

marisco *m.* shellfish; seafood

matar to murder; to kill

materia *f.* material; matter; subject matter

matrícula *f.* register, list, roll; matriculation, registration

matricular(se) to register (oneself)

matrimonio *m.* married couple; marriage ceremony

mayoría *f.* majority

medianoche *f.* midnight; **a medianoche** at midnight

mediados a ____: in the middle of

medida *f.* measure; measurement

medio/a half; midway; mean, average; *m.* middle; means, way, method; milieu, ambience; **a medias** halfway; **medio ambiente** environment

mediodía *f.* noon; **al mediodía** at midday

medir (i) to measure

mejor better; **a lo mejor** probably, maybe

mejora *f.* improvement

mejorar to improve

melonar *m.* melon patch

memoria *f.* memory; note, report

menguar to lessen, reduce; to discredit

menor minor; smaller; less, lesser; younger

menos less; fewer; least; **al menos**; at least; **echar de menos** to miss; **por lo menos** at least

mensaje *m.* message

mensajero/a *m./f.* messenger

mentir (ie, i) to lie, tell a falsehood

mentira *f.* lie, falsehood

mentiroso/a lying, deceitful; *m./f.* liar, deceiver

menudo/a small, minute; slight, insignificant; **a menudo** often

mercadeo *m.* marketing

mercado *m.* market

merecer to deserve

mesero/a *m./f.* waiter/waitress

meta *f.* goal

meter (en) to put (in); **meterse en** to meddle into

método *m.* method

metro *m.* subway; meter

mezcla *f.* mixture

mezclar to mix

microonda *f.* microwave; **horno de microondas** microwave oven

miedo *m.* fear; **tener miedo** to be afraid

milagro *m.* miracle

milla *f.* mile

mismo/a same; -self; the thing itself; very, selfsame

misterio *m.* mystery

mitad *f.* half

mixto/a mixed

moai *m.* giant monolithic statue in Easter Island

mochila *f.* knapsack; backpack

moda *f.* style, fashion; **de moda** in fashion, in style

modelo *m.* model; pattern; standard; *m./f.* model (fashion)

modisto/a *m./f.* fashion designer

modo *m.* way, manner, method; **de todos modos** anyway, in any case

moler (ue) to chew; to grind; to crush

molestar to bother, annoy; to inconvenience

molestia *f.* bother, annoyance; inconvenience

molesto/a annoying; restless; inconvenient

moneda *f.* coin

montar to get on; to ride; **montar en bicicleta** to ride a bicycle

monte *m.* mountain

morir (ue, u) to die; **morirse de risa** to die of laughter

mosca *f.* fly (insect)

moto *f.* motorcycle

motocicleta *f.* motorcycle

mover(se) (ue) to move (oneself)

muchedumbre *f.* crowd, great mass, throng

mudar to change, alter; to move

mudarse to move (residence, etc.)

mueble *m.* piece of furniture

mueblería *f.* furniture store or factory

muerte *f.* death

muerto/a dead

muñeca *f.* wrist; doll; manikin

municipio *m.* municipality; town, township

músculo *m.* muscle; **estirar los músculos** to stretch; to warm-up

musculoso/a muscular

museo *m.* museum

mutante mutant, changing

mutuo/a mutual

náhuatl *m.* Nahuatl, language of the Aztecs

naipe *m.* playing card

naranja *f.* orange

narrar to narrate

naturaleza *f.* nature

Navidad *f.* Christmas

neblina *f.* mist; fog

negar (ie) to deny; to refuse

negocio *m.* business; deal, transaction

negrita *f.* boldface; **en negrita(s)** in boldface

nevar (ie) to snow

nevera *f.* refrigerator, icebox

nieve *f.* snow

nimio/a trivial, insignificant

nivel *m.* level

nota *f.* note; **sacar notas** to take notes

notar to note, observe; to jot down; **hacer notar** to take notice, observe

noticia *f.* piece of news, news item; **noticias** news, information

novedad *f.* newness, novelty; new feature; strangeness

novela *f.* novel; **telenovela** television soap opera

novelista *m./f.* novelist

nube *f.* cloud

nublado/a cloudy

nuera *f.* daughter-in-law

nuevo/a new; **de nuevo** again

obedecer to obey

obispo *m.* bishop

obra *f.* work; piece of work; book; play; composition; workmanship

obstruir to obstruct

obtener (*irreg.*) to obtain

ocasión *f.* occasion; opportunity

oculto/a hidden

ocupante *m./f.* occupant; *adj.* occupying

odiar to hate

odio *m.* hate

oferta *f.* offer; **en oferta** on sale

ofrecer to offer

ogro *m.* ogre

óleo *m.* oil painting; **al óleo** in oils

oler (ue) to smell

olor *m.* smell, odor, scent

oponente *m./f.* opponent

oponer (*irreg.*) to oppose

optativo/a optional

opuesto/a opposite

oración *f.* sentence; prayer; speech

órbita *f.* orbit

orden *m.* order, arrangement

orden *f.* order, warrant, writ; order (Religious)

ordenar to put in order; to order, to command; to ordain

orgulloso/a proud

origen *m.* origen

orilla *f.* edge, border; bank (river)

ornitología *f.* the study of birds

oro *m.* gold

oscuridad *f.* darkness

oscuro/a dark, dim; **a oscuras** in the dark

ostra *f.* oyster

otorgar to grant

paciencia *f.* patience

paella *f.* paella (Spanish dish)

pago *m.* payment; return, reward; **facilidades de pago** easy terms; credit available

paisaje *m.* landscape

pálido/a pale

palmera *f.* palm, palm tree

palo *m.* stick; club; **palo de golf** golf club

palomitas *f./pl.* popcorn; **palomitas de maíz** popcorn

panadería *f.* bakery, baker's shop

panfleto *m.* pamphlet

papa *f.* potato; **papas fritas** French-fried potatoes; chips

papa *m.* pope

papel *m.* paper; role; **cambiar de papel** to change roles; **hacer el papel** to play the role

paquete *m.* package

par *m.* pair, couple

paracaidismo *m.* parachuting

parada *f.* stop; stopping place; shutdown; suspension

paraguas *m.* umbrella

parar to stop, halt

pararse to stand up; to stop

parasol *m.* parasol, sunshade

parecerse (a) to resemble

parecido/a similar; *m.* similarity, resemblance

pared *f.* wall

pareja *f.* couple; pair

paréntesis *m.* parenthesis; **entre paréntesis** in parentheses

pariente/a *m./f.* relative, relation

parque *m.* park; **parque de atracciones** amusement park; **parque de diversiones** amusement park; **parque de estacionamiento** parking lot

párrafo *m.* paragraph

parrilla *f.* grill; **a la parrilla** grilled

parte *f.* part; portion; **por otra parte** on the other hand; **por todas partes** everywhere

participio *m.* participle; **participio pasado** past participle

partida *f.* departure; game, match; **punto de partida** point of departure

partido *m.* party (Pol.); game, match; team, side

partir to leave, depart; to divide; to cut off; **a partir de (ahora)** from (now) on

pasado *m.* past

pasaje *m.* passage, passing; passageway; fare

pasajero/a *m./f.* passenger

pasatiempo *m.* pastime, hobby

paseo *m.* stroll, walk; outing

paso *m.* passing, passage; crossing; pass, strait; step, pace

pastel *m.* cake; pie; pastry

pastelería *f.* pastry, pastry shop

pata *f.* leg [of an animal]

patada *f.* kick

pato *m.* duck

patrón *m.* patron; patron saint; employer; landlord; pattern; standard, norm

patrona *f.* patroness; patron saint; employer; landlady

paz *f.* peace

peatón *m.* pedestrian

pedazo *m.* piece; bit; scrap

pedido *m.* order; request; **hacer un pedido** to order

pedir (i) to ask for; **pedir prestado** to borrow

pegar to stick; to hit

peinado/a combed; *m.* hairdo

peinarse to comb one's hair

pelear to fight

película *f.* film; movie

peligro *m.* danger

peligroso/a dangerous

pelota *f.* ball

peluquería *f.* hairdresser's shop, barber shop

peluquero/a *m./f.* hairdresser, barber

pena *f.* grief, sorrow; sadness, anxiety; regret

pendiente *m.* earring; pendant; *adj.* hanging; pending, unsettled

pensamiento *m.* thought; intention

penúltimo/a penultimate, next-to-last

peor worse

pera *f.* pear

perder(se) (ie) to lose (oneself); **perder (el avión)** to miss (the plane)

pérdida *f.* loss; waste

periodismo *m.* journalism

periodista *m./f.* journalist

período *m.* period

perla *f.* pearl

permanecer to remain, stay

permiso *m.* permission; **permiso para manejar** driver's license

personaje *m.* personage, character

pertenecer to belong

pertenencia *f.* ownership; **pertenencias** personal belongings

pesado/a heavy; boring; difficult, tough

pesar to weigh, weigh (down); to grieve; *m.* regret; grief; **a pesar de** in spite of

pesas *f.* weights; **levantar pesas** to lift weights

pescado *m.* fish

pescar to fish

peso *m.* weight; heaviness; burden; **bajar (subir) de peso** to lose (gain) weight

petróleo *m.* oil, petroleum

petrolero/a relative to oil

picante spicy

picar to mince, chop up; to prick, puncture; to bite, sting (insect)

pie *m.* foot; **al pie de** at the foot of; **a pie** standing up; **de pie** standing up; **ponerse de pie** to stand up

piedra *f.* rock, stone

piel *f.* skin; hide, pelt, fur; leather

pieza *f.* play, composition, work; room; piece

pila *f.* battery; pile, stack, heap; sink; baptismal font

pintar to paint

pintor/a *m./f.* painter; artist

pintoresco/a picturesque

pintura *f.* painting; paint; description

piscina *f.* swimming pool

piso *m.* floor, story; flat, apartment

placentero/a pleasant, agreeable

placer *m.* pleasure

plácido/a placid

plancha *f.* iron

planchar to iron

planear to plan

planeta *m.* planet

planificación *f.* planning

plata *f.* silver; money

plátano *m.* banana

platillo *m.* dish

plato *m.* plate, dish; course (meal)

plaza *f.* public square, city center; room, space; job; vacancy

plazo *m.* time, period; time limit; expiration date; installment payment

pleno/a full; complete

población *f.* population; town, city, village

poblado/a populated

pobre poor, destitute; pitiful

pobreza *f.* poverty

poco/a little; small; **poco a poco** little by little; **por poco** almost

poder *m.* power

poderoso/a powerful

polémica *f.* polemic, controversy

polémico/a polemical, controversial

policía *f.* police, police force; *m./f.* police officer

policíaco/a pertaining to the police

poliéster *m.* polyester

política *f.* politics; policy

político/a *m./f.* politician

pollo *m.* chicken

poner (*irreg.*) to put, place; **poner al día** to bring up to date; **ponerse a dieta** to go on a diet; **ponerse de pie** to stand up

por for; because of; through; in order to; by; **por ahora** for the time being; **por cierto** of course; **por consiguiente** consequently; **por fin** finally; **por lo tanto** therefore; **por más (mucho) que** however much; **por supuesto** of course

porcentaje *m.* percentage

portarse to behave (oneself)

portátil portable

portero/a *m./f.* goalie

posada *f.* inn; shelter, lodging

postre *m.* dessert

potable drinkable

prado *m.* meadow; field

precio *m.* price

predecir (*irreg.*) to predict

predicción *f.* prediction

preescolar preschool

preguntar to ask a question

preguntarse to wonder

premiar to award; to reward

premio *m.* prize, award; reward; **premio gordo** first prize, jackpot

prensa *f.* press

preocupar(se) to worry (oneself)

préstamo *m.* loan

prestar to lend, loan; to give (help, etc.); **prestar atención** to pay attention

presupuesto *m.* budget

pretérito *m.* preterite, past tense

prevenir (*irreg.*) to prevent; to warn

prever to foresee; to anticipate

previo/a previous

princesa *f.* princess

príncipe *m.* prince

principiante/a *m./f.* beginner, novice

principio *m.* principle; beginning, start; **al principio** at the beginning; **a principios de** at the beginning of

prisa *f.* hurry; **de prisa** in a hurry; **tener prisa** to be in a hurry

probar(se) (ue) to try (on); to prove, show; to test; to taste

procesador *m.* processor; **procesador de textos** word processor

profesorado *m.* professoriate, teaching staff

profundo/a profound; deep

prohibir to prohibit

prometedor/a promising

prometer to promise

promover (ue) to promote

pronombre *m.* pronoun

pronosticar to forecast, to prognosticate, to predict

pronto soon; **de pronto** suddenly

propaganda *f.* propaganda; advertising

propietario/a proprietary; *m./f.* owner

propina *f.* tip, gratuity

propio/a own, of one's own; characteristic; proper, correct; selfsame, very

proponer (*irreg.*) to propose

propósito *m.* purpose; goal

proseguir (i) to continue, carry on

proteger to protect

proveniente originating, coming from

próximo/a near, close; next; soon

proyectar to plan, design; to project

proyecto *m.* plan, design; project

prueba *f.* proof; test, trial; testing, sampling; fitting, trying on; event, trials

publicar to publicize

publicidad *f.* publicity

publicista *m./f.* publicist

publicitario/a pertaining to publicity

puente *m.* bridge

puesto *m.* place; position, job; post; stall, stand

pulsera *f.* bracelet

punto *m.* point; item, matter; dot, spot; period; stitch; **estar a punto (de)** to be about (to); **punto de partida** point of departure; **punto de vista** point of view

puñetazo *m.* blow with the fist

puro/a pure; sheer; simple, plain, unadulterated

queja *f.* complaint; protest; grumble
quejarse (de) to complain (about)
quemar(se) to burn (oneself)
queso *m.* cheese
química *f.* chemistry
químico/a *m./f.* chemist; *adj.* chemical
quitar to take away, remove
quitarse to withdraw; to get rid of; to take off (article of clothing)
quizá(s) maybe, perhaps

rabo *m.* tail
radioemisora *f.* radio station
radiorreloj *m.* clock radio
raíz *f.* root
rama *f.* branch
rapidez *f.* rapidity, speed
rato *m.* while, short period of time
razón *f.* reason; **tener razón** to be right
rebelar(se) to rebel, revolt
recado *m.* message
receta *f.* recipe
recetar to prescribe
rechazar to reject; to refuse
recibo *m.* receipt
reciclar to recycle
recién llegado/a *m./f.* newcomer
reciente recent
recinto *m.* area, place; enclosure; **recinto universitario** university campus
recipiente *m.* container
recíproco/a reciprocal, mutual
recoger to pick up; to gather up, collect
recorrer to travel through

rector/a *m./f.* head, chief; principal; president of a university
recuerdo *m.* memory, recollection; souvenir; best wishes
recuperado/a recuperated
recuperar to recuperate
recurso *m.* resource
red *f.* net; Internet
redactar to write; to draft; to edit
reducir to reduce
reemplazar to replace
referir(se) (ie, i) to refer (oneself)
reflejar to reflect
reforzar (ue) to reinforce
refrán *m.* proverb, saying
refresco *m.* cool drink, soft drink; refreshment
regalar to give a gift
regalo *m.* gift
regar (ie) to water (lawn); to irrigate
regatear to haggle, bargain
régimen *m.* diet; régime
regla *f.* rule; ruler
reglamentario/a pertaining to regulations
reglamento *m.* rules, regulations, code
regresar to return, go back
rehacer *(irreg.)* to do again
rehusar to refuse
reír(se) (i) to laugh; **reírse de** to laugh at
reloj *m.* watch, clock; **reloj despertador** alarm clock
remedio *m.* remedy
remodelar to remodel
reñido/a bitter, hard fought
reñir (i) to quarrel; to scold
renovar (ue) to renew; to renovate
renunciar to renounce; to give up
reparación *f.* repair; repairing
reparar to repair

repasar to review; to check (over)
repaso *m.* review
repente *m.* sudden movement, start; **de repente** suddenly
reponer *(irreg.)* to replace
reportaje *m.* report, article, news item
reportero/a *m./f.* reporter
requerir (ie) to require
requisito *m.* prerequisite, requirement
resbalarse to slip
resfriarse to catch a cold
resfrío *m.* cold (illness)
residencia *f.* residence; **residencia de estudiantes** dormitory, student housing
residuo *m.* residue; remainder
resolver (ue) to resolve, solve
respetuoso/a respectful
respirar to breathe
respuesta *f.* answer
resultado *m.* result
resultar to result, turn out
resumen *m.* summary, résumé
resumir to summarize
resurgimiento *m.* revival, resurgence
retener *(irreg.)* to retain
retrovisor *m.* rearview mirror
reunión *f.* meeting, gathering; reunion
reunirse to meet; to gather together
revelador/a revealing
revisar to review, go over; to revise
revista *f.* magazine; review
revolver (ue) to move about; to turn over; to stir
rey *m.* king
riguroso/a rigorous
río *m.* river

riqueza *f.* riches, wealth

risa *f.* laugh, laughter; **morirse de risa** to die of laughter

risueño/a smiling

ritmo *m.* rhythm

roble *m.* oak, oak tree

robo *m.* robbery, theft

roer to gnaw

rogar (ue) to beg, plead

rompecabezas *m.* puzzle, riddle; problem

romper to break

ropa *f.* clothes, clothing; **ropa para caballeros** men's clothing; **ropa para damas** women's clothing

rosa *f.* rose

rosado/a pink, rosy

roto/a broken

rubí *m.* ruby

rubio/a blond; fair

rueda *f.* wheel; roller; circle, ring; **rueda de prensa** press conference

ruido *m.* noise

ruidoso/a noisy

rutina *f.* routine

sabor *m.* taste; flavor

saborear to taste, to relish

sabroso/a delicious

sacar to take out; to draw (out); **sacar notas** to take notes

saco *m.* bag; sack; bagful; sackful; jacket; **saco de dormir** sleeping bag

salado/a salty

salario *m.* salary

salida *f.* exit, way out; leaving, going out

salón *m.* living room, salon; **salón de ejercicios** exercise room; exercise club

salsa *f.* sauce; gravy; salsa (music); a dance

saltar to jump

salud *f.* health

saludable healthy

saludar to greet; to salute

saludo *m.* greeting; salute

salvar to save; to rescue

sandalia *f.* sandal

sandía *f.* watermelon

sangre *f.* blood

sano/a healthy, wholesome

santo/a *m./f.* saint; *adj.* saintly, holy

satisfacer (*irreg.*) to satisfy

satisfecho/a satisfied

secador *m.* dryer; **secador de pelo** hair dryer

secadora *f.* tumble-dryer

secar to dry

seco/a dry

secundario/a secondary, minor; **escuela secundaria** secondary school

seda *f.* silk

seguido/a continuous; **en seguida** at once, right away

seguridad *f.* safety; security

seleccionar to select

sello *m.* stamp; seal

semáforo *m.* traffic light

semana *f.* week; **fin de semana** weekend

semanal weekly

semejante similar

semejanza *f.* similarity

senado *m.* senate

senador/a *m./f.* senator

señal *f.* sign; signal; symptom; indication

señalar to point out

sencillo/a simple; natural

sensato/a sensible

sentido *m.* sense; meaning; direction, way

sentimiento *m.* feeling, emotion, sentiment

serie *f.* series

serio/a serious; **en serio** seriously

servir (i) to serve; to wait on; **servir de** to serve (act) as; **servirse de** to use

SIDA *m.* AIDS

sien *f.* forehead

sierra *f.* mountains; mountain range

siglo *m.* century

significado *m.* meaning, significance

sillón *m.* armchair

síntesis *f.* synthesis

sirena *f.* siren

sistema *m.* system

sitio *m.* site, place, spot

situar to place, put, set

sobrar to exceed, surpass; to remain, be left (over)

sobrepoblación *f.* overpopulation; overcrowding

sobresaliente outstanding

sobresueldo *m.* bonus

sobretodo *m.* overcoat

sobrina *f.* niece

sobrino *m.* nephew

sociedad *f.* society

socio/a *m./f.* associate; member; partner

soler (ue) to be accustomed (to)

solicitar to solicit, ask for

solicitud *f.* request; application; care, concern

soltero/a *m./f.* single, unmarried; *adj.* single, unmarried

solucionar to solve

sombra *f.* shade; shadow; darkness

someter(se) to submit (oneself)

sonar (ue) to ring (bell); to blow (horn); to sound (out); to sound (familiar)

soñar (ue) to dream; **soñar con** to dream about

sondeo *m.* poll; **sondeo de mercado** market poll (study)

sonido *m.* sound

sonreír(se) (i) to smile

sorprendente surprising

sorprender to surprise

sorprenderse to become surprised

sorpresa *f.* surprise

sospechar to suspect; to be suspicious

sospechoso/a *m./f.* suspect; *adj.* suspicious

suave soft; gentle; smooth, even

suavizar to soften; to smooth (out); to ease; to make gentler

subdesarrollado/a underdeveloped

subir to go up; to take up; **subir de peso** to gain weight

suceder to happen, occur; to succeed, follow

suceso *m.* happening, event; incident

sucio/a dirty, filthy; vile; bad

sueldo *m.* salary; income

suelo *m.* ground; soil

sueño *m.* dream; sleep; sleepiness

suerte *f.* luck; fate, destiny; lottery ticket

suéter *m.* sweater

sufrir to suffer

sugerencia *f.* suggestion

sugerir (ie, i) to suggest

suicidarse to commit suicide

sumamente highly, extremely

suponer (*irreg.*) to suppose

surtido *m.* stock, supply, selection

surtir to supply, furnish, provide

suspender to fail (school); to suspend; to hang

sustantivo *m.* noun

sustituir to substitute, replace

tablero *m.* notice board, bulletin board; board, plank

tablón *m.* notice board, bulletin board; plank; beam; **tablón de anuncios** bulletin board

tabú *m.* taboo; *adj.* taboo

tacón *m.* heel (shoe)

tahitiano/a Tahitian

taller *m.* workshop; repair shop; garage; studio

tambor *m.* drum

tardanza *f.* delay

tardar (en) to take a long time (to); to be late; **a más tardar** at the latest

tarea *f.* task; homework

tarjeta *f.* card; **tarjeta de crédito** credit card

tarta *f.* cake; tart

tartamudo/a *adj.* stuttering, stammering; *m./f.* stutterer, stammerer

tasa *f.* rate; measure; estimate, appraisal

taza *f.* cup; cupful

teatro *m.* theater

técnico/a *m./f.* technician; *adj.* technical

tecnológico/a technological

telefax *m.* fax

telefonear to telephone

telefónico/a pertaining to the telephone

teléfono *m.* telephone

telenovela *f.* television soap opera

televisor *m.* television set

tema *m.* theme, subject matter, topic

temblar (ie) to tremble, shake; to shiver

temor *m.* fear; suspicion

temporada *f.* time, period; season

tender (ie) a to tend to

tendido/a lying down (person); flat

tener (*irreg.*) to have; **tener ganas (de)** to have a desire (to); **tener lugar** to take place

tenis *m.* tennis; **jugar al tenis** to play tennis

tentación *f.* temptation

ternera *f.* veal

tertulia *f.* social gathering

testigo *m./f.* witness

tibio/a tepid, lukewarm

tiempo *m.* time; weather; **a tiempo** on (in) time

tintorería *f.* clothes cleaners

tipo *m.* type, sort, kind; character; fellow, guy

títere *m.* puppet, marionette

título *m.* title

toalla *f.* towel

tobillo *m.* ankle

tocino *m.* bacon

tomar to take; **tomar en cuenta** to take into consideration

tontería *f.* silliness, foolish act; stupid remark

torcer(se) (ue) to twist (oneself); to sprain

toro *m.* bull

torpe clumsy, awkward; sluggish; dim-witted

torre *f.* tower

torta *f.* cake; tart

tos *f.* cough

tostada *f.* toast, piece of toast

tostadora *f.* toaster

tostar (ue) to toast; to tan

trabajador/a *m./f.* worker; *adj.* hard-working, industrious

trabajo *m.* work; **trabajo de investigación** research paper or project

traducir to translate

traductor/a *m./f.* translator

tragedia *f.* tragedy

traidor/a *m./f.* traitor

trama *f.* plot; scheme, intrigue

tranquilizar(se) to calm (oneself) down

tranquilo/a tranquil, calm

transcribir to transcribe

transcurso *m.* passing, lapse, course (of time)

transformar(se) to transform (oneself)

transmitir to transmit

transportar to transport

transporte *m.* transportation

tranvía *m.* streetcar; tramway

trasladar(se) to move (oneself)

traslado *m.* move; transfer

tratado *m.* treaty; agreement; treatise, essay

tratar to treat; **tratar de** to try

través *m.* crossbeam; slant; reverse; **a través de** across

trayectoria *f.* trajectory

tremendo/a tremendous

trigo *m.* wheat

trimestre *m.* quarter (school)

trotar to trot; to jog

trozo *m.* piece; passage

trucha *f.* trout

tuna *f.* student music group (Spain)

túnel *m.* tunnel

turismo *m.* tourism

turístico/a pertaining to tourism

turnarse to take turns

turno *m.* turn; shift (work)

último/a last (in a series); latest; most remote; **por último** lastly, finally

único/a only, sole; unique

unir(se) to join

utensilio *m.* utensil

útil useful

utilizar to utilize, use

vaciar to empty (out); to drain

vacilar to vacillate, hesitate

valenciano/a Valencian (Spain); **a la valenciana** in the Valencian style

valer to be worth; to be equal (to)

valioso/a valuable; beneficial

valor *m.* value, worth; courage; bond, security

variante variant

variar to vary

variedad *f.* variety

varios/as *pl.* several, some, a number of

varón *m.* male; man

vasco/a Basque; *m./f.* a Basque person

vecino/a *m./f.* neighbor

vegetal *m.* vegetable; *adj.* pertaining to vegetables

vehículo *m.* vehicle

vejez *f.* old age

vencer to defeat; to conquer; to triumph; to overcome; to expire, to fall due

venta *f.* sale; selling; country inn

ventaja *f.* advantage

ventajoso/a advantageous

ver to see; **verse (bien, mal)** to look (well, badly)

veras *f.pl.* truth, reality; **de veras** really, truly

verde green (color); not ripe

vergüenza *f.* shame; sense of shame; bashfulness, shyness, timidity; embarrassment; modesty

vestido/a *adj.* dressed; **bien (mal) vestido/a** well (badly) dressed; *m.* dress

vestir(se) (i) to dress (oneself)

vestuario *m.* clothes, wardrobe; costumes; dressing room

vez *f.* time (in a series); **a la vez** at the same time; **de vez en cuando** from time to time; **en vez de** instead of; **por primera vez** for the first time

viajero/a *m./f.* traveler

viento *m.* wind

villano/a *m./f.* villain; peasant, rustic person; *adj.* coarse, rustic; base, low-down

vino *m.* wine

virtud *f.* virtue

visitante *m./f.* visitor; *adj.* visiting

vista *f.* view; sight, vision; **punto de vista** point of view

vivienda *f.* housing; dwelling place; apartment, flat

vivo/a living; live, alive; lively, vivid; alert; **en vivo** live (performance), in person

volar (ue) to fly

vóleibol *m.* volleyball

volumen *m.* volume; size; bulk

volver (ue) to return

volverse (ue) to turn around

votación *f.* voting; vote

votante *m./f.* voter

votar to vote

voto *m.* vote

voz *f.* voice; **en voz baja (alta)** in a low (loud) voice

vuelo *m.* flight

vuelta *f.* turn; reversal; bend, curve; round, lap; stroll, walk

yerno *m.* son-in-law

zaguero/a *m./f.* defender

zapatería *f.* shoe store; shoe factory

zapatilla *f.* slipper; **zapatillas de tenis** tennis shoes

zoológico/a zoological; **jardín zoológico** zoo

Index